L'IMPARDONNABLE DÉFAITE

Du même auteur

en poche

Une autre histoire du XX*e* *siècle : de l'actualité à l'histoire*, vol. 5 : *1940-1950, de fer et de feu*, avec Michel Pierre, Paris, Gallimard, Découvertes Gallimard. Histoire, 1999.

Robert Capa, l'œil du 6 juin 1944, Paris, Gallimard, Découvertes Gallimard hors série, 2004.

collection tempus

Claude QUÉTEL

L'IMPARDONNABLE DÉFAITE

1918-1940

PERRIN
www.editions-perrin.fr

Secrétaire générale de la collection :
Marguerite de Marcillac

Cartes © Yann Magdelaine

ISBN : 978-2-262-03398-9

tempus est une collection des éditions Perrin.

Exorde

Le 22 juin 1940, à 18 h 50 – heure allemande –, dans la clairière de Rethondes, où Hitler a fait replacer le glorieux wagon du 11 novembre 1918, la France signe une reddition déshonorante qui se dissimule sous le nom d'armistice. Elle vient de perdre en six semaines ce que de Gaulle s'emploie déjà à Londres à faire considérer comme une bataille mais qui est pour lors bel et bien la guerre – la guerre contre l'Allemagne revancharde de la Grande Guerre.

C'est la pire catastrophe qu'ait connue le pays pourtant riche en guerres et en malheurs tout au long de ses presque 2 000 ans d'histoire. Comment et surtout pourquoi un tel désastre a-t-il été possible ? Une production historique considérable a été consacrée, de la Libération jusqu'à nos jours, à ce sombre moment. Toutefois, la compréhension de ce désastre, l'enchaînement fatal de ses causes et de ses responsabilités multiples depuis la fausse paix de 1919, restent à relater sans fard dans ce qu'il est convenu d'appeler une synthèse interprétative. À la différence de la météo, il existe en histoire des choix et des non-choix – et il n'est pas jusqu'à la fatalité qui ne puisse s'inscrire dans une explication.

Si beaucoup d'historiens continuent à ménager la chèvre et le chou à propos de la défaite de 1940, c'est que le sujet reste douloureux. On y va doucement, s'installant prudemment sur la planète Sirius et se gardant bien de s'émouvoir, encore moins de juger. Quant aux nombreux mémoires des protagonistes et des témoins, ils font songer à cette fable de La Fontaine : « Tous les gens querelleurs, jusqu'aux simples matins, / Au dire de chacun, étaient de petits saints ». Il n'est pas jusqu'à l'étendue du désastre lui-même qui ne soit le plus souvent minimisée, la défaite de 1940 se trouvant diluée dans une Seconde Guerre mondiale finalement victorieuse – sauf qu'en 1940, la guerre n'est pas mondiale.

Il est tout de même paradoxal qu'à notre époque de repentance tous azimuts (colonialisme, antisémitisme, esclavage, et on en passe), la recherche des responsabilités de la plus grande défaite de notre Histoire ne trouve guère preneur dans la gent historienne. Et pourtant, que de responsables ! Toute la France, en de multiples façons, a conspiré à sa propre défaite, souvent inconsciemment mais hélas aussi, à travers ses chefs, en connaissance de cause. Cette coalition objective n'a pas commencé dans les années qui ont immédiatement précédé la guerre (avec la reculade de Munich notamment) mais s'est installée dès le lendemain de la Grande Guerre, quand il est apparu que celle-ci risquait fort de ne pas être la tant promise « der des der ». Pacifisme outrancier, politique politicienne (cette malédiction française), démocratie mortifère dès que surgit l'urgence d'une grave décision, hantise du bolchevisme faisant dire à d'aucuns et penser à beaucoup d'autres, surtout après le Front populaire : « plutôt Hitler que Blum », doctrine militaire en retard d'une guerre, haut commandement militaire si grotesquement nul et imbu de lui-même que l'habitude a été prise d'en rire alors qu'il faudrait en pleurer… Que de mauvaises fées se sont penchées sur le berceau de la France victorieuse de 1918 !

Les titres des ouvrages consacrés à la défaite de 1940 traduisent l'hésitation des historiens à poser un diagnostic clair. Marc Bloch, dans un ouvrage au demeurant lumineux, parle de *L'étrange défaite*. On pourrait dire aussi *L'incroyable défaite,* à cette restriction près qu'elle fut au contraire très « croyable ». C'est la victoire qui aurait été incroyable ! *Inéluctable* serait plus juste, *consternante* aussi. Nous faisons un pas supplémentaire en choisissant finalement le terme *d'impardonnable*. Le pas est de taille car l'historien n'a pas à juger et encore moins à s'indigner mais, encore une fois, il ne s'agit pas là de la guerre de Cent Ans. Est-ce qu'on doit parler avec indifférence des crimes nazis ? Pourquoi ne ferait-on pas de même avec le désastre de 1940 qui nous a menés tout droit à la honte du régime de Vichy ? Loin de tout contentieux franco-allemand (on a assez donné !), ce qui nous intéresse dans cette étude, ce sont les divers visages d'une France si insouciante et contente d'elle à son ordinaire mais si désemparée à l'heure des tempêtes, qu'on peut douter qu'elle ait fondamentalement changé. Le désastre de 1940 vaut, soixante-dix ans plus tard, leçon d'humilité. Oui, c'est bien une *impardonnable défaite* que nous voulons raconter ici, car il y a décidément beaucoup à se faire pardonner puisque, d'une certaine façon, nous assumons tous cet héritage.

À vrai dire, la tendance historiographique actuelle irait plutôt vers *« la pardonnable », « l'excusable défaite »*. C'est tout juste si le mot même de *défaite* n'est pas devenu politiquement incorrect. Il y a des modes en Histoire, souvent en réaction, un révisionnisme (attitude saine en histoire quand ce mot n'est pas confondu avec le négationnisme) non pas commandé par le recul du temps, de nouvelles sources ou de nouvelles méthodes, mais par le goût d'une histoire à contre-pied. On brûle ce qu'hier on adorait, ou l'inverse. Cela donne parfois des résultats heureux, à tout le moins intéressants. On a vu ainsi surgir en 1988, sous la plume de Paul Murray Kendall (alors même que les historiens britanniques sont traditionnellement peu aimables avec l'Histoire de

France), un grand roi Louis XI, attachant et humain, vrai fondateur de la nation française. Ce Louis XI (dont l'image s'est imposée) était l'antithèse du despote fourbe et cruel qui encombrait encore nos manuels. Pour la défaite de 1940, le contre-pied historiographique qui se dessine depuis quelques années se fonde sur le syllogisme suivant : l'image d'une France décadente et refermée sur elle-même, en décomposition politique, sociale, diplomatique, militaire, à l'origine du désastre de 1940, a constitué l'incantation permanente et fondatrice du régime de Vichy. C'est vrai mais ce qui ne l'est pas, c'est qu'elle ait été forgée de toutes pièces. Cette analyse, qui était encore au début des années 1980 celle d'un Jean-Baptiste Duroselle ou d'un Henri Michel, aurait tendance à ne plus avoir cours voire à être discréditée du seul fait qu'elle fut aussi la thèse de Vichy ! Mieux : l'historiographie d'après guerre aurait été elle-même héritière de Vichy, à la différence de celle d'aujourd'hui qui, pour mieux se démarquer, ne craint pas de nous asséner des affirmations des plus baroques : non, la France n'est pas restée passive face à l'Allemagne, à preuve son sursaut national (d'ailleurs relatif)... de l'automne 1938. On est alors à douze mois de la guerre ! La ligne Maginot, ouvrage et symbole de l'esprit défensif de l'armée française ? Eh non ! C'était pour gagner du temps afin de mieux préparer une guerre de manœuvre. On verra que la fossilisation de l'armée française en empêchait jusqu'à la simple imagination ! Quant à la défaite, puisqu'on ne devrait mettre en cause ni la doctrine, ni les forces ni même le moral de l'armée française, il ne reste qu'une explication : la malchance... *(Mai-Juin 1940 – Défaite française, victoire allemande, sous l'œil des historiens étrangers*, Autrement, 2000). Le nouveau *politically correct* est arrivé.

Montesquieu, dans ses *Considérations sur les causes de la grandeur des Romains et de leur décadence*, écrivait :

« Si le hasard d'une bataille, c'est-à-dire une cause particulière, a ruiné un État, il y avait une cause générale qui faisait que cet État devait périr par une seule bataille. » La guerre est un état d'esprit. Personne en France n'en voulait. Elle était perdue d'avance.

1

« Clemenceau a perdu la paix »

Un dessin satirique de Henri Monier, daté du 30 août 1939, campe une scène de la mobilisation. Deux bidasses sont au garde-à-vous devant un capitaine fringant et pète-sec qui tient une feuille de papier à la main. Les bidasses, comme le garde-mites qui observe la scène à l'arrière-plan avec un air de chien triste, paraissent très vieux. Leur uniforme est composite. Ils ont l'air de tomber de la lune. On ne saurait avoir plus l'air d'un réserviste. Le capitaine, lui, est d'active. Ce qu'il tient à la main d'un air sarcastique, c'est leur demande de « perm » qu'il commente ainsi : « Une permission de minuit ? Vous venez d'en avoir une de 21 ans ! »

Derrière la boutade, une vérité : cette guerre qui reprend en 1939 comme un feu mal éteint, c'est celle à laquelle on avait cru mettre fin le 11 novembre 1918. C'est la même.

Un armistice prématuré

Dès la mi-août 1918, après les ultimes offensives manquées du printemps et de l'été, le haut commandement allemand a compris qu'il ne gagnerait plus la guerre. Il s'agit dès lors de ne pas attendre que les Alliés en prennent pleinement conscience et envahissent le sol national encore intact. La situation serait tout autre si les Alliés, à commencer par la France, s'avisaient d'aller s'emparer par les armes de garanties territoriales en Allemagne. Les négociations pour un armistice commencent le 5 octobre quand le nouveau chancelier allemand, Max de Bade, s'adresse par l'intermédiaire de la Suisse, non pas au commandement français ou même britannique, mais au président des États-Unis Wilson, en lui demandant « de prendre en main le rétablissement de la paix ». Wilson n'avait-il pas affirmé en janvier devant le Congrès que les États-Unis ne prétendaient pas entraver en quoi que ce soit la puissance allemande quand elle était exercée pacifiquement et qu'il ne voulait pas d'une paix de vengeance ? Foch et Clemenceau aperçoivent bien les dangers d'un armistice hâtif mais ils répugnent à faire subir « un hiver de plus » aux poilus qui en sont à leur 52e mois de guerre. Par ailleurs, comme il en conviendra par la suite, Clemenceau surestime l'état des forces allemandes et craint qu'à trop attendre, un armistice ne soit plus possible. Il confiera devant la commission des Affaires étrangères du Sénat le 5 février 1919 : « Si nous avions été mieux renseignés, nous aurions imposé des conditions plus dures. »

C'est toute la France qui s'installe dans un malentendu historique. Le 19 octobre 1941, Robert de Saint-Jean écrit à Julien Green : « Tout le mal vient de ce qu'on nous a dit le 11 novembre 1918 que c'était une victoire, alors que nous échappions seulement à quelque chose d'horrible[1]. »

Toujours est-il que, le 11 novembre 1918, l'Allemagne accepte les conditions d'armistice présentées par les Alliés : évacuation par les armées allemandes des territoires envahis, de la rive gauche du Rhin et de trois têtes de pont de la rive droite (Mayence, Coblence et Cologne), interdiction de transferts de population en provenance desdits territoires et interdiction de destructions, livraison de 5 000 canons et 30 000 mitrailleuses, restauration des régions envahies... Après beaucoup de mal, Clemenceau fait transformer cette dernière clause en « réparation des dommages ». Pour la suite, la parole va appartenir aux diplomates chargés de discuter du traité de paix.

Au regard des dévastations sur le territoire français et des pertes humaines proportionnellement plus importantes, ces exigences sont modérées. Pourtant les Alliés britanniques et américains les jugent sévères, déjà obsédés par la perspective d'une « paix de châtiment » qui compromettrait l'avenir en suscitant un esprit de revanche en Allemagne. La crainte d'une bolchevisation (de l'Allemagne) n'est pas absente de ces calculs. C'est que la révolution de 1917 s'impose dans les esprits maintenant qu'elle n'est plus reléguée au second plan par la guerre. Il faut choisir entre une paix dure vis-à-vis de l'Allemagne et la mise en quarantaine de la Russie bolchevique. C'est tout juste si les Américains ne sont pas hostiles à l'entrée immédiate des troupes françaises en Alsace-Lorraine ainsi qu'à l'occupation des ponts du Rhin jugée « inutile et excessive ».

Pour les Allemands, cet armistice équivaut à une capitulation, mais capitulation de qui ? Le Kaiser a abdiqué le 9 novembre et Ebert, un civil et un socialiste, a remplacé Max de Bade au gouvernement dans un pays où la situation intérieure se détériore gravement. C'est à juste titre que les Français s'inquiètent et demandent aux nouveaux délégués s'ils sont véritablement représentatifs et si le nouveau gouvernement est réellement disposé à accepter les conditions de l'armistice. Le lendemain du 11 novembre, les troupes allemandes défilent dans Berlin en liesse. Ebert salue ces soldats « qui reviennent invaincus d'un combat glorieux ». Ni les civils, ni les militaires n'ont le sentiment d'avoir perdu la guerre et il flotte déjà comme une idée de revanche. Dans les

Mémoires qu'il publie au lendemain de la guerre, Ludendorff, chef des opérations et partisan de la guerre à outrance (il a fallu le remplacer pour que l'armistice soit possible), ne regrette en aucune façon les 1 800 000 tués de son pays. Au contraire, il faut marcher sur leurs glorieuses traces : « Apprenons, après être tombés si bas, en souvenir de nos héros morts dans leur foi à la grandeur de l'Allemagne et qui manquent tant actuellement à notre pays, à redevenir Allemands, et à être fiers de l'être[2] ! » Avant même que commencent les discussions du traité de paix, s'installe déjà en Allemagne le leitmotiv du « coup de poignard dans le dos ». « L'armistice signé, les vainqueurs découvrirent en guise de peuple soumis, une nation en colère[3]. »

Les représentants des nations victorieuses, et eux seuls, se réunissent à Paris de janvier 1919 à août 1920 pour une « conférence de la Paix » qui n'inclut donc ni les vaincus, en dépit des changements de régime, ni la Russie bolchevique, déjà mise au ban du monde occidental. Cette façon de concevoir la « conférence des Peuples » et de prétendre fonder un nouvel ordre européen sera lourde de conséquences. D'ailleurs, jamais une conférence et les cinq traités qui en sont issus n'ont été plus critiqués par leurs contemporains. C'est notamment le cas du traité de Versailles, signé le 28 juin 1919, censé établir la paix entre la France et l'Allemagne.

« Sans le Rhin, on ne tient rien »

Paix de compromis, le traité de Versailles ne va convenir ni aux vainqueurs, ni aux vaincus. L'homme fort du Congrès, c'est le président Wilson et non Clemenceau. Wilson, dans les 14 points énoncés au début de 1918, a affirmé les principes directeurs d'une paix équitable selon ses conceptions : *The world must be made safe for democracy*. Cependant, le point 3 exige l'abolition des frontières économiques ! N'ayant pas pour son pays d'ambitions territoriales, Wilson refuse à la France toute annexion de la rive gauche du Rhin. C'est pourtant là un point essentiel que Foch défend ardemment : « tenir solidement le Rhin [...], cette frontière a l'immense avantage de pouvoir être solidement gardée par des effectifs très réduits, ce qui permet à la France et à la Belgique de diminuer d'autant leur effort militaire ». Pour ce faire, Foch propose de réorganiser la Rhénanie et de la soustraire définitivement à « l'emprise prussienne », en un mot d'en faire un État indépendant. Déjà, le général Mangin, commandant des troupes d'occupation, s'emploie à soutenir, pour ne pas dire susciter, des mouvements autonomistes locaux. Récusant par avance l'accusation d'annexionnisme, Foch propose, dans une visée européenne, une garde au Rhin interalliée. Sans la rive gauche du Rhin, avertit-il prophétiquement, « ce n'est pas la paix, c'est un armistice de vingt ans[4] ! ».

Clemenceau a suivi la doctrine de Foch mais la Grande-Bretagne, retrouvant ses réflexes séculaires, s'est effrayée d'une France trop forte en face d'une Allemagne trop faible. « Seule une résolution froide, obstinée de notre part pouvait vaincre cette dure résistance », commentera Foch. Il ne fallait pas céder aux Anglais, « pas plus qu'ils n'auraient cédé touchant la marine allemande [supprimée par le traité], les colonies allemandes [confisquées, l'Allemagne n'étant pas "digne" d'en posséder], la liberté des mers ». Foch intervient, à sa demande, auprès du Conseil des ministres puis de la réunion plénière de la conférence. Là il parle du Rhin, toujours le Rhin : « Ce fleuve règle tout [...] Quand on n'est pas sur le Rhin, on a tout perdu [...] Le reste ne compte pas. » Ce que Foch n'a pas compris sur le coup mais dont il s'apercevra plus tard, c'est qu'il se place du point de vue militaire (et certes la guerre l'est) alors que ses interlocuteurs sont tout entiers dans la diplomatie et la politique. Pour eux, la guerre est finie, bien finie. On parle de paix au sens philosophique, pas de sécurité au sens géostratégique. C'est en vain donc que Foch avertit que renoncer à la barrière du Rhin, c'est laisser à l'Allemagne la possibilité de recommencer alors même qu'elle a été battue. À l'inverse, c'est donner à la France une « frontière de vaincu ».

S'entendant sur le dos de la France, États-Unis et Grande-Bretagne, en échange de ses prétentions à une frontière militaire du Rhin et une Rhénanie indépendante, offrent un traité d'alliance par lequel les États-Unis, aux côtés de la Grande-Bretagne, interviendront immédiatement en cas d'une nouvelle agression allemande. Clemenceau finit par accepter ce que Foch considère comme de la « monnaie de singe ». En fait, le refus du Sénat américain, le 19 novembre 1919 puis le 19 mars 1920, de ratifier le traité de Versailles va enlever à la France cette ultime garantie et ce d'autant plus que le rejet américain délie *ipso facto* la Grande-Bretagne. La messe est dite. Dès ce moment, la France s'est retrouvée seule face à l'Allemagne. « D'une guerre faite à plusieurs, sortait aussi une paix faite à plusieurs, mélange de conceptions diverses, du principe de l'équilibre et du principe des nationalités, une paix qui remettait beaucoup de questions à plus tard et qu'il faudrait encore interpréter et appliquer[5]. »

On peut parler d'un marché de dupes. Les historiens ne cessent de mettre en avant la bonne foi, pour ne pas dire l'angélisme du président Wilson, prix Nobel de la paix pour 1919. C'est vite dit. D'abord il accepte de participer à la conférence de la Paix et donc d'y jouer un rôle prédominant mais son parti (le parti démocrate) vient d'être sévèrement battu aux élections de novembre 1918 alors même qu'il s'est engagé personnellement dans la bataille électorale. Il devrait, de ce fait, être moins enclin à engager l'avenir de son pays. Mais non.

Obsédé par son idéalisme démocratique, il s'oppose farouchement à la demande française à propos du Rhin, allant jusqu'à menacer de quitter la conférence de la Paix. Que ne l'a-t-il fait ! On notera au passage que les principes intangibles de Wilson cèdent devant le Japon prétendant hériter des « droits » allemands sur la Chine et marchandant pour ce faire leur entrée dans la future Société des Nations. Mais Wilson se défie des Français qu'il juge militaristes et « hystériques » sur la question de leur frontière avec l'Allemagne. Lloyd George, le Premier ministre britannique, et Wilson font semblant de s'étonner de « l'appréhension nerveuse » de la France à la pensée qu'elle va se retrouver face à l'Allemagne quand Américains et Britanniques seront rentrés chez eux – sauf que les Britanniques ont devant eux la Manche et les Américains l'Atlantique. Les Français, eux, n'ont rien sinon une frontière ouverte déjà violée en 1914 par l'agresseur allemand. On serait hystérique à moins. Enfin, comment Wilson peut-il oublier que, tout traité d'alliance américain devant être ratifié par le Sénat à la majorité des deux tiers, ses chances d'aboutir sont donc des plus minces ? Il est loin du compte, ce malheureux peuple français qui, partout où passe Wilson, manifeste de façon extraordinaire sa joie et son espoir dans le grand allié américain. Décidément peu psychologue, Wilson en retire la conviction qu'il est soutenu dans sa politique par l'opinion publique contre le gouvernement français.

Jamais Foch ne pardonnera à Clemenceau cet abandon, ce « crime de lèse-France », d'autant plus que le président de la République, Raymond Poincaré, pense comme lui. Les hommes politiques et les diplomates ont « saboté la victoire ». En 1922, Foch, interviewé dans le *New York Tribune*, décoche la flèche du Parthe à Clemenceau en voyage aux États-Unis justement pour disculper la France des accusations de militarisme :

L'Allemagne du traité de Versailles

Le *IIIe Reich* en mars 1936

« Clemenceau me rappelle Guillaume II. Guillaume II a perdu la guerre et maintenant il essaie – en particulier aux États-Unis – de se justifier dans ses mémoires. Clemenceau a perdu la paix. »

Devant une accusation aussi grave, Clemenceau se défend longuement mais assez mal dans *Grandeurs et misères d'une victoire*. Et des misères, le vieux Tigre en a d'autres que celles que Foch lui inflige. Aux élections de novembre 1919, il a soixante-dix-huit ans et aspire à quitter la présidence du Conseil pour devenir président de la République, couronnement juste et logique de sa carrière. Le Congrès, notamment du fait de son anticléricalisme, ne lui accorde pas cet honneur et lui préfère Paul Deschanel. Le vote à bulletins secrets a permis à de nombreux parlementaires de se venger de ses formules assassines sans se découvrir.

Que répond Clemenceau à propos de la question, centrale mais quelque peu oubliée aujourd'hui, de la création d'un État autonome du Rhin ? Que, comme chef du gouvernement, il a dû composer avec l'hostilité britannique ne voulant pas créer une « nouvelle Alsace-Lorraine », qu'il ne pouvait s'emparer de la Rhénanie sans violer le droit des peuples et du même coup rompre l'alliance. « Nous n'avions pu gagner la guerre que par la réunion de quatre grands peuples. Nous ne pouvions faire la paix que par l'accord de quatre gouvernements qui n'avaient pas nécessairement, et pour cause, les mêmes vues sur la meilleure manière de fairc une *Europe de droit*[6] » Et il ajoute : « Tout absorbé par ses occupations militaires, le maréchal Foch ne se cassait pas la tête pour savoir ce que deviendraient cinq millions et demi d'habitants qui, par l'effet des principes de la Révolution française, ne trouveraient peut-être pas bon qu'on disposât d'eux sans une consultation préalable dont le résultat n'était pas douteux. » Et Clemenceau de se gausser des « idées simplistes du Maréchal » ne se préoccupant que de « finir sa guerre ». C'est qu'en effet elle n'était pas finie.

« Le traité de Versailles organise la guerre éternelle »

Au terme du traité de Versailles, l'Allemagne perd 1/7e de son territoire et 1/10e de sa population. L'Alsace-Lorraine retourne à la France. Deux cantons sont annexés par la Belgique qui réclamait de surcroît le Luxembourg et la rive gauche de l'Escaut. La Sarre, avec ses riches mines de charbon, est détachée de l'Allemagne pour quinze ans, après quoi elle sera soumise à plébiscite (retour à l'Allemagne, annexion à la France ou indépendance). Le Slesvig du Nord va, après plébiscite, au Danemark du Nord. La Haute Silésie sera soumise à plébiscite entre l'Allemagne et la Pologne. L'Allemagne perd la Posnanie et une partie de la Prusse occidentale (Thorn). Enfin – et ce n'est pas là la moindre aberration du traité de Versailles –, l'accès de la Pologne à la mer « nécessite » la création d'un corridor isolant la Prusse du reste de l'Allemagne. Au bout du corridor, Dantzig, le seul grand port de la région et ville intégralement allemande depuis 1814, est déclarée « ville libre » où les Polonais auront librement accès. En outre l'Allemagne et l'Autriche ont l'interdiction dans l'avenir de réunir leurs territoires *(Anschluss)*.

Que stipule le traité à propos des garanties de sécurité exigées par la France ? Il y a principalement le traité de garantie des États-Unis et de la Grande-Bretagne mais on a vu ce qu'il va en advenir dans les mois qui suivent. À défaut d'une occupation permanente de la Rhénanie, celle-ci sera occupée quinze ans dans la zone de Mayence, dix ans dans la zone de Coblence et cinq ans dans celle de Cologne. Garantie « nulle au point de vue militaire », commente Foch. Une zone démilitarisée comprendra la Rhénanie ainsi qu'une bande de 50 km sur la rive droite du Rhin. L'Allemagne sera désarmée : pas de marine, pas d'aviation, pas de tanks, pas d'artillerie lourde mais seulement une armée de 100 000 hommes (dont 4 000 officiers). Elle ne pourra pas fabriquer de matériel de guerre. Une commission de contrôle vérifiera tout cela et le désarmement général des vainqueurs ne commencera qu'une fois le désarmement allemand avéré. Ainsi, du moins sur le papier, l'Allemagne est réduite à l'impuissance mais Foch, toujours lui, avertit qu'il sera « presque impossible d'empêcher l'Allemagne de s'armer en cachette ».

Reste la question des Réparations « pour les dommages causés aux populations civiles des nations alliées et à leurs propriétés » dont l'Allemagne a accepté le principe lors de la signature de l'armistice. L'article 231 justifie ainsi les Réparations : « L'Allemagne reconnaît qu'elle est responsable, pour les avoir causés, de tous les dommages subis par les gouvernements alliés et associés et leurs nationaux en conséquence de la guerre déchaînée par l'agression de l'Allemagne et de ses alliés. » Pour la première fois, la responsabilité d'un pays est fixée officiellement. Cet article, plus que tous les autres, va susciter une vague de protestations dans l'Allemagne qui récuse cette accusation de culpabilité.

La signature du traité, mise en scène par un Clemenceau plus préoccupé du passé que de l'avenir, a profondément humilié l'Allemagne. Le choix de la galerie des Glaces à Versailles venge la proclamation de l'Empire allemand au même endroit, le 8 janvier 1871. L'hôtel où loge la délégation allemande – celui-là même où séjourna la délégation française en 1871 – a été entouré d'une palissade sous le prétexte peu crédible de sécurité. Pour aller jusqu'à la gigantesque table de la signature, les deux représentants de l'Allemagne, encadrés par une garde armée, ont dû passer devant une délégation française de cinq gueules cassées. Les deux délégués allemands signent d'abord tandis que retentissent des coups de canon. On est le 28 juin. André Tardieu, qui a participé activement à la conférence de la Paix et se montre un fervent partisan de la politique de Clemenceau, croit justifier ainsi cette cérémonie lourdement symbolique et inutilement humiliante pour l'Allemagne : « Ce n'est pas le seul traité de Francfort qu'effaçait le traité de Versailles, mais un siècle et demi de revers et de reculs ; un siècle et demi pendant lequel le paradoxe de notre destin avait associé à l'essor prodigieux des idées françaises le déclin continu de la politique française[7]. »

Quant au contenu du traité, le comte Brockdorff-Rantzau, ministre des Affaires étrangères et chef de la délégation allemande, de retour à son hôtel après la signature, commente : « Ce gros volume était inutile [le traité de Versailles ne comporte pas moins de 440 articles]. Une seule clause aurait suffi : l'Allemagne renonce à son existence ! » L'Allemagne avait reçu le 7 mai les conditions du traité. Ses contre-propositions, qui furent refusées, ne pouvaient être qu'écrites. Pas de discussion donc. Le gouvernement allemand était sommé de signer dans les cinq jours. Le chancelier Scheidemann préféra démissionner et son successeur, Gustav Bauer, ne signa que sous la menace d'une reprise des hostilités.

Nombreux sont les Allemands, y compris modérés, à penser que pour obtenir une paix aussi infamante, point n'était besoin de déposer les armes si tôt. Le « diktat » de Versailles vient de naître dans la psychologie collective allemande. Dans le numéro du 3 juin 1919 de l'hebdomadaire satirique et politique allemand *Simplicissimus*, aux traits le plus souvent féroces, un dessin de Thomas Theodore Heine représente l'Allemagne en condamné à mort vu de dos, torse nu et poings liés, devant une guillotine. Les trois bourreaux, tout de noir vêtus, sont Wilson qui semble prodiguer de bonnes paroles, Lloyd

George qui tient roulé dans ses mains l'arrêt de mort et Clemenceau, l'exécuteur principal, qui s'apprête à actionner le couperet.

L'encre du traité est à peine sèche que les écrits se multiplient contre lui. John Keynes, qui n'est pas encore célèbre pour ses traités financiers et son influence sur l'économie internationale, était membre de la délégation britannique à la conférence de la Paix. Il en a démissionné pour marquer son opposition aux clauses financières du traité, s'en expliquant dans *Les Conséquences économiques de la paix*, ouvrage qui paraît dès 1919. Il y dénonce « l'aveugle passion antiallemande » du traité. Le portrait qu'il y donne de Clemenceau est cruel : « très vieux et très fatigué, l'âme sèche et vide d'espérances ». Keynes écrit : « Quand l'Allemagne aura recouvré sa force et sa fierté, ce qui ne peut manquer d'arriver, bien des années passeront encore avant qu'elle jette de nouveau les yeux vers l'Ouest. L'avenir de l'Allemagne, aujourd'hui, est à l'Est, et c'est de ce côté que ses ambitions et ses espoirs, quand ils renaîtront, se tourneront certainement. » Peu importe que la prophétie de Keynes se soit révélée fausse, comme d'autres dans son ouvrage. À vrai dire, le débat n'est pas encore tranché aujourd'hui de savoir si les clauses financières du traité étaient ou non praticables[8]. Mais l'année de la signature n'est pas achevée que déjà il se trouve un personnage éminent, délégué de la conférence, pour noter comme une évidence que l'Allemagne va bientôt retrouver sa force, sa fierté et ses ambitions.

L'analyse de Jacques Bainville, l'année suivante, dans *Les Conséquences politiques de la paix*[9], est pessimiste, lucide et prémonitoire. L'auteur, conservateur et nationaliste, disciple de Maurras et militant à l'Action française, est un historien encore peu connu (son *Histoire de France*, où il exalte la politique monarchique, date de 1924). Se référant à Keynes, il veut bien convenir du chaos économique du traité de Versailles et de ses appendices (Saint-Germain, Trianon, Sèvres et Neuilly) mais que dire alors du chaos politique ? « D'autres traités avaient été des traités politiques. Celui-là était un traité moral. Il était moral que l'Allemagne fût désarmée et qu'elle perdît, en fait de territoires, ceux qu'elle avait pris à d'autres peuples non germaniques, et ceux-là seulement. » Moral aussi de perdre marine et colonies et « deux fois moral » de payer des Réparations, le prix de la délivrance allemande. « Quand le peuple allemand en sera convaincu, il sera digne d'entrer dans la Société des Nations. » C'est Lloyd George qui parle ainsi devant la Chambre des communes, le 3 juillet 1919 mais, commente Bainville, l'Angleterre est déjà comblée (marine, colonies, quasi-monopole maritime).

Les territoires perdus par l'Allemagne ? Ils ne font, selon Bainville, que renforcer l'unité d'un État de 60 millions d'habitants (1/3 de plus que la France) désormais centralisé et assuré que les Alliés se garderont d'intervenir dans ses affaires intérieures. « Tôt ou tard, l'Allemagne sera tentée d'en user. Elle y sera même poussée par les justes duretés que les Alliés ont mises dans les autres parties de l'acte de Versailles. Tout est disposé pour leur donner l'idée et la faculté de s'en affranchir, et les entraves elles-mêmes serviront de stimulants. » Surtout qu'il faut compter avec le « militarisme prussien » à propos duquel Bainville ajoute : « Il ne manquera que l'occasion et l'homme qui mettront ce militarisme en mouvement. » Quant aux portions de pays germaniques enlevés à l'Allemagne, elles tomberont tôt ou tard sous sa dépendance. Et que dire des « États-enfants », nés du traité, qui entourent l'Allemagne ? Ce qu'en dit Foch un jour qu'il conduit son biographe, Raymond Recouly, devant une carte de l'Europe accrochée au mur de son bureau : « Voilà l'Europe que nos hommes d'État, nos diplomates ont fabriquée. Elle se présente sous l'aspect d'une mosaïque, d'un enchevêtrement extraordinaire de frontières et de peuples. » Les frontières en sont vulnérables. « Au centre de tout cela, parmi ces constructions toutes fraîches, une Allemagne de 60, bientôt 65 millions d'habitants. Or, qu'est-ce qui tient, qu'est-ce qui supporte tout cela ? C'est nous, nous seuls. Si notre force, notre appui manquent, ces constructions risquent de s'écrouler. »

« Le dialogue tragique n'a pas cessé », constate Bainville. « Les détails du traité sont un travail d'experts et de techniciens (Bainville parle plus loin de "géomètres arpenteurs"). L'ensemble, les grandes lignes sont de l'ouvrage d'amateurs. » Bref, « les chirurgiens de Versailles ont recousu le ventre de l'Europe sans avoir vidé l'abcès. » Alors que « la politique consiste essentiellement à prévoir, le traité du 28 juin est remarquable par son imprévoyance. Il accumule les difficultés et il renvoie les solutions à plus tard [...] On peut dire que le traité de Versailles organise la guerre éternelle. Il ne nous a même pas mis dans de très bonnes conditions pour la soutenir ».

La ratification du traité de Versailles par la Chambre des députés, le 2 octobre 1919, a exigé un long débat de cinq semaines, opposant une droite trouvant le traité trop doux et ne garantissant pas la sécurité de la France à une gauche, essentiellement socialiste, le jugeant trop dur. À quoi Clemenceau, tel Salomon rendant la justice, répondit : « Ce traité si complexe vaudra pour ce que vous voudrez vous-mêmes. Il sera ce que vous le ferez. » En effet.

André Tardieu, dans l'ouvrage qu'il publie en 1921[10], défend ambigument le traité de Versailles. Il commence par affirmer que « la paix de Versailles n'est ni abusive, ni injuste », fustigeant au passage les critiques d'une minorité de Français « qui emprunte à Moscou sa définition de la justice ». Ce n'est toujours pas le cas de Bainville ! La paix de Versailles est-elle inexécutable comme le prétend l'Allemagne ? Tardieu pose cette question pour mieux l'écarter : toutes les clauses sont exécutées ou en voie d'exécution (on est encore au début de 1921). Et puis, ajoute Tardieu, on ne pouvait pas faire plus. Cependant, l'homme de Clemenceau constate déjà une atteinte au traité à propos des Réparations : le gouvernement allemand, dont il souligne « l'audace », proclame que ses engagements ne le lient pas tant qu'un accord nouveau ne les a pas modifiés. L'Allemagne ne veut pas payer et « son insolvabilité est systématiquement organisée ». Quant aux responsabilités, Tardieu les impute aux vaincus mais aussi aux Alliés, Américains en tête. Spécialiste des États-Unis où il a été commissaire spécial de France en 1917 et 1918, il ne pense pas que la lutte des républicains contre les démocrates suffise à expliquer l'isolement « où l'Amérique s'est ruée ». Les États-Unis sont retournés à leur « ancienne solitude ». *Keep off !*

Selon Tardieu, l'éviction de Clemenceau par le Parlement a grandement facilité le désengagement anglo-américain. « Maintenant, ce sont les Français qui brûlent Jeanne d'Arc ! » se serait exclamé Lloyd George. « On s'est pris à douter de la constance de la France », dit Tardieu qui montre du doigt les nouveaux dirigeants français qui, comme Aristide Briand, dénoncent la clause des Réparations comme « la tare du traité » : « Ces récriminations, en face de vaincus arrogants et d'alliés hésitants, ont porté leurs fruits. »

Clemenceau a écrit la préface de l'ouvrage de Tardieu. Elle est datée de septembre 1920. Il voit bien lui aussi que l'Allemagne essaie d'échapper aux obligations du traité mais le ton qu'il emploie est nettement plus violent que celui de Tardieu. On voit bien qu'il n'est plus « en politique ». La voilà bien, « la déloyauté du Boche ! [...] L'heure d'avertissement suprême fut lorsque les chefs de gouvernement s'entendirent sommer, face à face, par un délégué allemand, d'avoir, avant tout débat, *à se guérir de la maladie de la victoire*. Et la conférence ne fut pas rompue. Et le désaveu de la brute en délire ne fut pas même exigé. Au moins que ce digne Boche reçoive nos remerciements pour un dévergondage de franchise qui ne peut guère nous laisser d'illusion sur le cas allemand ! » Finalement, le Tigre est sans illusions, dénonçant les Allemands « vaincus mais non anéantis, tout prêts par un rare mélange d'effrontées fourberies et d'ardeur combative, à leurs recommencements d'hégémonie ». L'avenir entre la France et l'Allemagne est sombre. « Celui qui voudra le plus fortement et le plus longtemps aura raison de l'autre partie. »

L'Allemagne n'a jamais eu l'intention de payer

« La guerre éternelle », qui était peut-être une clause de style sous la plume de Bainville, reprend aussitôt. Dès l'Armistice s'est installé un chantage allemand à la famine et à l'anarchie à destination non de la France mais du monde anglo-saxon. Or ce chantage fonctionne assez bien et va peser d'un poids décisif sur le paiement des Réparations dont le montant et les modalités vont sans cesse changer au point de les annuler finalement.

En Grande-Bretagne, en Italie, en Belgique, en France surtout, prévaut le slogan de « l'Allemagne paiera », sorte d'incantation populaire et politique en réponse aux multiples difficultés du moment. Toutefois et très imprudemment, le montant des Réparations n'a pas été immédiatement fixé et reste à négocier. Wilson a proposé un chiffre forfaitaire modéré mais sous la pression de l'opinion, il a d'abord été décidé que l'Allemagne paierait 20 milliards de marks-or avant le 1er mai 1921. Aussitôt, les conférences se multiplient pour tenter de pallier les lacunes du traité. En juillet 1920, la conférence de Spa, où cette fois des ministres allemands peuvent se faire entendre, fixe le pourcentage des Réparations pour chaque pays bénéficiaire (52 % à la France et 22 % à la Grande-Bretagne). L'Allemagne, qui fait aussi de la résistance sur ses livraisons de charbon et de coke prévues par le traité, obtient une révision des programmes. Le précédent est redoutable : une première révision du traité est opérée un an seulement après sa signature. De plus, la question n'est pas mince et met en jeu la supériorité industrielle et notamment sidérurgique de l'Allemagne. La Grande-Bretagne, qui vend son charbon à la France dans la plus grande pénurie, a appuyé la demande allemande. Quant à la France, qui comptait tenir l'Allemagne avec ses exportations de minerai de fer, elle se voit contrée par l'approvisionnement de cette dernière en Suède et en Espagne ainsi que par une politique d'ampleur extraordinaire de récupération des ferrailles. À la fin de 1922, la Guerre froide de la sidérurgie est perdue par la France.

Quant aux Réparations, il faut attendre la conférence de Londres de mars 1921 pour que le montant « définitif » soit fixé : 132 milliards de marks-or. Le mode de paiement, hors d'un prélèvement sur le capital et de livraisons en nature qui porteraient atteinte à l'appareil de production allemand, est prévu par des annuités prolongées. Tous les spécialistes s'accordent à juger ce mode illusoire, d'autant plus que la politique d'inflation menée pendant la guerre mais continuée après, fait chuter le mark. Ceci n'empêche pas l'Allemagne de refuser la démission de son gouvernement (on en compte six de 1921 à 1923). Les troupes françaises et britanniques occupent alors Düsseldorf, Duisburg et Ruhrort dans la Ruhr. En mai 1921, sous l'influence de Walter Rathenau, ministre des Finances, l'Allemagne accepte finalement le montant des Réparations mais les difficultés ne font que commencer.

Le décalage psychologique est total entre les opinions publiques allemande et française. Les Allemands sont persuadés qu'on veut les ruiner et les affamer. Ils ont ajouté au terme incantatoire de *Diktat* celui de *Tribut* (le même mot dans les deux langues). C'est portés par tout leur peuple que les gouvernements successifs de l'Allemagne de Weimar entendent ne pas payer. *Frei von Versailles !* scandent les pancartes de nombreuses manifestations. De leur côté, les Français, obsédés par les paiements, contraignent leurs gouvernements à une politique de fermeté. D'ailleurs, les Réparations ont été budgétisées. Cela va grandement contribuer à l'entretien de l'antagonisme entre les deux peuples. Les Français, victimes de la guerre, font figure de bourreaux aux yeux des Allemands. Ils sont pourtant rares ceux qui, comme le général Fonville, tiennent en 1921 un langage résolument « anti-boche » : « Le peuple allemand est le seul pour sourire encore à la guerre. Chez lui, la manie belliqueuse est congénitale ; il l'a dans le sang. L'effroyable épreuve de 1914-1918 ne l'en a point guéri ; il est incurable ; il n'est justifiable que de la camisole de force. Qu'on le maîtrise donc une bonne fois[11] ! » Quelques mois plus tard, toujours dans la revue *La France militaire*, le général Fonville poursuit sa philippique : « Jamais l'Allemagne ne se soumettra pleinement aux exigences de désarmement telles que les formule le traité. Elle rusera, elle camouflera et, toutes les fois qu'on voudra y regarder de près, on la trouvera en flagrant délit[12]. »

En octobre 1921, des entretiens entre Rathenau et Loucheur, ministre français des Régions libérées, visant à des Réparations en nature, semblent sur le point d'aboutir en dépit de l'hostilité britannique. Une politique de rapprochement avec l'Allemagne s'esquisse, d'autant plus que Poincaré, président du Conseil depuis le 15 janvier 1922 (il a été président de la République jusqu'en 1920), est favorable aux accords de Wiesbaden, en dépit de sa réputation d'intransigeance. Il ne croit pas au traité de Versailles mais, après l'abandon anglo-américain, c'est tout ce qu'il reste à la France. Hélas, les événements vont le ramener à une politique de stricte application du paiement des Réparations : le 16 avril 1922, le traité de Rapallo (en Ligurie) entre l'Allemagne et la Russie bolchevique est un coup de tonnerre sur la scène internationale. Les deux pays renoncent à toute réparation de guerre et nouent des relations diplomatiques et économiques. Les Français voient là un chantage contre nature (il rompt la mise au ban européen de la Russie bolchevique) pour peser sur le paiement des Réparations. Ils seraient définitivement édifiés sur la bonne foi de l'Allemagne s'ils connaissaient la teneur d'une clause secrète autorisant l'entraînement en Russie d'officiers allemands aux armements interdits par le traité de Versailles. Le 24 juin, Rathenau est assassiné par un groupuscule d'extrême droite et, le 12 juillet, le gouvernement allemand demande un moratoire de ses dettes. La France accepte à condition de prendre des gages mais lors de la conférence de Londres du mois d'août, la Grande-Bretagne refuse, cherchant visiblement à rendre à l'Allemagne sa place dans l'économie européenne. Le 13 novembre 1922, l'Allemagne, enhardie par ces divergences entre Alliés, demande cette fois un moratoire de deux à trois ans.

C'en est trop. La France, en accord avec la Belgique, décide d'occuper la Ruhr. Poincaré s'emploie à rassurer la Chambre le 11 janvier 1923 : « Nous allons chercher du charbon, et voilà tout ; si cette recherche nous fournit l'occasion de causer demain ou plus tard avec une Allemagne devenue plus conciliante ou avec des industriels moins exigeants, nous ne fuirons pas la conversation. » Évidemment la Grande-Bretagne désapprouve. Quant aux États-Unis, ce n'est plus leur problème. C'est assurément là la première faillite – et éclatante – du traité de Versailles. Or celui-ci ne date que de trois ans et demi ! L'épreuve de force est engagée. L'Allemagne réplique à l'Occupation militaire par la résistance passive, puis par la grève générale. Une affiche de propagande allemande montre alors une France en mégère à demi dénudée et au visage de goule, coiffée du bonnet phrygien. Dans sa main gauche un fusil, mais sa main droite s'empale sur les cheminées acérées des usines de la Ruhr. Qui s'y frotte s'y pique ! Un numéro spécial de *Simplicissimus* évoque les atrocités françaises. Ce thème, depuis l'Occupation de la Rhénanie, fait florès. Les troupes coloniales sont une cible privilégiée, accusées de viols, voire de cannibalisme. Voyez ces Français qui ont besoin de « sauvages » dans leur armée !

La France tient bon, prenant elle-même en main l'appareil de production. Des corps francs, soutenus par le gouvernement allemand, se livrent à des sabotages. Le bilan est lourd, surtout politiquement : 140 morts dans les accrochages et même un chef de commando de sabotage condamné à mort et fusillé en dépit de l'intervention du pape. C'était un ancien de Verdun et la presse allemande va avoir beau jeu d'en faire un martyr. Adolf Hitler célébrera sa mémoire dans *Mein Kampf* en en faisant « le premier soldat du troisième Reich ». Pour financer sa résistance, l'Allemagne, après avoir sacrifié ses réserves en or, subit la plus grande inflation de l'Histoire. En 1918, un œuf coûtait 0,25 mark ; en novembre 1923, il coûte 80 milliards de marks. Le mark a cessé d'exister. C'est dans ce contexte qu'a lieu le 8 novembre 1923 le putsch de la Brasserie à Munich avec, outre ses 20 morts, l'apparition sur la scène politique allemande d'un certain Hitler dénonçant « les continuateurs des criminels de novembre ».

Un nouveau gouvernement de coalition, que dirige Gustav Stresemann, a capitulé mais Poincaré s'est montré intraitable. On le surnomme « Poincaré-la-guerre » ou encore « poings carrés » et on le caricature volontiers comme le dernier poilu. L'idée de constituer une entité politique et économique rhénane a repris du lustre. On prépare une monnaie rhénane. La France songe aussi à raviver le séparatisme bavarois ! De son côté, le franc se dévalue à une vitesse croissante. La France n'a pas les moyens de sa politique de fermeté. Il faudrait l'aide des Anglais et surtout celle des Américains. Or c'est l'Allemagne que ceux-ci vont aider. En juillet 1924, à l'initiative des Américains et des Britanniques, le plan Dawes (qui va valoir à son auteur le prix Nobel de la paix) accorde un premier crédit, essentiellement américain, de 800 millions de marks-or à l'Allemagne pour consolider sa monnaie. Ainsi l'économie allemande pourra repartir et les Réparations pourront être payées aux Alliés et d'abord à la France. Il convient toutefois de rééchelonner les paiements. L'Allemagne accepte d'autant plus volontiers que Gustav Stresemann, pour lors ministre des Affaires étrangères, explique cyniquement aux présidents des *Länder* réunis à Berlin le 3 juillet 1924 que ce plan, outre le pactole américain, va desserrer l'étreinte française et qu'il sera toujours temps d'en demander la révision. C'est ainsi qu'on va aboutir en 1929 au plan Young – autre financier et diplomate américain –, mettant fin à la surveillance financière de l'Allemagne et échelonnant les paiements jusqu'en... 1988.

La France a perdu sur tous les tableaux

Édouard Herriot, le nouveau président du Conseil depuis la défaite du Bloc national et la victoire du Cartel des gauches en mai 1924, pressent d'autant moins le sort funeste qui pèse sur les Réparations quand il rencontre en juin son homologue britannique et travailliste, Ramsay MacDonald, qu'il espère avant tout instaurer un front franco-britannique contre l'Allemagne. Mais c'est en arbitre qu'entend s'ériger la Grande-Bretagne. Celle-ci attend de Herriot qu'il accepte à la fois le plan Dawes et l'évacuation de la Ruhr. C'est une très lourde concession pour la France mais Herriot souhaite obtenir en échange une réforme importante de la Société des Nations. Il s'agirait de permettre à celle-ci d'imposer l'arbitrage entre deux pays en conflit et de recourir, en cas de refus, à des sanctions, y compris militaires, contre l'État réputé agresseur (on voit bien de quel côté regarde Herriot). La réforme serait de taille en effet car la réputation d'impuissance de la SDN est déjà patente. MacDonald est d'accord mais son gouvernement tombe en mars 1925 et le gouvernement conservateur qui lui succède refuse le protocole. Le 10 avril 1925, c'est au tour du gouvernement Herriot de tomber sur de graves questions financières (Herriot se heurtant aux « puissances d'argent ») mais le principe d'évacuation de la Ruhr a été accepté par la France qui a conclu ainsi un nouveau marché de dupes. Dans ses *Mémoires*, Herriot ajoute qu'il s'est résolu à l'abandon de la Ruhr pour cette autre raison que « le maintien de l'Occupation militaire de la Ruhr, c'était le maintien de l'isolement de la France ; c'était éloigner d'elle au moins les États-Unis et la Grande-Bretagne. L'une de mes préoccupations constantes dans ma vie publique a été de ramener les États-Unis à une collaboration avec l'Europe ».

Les troupes françaises achèvent d'évacuer la Ruhr en août 1925. La France n'a finalement rien obtenu, ni en matière de paiements, ni en matière de sécurité. Pire, elle a perdu beaucoup au plan international en allant trop loin ou pas assez : considérée désormais par ce qu'il convient tout de même d'appeler encore ses alliés comme nationaliste, militariste, impérialiste, son isolement diplomatique est total. Même le pape la désapprouve. Ce n'est pas l'Allemagne qui inquiète le monde occidental, c'est la France. Dans les caricatures américaines, l'image de la soldatesque française a remplacé celle de la soldatesque allemande. Quant au peuple allemand, son ressentiment à l'égard de son ennemie héréditaire se trouve renforcé par la nouvelle humiliation et la nouvelle capitulation subies avec l'Occupation de la Ruhr. La France a perdu sur tous les tableaux, et elle est plus seule que jamais.

2

La France en proie à ses démons

La France est seule. Seule face à l'Allemagne mais seule aussi vis-à-vis de ses alliés d'hier. Déjà hier.

Pour rompre cet isolement et assurer une sécurité que ne lui donne pas le traité de Versailles, la France s'est lancée dans une politique d'alliances de « contention » autour de l'Allemagne. Le grand allié russe (et finalement défectueux) n'est plus là car il n'est pas question de parler à la Russie bolchevique, laquelle d'ailleurs, Lénine l'a dit clairement, n'entend pas se mêler des contentieux entre pays capitalistes. Ainsi la France noue des alliances avec plusieurs pays d'Europe centrale, notamment les nouveau-nés que sont la Pologne et la Tchécoslovaquie. D'autre part, toujours dans une stratégie politique « d'alliances de revers » contre l'Allemagne, la France soutient la Petite Entente, alliance de la Yougoslavie, de la Roumanie et de la Tchécoslovaquie qui s'est formée en 1920-1921 contre la Hongrie, révisionniste des traités. Sur le papier, ce sont autant de fronts renversés possibles, un nombre non négligeable de divisions politiquement motivées par la défense de leur nouvelle indépendance nationale. Dans la réalité, ce sont des engagements formels à l'égard de pays lointains alors même que la France ne possède pas de force d'intervention : elle n'a pas l'armée de sa diplomatie.

La France s'engage néanmoins en 1920 aux côtés de la Pologne en envoyant le général Weygand et une importante mission militaire à l'aide du général Pilsudski qui, au nom de la « Grande Pologne », s'est imprudemment emparé de territoires en Russie, bien au-delà de la ligne fixée par le traité de Versailles. Loin de la faiblesse escomptée, l'Armée rouge a envahi la Pologne. En août 1920, la situation militaire se retourne lors de la bataille de Varsovie, prélude au traité de Riga (12 mars 1921) qui repousse de 200 km la frontière orientale de la Pologne, englobant désormais des minorités biélorusses et ukrainiennes. La Russie, pour lors en proie à la guerre civile, n'oubliera rien de tout cela et la Pologne paiera cher cette annexion. Quant à la France, elle ne retire même pas de l'aventure la reconnaissance de la Pologne qui conteste aussitôt l'importance du rôle qu'a pu jouer sa mission militaire.

Il y a par ailleurs la Belgique, petit pays mais poids lourd depuis la Grande Guerre dans la géostratégie franco-allemande. En septembre 1920, un accord militaire secret franco-belge porte sur les mesures défensives qu'il conviendrait de prendre en cas de nouvelle agression allemande (ce qui en dit long sur la perception que ces deux pays ont de l'Allemagne). En fait, la Belgique a essayé jusqu'au bout d'y impliquer la Grande-Bretagne et elle n'accepte finalement ce traité, quoique seulement technique, que pour faciliter la reprise de ses relations diplomatiques avec le Luxembourg. Alors même que Paris continue à voir en elle l'allié indéfectible, celle-ci, déjà en proie aux difficultés avec un pays flamand francophobe, commence à loucher du côté de l'indépendance et de la neutralité.

Ce sont autant de boulets que la France se met ainsi aux pieds et qui vont l'entraîner au fond, en 1940. Bien sûr, il reste l'allié britannique et son immense empire. La France est tellement persuadée qu'il est incontournable face à l'Allemagne qu'elle n'ose rien entreprendre sans lui (François Bédarida parle de « la gouvernante anglaise »). Or, comme on l'a vu, la Grande-Bretagne se défie de la France plus que de l'Allemagne, dans son éternel souci d'empêcher tout État de devenir hégémonique en Europe continentale.

Cet isolement diplomatique est d'autant plus grave que, depuis la signature du traité de Versailles, la guerre froide avec l'Allemagne n'a pas cessé et que le désarmement de celle-ci, stipulé par le traité, ne s'opère pas au rythme prévu, dans un climat d'effervescence patriotique qu'a avivé la grave affaire de la Ruhr. Le poids et le prestige de l'armée allemande demeurent intacts. Non seulement l'Allemagne n'a pas l'intention de désarmer mais elle entend au contraire réarmer, ainsi que le prouve la clause secrète du traité de Rapallo avec la Russie.

Le traité de Versailles est grignoté de toutes parts, comme le dénonce un dessin satirique de René Jouenne en 1927, où une armée de rats, allemands pour la plupart mais aussi britanniques et américains, dévore le volumineux traité. « Depuis le 28 juin 1919, lit-on, date de la signature du traité de Versailles, vingt-quatre conférences interalliées se sont successivement réunies pour régler *définitivement* les problèmes politiques et économiques nés de la guerre ». « Utilisez la pâte *Magnerforte,* la seule qui détruise instantanément tous les rongeurs. » Mais quelle manière forte ? Celle de la Ruhr ?

La « politique du chien crevé au fil de l'eau »

À quelques mois de sa mort, le Tigre pousse à ce propos d'ultimes rugissements, énumérant « les désastreuses mutilations du traité de Versailles ». Pour Clemenceau, ce n'est pas le traité en soi qui est mauvais, c'est l'application qui en est faite. « La victoire ! Qu'en a-t-on osé faire ? Les rédacteurs du traité de paix allaient se voir reprocher amèrement d'insuffisantes exigences à l'égard de l'Allemagne, par des hommes prêts à reculer devant la simple application, quand ils en auraient reçu le pouvoir. » Hors de l'éternelle question des Réparations, hors de « l'inconséquence américaine » (« après qu'elle s'est enrichie par la guerre »), retentit ce cri d'alarme : l'Allemagne réarme ! Pire, elle réarme pendant que la France désarme. « On peut se demander enfin si, dans le cas d'une nouvelle agression, on trouverait chez le peuple français cette même force morale dont il a fait preuve en 1914. Depuis dix ans, ses dirigeants l'ont si bien chloroformé, lui ont si souvent répété que personne ne voulait plus de guerre et que, par conséquent, il n'y en aurait plus, qu'il a fini par le croire. »

C'est que la France est alors en plein « briandisme ». L'attitude des Français face à l'Allemagne se divise en deux camps opposés depuis la signature du traité. L'un, celui de Foch, de Clemenceau, voit dans l'Allemagne, même déguisée en démocratie de Weimar, l'ennemi de toujours, le mauvais perdant qui ne tient pas ses engagements et prépare sa revanche. L'autre camp au contraire cherche à mettre un terme à l'antagonisme franco-allemand qui n'a que trop coûté aux deux nations. Dans cette perspective, le traité de Versailles est jugé trop sévère et doit être révisé. Aristide Briand est l'infatigable promoteur de cette politique.

Né en 1862 à Nantes dans une famille de cafetiers d'origine paysanne, avocat d'extrême gauche, anticlérical farouche, il va cependant évoluer et s'adapter aux circonstances. Son talent oratoire lui vaut d'être député de la Loire Inférieure en 1902. Il est ministre pour la première fois en 1906, président du Conseil en 1909 puis deux fois pendant la Grande Guerre. Le revoilà président du Conseil en janvier 1921 et partisan de la fermeté vis-à-vis de l'Allemagne qui n'accepte pas le traité de Versailles : « La sanction de la Grande Guerre, la conséquence de la victoire, c'est l'exécution du traité. » Briand menace même « d'abattre la main de la France sur le collet de l'Allemagne ». Ces fières déclarations ne l'empêchent pas, un an plus tard, lors de la conférence de Cannes, en janvier 1922, de suivre les Anglais sur le principe d'une réduction de la dette allemande. Non informé, le président de la République, Alexandre Millerand, ancien président du Conseil qui veut se faire entendre même de l'Élysée, enjoint à Briand de ne rien céder sur les Réparations. Le retors Briand démissionne alors pour mieux rebondir après que son successeur, Poincaré, se sera cassé les dents sur l'affaire de la Ruhr. En attendant de redevenir président du Conseil en novembre 1925, Briand est délégué de la France à la Société des Nations qui siège à Genève. Là, il va aussitôt se rendre célèbre par ses discours enflammés en faveur de la paix. « Pour vouloir la paix, il ne suffit pas de prononcer le mot, il faut l'avoir dans la volonté. Il faut saisir toute occasion, toute possibilité de la servir et de la servir constamment. C'est une maîtresse exigeante que la paix ! Plus exigeante que la guerre ! » Briand va incarner ce qu'on appelle alors « l'esprit de Genève ». On parle aussi du « briandisme » qui tourne la page des nationalismes belliqueux pour entrer dans l'ère des conciliations.

Pour Tardieu, cette politique est une politique d'abandon. « Le briandisme, c'est la politique du chien crevé au fil de l'eau ! » Quant à Léon Daudet, député de Paris depuis 1919, directeur et ténor du journal *L'Action française*, il dénonce violemment dès 1921 « l'amorce de la trahison de Briand ». « Au début d'avril [1921], Aristide parle de mettre *la main au collet* de l'Allemagne. C'était une feinte à l'aide de laquelle il comptait bien se laisser prendre au collet allemand. Tous nos collègues murmuraient *Quelle ordure !* et continuaient à voter pour lui ! »

Pour Daudet, les choses sont claires depuis le début : la conférence de Cannes prétendant réduire la dette allemande a marqué « le début de la débâcle nationale ». Quant à « Aristide », « l'Ignoble », le « faux honnête homme », le « marlou cynique » (l'extrême droite exploite sans vergogne une ancienne condamnation de Briand dans une affaire de mœurs), il entend réaliser « le programme complet de l'anti-France », embarqué comme il est « sur la galère de la trahison méthodique ». Jacques Bainville accuse plus sobrement Briand d'oublier le « péril germanique ».

Il n'empêche que l'opinion française, largement pacifiste, approuve sa politique. Celui-ci signe en octobre 1925 les accords de Locarno par lesquels l'Allemagne, la France et la Belgique se garantissent mutuellement leurs frontières, sous la caution de la Grande-Bretagne et de l'Italie de Mussolini. De son côté, l'Allemagne a obtenu la promesse d'un siège à la SDN. C'est un grand succès diplomatique pour Briand à qui la France de gauche, socialiste ou radicale, fait un triomphe tandis que la France de droite crie au sabotage du traité de Versailles. Celui qu'on appelle désormais le « pèlerin de la paix » parle d'une ère nouvelle annonçant la fin de l'antagonisme franco-allemand. Il n'y a plus de *diktat* de Versailles.

Pourtant, les ombres portées à ce tableau idyllique sont nombreuses. L'Allemagne n'a pas reconnu ses frontières de l'Est – ce qui fragilise la Tchécoslovaquie et la Pologne. D'ailleurs lorsque cette dernière exige, à l'instar de l'Allemagne, un siège permanent au Conseil de la SDN, Stresemann menace de se retirer. Voilà qui en dit long sur les arrière-pensées de l'Allemagne vis-à-vis de la Pologne. Pour Stresemann, admirateur de Bismarck et adepte de la *Realpolitik*, Locarno n'est qu'une étape acceptée sinon voulue par l'Allemagne, dans sa libération du carcan de Versailles. La paix de Locarno repose sur cette équivoque. Georges Suarez, journaliste et écrivain, pacifiste, germanophile et futur collabo (il sera en 1945 le premier journaliste condamné à mort et fusillé), n'en écrit pas moins en 1933 : « Pouvait-on croire à la sincérité de l'Allemagne aussi longtemps qu'elle aurait des revendications à formuler ? Et n'était-il pas quelque peu candide d'exiger d'elle à la fois son amitié et sa docilité à la volonté du vainqueur[1] ? »

À l'évidence, Briand et Stresemann n'entendent pas la paix de Locarno de la même façon. Le plus grand dessinateur de presse et caricaturiste français de l'époque, Jean Sennep, ne s'y trompe pas. L'un de ses dessins de 1925 nous montre Briand absorbé dans la lecture des accords de Locarno et qui ne semble pas s'apercevoir qu'il est assis sur la bouche d'un gigantesque canon. « Acte de foi », dit la légende. Une autre caricature campe Briand à la frontière franco-allemande, en vieux jardinier solitaire qui vient d'arroser des pousses rachitiques. Il fait signe à Stresemann entouré d'une ribambelle d'enfants. Aristide : « Ici, les oliviers poussent » – Stresemann : « Bravo ! Ici ce sont les grenadiers ! »

Le véritable chantage à la détente de Stresemann fonctionne à merveille puisque Briand a reculé à propos du siège de la Pologne au Conseil de la SDN. « À Locarno, tout est beau ! » chansonne-t-on. Le Comité norvégien du prix Nobel de la paix, qui déjà n'en rate pas une, couronne pour 1926 Briand et Stresemann. L'année précédente, le prix est allé à Charles Dawes pour son brillant plan et à Austin Chamberlain, ministre britannique des Affaires étrangères, qui a pris une part prépondérante aux accords de Locarno (l'intervention constante de la Grande-Bretagne dans les rapports franco-allemands sert grandement la stratégie diplomatique de Stresemann). Quant aux années 1923 et 1924, le Comité d'Oslo n'a pas voulu décerner de prix en raison des atteintes aux traités de paix et de l'Occupation française de la Ruhr.

Le pacifisme systématique, outrancier, mystique de Briand achève de ruiner la sécurité de la France face à l'Allemagne. Pour reprendre l'expression de Clemenceau, l'opinion publique a été « chloroformée ». Attaqué à droite, Briand a été farouchement défendu par le centre et par la gauche et plus généralement par l'opinion publique. On peut se demander aujourd'hui encore si un tel vieux renard de la politique, dix fois président du Conseil, vingt-deux fois ministre (dont quinze aux Affaires étrangères), inspirateur de la politique extérieure française quasiment jusqu'à sa mort en 1932, est sincère quand il s'écrie : « On aura supprimé la guerre le jour où une nation injustement attaquée saura que, pour la défendre, la totalité des puissances se jettera au-devant d'elle. » Mais est-il aussi « nuageux » que Georges Suarez et les caricaturistes le dépeignent ? Ce serait plus grave encore que Briand n'ait été qu'un cynique opportuniste. Entre les deux, mais plus près du cynisme, Briand a probablement estimé que la France n'avait pas la force de mener une autre politique que celle de la conciliation. Quand d'aventure on lui reprochait son pacifisme, il répondait parfois, pourvu que ce fût en privé : « Je fais la politique de notre natalité. » Car la France est un pays vieilli : aux morts de la Grande Guerre se conjugue le déficit des naissances. En 1921, elle ne compte que 39 200 000 habitants, c'est-à-dire 400 000 de moins qu'en 1911, en dépit du retour de l'Alsace-Lorraine. Dans la décennie qui suit, le malthusianisme du pays aggrave le tableau : 41 300 000 habitants en 1936 – et encore, grâce à l'immigration (pour lors essentiellement italienne et polonaise). L'Allemagne, elle, flirte avec les 65 000 000 en dépit de ses propres pertes. Or – et c'est le fond de la question –, c'est avec les hommes qu'on fait les guerres.

Tandis que Briand poursuit ses discours, l'Allemagne est devenue la deuxième puissance industrielle mondiale. Elle n'a eu qu'à reconvertir une industrie intacte au lendemain de la Grande Guerre, alors que la France doit entièrement reconstruire son économie. Un prix Nobel scientifique sur trois est allemand entre 1919 et 1927.

En 1925, l'année de Locarno, paraît le premier tome de *Mein Kampf*. Il n'est d'abord que peu lu mais, dès cette même année, il y a 14 députés nazis au Reichstag et il y en aura 107 après les élections de septembre 1930, oblitérées par la crise économique mondiale et le chômage. En revanche, ce n'est pas sous la pression de la crise que Hitler a rédigé *Mein Kampf* mais tranquillement (si l'on peut dire), alors qu'il était en prison à la suite du putsch manqué de 1923 et même, pour la partie où il évoque le plus la France, au plus beau temps de Locarno – et non sous la pression de l'Occupation de la Ruhr. Que lit-on ? Que la « visée dominatrice » de la France et son « chauvinisme » sont l'éternel problème de l'Allemagne. « C'est pour cette raison que la France est, et reste, l'ennemi que nous avons le plus à craindre. » « Le rôle que la France, aiguillonnée par sa soif de vengeance et systématiquement guidée par les Juifs, joue aujourd'hui en Europe, est un péché contre l'existence de l'humanité blanche et déchaînera un jour contre ce peuple tous les esprits vengeurs d'une génération qui aura reconnu dans la pollution des races le péché héréditaire de l'humanité. » Les seuls alliés potentiels de l'Allemagne en Europe sont l'Angleterre et l'Italie. La France est le danger permanent. « Oui ! pendant toutes ces dernières années, on a, avec l'attendrissante niaiserie d'incorrigibles rêveurs, continuellement tenté de devenir bons amis avec la France. On faisait sans cesse des courbettes devant la *grande nation* et, dans chaque truc perfide du bourreau français, on croyait tout de suite voir les premiers symptômes d'un changement de dispositions. »

Intitulé « le droit de légitime défense », le dernier chapitre de *Mein Kampf* désigne comme « ennemis mortels de la vie de l'Allemagne » le marxisme et la France. « Après la guerre, la France a poursuivi avec une inflexible logique le but d'asservir l'Allemagne [...]. Je ne croirai jamais à une modification des projets que la France nourrit à notre égard ; car ils ne sont, au fond, que l'expression de l'instinct de conservation de la nation française [...] La nation française qui meurt lentement, non pas tant par la dépopulation que par la disparition progressive des meilleurs éléments de la race, ne peut continuer à jouer un rôle important dans le monde qu'en démolissant l'Allemagne. » Celle-ci ne doit pas rester passive mais aspirer à « une explication définitive avec la France » et ainsi « mettre un terme à la lutte interminable et essentiellement stérile qui nous oppose à la France ; mais à condition que l'Allemagne ne voie dans l'anéantissement de la France qu'un moyen de donner enfin à notre peuple, sur un autre théâtre, toute l'extension dont il est capable ».

Or, dès la fin des années 1920, la République de Weimar doit compter avec la surenchère nazie, comme lorsque Hitler accuse le plan Young de « réduire en esclavage le peuple allemand pour plusieurs générations ». Hitler contraint en septembre 1929 le gouvernement allemand à organiser un référendum national. Il n'obtient pas gain de cause, mais il est déjà là. Le krach de Wall Street va faire le reste.

La politique politicienne

Pendant ce temps, la classe politique française s'occupe de « politique politicienne », d'élections et de réélections, de nominations et de renominations. Aristide Briand, dix fois président du Conseil et vingt-deux fois ministre, est assurément le premier du peloton, mais les autres le suivent de près, et ont pour nom Raymond Poincaré, Édouard Herriot, André Tardieu, Pierre Laval,

Camille Chautemps, Édouard Daladier, et d'autres encore. Parmi eux, Pierre Laval est typiquement un produit de la IIIe République. Né en 1883, d'origine très modeste et « self-made man », il devient avocat, défendant d'abord des syndicalistes socialistes. Membre de la SFIO depuis 1905, député d'Aubervilliers en 1914, pacifiste, il évolue lentement vers le centre puis vers la droite tandis que s'accroît sa fortune personnelle après un riche mariage. Laval devient ministre (Travaux publics) une première fois en 1925 dans le gouvernement Painlevé, de centre gauche. Six mois plus tard, quand le gouvernement tombe, remplacé par celui d'Aristide Briand, Laval y est nommé sous-secrétaire d'État à la présidence du Conseil. Dès cette époque, il est à la fois réaliste et opportuniste, mêlant astucieusement roublardise et sincérité, cultivant sa ruralité auvergnate, tissant un réseau d'amitiés et de solidarités, constituant un empire commercial fondé sur la presse, l'imprimerie, la radio. Candidat sans étiquette mais avec le soutien du centre droit et de la droite, il est élu sénateur de la Seine en 1927. *Time magazine* en fait « l'homme de l'année » en 1931. Entre 1925 et janvier 1936, Laval sera neuf fois ministre (dont deux fois aux Affaires étrangères) et quatre fois président du Conseil, devenant l'un des hommes clefs de la droite. Écarté du pouvoir à l'approche du Front populaire, il va réapparaître sur la scène politique au moment de la défaite.

Les gouvernements se succèdent à une cadence folle. On n'en compte pas moins de quarante-quatre entre 1919 et 1940 (dont seize de juin 1932 à mars 1940 contre trois en Grande-Bretagne pour la même période). Celui de Fernand Bouisson en juin 1935 dure quatre jours. Le second cabinet Léon Blum, un peu plus de trois semaines. Les chefs de gouvernement peuvent du reste se succéder à eux-mêmes (Daladier trois fois entre le 10 avril 1938 et le 21 mars 1940). Le président du

Conseil cumule souvent ses fonctions avec un portefeuille – souvent celui des Affaires étrangères. Il peut conserver un ministère bien que n'étant plus président du Conseil. Bref, on prend les mêmes et on recommence ! Ce sont ceux, Laval en tête, qu'un journaliste britannique de l'époque, Alexander Werth, appelle les « entrepreneurs de la politique », véritables conducteurs de la manipulation parlementaire et experts en « ce que les Italiens appellent *combinazioni* »[2].

C'est que le système de gouvernement de la IIIe République, hanté lors de sa fondation par la crainte du bonapartisme, a créé un régime d'assemblée en donnant tout le pouvoir au Parlement. Celui-ci élit le président de la République qui, théoriquement, désigne le président du Conseil, mais c'est en fait le Parlement qui décide. Le nouveau président du Conseil doit obtenir la majorité dans chacune des assemblées pour être investi. Dès qu'il ne l'a plus, son gouvernement tombe. Dans un tel contexte, le choix des ministres obéit bien davantage à l'impératif du dosage qu'à celui de la compétence et d'une politique à long terme. Le jeu des compétitions politiques attribue toujours, selon une expression de l'époque, « la palme au plus insignifiant et au plus neutre ». « À peine en fonction, le président du Conseil était aux prises avec d'innombrables exigences, critiques et surenchères, que toute son activité s'employait à dérouter sans pouvoir les maîtriser. Le Parlement, loin de le soutenir, ne lui offrait qu'embûches et défections. Ses ministres étaient ses rivaux. L'opinion, la presse, les intérêts, le tenaient pour une cible désignée à tous les griefs. Chacun, d'ailleurs – lui-même le tout premier –, savait qu'il n'était là que pour une courte durée. De fait, après quelques mois, il lui fallait céder la place » (de Gaulle, *Mémoires de guerre)*.

Cette « République des députés » est démocratique sur le papier, et ingouvernable sur le terrain. Un tel système n'aurait des chances de fonctionner que dans un pays politiquement stable. Or, jamais la France n'a été aussi divisée que dans la période appelée significativement l'entre-deux-guerres. À la « Chambre bleu horizon » élue en 1919 (droite et centre) a succédé en 1924 le « Cartel des gauches ». Cette coalition hétérogène rassemble la nouvelle SFIO (nés l'un et l'autre de la scission en 1920 du parti socialiste), les Républicains socialistes, les Radicaux et Radicaux-socialistes et la « Gauche radicale » qui en dépit de son nom est à la droite du Cartel (et donc au centre) et dont les 41 députés, quoique ralliés difficilement, sont indispensables pour franchir une barre majoritaire de 291 voix. L'opposition de droite est moins structurée avec trois groupes (essentiellement, l'Union républicaine démocratique) et « divers droites ». À tout cela il faut ajouter les « non-inscrits ». Les alliances sont ainsi nécessaires en permanence pour gouverner. Pour n'en rester qu'à l'exemple du Cartel des gauches, outre les 28 députés communistes qui vont voter systématiquement contre les « réformistes » du Cartel tout en en faisant partie, les deux principaux groupes, socialistes et Radicaux, sont opposés sur les problèmes cruciaux. Les premiers, qui s'alignent plus volontiers sur la social-démocratie allemande ou les travaillistes britanniques que sur leurs gouvernements (même de gauche), sont contre le traité de Versailles et favorables à des concessions vis-à-vis de l'Allemagne. C'est exactement le contraire pour les Radicaux. Les socialistes aspirent à une politique économique contrôlée et à un impôt sur le capital tandis que les Radicaux sont libéraux. Cette dernière question va rapidement sonner le glas du Cartel contre lequel vont se dresser les « puissances d'argent ».

Grâce à leur position qui évolue vers le centre en dépit d'une étiquette de gauche et à leur groupe parlementaire presque constamment majoritaire, ce sont les Radicaux qui arbitrent désormais la vie politique. Fondé en 1901, le Parti radical et radical-socialiste a d'abord été républicain, laïc, intransigeant. Clemenceau a été sa figure de proue. Ce n'est plus désormais qu'un « parti de gouvernement » s'alliant tantôt à sa droite, tantôt à sa gauche. De 1920 à 1940, les Radicaux dirigent 13 gouvernements sur 42 et sont en bonne place dans les 29 autres. Après leur participation au Cartel, ils s'unissent en 1928 à égalité de voix aux droites dans la majorité de Poincaré. En 1932, le centre et la droite, éparpillés en 11 groupes différents, perdent la majorité. Du coup, les Radicaux se souviennent qu'ils sont encore « de gauche » et reconstituent le Cartel. Dans un contexte de crise économique mondiale qui accentue la désagrégation de l'exécutif, pas moins de cinq gouvernements Radicaux se succèdent de 1932 à 1934, ne contribuant pas peu à développer l'antiparlementarisme et les campagnes de l'extrême droite en faveur d'un « pouvoir fort ».

La division chronique de la politique française, que d'aucuns nomment coquettement « la tradition républicaine », a au moins pour avantage de constituer un rempart contre la tentation potentielle d'un fascisme mussolinien qui brille alors de tous ses feux en Europe. Dès qu'il s'agit de donner les « pleins pouvoirs » à un gouvernement, le spectre de la dictature surgit. Ainsi, André Tardieu, en 1934, réclame en vain une « réforme de l'État » réduisant le nombre des partis politiques et dégageant l'exécutif de la tutelle du Parlement. Mais la « politique politicienne » française, qui absorbe le temps et l'énergie de gouvernements tout entiers tournés vers la politique intérieure, est catastrophique dans le domaine des Affaires étrangères. À cela s'ajoute, d'un gouvernement à l'autre, une « ignorance majestueuse de l'économie » – d'où « une gestion apeurée des finances publiques »[3]. Ainsi paralysée, la France est dans l'impossibilité de mener une politique d'envergure, d'avoir de grands desseins ou de simplement faire preuve d'un minimum de continuité dans sa politique étrangère. Elle n'est pas prise au sérieux par les autres États, à commencer par l'Allemagne mais aussi par la Grande-Bretagne, qui cependant pèse en permanence sur ses relations outre-Rhin. Le personnel politique français manque de sérieux et de compétences réelles, hors celle d'assurer sa propre pérennité.

Des Français dressés les uns contre les autres

Qu'en est-il hors des sphères du pouvoir ? Dans *Le Peuple du désastre*, Henri Amouroux parle de « 40 millions de Français qui ne s'aiment pas ». C'est une litote. Les Français se détestent. La crise économique qui déferle sur le monde à partir de 1929 est plus tardive en France (1931), moins sévère, mais beaucoup plus longue (jusqu'à 1936). L'accroissement du chômage et la détresse ouvrière, le désarroi des couches moyennes, le mécontentement des petits commerçants, des artisans, des paysans, tous frappés par la crise, aggravent les tensions et accentuent les clivages politiques. À gauche, PC et SFIO sont plus frères ennemis que jamais. Les communistes appliquent la ligne dure du Komintern « classe contre classe » qui fourre dans le même sac fascisme et social-démocratie. Les communistes appellent les socialistes « social-traîtres » et ceux-ci les traitent en retour de « moscoutaires ». Les socialistes eux-mêmes se divisent en participationnistes (aux gouvernements) et non participationnistes. Ils sont gravement éprouvés en 1933 par la scission, sur leur droite, de Marcel Déat, chef de file « des néo-socialistes », antimarxistes résolus, autoritaristes en matière d'économie et louchant finalement en direction du fascisme.

Forte des divisions de la gauche, la droite se mobilise. Son mot d'ordre, défini par le programme électoral de la

Fédération républicaine en 1928, est : « Liberté, sûreté, propriété ». En fait, il s'agit plutôt de droites qui ne se structurent pas en partis comme à gauche et constituent des groupes parlementaires aux contours imprécis, évitant soigneusement le terme de droite. On y trouve même des « indépendants de gauche ». À côté d'une majorité traditionnelle et catholique, elle-même divisée entre modérés et réactionnaires, se développe une extrême droite antirépublicaine, antiparlementaire, xénophobe et antisémite, tantôt monarchiste, tantôt fascisante. Elle s'organise en ligues qui se multiplient au début des années 1930. À l'Action française (fondée depuis 1905) conduite par Charles Maurras et Léon Daudet, affaiblie par la condamnation pontificale de 1926 qui éloigne d'elle les catholiques – et aux Jeunesses patriotes (fondée en 1924), s'ajoutent, au début des années 1930, des ligues nouvelles, disposant de l'appui financier de quelques grands industriels (Renault, Michelin, de Wendel, François Coty, etc.).

La ligue la plus importante, celle des Croix-de-Feu, fondée en 1927 pour les Anciens Combattants (d'où son nom), s'ouvre d'abord en 1932 aux « Fils de Croix-de-Feu » puis en 1933 à tous sans condition. Ce mouvement nationaliste, activiste et organisé militairement (mais sans uniforme), dirigé par le colonel de la Rocque, se propose « de remettre de l'ordre dans le pays » dans une dynamique de révolution nationale : « lutter contre les politicaillons, les politicards au patriotisme douteux, à vénalité presque certaine ». Les Croix-de-Feu comptent 260 000 adhérents en 1935 et leur journal *Le Flambeau* leur confère une large audience. À partir de 1931, les Croix-de-Feu demandent un renforcement de la Défense nationale face au danger allemand.

Le monde paysan lui-même, d'ordinaire en dehors des affrontements politiques, se lance dans des luttes corporatistes parfois proches d'un « fascisme vert ». C'est par exemple Henri d'Halluin (qui écrit sous le pseudonyme de Henry Dorgères), fils de boucher et autodidacte, qui organise en 1929 en Ille-et-Vilaine un « Comité de défense paysanne contre les assurances sociales » que les paysans doivent payer depuis l'année précédente aux ouvriers agricoles. En 1934, il crée *Front paysan* puis *Défense paysanne*, appelant à lever les fourches « pour nettoyer le Palais-Bourbeux » et à « lutter contre les partis, contre cette pourriture »[4]. En 1935, sont créées les « chemises vertes » pour encadrer les manifestations paysannes.

La gauche a eu beau jeu de taxer les ligues de fascisme. À vrai dire, le fascisme proprement dit ne pénètre en France que dans des cercles restreints ou dans des groupuscules directement financés par Mussolini comme le *Mouvement franciste* fondé par Marcel Bucard. L'arrivée de Hitler au pouvoir en Allemagne et du Front populaire en France vont changer la donne. C'est ainsi que va naître en 1935, d'une scission de l'Action française, le groupuscule clandestin et cette fois authentiquement fasciste de La Cagoule, ne reculant pas devant l'assassinat politique.

Fascistes ou non, crypto-fascistes ou empruntant au fascisme, ces divers mouvements ont en commun de pointer du doigt une absence d'État en France. Barthélemy Montagnon, « néo-socialiste », s'en explique au congrès de la SFIO en juillet 1933 : « Crise générale de la démocratie ? Pourquoi ? Parce que l'État est trop faible, parce que l'État n'a aucune action possible sur les perturbations économiques, sur les grands courants sociaux [...] La naissance du fascisme, la force du fascisme vient de la nécessité qui semble évidente partout d'un État fort, d'un État puissant, d'un État d'ordre[5]. »

Vu d'Allemagne

On a souvent évoqué la fragilité de la République de Weimar. C'est vrai à l'intérieur mais, à l'extérieur, l'Allemagne retrouve son unité face à la France et à son opposition au traité de Versailles. Ainsi, paradoxalement, la France renforce l'Allemagne au lieu de l'affaiblir. Instaurée artificiellement au temps de Locarno, la détente entre les deux pays se dégrade de nouveau à partir de 1931, et donc nettement avant l'arrivée de Hitler au pouvoir. Sur fond d'une crise économique mondiale qui frappe durement le pays (3 millions de chômeurs en 1930), le plan Young est contesté à peine mis en route. Un nouveau moratoire d'un an est accordé. L'Italie de Mussolini, la Grande-Bretagne mais aussi en France les socialistes et mezza voce les Radicaux, demandent qu'on aide l'Allemagne de Weimar. C'est ainsi qu'on aboutit à la conférence de Lausanne de juin 1932 qui réduit les 121 milliards des Réparations à 3 milliards, payables après un moratoire de trois ans. Quand on sait, certes rétrospectivement, que ces derniers et misérables 3 milliards ne seront pas payés par l'Allemagne de Hitler, c'est finalement pour rien que la question des Réparations aura empoisonné les relations franco-allemandes. Une caricature de Sennep, qui paraît dans *Le Rire* du 9 avril 1932 et qui s'intitule *Les envies*, représente une Allemagne enceinte sur son lit d'hôpital dévorant à belles et grandes dents une poire qui a la forme d'un petit bonhomme. Chargés de plateaux de poires identiques, Jouhaux, Daladier et Blum (représentant à des titres divers la gauche française) accourent à son chevet pour satisfaire son envie. « Elle veut des poires ! Et encore des poires ! » dit la légende.

Tout cela n'empêche pas les Allemands d'être ulcérés par la France. Emmanuel Berl, journaliste entré en politique aux côtés des Radicaux, évoque en 1930 un bellicisme français sinon d'esprit du moins de fait : « Les Français sont unanimes à se croire pacifistes. C'est que la France confond la paix avec les traités de paix. [...] Aussi, les cris par lesquels la France affirme son conservatisme semblent à ceux qui les prononcent, des cris de paix, à ceux qui les entendent, des cris de guerre[6]. »

En 1929, Friedrich Sieburg, correspondant à Paris du *Frankfurter Zeitung*, publie un caustique *Gott in Frankreich ?* traduit en France l'année suivante[7]. Depuis Jeanne d'Arc, « quiconque fait la guerre à la France risque d'avoir affaire à Dieu », commente Sieburg. « Tout Français est de naissance un croisé. L'Histoire, cette grande séductrice, prouve chaque jour au peuple français qu'il détient à juste titre le monopole de la raison et de la civilisation. » Après un passage obligé par la Révolution, Napoléon et la mission civilisatrice de la France, *La Marseillaise* (avec ce vers aujourd'hui encore des plus vivants : « Qu'un sang impur abreuve nos sillons ! »), le journaliste conclut dans un premier temps que l'esprit français est frappé d'une fatalité : il a toujours un jugement favorable sur lui-même. Mais nous voici aux difficiles relations entre la France et l'Allemagne. La guerre mondiale [la Grande Guerre] a été menée elle aussi comme « une sorte de croisade ». Or « la lutte que la France mène pour conserver son monopole de civilisation est à tous égards dirigée contre nous. [...] Comme il est établi aux yeux du Français que seul son esprit est autorisé à se montrer actif et à exercer une influence sur d'autres peuples, il n'a pas d'autre ressource que de condamner l'activité allemande, le besoin d'expansion allemand, par le mot de pangermanisme. Ce mot que nous lisons tous les jours dans les journaux français n'est pas autre chose au fond qu'une protestation contre toute activité non-française. C'est là la véritable signification de l'antagonisme France-Allemagne. »

Alors qu'on est en plein briandisme, Sieburg évoque une Europe dont la construction serait menacée par une France cramponnée à son « monopole ». « La France ne paraît pas se douter que la paix de l'Europe est en jeu, qu'elle met cette paix en péril, en voulant empêcher cette force de lui enlever sa suprématie, de l'obliger à abandonner son hégémonie civilisatrice. En vérité, il faut se montrer indulgent pour les troubles dont la France est la cause. Car ce pays est en face d'une cruelle nécessité. Il s'agit pour lui de prendre congé de la somptueuse idéologie qui a fait sa gloire et sa grandeur [...] Pauvre France qui veut s'assurer contre l'avenir, derrière le bouclier des traités de paix ! »

L'année de la publication en France de *Dieu est-il français ?*, Thomas Mann, prix Nobel de littérature en 1929, donne une conférence à Berlin intitulée « Appel à la raison[8] ». À la raison de qui ? De tous, mais plus particulièrement de la France et des Français, des vainqueurs d'hier. Dans cette longue conférence, le libéral Mann fustige sans équivoque le parti nazi : « Vague géante d'excentricité barbare et de grossièreté foraine [...] danse de Saint-Guy du fanatisme. » Il n'en condamne pas moins, comme tous ses compatriotes, le traité de Versailles : « Le traité de Versailles fut un instrument dont les desseins tendaient à empêcher le développement de la force vitale de l'un des grands peuples européens pour tout le cours de l'histoire, et considérer cet instrument comme la *magna charta* de l'Europe, sur laquelle devait s'édifier tout l'avenir de l'Histoire. [C'était] une idée qui allait à l'encontre de la vie et de la nature et qui, aujourd'hui déjà dans le monde entier, ne compte plus guère de partisans que pour la forme. La vie et la raison même ont déjà apporté un démenti à l'intangibilité de ce traité et, si l'on entend des nationalistes français se plaindre qu'après douze ans il soit déjà percé comme un crible, cela ne fait justement que prouver l'impossibilité de l'impossible et parle en faveur des moyens employés du côté allemand pour démontrer cette impossibilité naturelle. »

Et Mann d'énumérer les injustices qui « assombrissent l'âme de l'Allemagne ». En tête de celles-ci, la question d'un désarmement unilatéral, « l'absurde règlement de notre frontière à l'est », les Réparations, « la manière jacobine dont a été réglée la question des minorités manifestant une totale incompréhension du peuple allemand ». C'est toutefois grâce aux « coups de canif dans le traité de Versailles », grâce aussi à l'action de Stresemann et de la social-démocratie que l'Allemagne s'est libérée et relevée. On n'est plus au temps où « Clemenceau ôtait son pince-nez dans un étonnement plein de fureur quand un Allemand s'avisait de parler ». Puisque ce temps est passé, Thomas Mann plaide pour une alliance franco-allemande. Selon lui, le peuple allemand n'a pas haï la France, même pendant la guerre. La France met sans cesse en avant l'argument de sa sécurité ? Eh bien, « la plus réelle sécurité de la France est la santé morale du peuple allemand ».

3

La SDN ou le « machin » d'avant

Quand de Gaulle, au début des années 1960, traitait l'ONU de « machin », au sens d'un gros truc inefficace, personne ne pensait que c'était faux, mais d'aucuns estimaient que toute vérité n'est pas bonne à dire, surtout de la part d'un chef d'État. L'opposition ajoutait que cette phrase, insultante pour la noble demeure des droits de l'homme, traduisait le refus de la France gaullienne de balayer devant sa porte, à l'heure de la décolonisation. Près de cinquante ans plus tard, l'ONU est resté un « machin », plus gros encore, plus bureaucratique et opaque (52 % de fonctionnement sur un budget dit ordinaire – car il y a les extraordinaires, de 4 millions et demi de dollars). Sauf à offrir une tribune au demeurant de moins en moins écoutée aux faibles de ce monde, à financer d'estimables agences et organisations, l'ONU a constamment failli à sa mission principale : le maintien de la paix dans le monde – et l'on ne saurait compter à son actif l'équilibre de la terreur qui a nourri la non-belligérance toute relative de la guerre froide. Son Conseil de sécurité est frappé d'impuissance depuis toujours. La machine, en dépit de promesses de réforme, paraît définitivement impropre à l'usage.

Pourtant, lors de la création de l'ONU en octobre 1945, les Alliés s'étaient bien juré de ne pas retomber dans les erreurs et les errements de la Société des Nations qui l'avait précédée. On allait voir ce qu'on allait voir. Et on a vu en effet.

La marotte de Wilson

Tout comme ce sera le président Roosevelt qui portera avec obstination l'ONU sur les fonts baptismaux en 1945, c'est le président Wilson, tout aussi obsédé par la noble mission qu'il s'est assignée, qui est le père de la Société des Nations. La création de celle-ci constitue le 14e et dernier de ses incontournables « points » énoncés en 1918. Wilson a exigé que le pacte constitutif de la SDN figure en tête de chacun des traités de paix de 1919. Ces points, voulant tirer les leçons du désastre de la Grande Guerre, sont des plus louables, prétendant assurer la paix mondiale en garantissant l'égalité des nations, leur indépendance politique et leur intégrité territoriale. Comment y parvenir ? Par la sécurité collective, maître mot, principe magique en vertu duquel les États membres s'engagent à ne jamais déclarer la guerre, à recourir systématiquement aux procédures de conciliation qui seront mises en place. Des sanctions sont prévues qui vont du blâme solennel aux mesures économiques et financières. C'est tout et c'est peu. Lors des travaux de la commission constitutive, la France, obsédée par son scénario d'un éternel retour de l'agression allemande, a tenté, mais en vain, de renforcer les pouvoirs de la SDN, proposant notamment la création d'une force armée internationale. « C'est inconstitutionnel », s'est exclamé Wilson qui a aussitôt ajouté : « Et c'est d'ailleurs impossible. » Pour Wilson, la puissance de la SDN, ce n'est pas une force armée qui en serait en quelque sorte la négation, mais la puissance d'une « opinion organisée ». Aux délégués français qui se sont obstinés un instant dans cette voie, le Britannique Lord Robert Cecil a cyniquement expliqué qu'en cas d'échec de la SDN il ne restera plus aux États-Unis et à la Grande-Bretagne qu'à conclure un traité d'alliance séparée. Les Français ont reculé. Wilson aurait sa SDN telle qu'il la souhaitait – pour que, finalement, les États-Unis n'en fassent pas partie, la privant du même coup de sa principale autorité.

Ce serait néanmoins une erreur de croire que Wilson agit contre l'opinion française. On l'a déjà vu salué de vivats par les foules. Pour les Français, l'épouvantable guerre qui vient de s'achever ne peut s'accepter que si elle débouche sur un monde meilleur, un monde de paix. Les plus sceptiques ne peuvent voir en la SDN qu'une dernière chance. Mais ce sont les moins nombreux. Une véritable « Wilsonmania » s'est emparée du pays. Il est même devenu un grand support publicitaire : chromos, calendriers, assiettes et plats décorés. Riz la +, le fameux papier à cigarettes, le montre en smoking, allumant sa cigarette à la flamme de la statue de la Liberté et tenant à la main une « 15e » proposition, cette fois en faveur de Riz la +. Dans son numéro du 10 avril 1920, le journal satirique *Le Rire* donne toutefois une autre vision de Wilson qui, en dépit de son auréole, tient dans ses bras une grosse Allemagne énamourée tandis qu'à l'arrière-plan une France au visage émacié monte un mur de briques sur fond de ruines. « La nouvelle Bible anglo-saxonne », commente la légende.

La SDN comporte bien d'autres faiblesses constitutives. Elle est primitivement constituée par les États vainqueurs, la France se montrant intraitable sur la question d'une éventuelle adhésion de l'Allemagne. C'est un étonnant paradoxe de voir l'Allemagne signer un traité comportant en majesté la création d'une organisation mondiale dont l'accès lui est refusé. Outre son « Assemblée » (composée des États membres qui devront se réunir à Genève tous les ans, en septembre) et son « Secrétariat » (six cents fonctionnaires), la SDN a pour exécutif un Conseil composé de quatre membres permanents (France, Grande-Bretagne, Italie, Japon) et de quatre, puis de neuf non-permanents élus par l'Assemblée. Le Conseil, qui doit principalement désigner qui est agressé lors d'une crise, ne peut prendre de décisions qu'à l'unanimité. Ainsi, dès sa naissance, la SDN se trouve vouée à l'impuissance et il importe peu que quarante-quatre États signent sa charte en 1920 (« une assemblée de neutres », dit Foch). Que va-t-il se passer en cas de crise ?

Les caricatures ne s'y trompent pas, à commencer par celle parue dans *Punch Magazine* en mars 1919 où l'on voit Wilson offrir à la colombe de la paix un rameau d'olivier gros comme un tronc d'arbre, sur lequel est inscrit : *League of Nations*. « Je veux bien faire plaisir à tout le monde mais c'est un peu lourd », dit la colombe. Toujours dans *Punch*, en juillet 1920, le lapin *League of Nations*, avec un joli ruban noué dans le dos, se trouve nez à nez avec un gigantesque boa *International Strife* (dissensions internationales). Le lapin, qui n'a pas peur, dit : « Mon équipement offensif étant pratiquement nul, il me reste à le fasciner avec le pouvoir de mon regard. »

Une « diplomatie de conférences » s'instaure à Genève où siège la SDN et dans des villes de grand tourisme où les hôtels de luxe sont suffisamment nombreux pour accueillir la pléthore des délégués. Neuf conférences internationales se tiennent en 1920, sept en 1921, sept en 1922. Foch méprise ces « parlotes de Genève ». « Elles servent principalement à tailler des succès personnels à tel ou tel homme d'État, qui s'imagine volontiers que, parce qu'il y a prononcé un discours vivement applaudi, toutes les questions sont réglées de ce fait ». Clemenceau non plus n'est pas tendre, stigmatisant « les parleurs » et l'impuissance de la SDN. Georges Suarez dira au début des années 1930 : « Là où il fallait un gendarme, on plaça un apôtre[1]. » En 1936, Ludovic Naudeau écrit dans *L'Illustration* : « La SDN est en somme une coalition, mais une coalition de paralytiques. »

L'épreuve des faits

Le « joujou » de Wilson, celui-là même au nom duquel a été sacrifiée la sécurité de la France, ne résiste pas à l'épreuve des faits. Les violations flagrantes à la nouvelle charte se multiplient dès le début des années 1920. La Silésie, en 1921, est le théâtre d'affrontements, avec intervention de l'armée française, consécutivement au plébiscite qui avait été décidé par le traité. En 1923, la Lituanie annexe le port de Memel tandis que la Pologne s'empare de Vilna. La même année, sous le mince prétexte que des bandits grecs ont massacré une mission italienne, Mussolini fait bombarder et occuper l'île grecque de Corfou. Enfin et surtout, l'Occupation de la Ruhr par la France fragilise et ridiculise une SDN à peine née.

On a vu qu'en 1924 les chefs de gouvernement britannique et français avaient envisagé une réforme des statuts de la SDN visant à rendre l'arbitrage obligatoire en cas de conflit, faisant d'un État le refusant un agresseur, et envisageant des sanctions militaires au moyen d'une armée internationale composée de contingents nationaux. Là et là seulement pourrait commencer le vrai désarmement de l'Allemagne. Ce « protocole de Genève » échoue, pas seulement parce que le conservateur Baldwin remplace en Grande-Bretagne le travailliste MacDonald mais aussi parce que les États-Unis craignent une « nouvelle Sainte Alliance » européenne prête à se mêler de ses affaires en Amérique latine.

Pourtant, lorsque le 7 septembre 1929, le président de la dixième assemblée de la SDN inaugure à Genève le Palais des Nations, « l'esprit de Genève » souffle encore, et pas seulement sur les rives du lac Léman. Briand en est tout à la fois le chantre et l'inspirateur. C'est sur sa proposition qu'en septembre 1926, l'Allemagne est admise à la SDN. Il est follement applaudi à Genève lorsqu'il termine ainsi son discours d'accueil : « Arrière les fusils ! Arrière les mitrailleuses ! Place à la conciliation, à l'arbitrage, à la paix ! » En 1927, l'infatigable « Aristide » a entrepris de faire sortir les États-Unis de leur isolationnisme. Le 6 avril 1927, dans un discours adressé au peuple américain pour commémorer le 10e anniversaire de l'entrée en guerre des États-Unis, il propose à son homologue, le secrétaire d'État Frank Billings Kellogg, un pacte mettant la guerre hors la loi. Ce pacte est signé à Paris le 27 août 1928 par 15 pays dont les États-Unis, l'Allemagne, la France, la Grande-Bretagne, le Japon. Les signataires « condamnent le recours à la guerre pour le règlement des différends internationaux et y renoncent en tant qu'instrument de politique nationale dans leurs relations mutuelles ». 57 pays y adhèrent par la suite. Dans son discours d'ouverture de la nouvelle session parlementaire, le doyen d'âge de la Chambre des députés s'est écrié : « Oui ! Oui ! La guerre est aux abois ! »

En mars 1929, Briand s'explique à la Chambre sur le pacte « Briand-Kellogg ». Il s'agissait de combler une lacune dans l'acte fondateur de la SDN par un « contrat international ». Certes, convient-il, ce pacte ne contient pas de sanctions mais il en appelle à la « conscience internationale ». « Eh bien ! Messieurs, l'idée qui a inspiré mon message au peuple américain, c'est l'idée simple et claire, un peu mystique peut-être, de prendre la guerre au collet, et de la présenter aux peuples comme une criminelle. Voilà ce qu'est le pacte de Paris. Il met la guerre hors-la-loi. Il dit aux peuples : la guerre n'est pas licite, c'est un crime. La nation qui attaque une autre nation, la nation qui déclenche ou déclare la guerre est une criminelle. »

Six mois plus tard, Briand, alors président du Conseil et à la recherche d'un nouveau Locarno, prononce à Genève un discours devant l'Assemblée générale de la SDN où il propose la création d'une « fédération européenne » (économique). Il réitère sa démarche en mai 1930 mais se heurte aux résistances nationalistes, celle de l'Allemagne bien sûr, mais tout autant celle de la Grande-Bretagne. Le voilà président d'une classique commission chargée d'étudier le dossier. Ce début d'enterrement ne l'empêche pas de prononcer en 1931, toujours à Genève, un de ses plus fameux discours : « Plus de guerre ! Nous n'acceptons que dans aucun cas, pour aucune cause, dans aucune circonstance, la guerre que nous avons clouée au pilori [...] puisse se réveiller contre les peuples. »

Dans son journal, à la date du 27 septembre 1931, Goebbels note : « Briand et Laval sont aujourd'hui à Berlin. Quelle farce ! » Voilà comment, dans le même temps, les nazis, qui désormais comptent en Allemagne, apprécient la première visite officielle depuis 1878 d'une délégation gouvernementale française en la personne de son président du Conseil (Laval) et de son ministre des Affaires étrangères (Briand).

« Aristide », qui aurait bien aimé pantoufler dans une présidence de la République, meurt le 7 mars 1932, à soixante-dix ans. L'année précédente, en février, s'est ouverte à Genève la « conférence mondiale du Désarmement ». Il est plus que temps d'en parler car la course aux armements d'alors n'est pas sans faire penser à celle qui précéda le déclenchement de la Grande Guerre. Or, à Versailles, les Alliés se sont engagés à poursuivre l'objectif d'un « désarmement progressif ». Outre les États membres de la SDN, participent les États-Unis et l'URSS. « C'est une conférence politique, et un assez beau parcours d'hypocrisie, écrit Jean Guéhenno : Chacun y souhaite vivement le désarmement des autres. » Le désaccord franco-allemand surgit aussitôt et paralyse la conférence. On y voit l'Allemagne invoquer soudain le traité de Versailles. Puisque la France ne désarme pas, pourquoi l'Allemagne ne pourrait-elle pas réarmer ? Le 11 décembre 1932, le principe de l'égalité des droits en matière d'armements est reconnu à l'Allemagne à cette restriction près que cette égalité doit rester encadrée d'un système garantissant la sécurité de chacun – ce qui ne veut strictement rien dire. L'arrivée de Hitler au pouvoir un mois et demi plus tard va faire le reste.

Cela n'empêche d'ailleurs pas les discussions à Genève jusqu'à ce que Hitler déclare brusquement, le 14 octobre 1933, que l'Allemagne quitte à la fois la conférence du Désarmement et la SDN. Dans le grand discours où il annonce cette grave décision, Hitler s'adresse à la France en l'appelant « notre vieux, mais aussi glorieux adversaire ». Il ne réclame rien de plus que la sécurité et l'égalité des droits que Genève s'obstine à ne pas lui accorder. Au cours de l'hiver 1933-1934, la Grande-Bretagne en est encore, toujours dans le cadre de la conférence et tandis que Hitler a commencé à accélérer le réarmement de l'Allemagne, à émettre des propositions visant à réduire le potentiel militaire... français ! La France se donne une fois de plus le mauvais rôle en déclarant le 17 avril : « Le gouvernement français se refuse à légaliser le réarmement allemand ; celui-ci a rendu toutes les négociations inutiles. » La conférence est enterrée et la Grande-Bretagne n'est pas loin d'en vouloir alors plus à la France, décidément intransigeante à ses yeux, qu'à l'Allemagne.

C'est le plus grave échec de la SDN, qui replace *ipso facto* la France et l'Allemagne dans la situation d'avant 1914. Il n'est pourtant pas le plus retentissant à l'époque. Deux crises internationales tiennent alors le devant de la scène, qui achèvent de discréditer l'institution de Genève. En septembre 1931, le Japon, membre de la SDN, envahit la Mandchourie, qui est chinoise. Elle y établit aussitôt un gouvernement fantoche : le Mandchoukouo. C'est une violation flagrante du pacte Briand-Kellogg et de celui de la SDN. Celle-ci ordonne en vain au Japon de retirer ses troupes. En dépit des rapports très défavorables d'une commission d'enquête dépêchée sur place, la SDN n'ose déclarer le Japon agresseur ni par conséquent prononcer des sanctions. La SDN se borne à demander aux États membres de ne pas reconnaître le Mandchoukouo. C'est encore trop pour le Japon qui claque la porte de la SDN le 27 mars 1933.

L'entrée de l'URSS à la SDN, en septembre 1934, comme 59e membre de l'organisation, pourrait paraître un succès, même tardif, si au même moment le régime de Staline ne se livrait pas à une épuration sans précédent. Par ailleurs, son admission, appuyée par le ministre des Affaires étrangères de la France, Louis Barthou, est plutôt à considérer comme une réponse à la sortie de l'Allemagne de la SDN qu'à une volonté d'ouverture.

Le glas de la SDN et de « l'esprit de Genève » sonne lors de la guerre d'Éthiopie. Les traités de paix ont mécontenté l'Italie, pleurant 600 000 morts mais oubliée par les traités de paix : 10 % seulement des Réparations, aucune colonie allemande, une récupération jugée insuffisante de provinces dites irrédentes (territoires de langue ou d'ethnie italiennes ou supposés tels). Quoique pays vainqueur, l'Italie fait partie des « États révisionnistes » (des traités de paix). La Grande Guerre a aussi accéléré une crise économique, sociale, politique qui a finalement conduit avec Mussolini à la « fascisation douce » de 1922 puis à la « fascisation rude » de 1924. L'idéal mussolinien d'une « grande Italie » comporte entre autres l'idée d'une colonie de peuplement : entre la Somalie et l'Érythrée, colonies italiennes désertiques, l'Éthiopie avec ses hauts plateaux au climat plus accueillant attire la convoitise de l'Italie fasciste. En octobre 1935, sous un prétexte futile, le Duce envahit l'Éthiopie, État indépendant et membre de la SDN. Le Négus s'est adressé dès janvier à la SDN pour lui demander de l'aide et cette fois, la SDN peut d'autant moins se réfugier comme pour la Mandchourie derrière le fait accompli que l'Éthiopie oppose une résistance acharnée avant de rendre les armes. Addis-Abeba est prise le 5 mai 1936, l'Italie annexant l'Éthiopie et formant l'Afrique-Orientale italienne.

Cette fois, la SDN déclare l'Italie État agresseur – et ce d'autant plus facilement que la Grande-Bretagne est hostile à un renforcement de l'Italie dans la zone du canal de Suez. Pour la première fois dans l'histoire de la SDN, des sanctions économiques sont prononcées. Sur le papier, celles-ci vont assez loin puisqu'elles comportent entre autres le boycott de l'importation de produits italiens. Encore faudrait-il qu'elles soient appliquées. Ainsi l'Allemagne et l'URSS passent outre l'embargo de la vente d'armes à l'Italie. Quant à la France, elle fait à son détriment la démonstration de l'inconvénient de la diplomatie secrète (dite aussi « diplomatie directe »), qui s'est maintenue partout dans le monde, face à une SDN dont le ressort est au contraire la diplomatie publique. Pierre Laval, ministre des Affaires étrangères, avait rencontré Mussolini à Rome le 6 janvier 1935. Celui-ci lui avait parlé de la nécessité pour l'Italie d'avoir les mains libres en Éthiopie et Laval avait jugé les propos suffisamment vagues pour opiner. Aussi quelle n'est pas l'indignation de Rome lorsque la France s'associe aux sanctions de la SDN ! Laval, devenu entre-temps président du Conseil mais gardant le portefeuille des Affaires étrangères, s'emploie à atténuer lesdites sanctions. Rome l'accuse de traîtrise, Londres de double jeu. En France, la droite le soutient ainsi que la grande presse (« Pas de guerre pour l'Éthiopie ! ») tandis que la gauche, y compris radicale, le condamne. Tout cela n'empêche pas Laval de tenir des propos lénifiants au Conseil de la SDN : « Le pacte nous lie tous [...] Nous avons tous le souci de respecter les obligations du pacte. Nous avons tous la volonté de servir la paix. » « Jamais l'esprit sociétaire, pour reprendre l'expression de Mussolini, n'avait inspiré un langage plus orthodoxe », commente Herriot alors délégué de la France à la SDN.

Incomplètement appliquées (il n'y aura notamment pas d'embargo sur le pétrole), les sanctions de la SDN ont pour effet principal de déclencher l'ire du Duce contre les États démocratiques (en fait la Grande-Bretagne et la France), contre cette Europe capitaliste qui s'en prend à un « État prolétaire ». L'Allemagne, bien entendu, va se hâter de reconnaître l'annexion de l'Éthiopie par l'Italie et Mussolini va s'engager en retour dans la voie du rapprochement avec Hitler.

Quant à la SDN, après s'être montrée incapable d'assurer le désarmement entre les grandes nations, elle a démontré qu'elle ne pouvait pas non plus garantir la sécurité des petites nations placées sous sa protection. « Elle y avait perdu le peu de prestige qui lui restait ! Deux grands pays s'étaient moqués d'elle impunément et voici qu'un troisième de ses membres se révoltait à son tour » (Georges Bonnet[2]). « La Société des Nations est devenue un sujet pour auteur gai », écrit à la même époque Georges Suarez, qui parle également d'une « mécanique fumeuse et théorique ». « Ses échecs retentissants, qui paraissent être, à force de se répéter, un système politique comme un autre, l'ont totalement discréditée. [...] C'est l'aspect à la fois naïf et décevant de cette Société des Nations organisée de telle sorte qu'elle se donne l'illusion de l'autorité, sans jamais s'assurer de l'avenir[3]. »

Victor Margueritte, ancien militaire de carrière (de 1886 à 1896) et célèbre auteur de *La Garçonne* (1922), roman sulfureux qui lui vaut le retrait de sa Légion d'honneur pour outrage aux mœurs, a aussi écrit de nombreux articles et ouvrages réclamant la renégociation du traité de Versailles. Il rédige de novembre 1935 à février 1936 un suggestif *Avortement de la SDN* où il analyse notamment la faillite du désarmement : « Après quinze ans de SDN, dont neuf d'inutiles et fallacieuses palabres sur l'indésirable désarmement, les grands pays ont achevé de reprendre leur politique d'égoïsme national et le monde se trouve au bord d'un abîme plus profond encore. Comme au temps de 1914, les diplomaties secrètes trament au gré des gouvernements leur tissu de calculs et d'intrigue. Mais à cette heure, ce n'est plus la France qui mène le jeu[4]. »

4

Les Français malades de la paix

On trouve encore sous la plume d'historiens cette fausse question : « Le pacifisme a-t-il contribué à la défaite et à la capitulation de la France en 1940[1] ? » La question en effet vaut affirmation. Le pacifisme est ce qui a le mieux réuni les Français, si politiquement divisés à l'ordinaire, dans le court laps de temps de l'entre-deux-guerres – pas suffisamment long en tout cas pour que la mémoire de la Grande Guerre se soit effacée, ni même estompée. Plus de 9 millions d'hommes y ont péri, dont 1 350 000 en France, soit un homme sur quatre entre 18 et 40 ans. Un terrible dessin d'Abel Faivre en 1918 montre sur fond de ruines une veuve agenouillée, en larmes, devant la tombe de son mari. À ses côtés, sa petite fille lui demande : « Papa sait-il qu'on est vainqueur ? » En nombre absolu, c'est l'Allemagne qui a eu le plus de tués (1 800 000) mais, proportionnellement à la population masculine, c'est la France (10 % contre 9,8 % en Allemagne). L'écart se creuse en y ajoutant les invalides. C'est aussi sur le sol français qu'ont eu lieu les plus grandes batailles de la Grande Guerre. Le pays est sous le choc d'une victoire si chèrement payée. Et il va le rester jusqu'en 1939.

« Plus jamais ça ! »

Ceux qui en ont réchappé, souvent blessés et parfois à plusieurs reprises – sans parler des mutilés, des « gueules cassées », des aveugles de guerre –, ne sont pas près d'oublier l'horreur des combats et leurs camarades disparus. « La foule ne voit pas autour de nous, écrit l'un d'eux, cette impalpable cohorte d'amis, de camarades, dont nous savons les noms et les visages et qui partout nous accompagnent, nous guident et nous retiennent[2]. »

Les anciens combattants se regroupent en de nombreuses associations : la socialisante FOP (Fédération ouvrière et paysanne), la communisante ARAC (Association républicaine des anciens combattants), la briandiste UFAC (Union fédérale des anciens combattants), etc. Mais, dans les années 1920 et au début des années 1930, les clivages politiques dont la France est si friande, les divers courants pacifistes aussi (chrétien, laïc, féministe, libertaire, etc.) sont d'abord largement transcendés par le rassemblement de cœur et d'esprit de la « génération du feu ». En 1938, les anciens combattants seront encore 5 200 000.

Qu'ont-ils en commun, hors du passé ? Beaucoup de choses, à commencer par le mépris de la politique et des « politicards » et le rejet total des « galonnés », de tous ces chefs qui ont été les instruments du militarisme. Pendant la guerre déjà, il était coutume de dire que, si les généraux français ou allemands passaient une seule nuit dans les tranchées de Verdun, la paix serait signée au petit jour. « Par-dessus tous, il a raison, l'être qui a forcé les autres à voir sur lui un reflet divin et à lui obéir pour des raisons magiques ; lui qui a domestiqué la nature et les hommes, et toute l'industrie arithmétique, déesse des abattoirs, et la science, et la religion, et la morale, et généralisé, au milieu des louanges, l'assassinat ; qui, alors que chaque homme de la foule porte tout son avoir avec lui et n'a qu'une mort au bout de lui – dépense des millions d'hommes, et vit des millions de morts[3]. »

Non au militarisme et non à la guerre... Les anciens combattants sont devenus des propagandistes de la paix : « Nous vous demandons de marcher pour la paix ; le plus grand devoir de ceux qui se sont battus, c'est de travailler contre le retour de la guerre. La guerre, il ne suffit pas de la mettre "hors la loi" en des pactes solennels ; on n'aurait dressé contre elle qu'une fragile barrière, si l'ayant frappée d'une condamnation universelle, on ne s'employait à supprimer les moyens de la faire » (Assemblée générale de l'Union des Mutilés Anciens Combattants de l'Isère, 1930[4]).

Cette guerre, par l'ampleur des sacrifices consentis, doit être la dernière, la « der des der ». « Plus jamais ça ! » Et pas de paix en s'armant de nouveau : « Il y a 6 000 ans qu'on prépare la guerre pour avoir la paix ! » « Le règlement des conflits par les armes n'a jamais été définitif. Le vaincu ne se soumet que contraint par la force ; et déjà il prépare en secret un recours par les armes qui tôt ou tard ensanglantera le monde, pour obtenir l'annulation des traités, la restitution des territoires. [...] La guerre appelle la guerre[5]. » À la paix armée doit se substituer « le régime du Droit entre les nations », grâce à l'arbitrage, la sécurité, le désarmement. Les anciens combattants des années 1920 sont le plus souvent briandistes et placent de hauts espoirs dans la SDN.

Les anciens combattants réfutent les valeurs « viriles » traditionnellement attribuées à la guerre : « Non. Mille fois non, la guerre n'est pas une école de noblesse et d'énergie. [...] La guerre est un fléau plus redoutable que la lèpre, la peste, le choléra, le cancer ou la tuberculose. La guerre tue non seulement les hommes mais aussi les consciences. » (*La Voix du combattant*[6]).

Ces valeurs considérées désormais comme empoisonnées vont être combattues par ceux qui, avant 1914, les prônaient dans leurs écoles : les « hussards noirs de la République ». En 1923-1924, Gaston Clémendot, instituteur dans l'Yonne, militant syndicaliste SFIO, prêche la suppression de l'enseignement de l'Histoire qui inculque aux enfants orgueil national et haine de l'ennemi[7]. « L'oubli est la première condition du désarmement des haines, la première condition de la paix. Et l'Histoire c'est le contraire de la paix », plaide Gaston Clémendot. Sa proposition révolutionnaire n'est pas suivie mais fait largement débat. Sous la pression du Syndicat National des Instituteurs qui appelle au boycott des manuels d'Histoire traditionnels, les éditeurs scolaires vont réviser leurs publications à la baisse côté patriotisme. C'est ainsi que Jules Isaac, au milieu des années 1920, revisite les manuels du patriote orthodoxe Albert Malet (tué en Artois en 1915). « L'humiliation de 1870 » disparaît, ainsi que l'insupportable amputation de l'Alsace-Lorraine, après tout récupérée. Il n'est pas jusqu'à la responsabilité allemande dans la Grande Guerre qui ne se trouve atténuée, en contradiction avec sa condamnation sans nuance dans le traité de Versailles.

En attendant le désarmement tout court, le désarmement des esprits est à l'ordre du jour. Les instituteurs, bien qu'ils aient donné l'exemple de l'héroïsme et du sacrifice sur les champs de bataille, ne doivent plus préparer leurs élèves à de futures guerres. « Une croisade doit donc aujourd'hui commencer dans le monde entier pour qu'une telle malédiction se transmette de génération en génération, pour que cette haine nouvelle prévienne dans l'avenir un nouveau conflit mondial. Cette tâche incombe aux éducateurs de la jeunesse, instituteurs et prêtres. Ils doivent insister sur l'horreur d'un soir de bataille : les morts, avec leurs grimaces atroces, leurs blessures béantes, la tête fracassée, les entrailles pendantes, les blessés avec leurs attitudes suppliantes, leurs appels suprêmes, les chevaux démesurément gonflés, la fétide puanteur qui pèse sur le charnier[8]. »

Les années passant, un distinguo subtil s'opère au début des années 1930 entre la condamnation d'un patriotisme chauvin et belliciste et l'acceptation d'un patriotisme, le vrai, pacifique et généreux, respectueux des autres nations. Il ne s'agit tout de même pas de détester la France qui a apporté au monde entier les valeurs universelles de 1789 ! Mais l'Armée s'inquiète de « l'influence antipatriotique » des instituteurs. Raymond Aron, dans ses *Mémoires*, va plus loin : « Ils ont contribué à démoraliser l'armée[9]. »

Le 11 novembre devient fête nationale en 1922. Les anciens combattants entendent bien en supprimer par avance tout ce qui pourrait aller dans le sens du militarisme. Le philosophe Alain, militant pacifiste mais qui s'est engagé en dépit de ses quarante-cinq ans pour remplir ce qu'il considère comme son devoir de citoyen, donne assez le ton : « Devant la cérémonie guerrière, s'en aller. Si l'on est tenu de rester, penser aux morts, compter les morts. Penser aux aveugles de guerre, cela rafraîchit les passions. Et pour ceux qui portent le deuil, au lieu de s'enivrer et de s'étourdir de gloire, avoir le courage d'être malheureux[10]. » « Ne buvez pas de ce vin-là », écrit-il plus loin.

La fédération des Mutilés et des Combattants du Loiret appelle à la première manifestation du 11 novembre en condamnant fermement l'Allemagne, « impérialiste, pangermaniste et militariste qui a voulu cette guerre », mais sans exaltation patriotique. La France victorieuse ne doit être que la « patrie du Droit et le soldat de la paix » : « Citoyens ! Avec les Hommes de la Guerre, soyez les Hommes de la Paix. Le 11 novembre, jour de la Victoire, jour de nos souvenirs, jour de nos deuils, jour de nos espoirs, avec nous sachez vouloir d'un seul cœur : Liberté, Justice, Paix entre les citoyens ! Justice pour la France ! Paix dans le Monde[11] ! » Les instituteurs renchérissent : la préparation dans les écoles de la journée du 11 novembre doit être consacrée à « tuer la guerre » et non à la glorifier.

Rares sont les anciens combattants qui veulent faire du 11 novembre une journée de la victoire et de la gloire. C'est ce que fait pourtant et avec verve l'ex-sergent Tapin dans les colonnes du *Béquillard Meusien*, en novembre 1926 : « Vous nous faites du 11 novembre une fête des morts. Ce n'est pas cela. La fête des morts, c'est le 1er novembre, et le 11 novembre, c'est la fête des vivants, des vainqueurs, c'est la fête de l'énergie et de l'héroïsme des enfants de notre sang. [...] On chauffe une race, messieurs, on ne lui donne pas à respirer du chrysanthème pendant quinze jours. C'est dangereux et c'est trop[12]. »

La France se couvre en même temps de monuments aux morts : 30 000 sont édifiés entre 1920 et 1925. Dans chaque commune, les débats sont passionnés non pas tant sur l'endroit (ce sera presque toujours sur la place de l'église) mais sur sa forme et ce qu'il convient d'y inscrire – rien en tout cas qui sonne le bellicisme. La municipalité de Pierrefitte, dans l'Oise se montre à ce sujet très explicite lors de l'inauguration de son monument aux morts (210 noms) : pas de réception à la mairie, pas de cortège, encore moins de musique militaire, rien qui risque d'enlever à la cérémonie « son caractère de deuil et de recueillement ».

Les monuments aux morts « 1914-1918 », indépendamment de leurs esthétiques pour le moins diverses, se contentent pour la plupart du classique « Morts pour la France » avec l'énumération des morts de la commune qui se suffit à elle-même tant elle est longue. Une petite centaine cependant se montre ouvertement pacifiste, avec des inscriptions telles que « Guerre à la guerre »

(Chevillon dans l'Yonne), « Que maudite soit la guerre » (Esqueurdreville dans la Manche), « Apprenons à supprimer la guerre » (Rodes dans l'Allier), « Contre la guerre. À ses victimes. À la fraternité des peuples » (Dardilly dans le Rhône). À Levallois-Perret (Hauts-de-Seine), le gigantesque monument aux morts dû au sculpteur Iroudy représente une France douloureuse au pied de laquelle se trouve un groupe de poilus. L'un d'eux agonise. En contrebas, un ouvrier rompt une épée. La présence de cet ouvrier, plus que le glaive brisé, fera polémique. Dans une municipalité traditionnellement de gauche, quelle Internationale faut-il voir là ?

Sur le monument aux morts de Saint-Appolinaire, dans le Rhône, figure la phrase de Paul Valéry : « La guerre est le massacre de gens qui ne se connaissent pas au profit de gens qui, eux, se connaissent mais ne se massacrent pas. » À Château-Arnoux, dans les Alpes-de-Haute-Provence, c'est un long poème emphatique du maire et instituteur d'alors, Victorin Maurel, qui se termine ainsi : « Passant, incline-toi ! Regarde cette mère !.../Elle clame à son fils : “la gloire est bien amère/La gloire, ô mon enfant, est là, chez nos grands morts/Mais, sache désormais, que la guerre est un crime/Qu'elle laisse après elle, à de cuisants remords,/ Ceux qui firent sombrer les peuples dans l'abîme.” »

À Gentioux, dans la Creuse, au bas d'une liste de 58 morts – nombre terrible pour un si petit village –, est l'inscription « Maudite soit la guerre » vers laquelle la statue de bronze d'un orphelin tend un poing vengeur. À lui seul, ce petit paysan en sabots est le peuple. Là encore le poing brandi passe mal et il n'y a aucun personnage officiel lorsqu'il s'agit d'inaugurer le monument en 1922. Du coup, le monument aux morts de Gentioux va devenir le lieu de pèlerinage des pacifistes pour le 11 novembre (aujourd'hui encore sous l'égide du « Comité laïque des amis du monument aux morts de

Gentioux »), d'autant plus que dans la commune limitrophe de Royère-de-Vassivière se trouve la tombe du soldat Félix Baudy, fusillé pour l'exemple en 1915 (et réhabilité en 1934).

Ce non à la guerre s'assortit parfois du plus grand pessimisme face à l'avenir : « Après que l'on a cru, fermement dit et répété que cette guerre serait la dernière, après qu'on a consolé les deuils par cette certitude, on commence à prévoir et à redouter la guerre pour demain, pour après-demain, pour toujours[13]. »

L'arme de l'écriture

Le pacifisme qui s'installe ainsi en France, et dont Jean-Pierre Maxence dit à la fin des années 1930 qu'il est « un vieillissement de l'organisme d'une nation[14] », n'est pas l'apanage des anciens combattants ni des associations et autres ligues pour la paix qui fleurissent partout, et en particulier à gauche. Les intellectuels, la plupart du temps eux-mêmes anciens combattants, se sentent complices d'un grand massacre qu'ils n'ont pas su dénoncer à temps. Avec des ressorts divers, leurs œuvres de l'après-guerre ne vont pas peu contribuer à la création d'un pacifisme de masse. La France d'alors lit, toutes classes sociales et tous âges confondus. Bien entendu, les livres qui portent témoignage de la Grande Guerre ont sa faveur. Dès 1916 est paru *Le Feu* de Henri Barbusse, fantassin puis brancardier pendant la guerre. Il y raconte sans fard la vie d'une escouade sur le front. Pour la première fois mais non la dernière, l'horreur des combats apparaît dans toute sa nudité – une guerre « aussi hideuse au moral qu'au physique », effarouchant les âmes quelque peu hypocrites de « l'arrière » (« Pourvu qu'ils tiennent », plaisantaient les poilus à propos de l'arrière). L'Action française, quant à elle, stigmatise « une œuvre immorale et fausse ». Cela n'empêche pas *Le Feu* d'être couronné par le prix Goncourt. En 1919, l'ouvrage a déjà été vendu à 230 000 exemplaires. Dans *Clarté*, qui paraît en 1919, Barbusse est plus politiquement engagé que dans *Le Feu*. Simon Paulin, rescapé du front, délire : « Toutes sortes de visions épouvantables et d'idées imprévues tournoient dans la tête jusque-là médiocre et soumise de Simon Paulin. Sous l'action d'une fièvre apocalyptique, il aperçoit la sottise des hommes qui se laissent aller à la boucherie criminelle des puissants qui les y envoient [...] Et la passivité des masses le révolte[15]. »

Figure de proue du pacifisme naissant, Barbusse participe à la fondation de l'ARAC (Association Républicaine des Anciens Combattants) dont il devient le premier président. *Clarté* devient un mouvement et une revue (*Bulletin français de l'Internationale de la pensée*) dont il définit l'objectif dans *L'Humanité* (mai 1919), alors et pour peu de temps encore l'organe de la SFIO : « L'affranchissement des hommes » par un esprit nouveau de « désobéissance aux vieilles lois barbares »[16]. Barbusse adhère au jeune parti communiste en 1923.

Autre succès de librairie, *La Peur* de Gabriel Chevallier est moins politiquement engagé mais tout aussi dénonciateur de la guerre. Quatre ans avant son célèbre *Clochemerle*, l'ancien combattant simple soldat qu'il a été, blessé en 1915, témoigne avec verve, non pas de la peur en général, mais de la sienne en particulier. C'est la grande curiosité de ce livre où l'auteur prend sans fausse pudeur la peur à son compte. Quand le héros du livre, le soldat Dartemont, blessé et hospitalisé, explique à un parterre de jeunes infirmières que tout au long de la guerre il a eu peur (« la grande Occupation de la guerre, la seule qui compte »), celles-ci pensent aussitôt : *Quoi, un lâche ! Est-il possible que ce soit un Français ! « Vous êtes peureux, Dartemont ? »* demande l'une d'elles. « C'est un mot très désagréable à recevoir en pleine figure, publiquement, de la part d'une jeune fille, en somme désirable. Depuis que le monde existe, des milliers et des milliers d'hommes se sont fait tuer à cause de ce mot prononcé par des femmes [...] – *En effet, je suis peureux. Mademoiselle. Cependant, je suis dans la bonne moyenne. – Vous prétendez que les autres aussi avaient peur ? – Oui. – C'est la première fois que je l'entends dire et je l'admets difficilement : quand on a peur, on fuit.* Nègre, qui n'est pas sollicité, m'apporte spontanément un renfort, sous cette forme sentencieuse : *L'homme qui fuit conserve sur le plus glorieux cadavre l'estimable avantage de pouvoir encore courir !* Ce renfort est désastreux. Je sens qu'en ce moment notre situation ici est compromise, je sens monter chez ces femmes une de ces colères collectives, comparables à celle de la foule en 1914. J'interviens rapidement : *Tranquillisez-vous, on ne fuit pas à la guerre. On ne peut pas... – Ah ! On ne peut pas... Mais si on pouvait ?* Elles me regardent. Je fais le tour de leurs regards. – *Si on pouvait ?... Tout le monde foutrait le camp !* Aussitôt, Nègre, déchaîné : *Tous sans exception. Le Français, l'Allemand, l'Autrichien, le Belge, le Japonais, le Turc, l'Africain... Tous... Si on pouvait ? Vous parlez d'une offensive à l'envers, d'un sacré Charleroi dans toutes les directions, dans tous les pays, dans toutes les langues... Plus vite, en tête ! Tous, on dit, tous !* » Le lendemain, la discussion reprend plus calmement. Dartemont entreprend d'expliquer que bien rares sont au front ceux qui se font de leur libre arbitre tuer pour la patrie. *L'homme n'a qu'une patrie qui est la Terre.* L'une des jeunes femmes lui demande : « *Ne croyez-vous pas, Dartemont, que ce sentiment de peur dont vous parliez hier a contribué à vous faire perdre tout idéal ? – Ce terme de peur vous a choquée. Il ne figure pas dans l'histoire de France et n'y figurera pas. Pourtant, je suis sûr maintenant qu'il y aurait sa place, comme dans toutes les histoires. [...] Je mourrais très bien, je crois, dans un mouvement de pas-*

sion. Mais la peur n'est pas honteuse : elle est la répulsion instinctive de notre corps, devant ce pour quoi il n'est pas fait[17]. » Plus tard, l'auteur aura ce mot de la fin : « *On ne vit pas dans des lieux où l'on peut être à tout instant dépecé vif sans connaître une certaine appréhension.* »

Deux ans après *La Peur*, Céline développe le même thème dans *Voyage au bout de la nuit*. Lui aussi a été au front, blessé et décoré et c'est, lui aussi, devant une jeune femme qui s'intéresse à lui alors qu'il est hospitalisé qu'il clame son refus de la guerre : « *Oh ! Vous êtes donc tout à fait lâche, Ferdinand ! Vous êtes répugnant comme un rat... – Oui, tout à fait lâche, Lola, je refuse la guerre et tout ce qu'il y a dedans... Je ne la déplore pas moi... Je ne me résigne pas moi... Je ne pleurniche pas dessus moi... Je la refuse tout net, avec tous les hommes qu'elle contient, je ne veux rien avoir à faire avec eux, avec elle. Seraient-ils neuf cent quatre-vingt-quinze millions et moi tout seul, c'est eux qui ont tort, Lola, et c'est moi qui ai raison, parce que je suis le seul à savoir ce que je veux : je ne veux plus mourir.* » Plus loin, Céline explique qu'on ne comprend les Aztèques et leurs sacrifices humains que lorsqu'on se trouve à la guerre : « Mais quand on y est, tout s'explique, et les Aztèques et leur mépris du corps d'autrui, c'est le même que devait avoir pour mes humbles tripes notre général Céladon des Entrayes, plus haut nommé, devenu par l'effet des avancements une sorte de dieu précis, lui aussi, une sorte de petit soleil atrocement exigeant. » Et ailleurs encore, cette phrase : « Qui aurait pu prévoir avant d'entrer vraiment dans la guerre, tout ce que contenait la sale âme héroïque et fainéante des hommes[18] ? »

Le pacifisme se fait moins agressif mais plaide autant sinon mieux contre la guerre dans les nombreux ouvrages qui lui sont alors consacrés. Georges Duhamel, médecin et pacifiste modéré, raconte la souffrance et la mort dans les hôpitaux militaires dans *Civilisation* (Prix

Goncourt 1918) et *La Vie des martyrs*. Maurice Genevoix, gravement blessé aux Éparges, témoigne sans emphase dans les quatre romans de *Ceux de Quatorze*. Roland Dorgelès connaît un immense succès d'édition avec *Les Croix de bois* (Prix Femina 1919 et battu pour le Goncourt par *À l'ombre des jeunes filles en fleurs*). « Sur cet horizon de souvenirs, écrit Henri Béraud dans *Gringoire* en 1929, *Les Croix de bois* dominent. Dorgelès a trouvé moyen de peindre la guerre de tout le monde, l'héroïsme moyen, la mort démocratique, l'épopée pour tous, le fleuve de larmes, le grand éclat de rire sanglant. À tout un peuple, Dorgelès a tendu le miroir de fer où il se reconnaît avec horreur, orgueil, pitié[19]. » Nombre d'auteurs moins connus ont contribué néanmoins à cette mémoire horrifiée de la Grande Guerre. Plus de 150 titres sur ce sujet paraissent entre 1918 et 1929, parmi lesquels on ne citera encore que *Les poilus* de Joseph Delteil (1926).

Le cinéma des années 1920 n'est encore qu'à ses débuts mais voit cependant naître en 1919 *J'accuse* d'Abel Gance, film muet en trois épisodes alternant mélo et description des horreurs de la guerre mais accusant le militarisme allemand. Une version plus courte sort en 1922, toujours aussi mélo, mais marquant les esprits par sa séquence finale du réveil des morts que le réalisateur reprendra, nous le verrons, dans la version parlante de 1938.

En attendant le cinéma parlant, les théâtres jouent à guichets fermés, entonnant à leur tour le couplet pacifiste. Rien que pour la saison 1919-1920, on compte trois créations qui dénoncent la guerre : *Les Chaînes* (à la Comédie-Française), *L'Animateur, La Captive*. L'intrigue comme l'écriture sont indigentes et René Doumic, académicien, critique littéraire et directeur de la *Revue des Deux Mondes*, déplore « cette phraséologie humanitaire ». Ce sont « trois pièces à travers lesquelles souffle le même mauvais vent [...] Dans *La Captive*, on étale les maux de la guerre pour nous en inspirer l'horreur, comme s'il suffisait qu'un peuple eût l'horreur de la guerre pour que personne ne vînt l'attaquer[20] ».

Reflet de l'actualité, le théâtre est fidèle à l'esprit de Locarno avec la création en 1928 de *Siegfried* de Jean Giraudoux dont ce sont les débuts au théâtre. Un écrivain français, relevé amnésique dans les lignes allemandes (la Grande Guerre est toujours là) devient un grand intellectuel allemand. Deux femmes, Eva l'Allemande et Geneviève la Française, se disputent l'amour du malheureux garçon à la recherche d'une identité qu'il retrouvera finalement. Il rentrera avec Geneviève en France (quand même) mais une France entièrement réconciliée avec l'Allemagne. René Doumic, toujours dans la *Revue des Deux Mondes* (1er juin 1928), concentre cette fois son ire sur le message politique : « Alors, tout est oublié ! L'Allemagne, subitement lavée de son crime, redevient une nation pareille à une autre, plus puissante que d'autres, partant digne d'une particulière considération, et dont on peut parler entre Français en toute liberté d'esprit et tranquillité de cœur [...] Oubliés les deuils, les larmes, les foyers dévastés, l'agonie de tant de pauvres petits... Nous avons pris congé de nos morts. »

Capitaine Conan de Roger Vercel, lui aussi ancien combattant, qui paraît en 1934 et obtient le prix Goncourt, est, à sa manière, pacifiste. Le lieutenant puis capitaine Conan, héros des corps francs, ne refuse pas la guerre. Il l'aime au contraire, bravant la peur et le danger. Il est à la guerre comme chez lui, mieux que chez lui. Affecté en Roumanie juste après l'armistice et voué à l'inaction, il devient un véritable chef de bande. Démobilisé et désorienté par la paix, il offre quelques années plus tard, au fond d'un café en Bretagne, l'image d'une ruine alcoolique. Image inversée du héros, Conan ne s'est réalisé que dans la guerre et les combats. L'anormalité est devenue pour lui normalité au point de ne plus pouvoir se réinsérer dans la vie civile. On ne saurait imaginer message plus subtilement pacifiste. La guerre qui détruit l'homme détruit aussi la conscience d'homme.

Dans ce vaste chorus pacifiste, Victor Margueritte constitue un cas à part. De pacifiste à « pacifiste révisionniste », il n'y a qu'un pas que beaucoup ont franchi, mais de « révisionniste » à propagandiste de l'Allemagne, l'écart est plus grand. Victor Margueritte le franchit pourtant[21], manipulé par son éditeur au catalogue essentiellement composé de titres pacifistes et financé en sous-main par le ministère des Affaires étrangères de l'Allemagne de Stresemann par l'intermédiaire de Joseph Chapiro, lui-même auteur en 1918 de *La Paix générale est possible*. En 1925, la publication des *Criminels* est suivie de *L'Appel aux consciences*, manifeste demandant l'abrogation de l'article 231 du traité de Versailles concernant la responsabilité de l'Allemagne et signé de 103 intellectuels français parmi lesquels Barbusse et Alain. En 1926, naît la revue *Évolution*, ouvertement révisionniste. La Wilhelmstrasse en favorise la distribution dans tous les réseaux diplomatiques « compte tenu du grand intérêt qu'il faut attribuer à la question des responsabilités de la guerre mondiale et de la réputation dont jouit Victor Margueritte à l'étranger[22] ».

En 1931 paraît l'ouvrage pacifiste le plus célèbre de Victor Margueritte, *La Patrie humaine* (50 000 exemplaires), toujours aussi favorable à l'Allemagne. Paradoxalement, c'est en décembre 1933 que les subventions allemandes sont définitivement interrompues. Victor Margueritte, qui croit à un chantage, écrit dans *Évolution* que Hitler est un ancien combattant et pacifiste sincère, plaidant pour l'ouverture immédiate de négociations avec le nouveau chancelier nazi. L'écrivain n'a pas su tourner la page à temps, pas plus qu'il n'évitera les chemins de la collaboration. Les nazis, eux, n'ont plus rien à faire de tout cela. Ce n'est plus de plaider pour la révision du traité de Versailles qu'il s'agit mais de venger l'humiliation du *diktat*.

Bien rares sont les ouvrages alarmistes, comme cette édition populaire de 1932 au titre suggestif (mais au contenu sans intérêt) : *L'Allemagne attaquera le...* Sur la couverture, deux mains déchirent le traité de Versailles.

Internationalisme ou Internationale ?

Les voix qui s'élèvent contre le pacifisme des années 1920 sont donc plutôt rares. C'est le cas cependant de Jean Maxe qui publie à tour de bras contre « les défaitistes » en faisant rimer le mot tantôt avec anarchiste, tantôt avec pangermaniste, tantôt avec ce qu'il appelle le « marxisme pangermaniste[23] ». En septembre 1915, la conférence de Zimmerwald (en Suisse) a réuni les délégués socialistes de toute l'Europe (France et Allemagne incluses) pour réaffirmer l'internationalisme socialiste et condamner la guerre. Un manifeste, rédigé par Trotski, a dénoncé la guerre comme barbarie produite par le capitalisme et l'impérialisme. Cependant, la « gauche de Zimmerwald », minorité active, menée par Lénine, allait plus loin : les dirigeants socialistes de la IIe Internationale avaient cédé aux nationalismes en se laissant entraîner dans la guerre. Cet échec tragique justifiait la fondation d'une nouvelle Internationale rompant avec les « sociaux-démocrates » et se reconstituant sur des « bases nouvelles ». Dans *L'Impérialisme, stade suprême du Capitalisme* qu'il publie en 1917, Lénine explicite clairement ces « bases nouvelles » : aux impérialismes qui rivalisent et se battent pour le partage du monde, aux guerres entre les nations, il faut substituer la guerre des classes, la « lutte des classes ». L'Internationale communiste est créée à Moscou le 2 mars 1919 *(Komintern*, de son nom russe). Cette IIIe Internationale sera dirigée par le parti communiste de l'Union soviétique (elle-même fondée en décembre 1922) bien que celui-ci entretienne la fiction de n'être qu'une section parmi les autres. Internationalisme oblige.

Le pacifisme dénonciateur de la guerre est désormais pris en otage par le communisme international. « La propagande pacifiste, sous toutes ses formes, voulue et encouragée par le Komintern, n'est que la préparation directe à la guerre civile universelle », anathématise la *Gazette* de Lausanne, le 28 février 1928[24]. En 1922, Lénine, dans une déclaration qui ne sera publiée en URSS qu'en 1964, confiait : Quelqu'un a-t-il jamais nié que notre parti ne se servirait pas des pacifistes pour désintégrer l'ennemi, la bourgeoisie ? » Staline ira dans le même sens, rejetant dans un même bloc politique, ennemi du communisme, la social-démocratie (et son pacifisme) et le fascisme. C'est à cette aune qu'il faut mesurer les campagnes successives pour la paix orchestrées par le communisme international.

Romain Rolland est en France l'un des plus grands acteurs de ce pacifisme internationaliste. Il n'est pas un ancien combattant, et c'est depuis la Suisse, où il vit depuis 1914, qu'il publie l'année suivante *Au-dessus de la mêlée*, manifeste pacifiste qui devait s'appeler initialement *Au-dessus de la haine*, défendant la survie de l'Europe et tentant d'introduire, en pleine Grande Guerre, la notion de « patrie terrestre », une « cité de l'exigence morale et spirituelle ». Ceci, bien plus que les dix tomes de *Jean-Christophe*, lui vaut le prix Nobel de littérature. Figure de proue du pacifisme international après la guerre, fervent défenseur de la SDN, Romain Rolland est, comme Barbusse, attiré par l'URSS en construction, porteuse alors de tant d'espoirs (Jules Romains évoque « la grande lueur à l'Est »). Il se rallie au communisme en 1927 mais avec la volonté de conserver « l'indépendance de l'esprit ».

Avec ses amis les « rollandiens », Romain Rolland, dont Jean Maxe dénonce « le pacifisme intempérant [qui] exerce ses ravages à tous les étages de la société », fonde en 1923 la revue *Europe* qui va rester la grande revue française du pacifisme international jusqu'en 1939. Il en est d'autres cependant, comme *L'Europe nouvelle* fondée en 1918 par Louise Weiss qui va épouser les nombreux combats du XXe siècle. Pour l'heure, il s'agit de réconciliation franco-allemande mais, en 1934, elle quittera la revue avec fracas, estimant que l'armée de Hitler au pouvoir marque l'échec de sa lutte pour le pacifisme et la réconciliation. Pour elle, la bataille contre le nazisme ne fera que commencer.

Europe témoigne bien de l'évolution du pacifisme dans l'entre-deux-guerres. Au début des années 1920, la revue appelle les peuples à se rejoindre au beau nom de l'Europe (« Notre titre nous tient lieu de programme ») tout en célébrant dans bon nombre d'articles le paradis soviétique (« Une vie nouvelle, claire, plus heureuse vient et viendra par le travail, par la sueur, par les locomotives, les mines, les usines[25] »). Stefan Zweig, en idéaliste, propose un serment individuel et internationaliste. « Ce qu'il nous faut, c'est un internationalisme sincère, prêt à tous les sacrifices, une fidélité durable et indissoluble à la seule véritable patrie qui est pour nous la communauté de l'esprit européen. » Une telle Europe ne peut se construire que sur la réconciliation de la France et de l'Allemagne, laquelle passe par une révision du traité de Versailles. « Le désir de guerre nouvelle commence aux signatures. Francfort [après la guerre de 1870] et Versailles en sont une solide preuve [...] la fondation de la paix ne peut pas être imposée après une décision militaire [...] Allemagne, brisons le sabre ! » (Pierre Hamp[26]).

Raymond Aron, alors brillant jeune agrégé de philosophie, influencé par les idées pacifistes d'Alain, milite à la

SFIO. Il étudie à l'université de Cologne puis à celle de Berlin, de 1930 à 1933. Comme beaucoup d'autres intellectuels de gauche, il collabore régulièrement à la revue *Europe* où il écrit en 1933 : « Les Allemands croient voir l'horizon bouché de tous les côtés par les murailles élevées par la France. Ils n'entendent venir de Paris qu'un non ! » Il faut, dit Aron, rendre aux Allemands des raisons d'espérer. C'est exactement ce que Hitler est en train de faire.

Le pacifisme d'*Europe* est militant et lance de grandes pétitions internationales comme celle de 1930 « contre la conscription et la préparation militaire de la jeunesse ». « Abolition du service militaire ! Éducation pour la paix et pour l'humanité ! » Thomas Mann, Albert Einstein, Ludwig Quidde, leader du pacifisme allemand qui a reçu le prix Nobel de la paix, œuvrent en Allemagne. Zweig et Freud se distinguent en Autriche, Wells en Grande-Bretagne, Jane Addams, présidente de la Ligue internationale des femmes pour la paix et la liberté et bientôt prix Nobel de la paix, aux États-Unis. Pour la France, on retrouve Romain Rolland et l'encombrant Victor Margueritte.

L'entrée de Jean Guéhenno à la rédaction de la revue, en 1929, est fracassante. Acquis de tout temps à la lutte des classes, écrivain et critique littéraire connu, il contribue à renforcer la ligne pacifiste dure de la revue. À la fin de 1930, lorsque commence à poindre en France l'inquiétude d'une nouvelle guerre avec l'Allemagne, il inspire un numéro spécial d'*Europe* : « Guerre et Paix ». Il y développe une conception radicale du pacifisme. Pour lui, nombreux sont ceux qui se disent ou se croient pacifistes. Ainsi le pacifisme de la SDN est une hypocrisie en ceci qu'elle ne gêne personne. « On ne commence d'être pacifiste qu'alors qu'on est décidé à ne pas faire la guerre. » Ceci implique au niveau individuel « l'objection de conscience – c'est l'objection de raison qu'il faudrait dire, et tous les risques qu'elle comporte dans l'état actuel des lois ». « Êtes-vous prêt à désarmer votre pays, et si vous êtes Français, à désarmer la France ? À ce prix vous êtes pacifiste. Sinon vous ne l'êtes pas. » En 1934, Guéhenno, dans le compte rendu d'un ouvrage sur le thème de la désertion, écrit : « Vingt ans de réflexions et d'expériences font que nous sommes moins sûrs de ce qu'était le vrai devoir des humains dans les années 1914-1918. Les déserteurs et les héros ont sans doute droit à la même pitié[27]. »

L'objection de conscience telle que la prône Jean Guéhenno a fait débat chez les pacifistes. La Ligue des droits de l'homme, fondée à Paris en 1898 à l'occasion de l'Affaire Dreyfus, antimilitariste et pacifiste, s'y oppose. Il en va de même pour le catholique progressiste Marc Sangnier, entièrement consacré à la cause pacifiste et à la « fraternité mondiale », actif défenseur d'une véritable réconciliation franco-allemande. Il se refuse à « demander aux nations démocratiques et pacifistes de s'engager à n'opposer aucune défense aux agressions que pourrait tenter un peuple impérialiste ». À l'opposé, la Ligue internationale des femmes pour la paix (LIFPL) trouve choquant que des organisations pacifistes, qui déclarent leur aversion pour toute forme de violence, puissent admettre le principe d'une force armée, même pour se défendre. Quant aux « nations rebelles », elles « auraient tant à souffrir des conséquences de leur isolement qu'elles redouteraient de se placer elles-mêmes en dehors du courant des peuples »[28]. Ce postulat naïf, émanant de la section française de la LIFPL et approuvé par la section allemande, date de 1923. On n'en est plus à de pareilles proclamations, dix ans plus tard, face à la montée des périls. Il n'empêche que ce pacifisme radical subsiste, se distinguant de plus en plus nettement du pacifisme modéré et majoritaire.

Romain Rolland s'est expliqué dès 1926 sur l'objection de conscience, qu'il appelle la « non-acceptation », celle de « la conscience individuelle opposée à l'État ». Cette idée, estime-t-il, est vouée à l'échec car les « refuseurs de conscience » ne peuvent être, « pour un ou plusieurs siècles, qu'une infime minorité » et il y faudrait « une foi aussi solide que celle des premiers chrétiens ». Certes « les vices des démocraties sont partout apparus. Leur évidence saute aux yeux : l'incompétence universelle, la gabegie, l'impossibilité d'aboutir, d'avancer, le règne du bavardage, de la bureaucratie, des coteries et de l'argent ». Mais les remèdes que sont les dictatures sont pires, ajoute Rolland qui bien entendu ne pense qu'à celles d'extrême droite. « Il s'agit donc d'endiguer le cours des démocraties plutôt que de se mettre en travers[29]. »

Guéhenno n'en constate pas moins la situation en Allemagne où il s'est rendu en 1930 et 1931. En 1932, il publie trois articles d'alarme envoyés de Berlin par Raymond Aron. Mais il veut maintenir l'indépendance de la revue vis-à-vis du communisme et concilier la lutte antifasciste avec la doctrine pacifiste. Ce sera la rupture avec Romain Rolland qui, lui, défend la ligne du Komintern d'une stratégie internationale de lutte contre le fascisme[30].

Le 27 mai 1932, Rolland et Barbusse lancent un appel pour un congrès mondial contre la guerre, acte de naissance du comité Amsterdam-Pleyel, encouragé sinon suscité par le PC, strictement aligné sur le Komintern. Il s'agit de lutter contre le fascisme d'abord parce qu'il menace l'URSS. À preuve de cette obédience, les autres partis de gauche, les « sociaux-démocrates », ne vont pas bouger, alors même que l'appel a un grand retentissement chez les intellectuels.

Vie et mort du pacifisme allemand

Au regard du pacifisme français, le pacifisme allemand n'aura pesé que d'un très faible poids sur la vie politique de la République de Weimar. Il est pourtant ancien puisque la *Deutsche Friedensgesellschaft* (DFG) (Société allemande de la paix) avait été fondée en 1892 par les Autrichiens Alfred Hermann Fried (au nom prédestiné) et Bertha von Suttner, auteur de *À bas les armes !*, universellement traduit, première femme prix Nobel de la paix en 1905. La figure de proue du pacifisme allemand était alors Ludwig Quidde, né en 1858, qui s'était fait connaître du grand public allemand pour ses critiques contre Guillaume II qu'il comparait à Caligula. L'un des fondateurs du DFG, il était aussi un membre actif du Bureau International de la Paix (BIP) fondé en 1891, où il représentait l'Allemagne dans les congrès mondiaux. Mis à mal par la guerre, le BIP déménage à Genève en 1924 dans la perspective d'une collaboration avec la SDN nouvellement créée, s'enfonçant un peu plus dans un académisme que vont significativement récompenser plusieurs prix Nobel de la paix.

Le pacifisme allemand est lui aussi mis à mal par la Grande Guerre en se heurtant d'emblée au refus général du traité de Versailles et de la responsabilité de la guerre (*Kriegsschuldfrage*). Cette dernière question, qui obsède l'Allemagne de Weimar, divise les pacifistes. Une minorité, conduite par Quidde, devenu président de la DFG et député du Parti démocrate allemand, réfute le traité, tandis qu'une majorité estime que l'Allemagne doit admettre sa responsabilité dans le conflit – condition à un recul du militarisme et un affermissement de la démocratie. Dans tous les cas, les divers mouvements se heurtent au pouvoir et même à l'opinion publique qui perçoivent le pacifisme comme un produit d'exportation occidental (d'abord français), et antiallemand. Dans ce contexte, le rapprochement entre le pacifisme allemand et le pacifisme français est tout à fait compromis.

Il faut compter aussi avec une « brutalisation » (George Mosse[31]) de la société, consécutivement à la guerre. Ce phénomène est particulièrement accentué en Allemagne. Dans les premières années d'après guerre, les corps francs luttent contre la révolution et « défendent » les frontières de l'Est, perpétuant la camaraderie de guerre. La ligue d'extrême droite *Stahlhelm (Casque d'acier)*, financée par l'industrie lourde, cultive avec succès le patriotisme revanchard. D'abord mouvement d'anciens combattants, elle s'ouvre à tous en 1924 et compte 500 000 membres en 1930. Antidémocratique, antisémite (les anciens combattants juifs en sont exclus – chose impensable en France où pourtant sévit aussi l'antisémitisme), *Casque d'acier* entretient le mythe du « coup de poignard dans le dos » et au-delà celui de la guerre, contribuant puissamment à fragiliser la République de Weimar. En octobre 1931, sur fond de chômage, *Casque d'acier* s'unit aux autres associations d'extrême droite en un « front du Harzburg » se donnant pour vocation d'abattre le régime républicain. La guerre n'est pas finie. On reste dans l'état d'esprit de l'armistice : une simple « suspension d'armes » (*Waffenstillstand*). On est loin du « Plus jamais ça ! » des Français.

Au cœur de cette « brutalisation » de la société allemande née de la guerre, George Mosse développe aussi l'idée d'un « processus de dépréciation de la vie individuelle ». Ainsi, en 1930, les assassinats politiques – pourtant nombreux – commis avant 1924 sont amnistiés, à condition toutefois que les victimes ne soient ni des chefs de partis parlementaires ni des membres du gouvernement alors en place. L'arrivée du nazisme en Allemagne n'est donc pas un coup de tonnerre dans un ciel bleu.

Les romans de guerre eux-mêmes, comme *Der Krieg* (1929) de Ludwig Renn, autobiographique et pacifiste à la première lecture, sont ambigus en mêlant à la description crue des horreurs de la guerre l'exaltation de la camaraderie virile, de l'héroïsme et du sacrifice. C'est vrai même pour le *À l'Ouest rien de nouveau (Im Westen nichts Neues*), best-seller avec 700 000 exemplaires en Allemagne et 200 000 pour l'édition française dès la première année de vente, en 1929. On est loin du *Feu* de Barbusse mais moins loin, il est vrai, d'ouvrages tels que *Les Croix de bois* et nombre d'autres romans de guerre « à panache » (Mysyrowicz).

Dans ce contexte, les associations pacifistes ne se font guère entendre et d'ailleurs recensent peu d'adhérents, telle la Ligue allemande pour les droits de l'homme, en comparaison de la section française. La DFG n'aura compté que 27 000 membres à son apogée, et n'en compte plus que 5 000 à la fin de 1932. Avec de tels chiffres, des associations comme le *Cartel allemand pour la Paix* ou la plus connue *Nie wieder krieg* (« Plus jamais la guerre ») font presque figure de sectes. Après une grande manifestation en 1919, *Nie wieder krieg* s'est constituée en comité d'action l'année suivante, tentant de donner une base populaire au pacifisme allemand. Elle comptait pour cela sur le soutien du parti social-démocrate, mais celui-ci a trop besoin de l'armée pour se défendre en même temps des violentes attaques de la gauche révolutionnaire et de celles de l'extrême droite. Quand les pacifistes allemands tentent de dénoncer la militarisation croissante de leur pays, ils ne trouvent donc guère d'écho. Au pacifisme d'une France victorieuse, s'oppose le bellicisme d'une Allemagne vaincue. Lorsque Quidde publie en 1924 un article contre la « Reichswehr noire » (l'armée clandestine) intitulé « Le danger de l'heure » qu'il envoie à 70 députés ainsi qu'à des pacifistes étrangers, il est arrêté et condamné à la prison pour haute trahison. Il n'est libéré que pour servir la politique extérieure de Stresemann. Le prix Nobel de la paix qu'il partage en 1927 avec Ferdinand Buisson, président de la Ligue des droits de l'homme, montre bien que c'est hors des frontières de son pays que son influence est la plus grande.

De même, Karl von Ossietsky, fondateur de *Nie wieder krieg*, est condamné lui aussi à 18 mois de prison pour avoir publié en 1931 un article sur le réarmement clandestin de l'Allemagne dans son hebdo *Die Weltbühne* (« La scène du monde »). Il n'en sort que pour être arrêté peu de temps après par les nazis, parvenus entre-temps au pouvoir, et envoyé en camp de concentration, prix Nobel de la paix en 1935 et devenu de ce fait encombrant pour les nazis, il est transféré en 1936 dans un hôpital de police où il reste étroitement surveillé et où il meurt en 1938. Son cas illustre assez ce qu'il va advenir des pacifistes allemands dès l'arrivée de Hitler au pouvoir. Les plus avisés s'exileront, comme Quidde à Genève dès mars 1933. Le pacifisme allemand, ou ce qu'il en reste, aura, en quelques mois, cessé d'exister. « Les pacifistes disaient que la paix était la valeur suprême mais les nazis pensaient que la valeur suprême était la victoire[32]. »

Hitler change la donne

En France, Hitler change la donne dès avant son arrivée au pouvoir le 30 janvier 1933 et avant que l'Allemagne ne quitte à la fois la conférence du désarmement et la SDN (en octobre 1933). Portés par une crise économique sans précédent, les nazis comptent 107 députés au lieu de 12 au lendemain des élections législatives de septembre 1930. Lors de la première session, en octobre, ils se présentent en uniforme du Parti au Reichstag. À cela s'ajoute, depuis le 30 juin, l'évacuation de la Rhénanie par l'armée française, cinq ans avant la date prévue par le traité de Versailles. Visiblement plus avertie des dangers que sa classe politique, l'opinion publique française s'inquiète. L'Allemagne figure en tête de ses préoccupations – une Allemagne mal connue, visitée par de rares journalistes et hommes de lettres. La jeunesse du peuple allemand fait peur à une France qui se sent vieille. L'idée d'un rapprochement durable avec l'Allemagne disparaît quand on s'avise enfin qu'une guerre latente couve sous les traités. On n'est plus dans l'après-guerre, mais bien déjà dans une espèce d'avant une autre guerre : « Le tragique est toujours dans l'attente, non dans la catastrophe. Aussi le temps se trouve être le personnage principal de toute tragédie » (Alain).

Une psychose de guerre s'installe dans la population. Le terme de « guerre » refait surface dans le journal de Léautaud à partir de l'automne 1930 alors qu'il en avait disparu depuis l'évacuation de la Ruhr. « On parle de la guerre comme si on en était à la veille ; elle dépassera en horreur la précédente[33]. » De son côté, Julien Green consigne dans son journal à la même époque : « Partout, il n'est question que de la guerre. Dans les salons, au café, on n'entend parler que de cela, avec le même accent d'horreur[34]. » On se représente des avions géants lançant sur les villes des gaz, des bombes incendiaires. En 1932, Jean Piot, journaliste de *L'Œuvre*, s'attaque aux « alarmistes », s'indignant notamment de cette petite annonce de *L'Est républicain* : « À vendre : loin des routes de l'invasion, maison dans l'Ouest[35]... » L'arrivée de Hitler au gouvernement, ses vociférations à la radio et la mise au pas immédiate de l'Allemagne ne peuvent qu'aviver les craintes. Le 13 octobre 1934, l'assassinat à Marseille du roi Alexandre de Yougoslavie (sans parler de celui du président de la République Paul Doumer, le 6 mai 1932), par un séparatiste croate, fait penser à Sarajevo. La même année, Louis Aragon publie un roman historique, au « réalisme socialiste », *Les Cloches de Bâle*, en référence au 9e Congrès de l'Internationale socialiste de Bâle de novembre 1912 qui n'a su empêcher la guerre. « Écoutez le chant de ces cloches, enjoint le prière d'insérer. Il rejoint les musiques évanouies de l'avant-guerre. Il évoque ce congrès de 1912 où Jaurès appelait la paix d'un cœur gonflé d'espérance. L'évêque de Bâle avait prêté sa cathédrale, les enfants agitaient des palmes. Mais le spectre de la guerre ricanait derrière eux[36]. »

« Ici, écrit en 1933 Suarez, on ne fait que commencer à redouter la guerre, après s'être refusé à y croire ; là-bas, les Allemands donnent l'impression qu'ils s'y préparent[37]. » Dans « la longue série d'errements qui nous a brutalement plongés en face de l'hitlérisme, figure en tête de liste la SDN qui a restitué à l'Allemagne toute sa force. On ne peut pas interdire éternellement à une grande nation, traitée comme telle par toutes les politiques de paix [...] depuis dix ans, d'avoir une armée, une flotte, une politique des mers, des colonies. Ou alors il fallait la maintenir en état d'infériorité morale pendant tout le temps que duraient ses obligations. » Il ne reste plus qu'à traiter avec l'Allemagne, poursuit Suarez, et sans attendre de devoir s'incliner devant le fait accompli. Pacifiste et germanophile, Suarez a fondé en 1928, avec Joseph Kessel et Horace de Carbuccia, le grand hebdomadaire politique et littéraire *Gringoire*, journal nationaliste et anticommuniste. En 1933, Suarez, à l'image de son journal, n'a pas encore évolué vers l'extrême droite. Son pacifisme n'en est pas moins radical : obliger la Pologne à traiter sur le statut de Dantzig (« Au reste, nous aurions tort de penser que la Pologne représente à l'est de l'Europe une garantie de sécurité et de paix. C'est le pays du désordre et de l'arbitraire à la fois. ») ; lever l'interdiction d'*Anschluss ;* revoir l'article 231 du traité de Versailles affirmant la responsabilité de l'Allemagne dans le déclenchement de la Grande Guerre, décidément toujours dans les esprits. La révision des traités donc, face à une Allemagne nouvelle : « En Allemagne, Hitler a donné à son pays non pas la mentalité de la victoire, mais une âme ; il lui a restitué le sentiment de sa dignité dont elle avait peut-être perdu le souvenir dans les affres de la défaite. » Continuant à considérer l'Allemagne en État vaincu, la France n'a jamais eu de dialogue direct avec elle. Pour Suarez, il est encore temps.

Comme beaucoup, bon nombre d'écrivains français, amis de l'Allemagne, n'ont pas pris aussitôt la mesure de Hitler. Jean Giraudoux a d'abord évoqué un « régime de salut public ». Jules Romains, en 1934, en posant la question « Que faire avec l'Allemagne ? » répond : « Lui donner la certitude intérieure que nous ne sommes pas ses ennemis. Et comment la lui donner ? En cessant d'avoir peur d'elle [...] Nous devons ensuite convaincre l'Allemagne que nous croyons en sa bonne foi. » Il faut faire confiance à l'Allemagne : « Le plus maladroit, psychologiquement, ce serait de lui laisser entendre : nous savons bien que votre pays va se comporter d'une manière abominable, contraire à toutes les lois de l'humanité et de la générosité. » Quant à se demander ce que veut Hitler, « de même qu'il est insensé d'affirmer qu'Hitler veut absolument nous faire la guerre, il est insensé de croire qu'il ne veut pas absolument nous la faire, et il nous la fera sûrement si nous nous comportons en toute circonstance comme des gens qui, par toutes leurs démarches et attitudes même irréfléchies, ne laissent au partenaire d'autre issue visible que la guerre[38] ».

Les débuts du pacifisme intégral

Ce raisonnement rejoint celui du « pacifisme intégral ». L'avènement du nazisme a signifié pour beaucoup de pacifistes la fin de la grande illusion, la preuve qu'ils avaient échoué. Pour d'autres, proclamer à la face de l'Allemagne de Hitler sa foi en la paix absolue, c'est la provoquer. Le pacifisme des années 1920, la paix des traités de paix, c'est désormais une forme nationale et hypocrite de bellicisme ! Les seuls vrais pacifistes sont désormais ceux qui refusent de se battre quelles que soient les circonstances. C'est le cas de la Ligue Internationale des Combattants de la Paix (LICP), créée en 1931. Elle se refuse à légitimer toute guerre quelle qu'en soit la cause, multipliant débats et conférences, descendant dans la rue pour y jouer des pièces de théâtre, projeter des films ou donner des bals, chanter des chansons engagées avec sa « chorale de la paix ».

Pacifiste intégral, Félicien Challaye l'a toujours été. Blessé pendant la Grande Guerre, il refuse d'« être de nouveau dupé ». On ne lui fera plus « le coup de la guerre défensive ». Militant ultrapacifiste de la Ligue des droits de l'homme, il publie en décembre 1933 *Pour la paix désarmée même en face de Hitler*. « Même si Hitler nous attaquait, le pacifiste intégral devrait maintenir l'affirmation que la guerre, que toute guerre entre peuples est une stupidité, un crime, le pire des maux, le mal absolu. La guerre, toute guerre, cause plus de souffrances, de ruines, d'injustices qu'elle n'en évite. Selon la formule du grand savant et philosophe Bertrand Russell, "pas un seul des maux qu'on prétend éviter par la guerre n'est un mal aussi grand que la guerre elle-même". Si douloureuse qu'elle puisse être, l'Occupation étrangère serait un moindre mal que la guerre[39]. » La résistance à la tyrannie, à l'occupant, ne viendrait qu'ensuite, une résistance à la Gandhi, la grève, « l'action terroriste individuelle, l'insurrection [...] La guerre civile, prolongement de la légitime défense individuelle, n'a pas le caractère destructeur de la guerre entre peuples ; et elle trouve dans l'aspiration à la liberté une plus noble justification ».

À côté de cette vision romantique de la levée en masse insurrectionnelle, mais tout aussi radical dans son refus de la guerre, Jean Giono devient l'écrivain porte-parole du pacifisme intégral. Cet ancien combattant, profondément enraciné dans son monde paysan provençal, ne « s'est pas lavé de la guerre ». « Il n'y a qu'une gloire : c'est d'être vivant », écrit-il dans *Jean le Bleu* (1932), roman en grande partie autobiographique. Dans *Le Grand Troupeau* qui paraît en 1931, il prône auprès de ses « frères paysans » le refus systématique de la guerre et s'il le faut la passivité vis-à-vis de l'envahisseur. Dans *Marianne* du 26 décembre 1934, il confie : « Nous sommes la génération des enfants qui ont vu, dans les écoles primaires, l'Alsace et la Lorraine peintes en noir sur les cartes. On nous a dit qu'il fallait effacer ça. Apprenez que ce deuil est entré dans nos cœurs, que nos artères charrient des fleuves de suie pour avoir vu inutilement mourir nos camarades. […] Aucun morceau de terre ne vaut qu'un homme meure pour elle. »

5

« N'ayez pas peur : il est végétarien »

Dans son numéro du 7 mai 1936, juste après que Hitler a remilitarisé la Rhénanie, l'hebdomadaire *Regards*, d'obédience communiste, publie un photomontage de John Heartfield (Helmut Herzfeld de son vrai nom), célèbre artiste allemand communiste et antinazi expatrié, ami de George Grosz. Hitler, revêtu d'un tablier de boucher taché de sang, y aiguise d'un air sardonique un grand couteau. Au premier plan, sur une table devant lui, le coq gaulois coiffé du bonnet phrygien. Et cette légende : « N'ayez pas peur : il est végétarien » *(Nur keine angst : er ist vegetarier)*.

Dès son accession à la chancellerie, Hitler s'est en effet gardé de tout discours public belliqueux contre la France. Mieux, il lui tend la main dans nombre de discours. Il n'est pas encore assez fort pour faire la guerre. Dans le cercle étroit de ses collaborateurs civils et militaires, il en va autrement. Le *Drang nach Osten* (la marche vers l'Est) est sans cesse réaffirmé mais la France n'est pas oubliée. Vis-à-vis d'elle, la reconstitution de la Wehrmacht sera un moment périlleux et une minute de vérité, dit Hitler. On verra « si cette nation a des hommes d'État ; si oui, elle ne me laissera pas le temps d'aboutir et tombera sur moi, probablement avec ses satellites de l'Est[1] ».

Rien de changé au fond depuis *Mein Kampf* dont il a fallu attendre 1934 pour une traduction française[2] qui paraît malgré l'opposition de Hitler, peu désireux d'afficher sa haine de la France. L'éditeur, Fernand Sorlot, a déclaré : « Nous avons pensé qu'il était d'intérêt national de passer outre à ce refus. » Hitler intente un procès devant le Tribunal de commerce de Paris via la Société des Gens de Lettres et obtient l'interdiction de diffusion en France. La Ligue internationale contre le racisme et l'antisémitisme effectue alors un achat de soutien de 5 000 exemplaires de *Mein Kampf* qu'elle va distribuer aux leaders d'opinion[3]… qui ne le liront pas. « Tout Français doit lire ce livre », a pourtant prévenu Lyautey en exergue de l'édition française (évidemment pas au sens de l'admiration, comme on l'a parfois entendu avec une rare mauvaise foi).

Le 21 février 1936, Bertrand de Jouvenel, journaliste quelque peu « électron libre » et encore partisan du rapprochement de la France et de l'Allemagne, interviewe Hitler à la Chancellerie pendant près d'une heure et demie pour *Paris-Soir* (ce qui lui vaudra toute sa vie d'être accusé de sympathie). Hitler se répand en propos apaisants sur la France quand Jouvenel lui rappelle ce qu'il a écrit sur elle dans *Mein Kampf*. Ne conviendrait-il pas dès lors de corriger un texte désormais lu par des millions d'Allemands ? Hitler répond qu'il a écrit cela sous la pression des événements de la Ruhr (ce qui est faux, nous l'avons dit, pour pratiquement tout ce qui concerne la France). « Mais aujourd'hui, il n'y a plus de raison de conflit. Vous voulez que je fasse des corrections dans mon livre, comme un écrivain qui prépare une nouvelle édition de ses œuvres ? Mais je ne suis pas écrivain, je suis un homme politique. Ma rectification ? Je l'apporte tous les jours dans ma politique extérieure toute tendue vers l'amitié avec la France […] Si je réussis le rapprochement franco-allemand comme je le veux, ça, ce sera une rectification digne de moi ! Ma rectification, je l'écrirai dans le grand livre de l'Histoire[4] ! » De toute façon, le monde politique français ne s'inquiète pas. « On était si habitué à ne jamais faire ce qu'on disait qu'on n'aurait jamais pu croire qu'il disait ce qu'il ferait[5] »...

Dernière chance en Rhénanie

Ambassadeur à Berlin depuis 1931, André François-Poncet, qui sera plus clairvoyant par la suite, écrit en 1933 : « On aurait tort de se faire un épouvantail du mouvement hitlérien [...] Il renferme en lui maints germes de division et de faiblesse. » L'ambassadeur rencontre Hitler pour la première fois le 8 avril. Il en retire l'impression nette que Hitler souhaite un accord franco-allemand. La France vit encore à l'heure du briandisme sur la corde duquel Hitler tire avec succès.

Plus que jamais obnubilée par sa politique intérieure, la classe politique française est aveugle ou – ce qui est pire – s'aveugle volontairement. La droite est désorientée, rejetant sur la gauche la responsabilité de ce qui arrive et méconnaissant la spécificité du nazisme pour en rester au classique antagonisme franco-allemand. Les Radicaux sont inquiets mais estiment que la paix peut encore être sauvée. Les socialistes, à travers leur leader Léon Blum (lequel avait affirmé que Hitler n'avait aucune chance de parvenir au pouvoir), voient dans l'hitlérisme un phénomène éphémère, à l'image du boulangisme, et n'aperçoivent pas la dimension expansionniste du nazisme. Quant aux communistes, ce qui les inquiète, ce n'est pas Hitler, mais l'impérialisme et le militarisme français que Maurice Thorez dénonce encore le 15 janvier 1933 dans un meeting à Berlin, et dont Jacques Duclos reprend l'antienne dans *L'Humanité* quinze jours après l'arrivée de Hitler au pouvoir. Il est vrai que le PC ne pense pas par lui-même, puisque son analyse de l'Allemagne hitlérienne va s'inverser quelques mois plus tard, à la suite de celle du Komintern.

L'initiative de la politique extérieure est désormais dans le camp allemand. « Comment, écrit Raymond Aron dans ses *Mémoires*, résister à la menace hitlérienne si le gouvernement ne s'appuie que sur la moitié de la nation ? » Aron évoque plus loin « ces années maudites » : « Je pressentais la catastrophe qui guettait les Français, dressés les uns contre les autres et que même le malheur ne parvint pas à rassembler[6]. » La France est plus que jamais coupée en deux, droite contre gauche, surtout depuis la manifestation émeutière du 6 février 1934. Les manuels d'Histoire, aujourd'hui encore, sont pleins d'une frayeur rétrospective en évoquant « l'émeute fasciste », le « complot » des ligues de l'extrême droite conjuré de justesse. Que s'est-il passé ? À la suite du scandale de l'affaire Stavisky (escroc ayant corrompu de nombreux élus, notamment Radicaux, et qui fut retrouvé « suicidé » le 8 janvier 1934), le gouvernement radical Chautemps doit démissionner sous la pression de l'extrême droite mais aussi d'une large partie de l'opinion publique indignée par les pratiques parlementaires. Depuis le 8 janvier, des manifestations ont lieu devant le Palais-Bourbon aux cris de « Assassins ! Voleurs ! À la porte ! ». Lorsque le nouveau président du Conseil, Édouard Daladier, tout aussi contesté par l'extrême droite, se présente devant la Chambre le 6 février 1934, des milliers de manifestants, pour la plupart anciens combattants menés par les ligues, tentent de marcher sur le Palais-Bourbon. La police tire. On compte 22 morts. Crise de colère et non complot, l'événement aurait été rapidement digéré par l'Histoire si la gauche ne s'en était pas aussitôt emparée pour appeler la population à lutter « contre le fascisme ». Le 7 février, tandis que Daladier démissionne après huit jours de gouvernement, Léon Blum proclame à la tribune de la Chambre : « Le peuple qui a fait la République saura la défendre. Interprètes de sa volonté, nous sommes résolus sur le terrain parlementaire comme sur tous les autres, à barrer la route à l'offensive outrageante de la réaction fasciste. » 500 000 personnes, répondant à l'appel du Comité de Rassemblement Populaire, défilent le 14 juillet 1935 derrière le radical Daladier, le socialiste Blum et le communiste Thorez. Le Front populaire est en train de naître.

Pendant ce temps, sur la scène internationale, les événements vont vite. *Reichsführer* de l'Allemagne le 2 août 1934 après la mort du président Hindenburg, Hitler a désormais les coudées franches. Profitant de ce que Laval se désintéresse du plébiscite de la Sarre prévu par le traité de Versailles, Hitler peut y organiser sans contrepoids la propagande nazie. Le 15 janvier 1935, 90 % des Sarrois se prononcent en faveur de leur rattachement à l'Allemagne. Région houillère mais aussi zone frontalière au sud de la Rhénanie, la Sarre est un enjeu territorial multiséculaire entre la France et l'Allemagne. Après ce succès, Hitler se fait rassurant : « Rien ne nous sépare plus de la France », déclare-t-il. Le dessinateur Sennep interprète la phrase dans un autre sens en campant un Hitler botté, casqué, armé jusqu'aux dents qui enjambe la Sarre pour pénétrer en France en disant avec un sourire de contentement : « Rien ne nous sépare plus de la France ! » 1935 est l'année d'une chanson promise à une belle carrière, qu'interprètent avec entrain Ray Ventura et ses collégiens : « Mais à part ça, Madame la Marquise, / Tout va très bien, tout va très bien. »

François-Poncet, revenu de ses illusions, a averti son gouvernement de la possibilité d'une entrée en Rhénanie par des unités de l'armée allemande. Consulté, le général Maurin, ministre de la Guerre, déclare qu'une intervention militaire de la France n'est possible qu'à la suite d'une mobilisation partielle. Une telle mesure est impensable alors que les élections législatives approchent. En réalité, ce que le ministre de la Guerre affirme est faux : il n'est pas nécessaire de mobiliser car les forces de l'armée d'active, encore nettement supérieures à celles de l'Allemagne, suffiraient à intervenir. Devant une intervention militaire française, Hitler serait obligé de reculer, ne récoltant que discrédit auprès d'une population allemande qu'il voulait subjuguer, et qu'en effet il subjugua. Une occasion aussi favorable ne se représentera pas. Si le ministre de la Guerre et son chef d'état-major général, en la personne du général Gamelin, ont méconnu le potentiel de l'armée française, c'est évidemment grave. S'ils le connaissaient, c'est plus grave encore.

Le 7 mars au matin, la nouvellement dénommée Wehrmacht entre dans la zone démilitarisée de Rhénanie, fixée par le traité de Versailles et confirmée par les accords de Locarno. De toutes les violations infligées au traité de Versailles, celle-ci est de loin la plus grave. La France est alors gouvernée par l'un de ces « gouvernements de transition » dont elle a le secret, et tout affairée à la préparation des élections d'avril-mai 1936. Tandis que *Le Canard enchaîné* titre : « L'Allemagne réoccupe l'Allemagne » (formule certes amusante mais qui reflète bien l'esprit pacifiste de l'époque), le président du Conseil Albert Sarraut vitupère : « Nous ne laisserons pas Strasbourg sous le feu des canons allemands », mais il ne veut pas répliquer seul. Les signataires de Locarno sont plus ou moins solidaires sauf bien entendu la Grande-Bretagne, cette grande alliée de la France depuis 1919 mais qui ne veut pas de réplique militaire. Elle est plus laxiste que le pape Pie XI qui déclarera à l'ambassadeur de France : « Si vous aviez fait avancer tout de suite 200 000 hommes dans la zone réoccupée par les Allemands, vous auriez rendu un immense service à tout le monde[7]. » Oui, mais justement : « tout de suite ». Après, c'est trop tard. Hitler a déjà eu le temps de prodiguer des apaisements en Europe, de jurer que cette fois, pour de bon, c'est le tout dernier problème qui se trouve ainsi éliminé. La France ne peut plus agir sans faire figure d'agresseur. Aussi, elle n'agira pas, se contentant de la condamnation de pure forme de la SDN. Blum d'ailleurs s'en félicite : « Entre le règlement direct par les armes et la procédure de règlement pacifique par l'entremise et l'action internationales, ni le gouvernement français, ni l'opinion française n'ont hésité [...] C'est la preuve du changement immense dans lequel le socialisme peut revendiquer orgueilleusement sa part » (*Le Populaire* du 7 avril[8]). De son côté, dans le même journal (organe de la SFIO) du 9 mars, Marceau Pivert faisait remarquer que les socialistes, eux, n'avaient pas à stigmatiser la violation d'un traité contre lequel ils avaient toujours voté.

« Léon Blum, demande Raymond Aron qui cite cet article, a-t-il jamais pris conscience de ses aberrations, de la faute commise par un homme d'État qui sacrifie les intérêts et même la sécurité du pays à ses illusions, qui confond une abdication avec le signe d'un monde nouveau[9] ? » Effectivement, les conséquences du 7 mars 1936 sont catastrophiques pour la France. Le traité de Versailles vient de recevoir le coup de grâce et la clé de voûte géostratégique du glacis rhénan vient de sauter. Les troupes allemandes bordent dorénavant la frontière française. Les craintes de Foch et sa prédiction en 1919 d'un « armistice de 20 ans » peuvent être désormais prises au sérieux. Hitler, encore plein de doute et de crainte à la veille du 7 mars, a pris la mesure de la France. Il croit maintenant à sa bonne étoile, et va s'enhardir dans une politique de coups de force. Il peut commencer sa guerre.

Déjà fragile, l'équilibre géostratégique de la France achève de s'effondrer en même temps que son prestige.

Ses alliés n'ont plus confiance en elle pour leur sécurité, à commencer par la Belgique, directement menacée par la réoccupation de la zone rhénane. Le 24 octobre 1936, le roi Léopold prévient que désormais une « politique entièrement belge doit tendre résolument à nous mettre en dehors de tout conflit avec nos voisins ».

L'esprit de Genève et l'espoir dans la SDN sont encore là, qui soufflent leur haleine délétère sur la France. « Quand elle est prise à la gorge, elle va chercher le gendarme, écrit Georges Bonnet. Et encore celui-ci ne fait que verbaliser[10]. »

La faillite du Front populaire

L'histoire du Front populaire a bénéficié jusqu'à nos jours d'une grande indulgence dans les manuels d'Histoire, sans parler de la littérature ou du cinéma. Ce jalon majeur de la mémoire des Français, toujours revendiqué par la gauche, évoque tout à la fois le sursaut national « contre le fascisme qui menaçait le pays », la République renouant avec le monde du travail, la cité s'ouvrant enfin aux ouvriers qui jusqu'alors « campaient à ses portes » (Blum). C'est la France des acquis sociaux arrachés de haute lutte, celle des premiers départs en vacances de ceux qui n'ont jamais vu la mer, celle de l'été 36 où l'on chante : « Debout ma blonde ! / Chantons au vent ! / Debout Amis ! / Il va vers le soleil levant, / Notre Pays. » En un mot, le Front populaire de la mémoire, c'est l'espoir en des lendemains qui chantent. La réalité est un peu différente.

Aux élections d'avril-mai 1936, Radicaux, socialistes et communistes se sont entendus sur un programme commun assez imprécis que résume assez bien le slogan d'alors : « Le pain, la paix, la liberté. » Les partis cependant n'abandonnent rien de leurs identités respectives. C'est dès le départ « le mariage de la carpe et du lapin » entre d'une part la gauche socialiste et communiste (d'ailleurs toujours aussi haineusement opposées l'une à l'autre) et de l'autre la « gauche » radicale (de moins en moins à gauche) dont la clientèle électorale est composée par des classes moyennes très momentanément mobilisées « contre le fascisme ». Cette coalition de « Front populaire » triomphe. La SFIO obtient 147 sièges, le PC 72 et le Parti radical 106. Le gouvernement, auquel les communistes accordent un « soutien sans participation », est confié à Léon Blum. Autant qu'un avènement de « la gauche », il faut voir dans ces élections, que l'opposition considère aussitôt comme « révolutionnaires » au sens subversif, un constat d'échec d'une droite figée dans « son conservatisme sans imagination, son défaut de puissance offensive, surtout sa carence doctrinale », une droite « payant chèrement dix-huit années de politique purement négative [...] L'erreur de la droite, de 1918 à 1936, sa faute en politique sociale furent l'erreur, la faute, le crime même de la nation en politique étrangère pendant la même période », témoigne Jean-Pierre Maxence, écrivain, journaliste, dans son *Histoire de dix ans*[11] malheureusement entachée d'antisémitisme comme beaucoup d'autres écrits des années 1930.

Marceau Pivert, chef de la tendance « gauche révolutionnaire » de la SFIO, écrit dans *Le Populaire* du 27 mai 1936 : « Tout un peuple est désormais en marche, d'un pas assuré, vers un magnifique destin [...] Tout est possible... » Et d'appeler à un « changement radical, à brève échéance » ainsi qu'à une « offensive anticapitaliste la plus vigoureuse ». À quoi *L'Humanité* répond : « Tout n'est pas possible. » Le 7 juin 1936, les accords Matignon augmentent les salaires de 7 à 15 % selon les professions. La semaine de travail passe de 48 à 40 heures et les premiers congés payés (14 jours) apparaissent. Dans le même temps, la charge salariale est alourdie de 30 %. Les difficultés ne tardent pas à surgir, d'autant que la loi des 40 h est appliquée sans précautions. La fuite des capitaux à l'étranger contraint le gouvernement à une dévaluation en septembre. De 1935 à 1937, les réserves or de la Banque de France fondent de moitié. Comment, dans ces conditions, financer le réarmement ? Cette fois, c'est dans sa situation intérieure que la France perd sur les deux tableaux, car elle doit s'employer en même temps à rassurer les démocraties anglo-saxonnes, c'est-à-dire le libéralisme économique dont elle procède et dépend (c'est pour cette raison que Léon Blum ne décrète pas le contrôle des changes). Du même coup, le gouvernement Blum ne peut que s'aligner sur la politique britannique *d'appeasement* vis-à-vis de l'Allemagne.

La confiance ne revient pas pour autant. Comme cela se pourrait-il face à la « Bataille de la Marne » que mène le grand patronat ? Un court moment désemparé, celui-ci a en effet puissamment organisé sa contre-offensive. Les capitaux enfuis ne reviendront pas tant qu'il sera question de Front populaire, c'est-à-dire pas avant la fin de novembre 1938. Ce sera plus que tard dans une perspective de réarmement, lequel exige des capitaux, mais aussi du temps.

Le chômage continue, et les classes moyennes s'effraient des grèves, des occupations d'usines, retrouvant alors leur anticommunisme « viscéral ». Pourtant les communistes déploient tous leurs efforts pour continuer la ritournelle de l'antifascisme. Mais où sont les fascistes ? La droite se ressaisit. Une vaste campagne antisémite et anticommuniste se développe dans la presse. Le 16 octobre 1936, 300 journaux publient un « Appel aux Français » dénonçant un péril rouge « désormais chez nous ». La situation financière empirant, Blum décide d'une « pause » en février 1937 mais l'opposition du Sénat le contraint à démissionner le 22 juin. À preuve de la division des Français jusque dans le camp de la gauche, une violente manifestation de gauche contre une réunion d'ex-Croix-de-Feu (reconstitués en Parti social français, nationaliste), le 16 mars 1937 à Clichy, fait 6 morts et 200 blessés. C'est la police du gouvernement Blum qui a tiré. Le divorce entre celui-ci et l'extrême gauche est total.

Le Front populaire se poursuit néanmoins avec le cabinet du radical Chautemps mais c'est déjà la fin, et d'ailleurs la SFIO se divise à son tour au sujet de sa participation au gouvernement. En janvier 1938, les communistes refusent leur soutien au gouvernement qui tombe le 15 janvier. Un nouveau cabinet Chautemps se succède à lui-même mais cette fois composé des seuls Radicaux. Le 13 mars 1938, un second cabinet Blum qui ne dure que trois semaines clôt dans la confusion parlementaire la malheureuse expérience du Front populaire. « Ainsi, ce qu'on a nommé avec indulgence l'expérience Blum est-elle surtout une absence d'expérience. Plus qu'il n'a mené une action, M. Blum a, pendant douze mois, suivi une pente… L'action, en effet, je ne la vois nulle part. La pente, je la vois. C'est la pente qu'avait suivie la social-démocratie allemande […] La pente Léon Blum a été la pente de la facilité, de toutes les facilités[12]. »

Plus encore que le bilan de la politique intérieure, celui de la politique extérieure durant la courte existence du Front populaire est effrayant. À peine en place, le Front populaire s'est trouvé confronté à la guerre civile espagnole. Celle-ci a commencé en juillet 1936 lorsque le putsch du général Franco a entrepris de renverser le gouvernement de gauche du *Frente popular* issu des élections de février. Ce sera une guerre idéologique atroce mettant aux prises républicains et nationalistes jusqu'en mai 1939. Le *Frente popular* a appelé son homologue français à l'aide mais celui-ci, à travers son chef de la diplomatie Yvon Delbos, a répondu par une politique de non-intervention dont il a cru pouvoir convaincre non seulement Londres, non seulement Moscou, mais aussi Rome et Berlin qui ont aussitôt désobéi en volant au secours de Franco. Les républicains, quant à eux, n'ont reçu que l'aide matérielle et lointaine de Moscou et l'appoint officieux de « Brigades internationales » principalement communistes mais aussi anarchistes. Cette situation a eu pour résultat de diviser le Front populaire entre interventionnistes et non-interventionnistes. De son côté, la droite a rallié bon nombre de Français en faisant du Front populaire espagnol le synonyme d'une guerre civile susceptible de franchir les Pyrénées. Bref, la France est plus divisée que jamais. « Un chef d'un gouvernement démocratique peut-il engager son pays dans une action qui comporte un risque de guerre et que la moitié du pays ne juge pas conforme à l'intérêt national[13] ? »

L'intervention côte à côte de l'Italie fasciste et de l'Allemagne nazie (qui en fait son banc d'essai pour la Luftwaffe) rapproche les deux pays d'autant mieux que Blum est un adversaire farouche du fascisme italien. Le 9 juin 1936, le comte Ciano, gendre de Mussolini, participant actif de l'intervention en Espagne et résolument partisan d'un rapprochement avec l'Allemagne, est nommé ministre des Affaires étrangères. Il devient aussitôt le numéro deux de l'Italie fasciste. En octobre 1936, il rend visite à Hitler pour y discuter les bases de l'Axe Rome-Berlin. C'est chose faite le 1er novembre. L'Autriche vient de perdre le plus fidèle garant de son indépendance.

Et la France face à l'Allemagne dans tout cela ? Dans sa déclaration de politique étrangère du 23 juin 1936 devant le Sénat, Blum a redit sa volonté de lutter pour l'entente franco-allemande. « À diverses reprises, le chancelier Hitler a proclamé sa volonté d'accord avec la France. Nous n'entendons pas douter de sa parole d'ancien combattant qui, pendant quatre ans, a connu la misère des tranchées. » En fait, le Front populaire n'a pas de programme de politique extérieure et comment en aurait-il un qui convienne à la fois aux Radicaux, aux socialistes et aux communistes ? Le 14 juillet 1936, le premier défilé du Front populaire se fait sur les slogans de « Paix ! », « À bas la guerre ! ». On pourrait s'étonner que, dans ce contexte, le Front populaire ait accordé 14 milliards d'armements au lieu des 5 demandés par l'Armée. Jusqu'à cette date, les socialistes (sans parler des communistes) ont toujours refusé de voter les budgets militaires sur le slogan plus révolutionnaire que pacifiste : « Pas un homme, pas un sou pour l'armée de la bourgeoisie ! » Cependant, hormis le fait que s'opposer et gouverner sont deux choses différentes, la situation internationale a changé. Face à une Allemagne de plus en plus menaçante, il est indispensable de moderniser l'armée, de la mécaniser. Il ne s'agit toutefois que de renforcer la sécurité, loin de tout changement dans la doctrine exclusivement défensive du pays. Cet effort budgétaire n'est donc pas contradictoire, dans l'esprit de Blum, avec l'espoir de ramener l'Allemagne dans le giron de la SDN. En outre, ce vote de crédits militaires tant vanté par les thuriféraires du Front populaire s'inscrit dans un plan de quatre ans et suppose pendant ce temps une situation économique et financière viable.

Et l'Allemagne pendant ce temps ? Le 5 novembre 1937, Hitler réunit ses principaux collaborateurs pour leur annoncer qu'il faut aller plus loin et redonner au Reich les territoires perdus lors du *diktat* de Versailles. Il faut élargir la « communauté raciale » allemande et commencer la conquête de l'espace vital (*Lebensraum*) de la Grande Allemagne. Il faut aller vite car, estime le Führer, les puissances occidentales auront rattrapé leur retard militaire en 1943. Au moment où il parle, c'est l'armée allemande qui a rattrapé le sien sur la France.

De plus, il a déjà quarante-huit ans. Quelle perte ce serait pour la grande œuvre entreprise s'il venait à disparaître prématurément !

La première atteinte aux clauses territoriales du traité ne pouvait être que l'Autriche qui avait demandé en 1919 son rattachement à l'Allemagne en invoquant le principe des nationalités, ce à quoi les Alliés s'étaient opposés. À l'automne 1937, von Papen, ex-chancelier d'Allemagne et alors ambassadeur d'Autriche servant la politique de Hitler après s'y être opposé, rencontre secrètement Georges Bonnet et Camille Chautemps, président du Conseil. Il expose que la France n'a pas à craindre de revendications sur sa frontière avec l'Allemagne mais qu'elle devrait se montrer compréhensive envers « l'influence allemande dans le bassin danubien ». À en croire le rapport de von Papen à Hitler, Chautemps aurait répondu « n'avoir rien à objecter à une évolution amenant un fort accroissement de l'influence allemande en Autriche[14] ». Au terme d'un véritable psychodrame, le chancelier autrichien Schuschnigg, antinazi, se voit imposer au ministère de l'Intérieur le leader nazi Seyss-Inquart. Le 12 mars 1938 à l'aube, les troupes allemandes franchissent la frontière autrichienne. L'acte d'incorporation de l'Autriche au Reich est signé le 13. Sept millions d'habitants viennent d'entrer ainsi sans coup férir dans le camp nazi. « Le rattachement de l'Autriche à l'Allemagne présentait ce caractère ambigu si essentiel aux premières provocations de Hitler. Il souscrivait au principe d'autodétermination, tout en sapant l'équilibre que les hommes d'État souhaitaient de moins en moins invoquer pour justifier l'usage de la force[15]. »

La France est alors (encore !) en pleine crise ministérielle et se contente de protester. En remplaçant discrètement la légation de la France à Vienne par un simple consulat général, le nouveau gouvernement Blum ne fait qu'entériner officiellement la disparition de l'Autriche en tant qu'État souverain. L'Italie, dont les meilleures troupes sont encore en Espagne, ne bouge pas. De toute façon, Mussolini s'est déclaré « las de monter la garde devant l'indépendance de l'Autriche ». L'Axe Rome-Berlin y trouve sa concrétisation géographique. De la Sicile à la Baltique, un bloc imposant et continu coupe l'Europe et isole la France de ses alliés de l'Est.

Quant à la Grande-Bretagne, son Premier ministre Neville Chamberlain a déclaré le 14 mars devant les Communes : « Ce n'est pas l'heure des décisions hâtives ou des paroles imprudentes. Nous devons considérer la nouvelle situation rapidement mais froidement. » En poste depuis le 28 mai 1937, Chamberlain inaugure ainsi une catastrophique politique *d'appeasement* dont il ne va plus se départir. Cependant, Anthony Eden, ministre du *Foreign Office*, démissionne. De son côté, Winston Churchill, alors simple député conservateur, tente en vain de prévenir les Communes : « L'Europe se trouve en face d'un programme d'agression soigneusement préparé et minuté qui s'exécute étape par étape. » En réalité, la Grande-Bretagne, ne faisant plus confiance à la SDN et n'ayant jamais fait confiance à la France, a décidé dès 1934 de doubler ses forces aériennes. À l'opposé de Chamberlain qui lui a succédé en 1937, son prédécesseur Stanley Baldwin déclarait en 1935 : « La plus grande erreur commise après la guerre a été de croire que celle-ci instaurerait un monde de démocratie. »

L'aveuglement des gouvernements qui se succèdent en France à une cadence accélérée, et celui des pacifistes, n'est pourtant pas partagé par tout le monde, comme le montre la lecture d'un hebdomadaire comme *L'Illustration*. L'arrivée de Hitler au pouvoir y est annoncée comme une dictature dont « l'évolution inquiétante et irrésistible assombrit l'avenir de l'Europe ». Le numéro du 9 septembre 1933 oppose sur la même page une grande parade nazie à Nuremberg et l'inauguration à Trébeurden, dans les Côtes-du-Nord, d'un monument à l'effigie de Briand en présence du ministre des Affaires étrangères, Joseph Paul-Boncour. « Si notre patience, proclame celui-ci, était faite du sentiment de notre faiblesse, ce serait grave. Il n'en est pas ainsi. La France sait qu'elle est assez forte pour résister aux entreprises de la violence. » Des reportages sur l'Allemagne sont régulièrement publiés, à l'antinazisme affiché (en attendant que *L'Illustration* devienne totalement vichyste sous l'Occupation). « Le voile est levé. Le danger hitlérien guide nos décisions. » Six pleines pages sont consacrées à la remilitarisation de la Rhénanie : « L'Allemagne vient de déchirer le traité de Locarno. »

Le 20 février 1938, Ludovic Naudeau, envoyé spécial à Berlin pour *L'Illustration*, a assisté au grand discours du Führer à l'opéra Kroll. Au terme de trois grandes pages de reportage, il conclut : « Ah ! Certes, si tous les Français pouvaient avoir vu ce que je viens de voir à Berlin, les aspects de la vie publique changeraient instantanément dans notre pays ; car, à côté d'un voisin comme nous en avons un, nous obstiner comme nous le faisons à poursuivre nos insignifiants débats de politique intérieure, cela correspond à un suicide national. » Les réactions sont tout aussi vives à la suite de *l'Anschluss*, événement auquel la revue consacre six pages sous le titre : « Le glaive sur l'Europe ». Il est déploré que, pendant ce temps, la France se livre à ses turpitudes politiciennes. « Un péril redoutable est au dehors mais il en est un autre, non moins angoissant, à l'intérieur » (Robert Lambel).

L'indignité de Munich

Après la chute du second cabinet Blum, Albert Lebrun fait appel à Édouard Daladier qui constitue son troisième gouvernement le 10 avril 1938. Ministre de la Guerre et de la Défense nationale dans le gouvernement Blum, il conserve ce portefeuille. À la différence de la Grande-Bretagne où le *Prime Minister* ne peut occuper aucun département ministériel, ce cumul auquel s'ajoute la présidence du parti radical que Daladier continue à exercer enfreint la distance salutaire à l'exercice du gouvernement. Ainsi, Daladier se refuse à quitter son bureau de la rue Saint-Dominique pour Matignon. Toujours est-il que le nouveau gouvernement bénéficie d'une investiture record de la Chambre : 575 voix contre 5. C'est un cabinet d'Union nationale sans le mot, dans l'espoir général de sortir de l'impasse politique et économique du Front populaire. Il faut « remettre la France au travail », donner la priorité à la stabilité financière et aux besoins de la Défense. La réputation d'énergie de Daladier, surnommé « le taureau du Vaucluse » (département dont il est député sans discontinuer depuis 1919), laisse espérer l'homme fort que le Parlement et le pays appellent enfin, un peu tard, de leurs vœux, mais « dans le respect de la démocratie ». Autant rechercher la quadrature du cercle.

En fait, le nouveau gouvernement n'a d'unité nationale que le nom, à l'image du pays tout entier. Son vice-président du Conseil, Chautemps, et son ministre des Affaires étrangères, Bonnet, sont des partisans convaincus de l'apaisement avec l'Allemagne. Daladier est loin d'avoir les mains libres : « Nous étions, mes amis de l'Europe nouvelle et moi-même, de nouveau pleins d'espoir. Enfin, l'économie française allait être remise sur les rails, la loi sur la semaine de quarante heures abolie, la compétitivité de notre industrie rétablie. Il fallut vite déchanter. Quand le nouveau gouvernement publia son programme, nous dûmes constater qu'il s'agissait d'une déclaration aux lignes vagues, n'abordant qu'indirectement et par allusions les problèmes essentiels que la France se devait de résoudre sous peine de mort » (Robert Marjolin[16]).

Le gouvernement Daladier, constitué un mois seulement après l'*Anschluss*, ne peut manquer de songer à ce que vont être les prochaines revendications de Hitler. Or la pression pacifiste en France est plus forte que jamais. Le pacifisme, qui s'est politisé, est toujours majoritairement socialiste, mais deux tendances s'affrontent. Une majorité, autour de Léon Blum dont l'attitude a évolué, se veut à la fois pacifiste et antifasciste. Il ne pourra être mis un terme aux agressions que par la fermeté. Mais que faut-il entendre par fermeté lorsqu'on se proclame pacifiste ? Cette majorité est harcelée par une minorité agissante conduite par le secrétaire général de la SFIO, Paul Faure, qui s'oppose à toute politique de défense et se livre à une surenchère passionnelle, fanatique même. En mai 1936, le secrétaire du syndicat des postiers CGT, Georges Mahé, proclame : « Plutôt la servitude que la guerre parce que la servitude, on en sort et que de la guerre, on ne revient pas[17]. » Dans le premier numéro d'une nouvelle revue pacifiste, les *Nouveaux cahiers*, qui paraît en avril 1937, Simone Weil, philosophe, élève d'Alain et pasionaria pacifiste, écrit : « Le mot national et les expressions dont il fait partie sont vides de toute signification, ils n'ont pour contenu que les millions de cadavres, les orphelins, les mutilés, le désespoir, les larmes. » Ces propos qui étaient monnaie courante dans les années 1920 prennent une tout autre résonance alors que Hitler est au pouvoir depuis quatre ans. Après l'*Anschluss*, Simone Weil écrit à son ami pacifiste René l' Belin, secrétaire général adjoint de la CGT (et futur ministre du Travail sous Vichy), qu'« une défaite sans guerre est préférable à une guerre victorieuse[18] ». Jean Giono, quand on lui demande en 1937 ce qui peut arriver de pire que de voir la France envahie par l'Allemagne, répond : « Pour ma part, j'aime mieux être Allemand vivant que Français mort. »

Ce pacifisme intégral se retrouve au SNI (100 000 instituteurs sur 130 000 en 1938). Au Congrès de Nantes d'août 1938, un militant représentatif de la majorité dit à propos de la crise des Sudètes qui vient d'éclater : « Nous n'avons pas à rétablir la liberté par la force des baïonnettes. » André Delmas, secrétaire général du SNI, lance une pétition le 26 septembre 1938, « Un appel au pays : nous ne voulons pas la guerre », qui rassemble 150 000 signatures en 3 jours (80 000 selon le gouvernement[19]).

Le « pacifisme » du PC est tout autre, comme s'en explique Maurice Thorez en 1935, qui dénonce le mot d'ordre d'« Union sacrée » : « Il y a une autre voie, celle de Lénine, de Liebknecht. Nous ferons tout pour la paix, nous lutterons contre l'ennemi : chez nous, ici en France, nous lutterons solidairement avec l'Allemagne de Thaelmann contre l'Allemagne de Hitler et contre les Alliés de Hitler en France. Mais si la guerre éclate malgré nos efforts, nous ne serons pas des déserteurs, nous prendrons les fusils que l'on nous donnera, nous lutterons pour la victoire de l'Armée rouge, pour la victoire de l'Union soviétique, pour le triomphe de la Révolution. La seule certitude de paix, elle viendra avec le pouvoir des Soviets[20]. » Rien de changé, donc, depuis Lénine.

Depuis le Front populaire, il existe aussi à la marge un pacifisme de droite se nourrissant de la haine et de la peur du bolchevisme (nous y reviendrons). Ce « néo-pacifisme » s'est développé en 1935 en se refusant à l'hypothèse d'une guerre contre l'Italie fasciste, très éventuelle conséquence des sanctions. La droite est surtout frustrée de voir la gauche confisquer un thème aussi électoralement porteur que le pacifisme. « Les partis dits de droite auront-ils éternellement la sottise de laisser monopoliser par les partis dits de gauche l'idée et la volonté de paix ? » *(Je suis partout*, 28 septembre 1935[21]). Quant au pacifisme des Radicaux, il est aussi vif que celui des socialistes, mais plus influent, puisqu'il abreuve la clientèle électorale d'un parti qui est presque toujours au gouvernement. C'est particulièrement vrai dans le gouvernement Daladier de 1938 qui se trouve ainsi freiné dès qu'il va s'agir de faire preuve de fermeté vis-à-vis de l'Allemagne. De nombreux écrivains en jouent, à commencer par Alain, le philosophe le plus influent du pacifisme français. On y trouve aussi Roger Martin du Gard, qui fait dire à Jacques Thibault, l'un de ses personnages de *L'été 14* qui paraît en 1936 : « Tout, plutôt que la guerre [...] même l'Occupation du territoire par l'invasion ennemie [...] Je me refuse à toute guerre, qu'elle soit baptisée juste ou injuste ! » Dans son *Journal*, il fait par ailleurs preuve d'un bel optimisme quand il écrit à la date du 27 septembre 1938 : « Nous avons pris hier soir à la TSF le discours de Hitler. Si violent, si haineux qu'il soit, j'ai tout de suite eu l'impression, qu'il laissait la porte ouverte aux négociations, et qu'un homme qui, dans les circonstances actuelles, maître de la paix et de la guerre, fait si grande place, dans un discours adressé au monde, au plaidoyer personnel, n'est pas énergumène décidé déjà à la guerre. »

Hors de la politique et des partis, il faut compter avec les pacifistes qui se font manipuler en toute candeur par l'Allemagne nazie. Otto Abetz, le futur ambassadeur d'Allemagne à Paris pendant l'Occupation, a joué un rôle déterminant dans cette vaste entreprise de charme. Ancien professeur de dessin, animateur de mouvements de jeunesse, épris de culture française, il organise dès 1930 des congrès franco-allemands de jeunes. En 1932, il épouse une Française, la secrétaire de son ami Jean Luchaire, fondateur en 1927 du journal *Notre Temps* et actif propagandiste du rapprochement entre la France et l'Allemagne. Il est chargé en 1934 des questions françaises au sein de la *Hitlerjugend* puis rattaché au service de diplomatie parallèle de Ribbentrop *(Ribbentrop-Dienststelle)* qui ne sera ministre des Affaires étrangères qu'au début de 1938. Ribbentrop s'est d'abord servi de Fernand de Brinon, journaliste aux *Débats* et à *L'Information*. Lié à de nombreux industriels, « Brinontrop », ainsi qu'on le surnomme parfois, avait publié à grand fracas en 1934 le texte de son interview de Hitler en 1933[22]. Il ne cessera dès lors de manifester son enthousiasme à l'égard du régime nazi. En 1935, il participe avec Otto Abetz à la fondation du Comité France-Allemagne, s'employant à organiser des congrès ainsi que des voyages d'hommes politiques et d'écrivains en Allemagne. Abetz se défendra d'avoir été un agent d'influence nazie en France. Tout dépend de ce qu'on entend par ce mot. Il est effectivement bien plus qu'un agent stipendié, car il plaide avec sincérité la cause de sa patrie dont il défend la cause auprès d'une France qu'il aime. « Je me promenais un dimanche matin, raconte-t-il dans ses *Mémoires*, avec le commandant Lhopital, au temps où il présidait le Comité France-Allemagne, et notre promenade nous conduisit place de l'Étoile. Les pigeons venaient, du haut de l'Arc de triomphe, s'ébattre sur la place où de petits garçons, en costume du dimanche, leur jetaient des miettes de pain. "Voyez-vous, me fit remarquer mon compagnon, en cette même matinée de dimanche où de jeunes Français donnent à manger aux colombes, la jeunesse d'Allemagne marche dans les forêts et se prépare à la guerre. – J'ignore, répondis-je à l'ancien aide de camp de Foch, qui avait, d'autre part, pendant plusieurs années, dirigé les Scouts de France, si l'éducation prémilitaire des jeunes Allemands dépasse celle des scouts d'autres pays mais vos colombes pacifiques nichent malencontreusement dans l'Arc de triomphe." Nous tombâmes d'accord que la paix ne devait pas être seulement à l'image qu'on s'en fait soi-même, mais un peu, aussi, à celle que s'en fait l'autre[23]. »

C'est dans le cadre du très entreprenant Comité France-Allemagne que sont publiés les *Cahiers franco-allemands*, apparemment pleins de bonnes intentions mais en réalité entreprise de démoralisation, quoi qu'en dise Abetz. Les rencontres d'anciens combattants, qui s'étaient ébauchées dans les années 1920, sont maintenant organisées à l'initiative nazie. Dès le 2 août 1934 a lieu à Baden-Baden une rencontre entre dirigeants d'organisations d'anciens combattants. « Cette rencontre, commente Abetz, était assurément moins spectaculaire qu'il eût été souhaitable, mais elle ouvrait de grandes perspectives sur l'œuvre que les anciens combattants pouvaient mener en faveur de la paix. » En 1935, l'aveugle de guerre Scapini, député de Paris, est reçu par Hitler en personne – et le Führer de rappeler avec émotion que lui aussi avait été rendu aveugle pour un temps à la suite d'une blessure infligée en 1918. Le 13 juillet 1936, des anciens combattants français et allemands prononcent à grand renfort médiatique le « Serment de Verdun » (et le 11 novembre de la même année, il y aura le « Serment de Douaumont »). Un « écrivain combattant » a composé ces vers de circonstance : « Au nom de ceux qui ne sont plus, de ceux qui vivent/ Et de ceux qui naîtront demain,/ Contre et malgré les destins noirs qui nous poursuivent,/ Pour prix de tout ce sang humain :/ Nous voulons qu'à jamais soit maudite la guerre/ Et que rois, soldats ou tribuns,/ Pour régler nos conflits les maîtres de la Terre/ Ne fassent plus d'autres Verduns ! »

La naïveté de l'opinion française et de ses dirigeants face aux entreprises de séduction nazie est déroutante.

Passe encore qu'un Félicien Challaye, pacifiste intégral, revienne en automne 1938 d'un voyage organisé en Allemagne par la *Deutsche Arbeiter Front*, en concluant à « l'évidente volonté de rapprochement avec la France du peuple allemand et de ses dirigeants », mais que dire de Pierre-Étienne Flandin ? Ce parlementaire, benjamin de la Chambre en 1914 (à vingt-cinq ans), centriste, plusieurs fois ministre, président du Conseil de novembre 1934 à juin 1935 puis ministre des Affaires étrangères en 1936, a été l'un des tombeurs du Front populaire. Parallèlement, le président de *l'Alliance démocratique* plaide contre toute forme d'unanimité nationale que « certains voudront lui imposer en vue d'une guerre prétendument inévitable ». Il prône un rapprochement avec l'Allemagne nazie dont il rencontre les principaux responsables en 1937 à Berlin. Il est vrai que Challaye et Flandin seront tous deux des collaborateurs du régime de Vichy.

Voilà dans quelle atmosphère Daladier se retrouve face à la crise internationale que déclenche Hitler contre la Tchécoslovaquie lorsque, dans un discours particulièrement violent du 12 septembre 1938, il dénonce les « tortures » que les Tchèques feraient subir à l'importante minorité de langue allemande (3 millions de personnes) vivant sur les pourtours de la Bohême, dans la région des Sudètes. Hitler revendique leur autonomie. Tout le système défensif de la Tchécoslovaquie est là, ainsi qu'une grande partie de son industrie. Le gouvernement tchèque fait appel à ses alliés, la France et l'URSS. Cette dernière se tourne alors vers la France qui se tourne vers la Grande-Bretagne. De toute façon, la Pologne se refuse catégoriquement à laisser l'Armée rouge transiter par son territoire. Fort de ces atermoiements, Hitler accepte de rencontrer Chamberlain mais pour exiger cette fois l'annexion des Sudètes. Les chefs du gouvernement britannique et français « lâchent » aussitôt le président de la République tchèque, Benes, en lui faisant savoir qu'ils ne vont pas lui apporter leur soutien. Le 22 septembre, Chamberlain rencontre de nouveau Hitler. Cette fois, les Tchèques doivent évacuer les Sudètes avant le 1er octobre, sans emporter leurs biens. Dans un premier temps, Chamberlain proteste. La France et la Grande-Bretagne mobilisent partiellement le 27. En France, on s'agglutine devant les affiches : « Rappel immédiat de certaines catégories de réservistes ». Est-ce la guerre ?

Les pacifistes pétitionnent : « Arrière les canons ! Le problème des Sudètes peut et doit être réglé par les moyens pacifiques. La guerre, en effet, ne sauverait nullement le peuple tchécoslovaque, qui serait le premier broyé dans la catastrophe. Elle ne sauverait même pas l'État tchécoslovaque, qui s'est avéré invivable sous sa forme présente. En revanche, elle anéantirait d'abord ces libertés pour la défense desquelles le peuple français serait une fois de plus appelé, mensongèrement, à se battre. [...] Pour le reste, les travailleurs antifascistes doivent se rappeler, suivant le mot de Romain Rolland, que c'est la paix qui sera mortelle à l'hitlérisme. » Une conférence de la dernière chance est décidée à l'initiative de Mussolini. Elle se réunit à quatre le 29 à Munich. Ni la Tchécoslovaquie, ni l'URSS ne sont invitées. Mussolini y propose le texte que les Allemands lui ont dicté et qui ne change rien sur le fond, sauf à échelonner l'Occupation des Sudètes du 1er au 10 octobre. Cette concession ridicule suffit à satisfaire les chefs du gouvernement français et britannique. L'accord est signé dans la nuit du 29 au 30.

Le retour des deux chefs de gouvernement dans leur pays est triomphal. Chamberlain, qui a signé en même temps un pacte séparé de non-agression avec Hitler, déclare à son arrivée à Londres : « C'est la paix pour notre époque », ajoutant en privé qu'il a l'impression que

Hitler est « un homme sur qui l'on peut compter une fois qu'il a engagé sa parole ». La Chambre des communes l'ovationne et il n'y a guère qu'un Churchill pour faire remarquer, dans une allocution le 5 octobre, que même seule face au Reich, la Tchécoslovaquie n'aurait pas obtenu de pires conditions. « Nous avons subi une défaite sans guerre [...] Ne croyez pas que c'est la fin. C'est seulement le commencement du jugement, la première gorgée, le premier avant-goût d'une coupe amère qui nous sera tendue année après année... » Quelques jours plus tard, il ajoute : « Ils ont eu le choix entre le déshonneur et la guerre. Ils ont choisi le déshonneur, et ils auront la guerre. »

De son côté, Daladier, qui s'attendait à être conspué à son arrivée au Bourget, y est accueilli par une immense foule délirant de joie. « Ah ! les cons, s'ils savaient ! » aurait-il confié en aparté. Le général Gamelin, chef d'état-major de la Défense nationale et protégé de Daladier est, avec les ministres, à la descente de l'avion. Si l'on en croit ses *Mémoires*, Chautemps, vice-président du Conseil (11 fois ministre et 4 fois président du Conseil), lui aurait dit : « Alors, mon général, on vous retire le pain de la bouche ? » À quoi, indigné, Gamelin aurait répondu : « Je n'ai jamais souhaité et ne souhaiterai jamais la guerre. Mais il y a des heures où l'honneur et l'intérêt commandent de la faire[24]. » Une cérémonie a lieu aussitôt avec les anciens combattants sur la tombe du soldat inconnu tandis que des messes d'action de grâce sont célébrées partout dans le pays. La presse est au diapason. Dans le *Paris-Soir* (1 700 000 exemplaires) du 1er octobre, qui titre à la une en lettres géantes : « La Paix ! », son patron, Jean Prouvost, écrit : « La Paix ! La Paix ! La Paix ! Voilà le mot qui sortait joyeusement de toutes les lèvres. Le monde respire. Nous allons donc vivre encore [...] Notre président du Conseil et notre ministre des Affaires étrangères nous ont gardé la paix.

C'est bien. Ils nous ont conservé la paix dans l'honneur et la dignité. C'est mieux. »

Le même *Paris-Soir* va lancer une souscription nationale pour offrir à Chamberlain une « maison de la paix » près de Biarritz, là où le Premier ministre britannique pourra se livrer à son passe-temps favori : la pêche à la truite. Flandin propose que soit baptisée à Paris une « rue des accords de Munich ». Dans les salles de cinéma, dès le 5 octobre, *Pathé-Journal* diffuse aux sacro-saintes « actualités » (juste avant l'entracte) un documentaire exceptionnellement long : *Triomphe de la Paix*. La mise en valeur emphatique de la signature des accords, des foules en liesse, des anciens combattants qui remontent les Champs-Élysées n'a d'égale que la discrétion concernant le drame des Sudètes et le nom même de Hitler qui n'est prononcé que deux fois en 13 minutes[25]. À un moment, la caméra fait un long plan fixe sur un cul-de-jatte tandis qu'en surimpression défilent des images de la Grande Guerre. Autant sinon plus qu'un film propagandiste, *Triomphe de la Paix* reflète l'opinion : le peuple français a peur.

Au Conseil des ministres, Daladier « est fêté comme un triomphateur des temps antiques », écrit Georges Bonnet qui n'a pas été invité à Munich, quoique ministre des Affaires étrangères. « C'est dans une atmosphère recueillie et admirative que Daladier explique la conférence de Munich. Il raconte avec verve comment il a été accueilli par le peuple allemand, ses conversations avec Göring qui lui a demandé de lui envoyer du cognac ! [...] Le président de la République résume lui-même l'opinion de tous les ministres. Il lit une déclaration "remerciant M. Daladier du patriotisme éclairé et agissant avec lequel il a rempli sa grave et délicate mission"[26]. »

Le vote du Parlement est tout aussi unanime, à l'exception des 73 députés communistes qui, strictement alignés sur Moscou, « refusent de s'associer à l'acte de brigandage de Munich » et de deux isolés : Jean Bouhey, un socialiste dissident, et Henri de Kerillis, député de Neuilly depuis 1936 et « poil à gratter » des régimes successifs. Fils d'amiral, lieutenant de cavalerie puis héros de l'aviation pendant la Grande Guerre, journaliste politique depuis 1924, Kerillis a deux grandes ambitions qu'il ne réalisera ni l'une ni l'autre : rassembler la droite sans cesse affaiblie par son individualisme et conjurer la menace de l'Allemagne nazie. En décembre 1936, il a publié un prophétique *Français, voici la guerre*[27] ! « La guerre vient. La guerre est là. Tous les Français, tous les Européens le savent, le pressentent, le sentent. Même ceux qui ne veulent pas l'avouer, même ceux qui essaient de toutes leurs forces de penser à autre chose, même les optimistes et les insouciants les plus invétérés entendent le sourd grondement du destin, pareil à celui du tonnerre qui avance dans un ciel de tempête. [...] La nation française, à l'heure actuelle, ne devrait avoir qu'une idée, qu'une hantise : l'invasion. [...] L'Allemagne hitlérienne est condamnée à la guerre par la logique du régime qu'elle s'est donné [...] Une autre considération pousse l'Allemagne à attaquer tout de suite : c'est la nécessité de devancer la reconstitution des forces navales, terrestres et aériennes de la Grande-Bretagne. Le plus grand drame de l'après-guerre a peut-être été le désarmement inconsidéré de l'Angleterre après la victoire de 1918. Elle a vraiment cru que l'ère des grandes guerres était close. En même temps qu'elle aidait l'Allemagne à se relever, en même temps qu'elle entravait la politique française pour l'exécution du traité de paix, elle laissait volontairement décliner sa puissance sur mer, sur terre et dans les airs. » Kerillis prédit que l'Angleterre sera obligée de se battre seule et que l'Italie, à cause des erreurs de la gauche, sera neutre au début du conflit pour « se jeter ensuite sur le combattant qui chancellera. [...] Certains Français s'imaginent que l'Allemagne s'engagera d'abord vers l'Est, qu'elle voudra d'abord vaincre et conquérir la Russie. [...] Ce n'est pas à l'Est que l'Allemagne assurera le premier et le plus rude de ses coups. C'est à l'Ouest, sur nous ».

Le 4 octobre, devant la Chambre, Kerillis dit de la Paix de Munich qu'elle « fait du IIIe Reich un empire colossal, qui va établir, sans obstacle désormais et par étapes foudroyantes, son hégémonie sur l'Europe » et qu'il ne convient pas « d'inviter le peuple à chanter son allégresse ». « L'Allemagne est insatiable devant les faibles. L'Allemagne ne respecte que les forts et nous venons de lui démontrer que nous ne l'étions pas ! » De son côté, Louis Marin, député de Meurthe-et-Moselle depuis 1905, plusieurs fois ministre, s'abstient : « La France, affaiblie, désarmée, sacrifiant la Tchécoslovaquie pour éviter une guerre qu'elle se sent incapable de soutenir et de gagner, vient de confesser au monde sa déchéance. »

En fait, passé l'explosion de joie du retour de Munich, la France se sépare nettement entre « munichois » et « antimunichois ». Ceux-ci n'étaient pas sur le chemin de Daladier au retour de Munich mais ils se font néanmoins entendre. « La France est rendue à la belote et à Tino Rossi, écrit Montherlant. Sur le demi-cadavre d'une nation trahie, sur les demi-cadavres de leur honneur, de leur dignité et de leur sécurité, les hommes, par millions, dansent la danse de Saint-Guy de la paix[28]. » Bernanos, qui a toujours affirmé son rejet de l'hitlérisme même s'il aperçoit bien la filiation de l'Allemagne humiliée des années 1920, écrit à la suite de Munich que « la France a été violée pendant son sommeil, au coin d'un bois, par des voyous » et que « l'abjecte aventure de Munich doit nous enlever toute illusion ». Peu de temps après la déclaration de guerre, Bernanos ajoutera : « Ce sont les Chamberlain qui font les Hitler[29]. »

Dans le numéro d'octobre de la revue *Esprit*, son fondateur Emmanuel Mounier publie un éditorial retentissant : « Lendemains d'une trahison ». Certes, Mounier, comme sa revue, est de sensibilité pacifiste mais Munich, c'est le pas de trop : « Hitler n'est pas seulement le dictateur de l'Allemagne. Pendant huit jours il a été le maître de la France. » Mounier demande aux démocraties « qu'elles forment une "nouvelle sainte alliance", point prêcheuse ni tapageuse, mais intraitable. Qu'elles opposent menace à menace, force à force, intimidation à chantage. Qu'elles renoncent à la maladie des sous-commissions et au vice des non-interventions, et se fassent un style d'action foudroyant. [...] Qu'elles pratiquent la représaille automatique, tant qu'un autre langage ne sera pas compris. Car, nous voilà au fait : seul ce style en force détournera une mentalité fasciste de l'usage de la force ». Les réactions à cet éditorial sont pour la plupart munichoises et reflètent une totale méconnaissance de ce qu'est exactement le nazisme alors que – surtout pour les lecteurs d'*Esprit*, les informations ne manquent pas. L'un d'eux écrit à Mounier : « Je n'attendais pas de vous des allusions aussi fréquentes à l'honneur national, ni l'idée singulière qu'une paix puisse être aussi catastrophique qu'une guerre. » Un autre parle de « bellicisme répugnant » et met fin à son abonnement[30]. Maurice Schumann et quelques autres, pour lors journalistes de sensibilité démocrate-chrétienne, ne cessent de dénoncer le « germanisme en marche ». Pour Schumann, Munich, qu'il appelle « la grande défaillance », n'est pas une fin mais un commencement.

Munichois et antimunichois s'affrontent dans les mêmes familles spirituelles ou politiques. C'est vrai notamment dans le camp socialiste. Comme à son habitude, ni chair, ni poisson, Léon Blum, dans *Le Populaire* du 20 septembre se montre d'abord antimunichois avant la lettre quand il apparaît que la France et la Grande-

Bretagne vont abandonner la Tchécoslovaquie à son sort : « Quoi qu'il advienne, les conséquences iront loin, en Europe et en France. La guerre est probablement écartée. Mais dans des conditions telles que moi, qui n'ai cessé de lutter pour la paix, qui depuis bien des années lui avais fait le sacrifice de ma vie, je n'en puis éprouver de joie et que je me sens partagé entre un lâche soulagement et la honte. » Blum ajoute dans ses *Mémoires* à la date du 26 septembre : « La question est maintenant de savoir s'il [Hitler] veut s'en tenir là, si le sacrifice l'a apaisé [...] si à la victoire, il veut encore ajouter la guerre[31]. » À la date du 1er octobre, toujours dans *Le Populaire*, Blum est encore munichois : « Il n'y a pas une femme et pas un homme pour refuser à MM. Neville Chamberlain et Édouard Daladier leur juste tribut de gratitude. La guerre est écartée. Le fléau s'éloigne. La vie est redevenue naturelle. On peut reprendre son travail et retrouver son sommeil. On peut jouir de la beauté d'un soleil d'automne. » Puis il devient antimunichois, tentant de s'opposer mais en vain à la ratification du traité par la SFIO et faisant désormais figure de « belliciste » au sein de son parti. Paul Faure, son éternel adversaire, et les « paulfauristes » sont quant à eux résolument munichois. Celui-ci, accueilli aux cris de « Vive la paix ! » au congrès de Noël 1938, veut que la France « propose la paix au monde » et « abandonne la politique de Richelieu et de Louis XIV en laissant les Allemands d'Europe centrale entre eux »[32]. Bref, que la France dénonce ses alliances à l'Est.

Munich divise également la droite. Flandin a envoyé un message de félicitations à Hitler ! (En fait, aux quatre chefs de gouvernement présents à Munich – mais aujourd'hui encore l'Histoire retient seulement celui adressé à Hitler.) Très nombreux alors sont ceux qui, scandalisés, démissionnent de l'Alliance démocratique dont Flandin se voit néanmoins confirmer la présidence.

Il rétorque : « J'aime mieux échanger des télégrammes que des obus. » Il répond aussi qu'il ne veut pas faire le jeu d'une puissance étrangère que d'ailleurs il nomme clairement : l'URSS, « qui désire susciter un conflit à l'Ouest afin que l'Allemagne n'attaque pas à l'Est[33] ». On se sépare aussi chez les catholiques. « Le ciel est redevenu bleu », commente la *France catholique* alors que *La Croix* critique durement Chamberlain.

Bien entendu, les ultrapacifistes sont munichois. Un dessin de Soupault évoque ainsi le 11 novembre 1938 dans *Je suis partout* : devant un ancien combattant décoré et quasiment mourant, sont brandies des pancartes : « Mourir pour l'Espagne rouge ! » « Mourir pour les Soviets ! » « Mourir pour les Juifs ! » « Mourir pour les Tchèques ! » Et la légende de répondre : « Merci, j'aime mieux vivre pour la France ! » Tandis que la crise des Sudètes conforte Giono dans la conviction qu'on peut faire reculer la guerre, Martin du Gard se contente d'écrire à un ami : « Ouf ! On a eu chaud ! », en ajoutant dans son *Journal* : « On a honte d'une telle solution, et honte de ne pouvoir s'empêcher de s'en réjouir. » (4 octobre). On ne s'étonnera pas que Céline aille beaucoup plus loin. Il publie en novembre 1938 *L'École des cadavres* où il préconise une alliance avec l'Allemagne « et pas une petite alliance, précaire, pour rire, fragile, palliative ! quelque pis-aller ! Pas du tout ! Mais non ! Mais non !... Une vraie alliance, solide, colossale, à chaux et à sable ! À la vie ! À la mort ! Voilà comme jc cause ! » Quant à l'alliance avec l'Angleterre : « Mes burnes ! Encore une fameuse balancelle. Ils iront mollo je vous assure ce coup-ci... encore bien plus mou qu'à l'autre... » À la même époque, Céline écrit à une amie : « Quant au Danemark, le mieux qui puisse lui arriver c'est de devenir allemand. S'il ne le devient pas, il terminera juif et communiste. Point d'autre alternative dans le monde aujourd'hui[34]. »

Au lendemain de Munich, Jean Prévost, écrivain doué, journaliste et critique littéraire, donne une réplique visionnaire et somme toute logique aux ultrapacifistes et en particulier à Alain dont il a été l'élève. Certes, convient-il, la paix à tout prix est un bel idéal mais il faut la pousser jusqu'à sa logique extrême. Après avoir accepté l'Occupation allemande et l'asservissement complet, on sera obligé de combattre pour Hitler après avoir refusé de se défendre contre lui. Prévost, de son côté, à la différence de nombreux pacifistes intégraux qu'on retrouvera dans la Collaboration, entrera dans la Résistance et mourra en 1944 dans les combats du Vercors.

Attention toutefois, fait remarquer aujourd'hui Michel Houellebecq dans *Ennemis publics*[35], « lorsqu'on stigmatise l'esprit de Munich, il y a toujours en moi comme un malaise ; parce que Munich, quand même, c'est en 1938 : vingt ans après 1918. Vingt ans, c'est peu. Et je crois qu'il faut se défier d'une lecture trop idéologique. Parce que la première pensée qui est venue à la plupart des Français en 1940, n'est pas, je crois : "La lutte contre le nazisme est engagée", mais plutôt quelque chose du genre : "Ça recommence avec les Boches" ».

Quelle que soit la psychologie des masses, les conséquences de Munich sont désastreuses. Comme l'a si bien dit Churchill, c'est une défaite sans guerre – du moins dans l'immédiat. Seuls ceux, avec les éternels ultrapacifistes, qui font observer qu'après tout Hitler n'a fait jusque-là que mettre en œuvre le principe wilsonien du droit des peuples à disposer d'eux-mêmes, ne voient pas ou ne veulent pas voir que le chef du IIIe Reich veut la guerre et qu'il l'aura. Il n'y a plus *de facto* de Tchécoslovaquie, devenue indéfendable, abandonnée et que non seulement l'Allemagne nazie, mais aussi la Hongrie et la Pologne, s'apprêtent à dépecer. La Tchécoslovaquie, qui faisait figure en Europe centrale de modèle de démocratie, a été abandonnée, trahie par les démocraties. « Ma grande faute, dira le président Benes, sera d'avoir été fidèle à la France. »

Pire qu'un crime, une faute… La France vient de pratiquer « la politique du chiffon de papier » chère à Hitler. Elle avait déjà perdu son prestige ; elle perd sa crédibilité, son honorabilité. L'URSS, ulcérée d'avoir été écartée de la conférence de Munich (confondant en cela conférence au sommet et mascarade), va prendre ses distances avec des démocraties qui de toute façon la boudent depuis toujours. Ce qui signifie se rapprocher de l'Allemagne. Lorsque Hitler jure la main sur le cœur qu'il n'a plus d'autres revendications, Moscou, à la différence de Paris et de Londres, n'en croit pas un mot. Quand, le 6 décembre, Ribbentrop signe solennellement à Paris une grande déclaration de paix qui fait la une de la presse, Moscou ne peut que s'inquiéter et se poser la question d'une duplicité, voire d'une collusion secrète entre Londres, Berlin et Paris donnant le feu vert à Hitler en direction de l'Est. Et c'est un autre discrédit vis-à-vis des démocraties que ce « traité de bonne entente » signé moins d'un mois après la « Nuit de cristal », le grand pogrom nazi contre les Juifs d'Allemagne qui a donné le signal de leur déportation et qui a scandalisé le monde entier.

Toutefois, comme le fait remarquer Henry Kissinger dans son histoire de la diplomatie[36] : « Munich ne fut pas un acte isolé, mais le point culminant d'un modèle qui s'était mis en place dans les années 1920 et accentué au rythme des concessions […] En reconnaissant que le règlement de Versailles était injuste, les vainqueurs avaient entamé la base psychologique sur laquelle il reposait […] Les vainqueurs de la Première Guerre mondiale avaient conçu une paix fondée sur des sanctions, créé eux-mêmes le maximum d'incitations à la révision du traité, concourant ainsi à démanteler leur propre règlement. »

Remettre la France au travail ?

La situation intérieure du pays n'est pas plus brillante. À l'évidence, il faut « remettre la France au travail » après le calamiteux intermède du Front populaire, en donnant la priorité à la stabilité financière et aux besoins de la Défense. Aucun gouvernement, même français, ne contesterait désormais l'urgence d'un effort d'armement. Paul Stehlin, attaché de l'air adjoint à Berlin, était dans l'aréopage entourant Daladier à Munich. Celui-ci, entre deux avions, lui dit : « C'est à l'avenir qu'il faut penser. Nous devons rattraper le temps perdu, pour votre arme surtout, la plus mal préparée et la plus importante pourtant. Venez me voir à Paris[37]. » Évidemment, Stehlin ne « verra » pas Daladier à Paris. Celui-ci a pourtant décidé d'accélérer la production de guerre. Le congrès radical de fin octobre, mené par les « néo-Radicaux » décidés à rompre l'alliance du Front populaire avec les « socialo-communistes », lui donne les mains libres.

Le nouveau ministre des Finances, nommé en novembre 1938, est Paul Reynaud. D'une droite libérale et non conformiste, il est surnommé par les pacifistes « Reynaud la guerre » pour avoir dénoncé la politique de faiblesse de Laval vis-à-vis de l'Italie. Dans un discours radiodiffusé, le 12 novembre, il remet en cause la loi des 40 heures : « Croyez-vous que dans l'Europe d'aujourd'hui, la France puisse à la fois maintenir son train de vie, dépenser 25 milliards d'armements et se reposer deux jours par semaine ? […] Je vous annonce qu'en France la semaine des deux dimanches a cessé d'exister. » Voilà un discours auquel les Français ne sont pas habitués. Il fallait un gouvernement fort ? On va gouverner par décrets-lois. Le gouvernement est autorisé par le Parlement à prendre « par décrets délibérés en Conseil des ministres les mesures qu'il juge indispensables pour faire face aux nécessités de la Défense nationale et redresser les finances et l'économie de la nation ». Toutefois, le contrôle des changes et le prélèvement sur le capital sont exceptés. La gauche, à qui le Sénat avait refusé la même licence pendant le Front populaire (mais celui-ci ne concédait alors pas d'exceptions), crie aussitôt à « la dictature de Daladier ». Elle engage l'épreuve de force en déclenchant une grève générale le 30 novembre. C'est un échec total. Les usines occupées, à commencer par l'emblématique usine Renault, sont évacuées manu militari. « Il n'y a pas de vaincu », déclare le soir même le président du Conseil. Les syndicats pensent au contraire que ce sont les patrons qui ont gagné. Qui songe alors que c'est la France qui a perdu, plus que jamais divorcée d'elle-même ?

On a souvent dit qu'à Munich, Daladier avait voulu gagner du temps pour réarmer. Quel temps ? Là où il faudrait une économie de guerre, le fait d'essayer d'allonger la semaine de 40 heures dans un climat de guerre sociale n'est que de peu de poids quand les ouvriers du Reich, contents ou pas, travaillent 10 à 12 heures par jour dans les usines d'armement, se relayant de surcroît en équipes de jour et de nuit. « Est-il concevable qu'un peuple menacé dans son existence même de grande nation, voyant chaque jour grandir la disproportion entre ses forces aériennes et celles de ses adversaires, est-il concevable que ce peuple limite volontairement… hier à quarante heures, aujourd'hui à quarante-cinq heures, la durée du travail dans ses usines d'aviation ? Cela ne s'appelle-t-il pas suicide ? Ne se trouvera-t-il pas un prophète pour crier au peuple français et à ses bergers qu'ils marchent droit à la défaite militaire ? » (Robert Marjolin[38]).

En 1930, l'écrivain Philippe Soupault posait une question qui valait réponse : « L'esprit d'un peuple qui se considère toujours comme un vainqueur peut-il admettre une paix qui réclame de grands sacrifices ? » Or justement personne n'est prêt à les consentir ces sacrifices : ni les ouvriers, ni les patrons, encore moins les élus qui craignent pour leur réélection. On est en démocratie. Cependant, il ne s'agit plus de savoir si l'on sauvera la France dans la justice ou dans l'injustice mais de savoir si on la sauvera tout court (Marjolin). Au début de 1939, la production s'est accrue de 15 %. C'est 100 % qu'il faudrait et même 150 %. Chacun croit que le temps arrangera les choses. On est à six mois de la guerre.

L'indice de production industrielle (sur la base 100 en 1928) était à 82 en avril 1938 et ne remonte que lentement, pour ne rattraper 100 qu'en juin 1939[39]. La durée moyenne de travail remonte également lentement pour atteindre un peu moins de 42 heures en juillet 1939. Certes la reprise économique est réelle, et les dépenses militaires augmentent : 13,9 millions de francs (constants de 1930) en 1934 ; 18,6 millions en 1936 ; 25,5 millions en 1938 avec un bond à 78 millions en 1939. Cependant, les méthodes restent libérales, aux antipodes d'une économie de guerre, alors même que le retard de la France est colossal. C'est notamment le cas de la production d'avions de guerre où la France n'a commencé à réarmer qu'en mars 1938 (mai 1935 pour l'Angleterre et mai 1934 pour l'Allemagne). Le 26 septembre 1938, le général Vuillemin, chef d'état-major de l'armée de l'air, adresse une note des plus pessimistes au gouvernement, insistant sur la disproportion énorme entre les flottes aériennes française et allemande. Dès le premier mois d'un conflit, les pertes françaises ne seraient pas comblées. William Bullitt, ambassadeur des États-Unis en France à partir d'octobre 1936, ne cesse de dire : « Faites des avions, faites des avions et encore des avions, autrement vous serez vaincus[40] ! » C'est aussi une façon de dire qu'il ne faut pas trop compter sur une aide américaine.

Depuis le printemps 1938 et surtout après Munich, la France a pourtant entrepris un effort considérable pour rattraper son retard aérien sur l'Allemagne. Elle commence à rationaliser sa production d'autant mieux que les industries de guerre ont été nationalisées par la loi du 11 août 1936. Elle construit de nouvelles usines. Elle fabrique en série. Elle commence à acheter aux États-Unis en dépit des difficultés liées à la récente loi américaine de Neutralité (1er mai 1937). Si tout va bien, la France sera une grande puissance aérienne… en 1941. La France a commencé trop tard.

Des fascistes à la française

« Dans les années 1930, écrit de Gaulle, l'Europe, obnubilée ici par l'attrait, là par la peur du communisme ou du fascisme, énervée de démocratie et encombrée de vieillards, offrait au dynamisme allemand de multiples occasions » (*Mémoires de guerre*). En France, à la différence notamment de la Grande-Bretagne, l'extrême gauche et l'extrême droite sont des composantes de la vie politique. Elles ont en commun de combattre le régime parlementaire et une démocratie qui continue à faire la preuve de son incapacité à gouverner et à affronter les graves problèmes de l'heure. À l'extrême gauche, le Parti communiste est structuré, monolithique, totalement inféodé au Komintern, c'est-à-dire à Moscou. Blum, quand il n'est pas dans la langue de bois, évoque « le nationalisme étranger » des communistes français. Ceux-ci, en dépit de leur vocation dialectiquement révolutionnaire, sont en bloc présents au Parlement dont ils s'appliquent à entraver le fonctionnement. C'est toute la différence avec l'extrême droite dont l'antiparlementarisme joint à l'individualisme classique de la droite conduit à un morcellement extrême et néanmoins agissant. C'est contre elle, contre « le fascisme », que s'était constitué le Front populaire. « Les antifascistes pourchassaient un ennemi insaisissable et ils ne s'accordaient pas sur l'essentiel, la méthode à suivre contre le véritable ennemi, Hitler » (R. Aron). Le terme passe-partout de « fasciste » met dans le même sac le fascisme mussolinien et le nazisme hitlérien, et prend surtout valeur d'insulte dès que la gauche s'adresse à la droite. Qui sont alors ces « fascistes français » ?

Les lignes d'extrême droite d'avant le Front populaire n'étaient pas à proprement parler fascistes et encore moins nazies. C'est toujours vrai pour l'Action française, antisémite certes mais nationaliste et germanophobe, avec ou sans Hitler. Le mouvement est d'ailleurs en plein déclin, vieillissant à l'image de son chef Charles Maurras, lequel entre à l'Académie française en 1938. Il en va différemment des Croix-de-Feu, dissoutes par le Front populaire, aussitôt refondées en Parti social français (PSF). Son succès populaire est considérable, se nourrissant de la peur causée à droite par le Front populaire. En 1939, le PSF est le premier parti de France avec 500 000 adhérents. On ne saurait parler de fascisme même si le PSF aspire à un régime fort et non plus parlementaire. Son programme « social d'abord » s'oppose au « politique d'abord » de Maurras. Le colonel de la Rocque en est resté le chef. C'est évidemment un antimunichois pour qui Flandin est un « défaitiste embusqué » (vocabulaire de la Grande Guerre oblige). Le PSF qui condamne le nazisme et l'antisémitisme n'en est pas moins taxé de fascisme par la gauche, voire par les organisations de droite traditionnelles.

En revanche, le Parti populaire français (PPF) créé lui aussi en 1936, en réaction contre le Front populaire, est bien fascisant. Son fondateur, Jacques Doriot, a été député et membre du Comité central du Parti communiste avant d'en être exclu en 1934. Même s'il n'est pas encore le pro-hitlérien qu'il va devenir après la défaite, son parti dérive à partir de 1938 vers l'antisémitisme et le programme d'une alliance avec l'Allemagne nazie contre l'URSS, entraînant la démission d'une grande partie de ses cadres. Le PPF s'effrite alors d'autant plus que le grand patronat cesse de le soutenir financièrement.

Plutôt que les organisations, les destins individuels permettent de mieux comprendre les raisons et les mécanismes de la tentation « fasciste » de certains Français. Raymond Aron, quand il témoigna en 1983 au procès en diffamation que Bertrand de Jouvenel intentait à un journaliste qui l'avait traité de « fasciste » et de pronazi, fit ce commentaire : « C'est vrai que nous, les hommes de cette génération, nous étions désespérés de la faiblesse des démocraties. Nous sentions venir la guerre. Certains ont rêvé de quelque chose d'autre, qui supprimerait cette faiblesse. »

Le meilleur exemple en est Robert Brasillach qui atteste de la lutte idéologique intense des années 1930 dans ce qu'il appelle « Notre avant-guerre[41] ». Brillant normalien, chroniqueur littéraire à *L'Action française*, il devient en 1937 le rédacteur en chef de *Je suis partout*, hebdo fondé en 1930, nationaliste et antiparlementaire, convaincu de la « décadence » de la France. Le fascisme de *Je suis partout* ne veut être à la solde ni de Mussolini ni de Hitler : « On ne matera le fascisme étranger que par le fascisme français, le seul vrai fascisme. » (14 avril 1939). *Je suis partout* est antisémite, ne serait-ce que parce que les Juifs « professent tous, à quelques exceptions près, des opinions d'extrême gauche ». Fauteurs et profiteurs de guerre, les Juifs menacent la paix de la France qu'ils ont envahie, fuyant l'Allemagne, l'Autriche, la Tchécoslovaquie. Lorsque écrivains et intellectuels collaborent nombreux à *Je suis partout* ou encore à *Gringoire*, plus satirique et plus populaire (650 000 exemplaires en 1936), fascisant et antisémite mais un ton en dessous, ils n'aident assurément pas les Français à prendre conscience des dangers du fascisme et du nazisme. Or, ils ne sont pas tous nécessairement d'extrême droite.

Brasillach, qui a eu vingt ans en 1929, n'est pas d'emblée fasciste. Dans la période 1929-1932 qu'il appelle « la fin de l'après-guerre », il se contente d'observer que la France « s'endort » tandis que « le destin frappe à notre porte ». Ce ne sont pas, dit-il, les discours de Hitler à la radio qui bouleversent alors les Français mais le procès de Violette Nozières ou bien l'affaire Stavisky. Le Front populaire est un premier révélateur pour Brasillach et beaucoup d'autres intellectuels, y compris dans un antisémitisme qui peut désormais se nourrir de Léon Blum et non « de vagues histoires de peau ». Selon Brasillach, l'antisémitisme français, endormi depuis l'affaire Dreyfus, s'est réactivé avec le « Juif Blum ». La guerre d'Espagne en est un second, dans une opposition farouche aux marxistes « qui voulaient à toute force notre intervention à côté des rouges espagnols ». Dans un chapitre qu'il intitule : « Ce mal du siècle, le fascisme… », Brasillach, qui écrit ses *Mémoires* à la fin de 1940, donc après la défaite, dit que « le fascisme français, loin des rêves éteints de Genève et des "bâtisseurs de nuées et d'illusions", fut la dernière aventure pour une certaine jeunesse. » En 1937, il s'est rendu au Congrès nazi de Nuremberg. Il n'en est pas revenu émerveillé, mais songe à tous ces grands sentiments (race, nation, camaraderie, force, joie) qu'il faudrait réapprendre à la jeunesse française et regrette « ce que la démocratie a fait de la France ».

Pierre Drieu la Rochelle, ancien combattant trois fois blessé, un temps adhérent du PPF, est un écrivain nostalgique de l'ordre et de l'action, persuadé de la décadence de la France *(Mesure de la France*, 1922). Plus encore que Brasillach, il témoigne du malaise moral de sa génération. Il parle lui aussi du « monde débordé, condamné ; le monde des dernières démocraties[42] ». Il faut un bouleversement, une révolution, le fascisme. Dans une lettre ouverte à Daladier à la suite de Munich, il écrit : « Depuis cinquante ans, Radicaux, francs-maçons, vous êtes les maîtres de ce pays. Vous nous avez asservis par la ruse, la démagogie [...] Depuis cinquante ans, les vôtres ont tout fait pour tuer dans ce peuple la juste et forte humanité. Vos démagogues, vos instituteurs, vos professeurs ont enseigné une philosophie endormeuse des esprits et ruineuse des énergies. » Il ne reste plus aux Français qu'à « mourir en démocrates ou survivre en fascistes » – et ce pour éviter de devenir, avec l'Angleterre, « les colonies de l'Allemagne ».

Ni Brasillach, ni Drieu la Rochelle (qui collaboreront néanmoins) n'entendent donc s'asservir à l'Allemagne nazie, voyant au contraire dans un fascisme français le seul contre-feu possible. D'autres cependant sont séduits par le nazisme comme Brinon ou le journaliste Jacques Benoist-Méchin qui voit dans Hitler un régénérateur de l'Europe et entreprend d'expliquer *Mein Kampf*[43]. Quant à Alphonse de Châteaubriant, prix Goncourt en 1911 (*Monsieur des Lourdines*), bouleversé par son expérience d'ambassadeur pendant la Grande Guerre, il publie en 1937 *La Gerbe des forces* dont Brasillach lui-même moque « l'incroyable pathos ». « La France ignore l'Allemagne, elle ignore le véritable Allemand, elle ignore le national-socialisme. Elle ignore qu'Hitler est un homme nouveau. Elle ignore que le héros qui sommeillait dans l'homme allemand est réveillé, que ce héros n'est pas tant fait d'un héros de guerre, que de l'homme pur, de l'homme bon, de l'homme aspirant à une harmonie entre les peuples. » Le pathos de Châteaubriant, qui sera bien entendu l'un des chantres de la collaboration, offre parfois des phrases étonnantes comme lorsqu'il fustige

« l'ignorance et la haine, ces deux vieilles femmes voilées de noir, que l'on voit constamment cheminant la main dans la main à travers les champs de nuit de la démocratie ».

Tous ces écrits ont en commun de dénoncer la décadence d'une France livrée à la démocratie parlementaire et à la « politicaillerie ». Dans *Gringoire* du 25 mai 1939, Henri Béraud écrit à propos des députés en vacance parlementaire. Il faut « en finir au plus vite avec un régime en pleine crevaison, annonçant la guerre et le désastre[44] ». Cette perception d'un déclin, d'une décadence de la France n'est pas réservée à la seule extrême droite. Raymond Aron écrit dans ses *Mémoires* : « Pendant ces années de décadence, nous avons eu mal à la France. Une obsession m'habitait : comment sauver la France ? C'est dans un climat de déclin national et d'exaspération partisane que le ralliement d'un Bertrand de Jouvenel ou d'un Drieu la Rochelle au mouvement de Jacques Doriot devient intelligible. »

Dès 1935, Gustave Hervé, admirateur du fascisme italien et du nazisme allemand et créateur en 1927 du Parti socialiste national, inspiré du fascisme, lance le slogan : « C'est Pétain qu'il nous faut ! » « Nous avons un régime où tout le monde gouverne, excepté le gouvernement [...] tout le monde crie, tout le monde piaille, tout le monde menace. » Il faut un chef, enfin. Or cet homme providentiel existe. « Nous l'avons sous la main. Son nom ? Il s'appelle Pétain[45]. » Et Hervé de se demander au passage si le général Weygand ne vaudrait pas mieux. Mais non, décidément, c'est Pétain qui convient « parce qu'il a beaucoup plus de chances que Weygand de réunir le grand rassemblement national qui est le but que nous visons ».

En dépit de tout cela, le danger d'un régime fasciste en France (et *a fortiori* nazi) n'a jamais existé que dans les slogans du Front populaire. Comme le fait spirituellement remarquer Bertrand de Jouvenel, « les deux révolutions, soviétique et nationale-socialiste, étaient trop absolues pour l'humeur française[46] ». Alfred Fabre-Luce, auteur et chroniqueur politique de talent, lui-même très engagé à droite, évoque de son côté « un de ces fascismes tempérés, modéré par le respect de la religion, de la famille et de la propriété ».

6

« Plutôt Hitler que Blum »

Personne n'a oublié l'image de la fameuse affiche qui couvrit les murs de France lors des élections législatives de novembre 1919 : la tête hirsute et grimaçante, aux yeux exorbités, d'un énergumène tenant entre les dents un poignard dégoulinant de sang, avec cette légende : « Comment voter contre le bolchevisme ? » Cette affiche aussitôt célèbre ne contribua pas peu au succès du Bloc national. L'image du bolchevique au couteau entre les dents allait s'installer pour longtemps dans l'esprit des Français, et ce avant même la naissance en France du parti communiste. En cette même année 1919, la une du quotidien *Excelsior* (17 janvier) étalait, hideuse, une énorme pieuvre rouge, un œil étant Petrograd et l'autre Moscou, déployant ses tentacules sur la carte de l'Europe. Le thème iconographique de la pieuvre bolchevique allait lui aussi faire florès. Des affiches d'inspiration semblable ornèrent les murs de l'Allemagne de Weimar, comme celle en 1920 d'un bolchevique aux traits « asiates » mettant le feu à la Bavière : « Bavarois, le bolchevisme nous encercle ! Chassez-le par les élections ! »

La hantise de la révolution bolchevique s'emparait alors de toute l'Europe occidentale, fondée sur un expansionnisme qu'affirmait clairement la IIIe Internationale communiste (Komintern) créée en mars 1919, un an et demi seulement après la révolution d'octobre. Après avoir œuvré en vain à faire triompher les « Blancs » contre les « Rouges » dans la guerre civile qui déchira d'abord la Russie, l'Europe installa et pour longtemps un « cordon sanitaire » autour de la Russie bolchevique puis de l'URSS (décembre 1922), en la mettant en quarantaine diplomatiquement, économiquement, militairement et en faisant d'elle, selon l'expression même des Soviétiques, une « citadelle assiégée ». Cependant, en mai 1919, l'Armée rouge, organisée par Trotski, comptait déjà 1 500 000 hommes.

Le parti de l'étranger

Pour la France, la Russie bolchevique est loin mais le parti communiste, lui, est là, au sein de la nation, depuis le 29 décembre 1920. La révolution bolchevique jouit alors d'un immense prestige auprès des « masses laborieuses » et la doctrine du nouveau parti est sans équivoque : c'est la doctrine « classe contre classe », définie par l'Internationale communiste, le « Mort aux bourgeois ! » scandé dans les manifestations. Or, ce ne sont pas là que des slogans. Dès 1920, un vaste mouvement de grèves violentes secoue le pays. La CGT, qui ne dénombrait que 400 000 adhérents en 1914, en compte 2 millions à la fin de 1919 au moment même où s'impose, contrairement à la tradition française, le modèle bolchevique des syndicats comme instrument politique. Dans ce nouveau contexte, la grève générale n'est plus seulement revendicatrice mais vise *in fine* à renverser le pouvoir.

Au-delà des frontières, les communistes français organisent une agitation « pacifiste » et antimilitariste contre l'Occupation française de la Ruhr en 1923 et contre la guerre du Rif en 1924-1925. Ce qui peut être argumenté dans le second cas comme une opposition au colonialisme est plus difficile à défendre auprès de l'opinion dans le cas de la Ruhr. Jacques Doriot, en attendant d'être fasciste, est alors secrétaire général du MJCF (Mouvement des Jeunes Communistes de France, qui existe toujours) et mène une active campagne antimilitariste auprès des appelés de l'armée française. En suivant les directives du Komintern contre « l'impérialisme », le parti communiste heurte de front la très grande majorité de l'opinion publique et passe pour traître à son pays. D'ailleurs, une quinzaine de dirigeants communistes, dont Marcel Cachin, sont déférés devant le Sénat constitué en Haute Cour de justice. Aux termes de l'accusation, l'opposition communiste à l'Occupation de la Ruhr n'a été qu'un prétexte pour tenter la révolution en France. C'est le premier grand procès intenté au parti communiste, même si le Sénat se déclare finalement incompétent[1].

L'opinion des Français dans leur majorité (et donc pas seulement l'extrême droite) s'ancre dès cette époque dans l'anticommunisme et dans le rejet « viscéral » d'un parti qui se dit français mais qui prend ses ordres à Moscou. La ligne décidée par Staline en 1924 du « socialisme dans un seul pays » ne va pas suffire à inverser l'idée dans l'opinion selon laquelle les communistes veulent et préparent la révolution des Soviets. Dans les campagnes de l'Ouest, on lancera un laconique et excommunicateur : « les partageux ».

Le grand patronat a beau jeu d'entretenir ce climat de diabolisation. L'industriel des parfums, François Coty, en est un exemple presque caricatural. Admirateur du fascisme italien, il finance les ligues d'extrême droite, achète des journaux (il est propriétaire du *Figaro* de 1922 à 1934), crée les siens, comme *L'Ami du Peuple* dans lequel il dénonce, à longueur de colonnes, le danger du bolchevisme. En le vendant deux fois moins cher que les journaux concurrents, il parvient à des tirages sans précédent (jusqu'à 700 000 exemplaires). En 1928, il publie *Contre le communisme* : « Un péril de mort plane sur les civilisations occidentales ; la civilisation française, la plus noble et la plus délicate, est la plus menacée ; des brèches s'ouvrent dans tous ses remparts et les barbares s'y précipitent ; patiemment sapés, sournoisement minés, les derniers bastions tombent les uns après les autres [...] Les chefs de la secte infernale ne dissimulent pas leur programme : ils l'affichent, ils le commentent cyniquement. Ils proclament leur résolution de faire une société humaine à leur image et ils expliquent leurs moyens qui sont le massacre, les supplices, la terreur, la culture méthodique de la haine entre les nations, de la haine entre les citoyens de chaque nation[2]... »

Mezza voce, toute la presse de droite dit la même chose. Cette conviction du complot va perdurer pendant tout l'entre-deux-guerres. Le parti communiste est le parti de l'étranger et les communistes, en attendant d'être traîtres à leur pays, sont des « espions moscoutaires ». Avec l'Allemagne – et pour certains, à ses côtés – l'Union soviétique est le nouvel ennemi qui menace la civilisation occidentale. Lorsque le président de la République Paul Doumer est assassiné le 6 mai 1932 par un fou, Gorgoulov, Russe blanc immigré, le gouvernement Tardieu, en pleine campagne électorale, essaie de faire passer l'assassin pour un agent soviétique. Ironie du sort, le peu qu'on arrivera à tirer de l'assassin exalté avant qu'il soit mené à la guillotine sera qu'il reprochait à Paul Doumer de vouloir s'entendre avec les Soviétiques ! En parlant de ses compatriotes, Julien Green écrit dans son *Journal*, à la date du 5 septembre 1932 : « Quand il ne s'agit pas de la guerre, c'est la révolution qui leur ôte le sommeil. » L'anticommunisme est devenu « un non-dit permanent[3] ».

Dès la fin des années 1920, l'idée s'installe à droite qu'il va falloir tôt ou tard choisir entre le bolchevisme et le fascisme, c'est-à-dire entre le désordre et l'ordre. « À la différence d'une fraction importante de l'intelligentsia, écrit Raymond Aron, je ne me suis jamais laissé prendre à cette prétendue fatalité. » C'est donc que ce sentiment existait. Le journaliste Camille Aymard en fait un dilemme dès 1925 en avertissant ceux qui croiraient qu'une démocratie comme la France n'a pas à craindre le bolchevisme : « Détrompez-vous ! La populace est partout la même[4] ! »

Les mouvements fascisants sinon fascistes, même s'ils ne se fondent pas exclusivement sur l'anticommunisme, déclinent le thème dans leurs discours et sur leurs affiches. Sur l'une d'elles, à la fin des années 1930, un militant du PPF, à l'uniforme copié des SA, saisit un loup écumant à la gorge : « Communisme – Ennemi de la France ». Depuis le Front populaire, les socialistes sont englobés dans ces campagnes puisqu'ils se sont mis dans le même camp. Une affiche électorale des Croix-de-Feu en 1936 enjoint aux Français de choisir entre les trois flèches rouges, emblème de la SFIO, baptisées pour la circonstance : « Haine, Désordre, Duperie » et les trois flèches bleu blanc rouge qui les barrent et qui ont pour nom : « Patrie, Famille, Travail » – devise qui, dans l'ordre inverse, sera reprise par le gouvernement de Vichy.

L'échec d'une alliance de revers avec l'URSS

Voilà l'atmosphère, l'une des atmosphères en tout cas, dans laquelle survient la victoire du nazisme en Allemagne au début de 1933. En France certes, l'anticommunisme de la droite et du centre ne va pas se transformer *ipso facto* en hitlérisme mais il va relativiser les craintes, les hiérarchiser. Qu'est-ce qui est le plus à craindre ? C'est une partie qui, au niveau international, se joue désormais à trois.

En 1934, c'est d'abord l'Allemagne nazie que redoute Louis Barthou, pour lors ministre des Affaires étrangères. Il tente en conséquence de constituer des alliances de revers avec la Petite Entente, avec l'URSS et même en juillet 1934 avec l'Italie fasciste après l'assassinat par les nazis du chancelier autrichien Dollfuss. Il obtient l'entrée de l'URSS à la SDN en 1935. Mais Barthou meurt dans l'attentat contre le roi Alexandre de Yougoslavie. Pierre Laval, qui lui succède, est loin de partager la même détermination et œuvre au contraire pour la détente avec l'Allemagne en s'opposant notamment à toute entente réelle avec l'URSS. Ce serait pourtant l'alliance de revers par excellence. Le pacte conclu le 2 mai 1935 est strictement défensif : « Au cas où la France ou l'URSS seraient l'objet d'une menace ou d'un danger de la part d'un État européen, malgré les intentions sincèrement pacifiques des deux pays, l'URSS et réciproquement la France se prêteront immédiatement aide et assistance » (art. 2). Toutefois ce pacte ne comporte pas de convention militaire – ce que souhaite Staline et ce qui a pour résultat de faire cesser pour un temps les attaques des communistes français contre l'armée française. Laval dilue les discussions qui n'aboutissent finalement pas. Et d'ailleurs, puisqu'on pense à l'Allemagne sans la nommer, comment l'URSS pourrait-elle l'attaquer alors qu'elle n'a pas de frontière commune avec elle et que la Roumanie et la Pologne se refusent catégoriquement au principe d'un passage de l'Armée rouge par leur territoire ? (Les Russes n'en partiraient plus, arguent les Polonais.) Il est vrai que la confiance ne règne dans aucun des deux camps. La France peut-elle faire confiance à Staline dont le régime de terreur n'est, déjà à cette date, un secret que pour les communistes français ? Et l'URSS peut-elle faire confiance à la France qui s'est constamment montrée faible vis-à-vis de l'Allemagne, y compris depuis l'accession au pouvoir de

Hitler ? Chacun a surtout pour arrière-pensée mal dissimulée de vouloir écarter de lui la menace de l'Allemagne nazie.

Même incomplet, le pacte n'est ratifié qu'avec les plus grandes difficultés par les députés le 27 février 1936 et par les sénateurs le 12 mars. La droite se révolte à l'idée de devoir un jour peut-être aider un État qui prêche la révolution mondiale. Pierre Taittinger, député de Paris et fondateur des Jeunesses patriotes, a expliqué qu'il voterait contre la ratification d'abord parce qu'il ne faut pas « irriter le sentiment national » de Hitler qui va se saisir du prétexte du pacte pour remilitariser la Rhénanie – et c'est de fait ce qui va se produire.

Lors des discussions, l'extrême droite s'est déchaînée contre Radicaux, socialistes et communistes sur le point de voter la ratification. « La droite, c'est la paix ! La gauche, c'est la guerre ! » proclame *Je suis partout* en décembre 1935. L'URSS est accusée de vouloir se servir de la France comme paratonnerre contre l'Allemagne. « Notre alliance avec l'URSS n'a été comprise par personne, confie Roger Martin du Gard à son *Journal* le 21 février 1938. Elle écarte de nous les plus sympathisants de la cause française [...] l'alliance franco-soviétique apparaît aux uns une aberration, aux autres une folle imprudence. » De toute manière, dénué de clauses militaires sur lesquelles l'état-major français a résolument traîné les pieds, le pacte restera lettre morte.

Continuant à croire en la Pologne, la France vient de laisser passer là la véritable alliance de revers dont elle rêvait pourtant. Kerillis est révolté par ce ratage. Depuis Munich, il continue à prêcher dans le désert et à fustiger les ministres ou anciens ministres qui bientôt le redeviendront : « Oui, allez-vous-en ! Les hommes qui nous ont conduits à la honte de Munich et qui ont voulu nous faire glorifier cette honte devant l'Arc de triomphe doivent se faire oublier[5]. » Il a été l'un des rares hommes de droite à soutenir une alliance avec l'URSS : « Le grand allié oriental qui valorise tous les autres est l'allié russe. Il est rouge ? C'est bien regrettable. Ce n'est pas une raison pour nous en priver [...] je ne laisse pas le bourgeois parler plus fort en moi que le patriote. » C'est qu'en effet, Kerillis est d'abord un patriote – et un patriote qui ne se trompe pas d'ennemi. Ceci ne l'empêche pas de souhaiter que l'alliance avec l'URSS aille de pair avec « l'élimination de toutes les influences soviétiques en France ».

Coutumière du fait, la France perd encore sur les deux tableaux. Elle n'a pas réalisé d'alliance militaire mais elle permet à Hitler de faire comme si c'était le cas et d'en profiter pour dénoncer le pacte de Locarno et surtout de trouver là un prétexte à la remilitarisation de la Rhénanie. Le 7 mars 1936, le jour même où l'armée allemande reprend possession de la Rhénanie, il monte à la tribune du Reichstag convoqué d'urgence : « Aux offres amicales et aux assurances pacifiques de l'Allemagne, la France a répondu par une alliance militaire avec l'Union soviétique, qui est exclusivement dirigée contre l'Allemagne et qui constitue une violation du Pacte rhénan. Dès lors, le traité de Locarno a perdu son sens et a pratiquement cessé d'exister. L'Allemagne ne se considère donc plus comme liée à ce pacte éteint. Le gouvernement allemand se voit désormais contraint de faire face à la nouvelle situation créée par cette alliance, situation qui se trouve aggravée du fait que le traité franco-soviétique est complété par un traité d'alliance parallèle entre la Tchécoslovaquie et l'Union soviétique. En vertu du droit primitif que chaque peuple a de garantir ses frontières et de sauvegarder ses possibilités de défense, le gouvernement allemand a rétabli, à la date de ce jour, la pleine et entière souveraineté du Reich dans la zone rhénane démilitarisée[6]. »

La grande peur du Front populaire

Le spectre de la révolution surgit, concrètement cette fois, lorsque le Front populaire parvient au pouvoir. Ce que les Cassandre de l'anticommunisme ne cessaient de prédire a fini par arriver. Au printemps 1936, dès avant les élections de juin, les communistes sont dans la rue avec des grèves sauvages qui échappent au contrôle de la CGT. L'Occupation des usines, qui est un phénomène nouveau, a des accents insurrectionnels. Le parti communiste, fort de ses cellules d'entreprise, de ses délégués professionnels, est-il derrière tout cela ? Pour l'extrême droite qui ameute l'opinion, la question ne se pose même pas alors que la célèbre journaliste Geneviève Tabouis affirme au contraire : « Il n'y a pas le moindre doute que le Front populaire sut faire faire à la France l'économie d'une grande révolution. Car les patrons français, si arriérés pour les réformes sociales les plus élémentaires, avaient suscité contre eux toutes les haines accumulées dans la classe ouvrière depuis des années[7]. » Geneviève Tabouis ajoute toutefois qu'« après le triomphe populaire aux élections, on prévoyait généralement une révolution [...] les drapeaux rouges couvraient les murs des grandes villes et *L'Internationale* prenait le pas sur *La Marseillaise* ».

Le parti communiste (on dit alors le PC et ce ne sera le PCF qu'en 1943, après la dissolution du Komintern par Staline) est alors en pleine ascension. Depuis 1934, il suit la nouvelle stratégie de participation face au danger hitlérien décidée par le Komintern et son chef Dimitrov. Le mot d'ordre est désormais de s'allier aux socialistes, au « social-fascisme ». Maurice Thorez, assisté de Jacques Duclos, en est le secrétaire général, depuis 1930. Son règne va durer trente ans mais celui qui, dans l'ombre, tire les ficelles, c'est le Slovaque Eugen Fried, le représentant permanent du Komintern auprès du parti communiste, sous le pseudonyme de Clément. C'est lui qui transmet les ordres de Moscou où d'ailleurs Thorez se rend régulièrement en « stage ». Puissamment organisé, le PC compte en 1938 8 796 cellules locales et 3 858 cellules d'entreprise, et il a obtenu 15,2 % des suffrages au premier tour des élections de 1936. Le nombre de ses adhérents a bondi de moins de 30 000 en 1934 à plus de 300 000 en 1937. À cette date, la CGT compte 5 millions de syndiqués. L'influence du PC va d'ailleurs au-delà et ne se mesure pas uniquement en nombre d'adhérents ou de sièges à la Chambre. Avec sa hiérarchie interne, ses organisations sociales, culturelles, son dynamisme offensif, le parti communiste est un « parti-société » (Annie Kriegel) en dehors de la société elle-même. Ce n'est pas celle-ci qui doit pénétrer le Parti mais l'inverse[8].

Cependant les grèves se poursuivent, même après les accords Matignon. Le PC est accusé de complot bien que Thorez ait dit aux travailleurs : « Il faut savoir terminer une grève. » Tandis que *L'Action française* compare le Paris de 1936 au Petrograd de 1917, *Le Figaro* estime que l'équipe gouvernementale est désormais « aux ordres du prolétariat[9] ». Lorsque Jacques Bardoux (le grand-père de Valéry Giscard d'Estaing), sénateur du Puy-de-Dôme (radical indépendant), publie en 1936 *Les Soviets contre la France* où il annonce avec un extraordinaire luxe de détails une insurrection communiste précisément pour le 12 juin, il est cru. Quand cette date se passe sans « Grand Soir », Jacques Bardoux ne se démonte pas et affirme que ce n'est que partie remise (*J'accuse Moscou* en 1937 et bien d'autres opuscules). L'entreprise subversive est toujours là.

La guerre civile espagnole, à la frontière française (« Cette fois, c'est à notre porte », écrit Pierre Gaxotte dans *Je suis partout*), ne fait qu'aviver la hantise de la révolution. L'infatigable Bardoux publie en 1937 *Le Chaos espagnol* avec cette question : « Éviterons-nous la contagion ? » À l'extrême droite, on a déjà répondu : « Aujourd'hui le Front juif dit populaire veut nous entraîner dans le guêpier espagnol [...] Les Français doivent-ils être les soldats de toutes les révolutions du globe ? » Le communisme, c'est la guerre ! Une guerre au nom de l'antifascisme et qui se dissimule derrière une rhétorique pacifiste. Les affiches anticommunistes couvrent les murs : « Ce sont les Soviets qui tirent les ficelles du Front populaire... » (1936) ; « Tous les pays d'Europe ont vaincu le communisme. La France reste seule menacée » (1937)... Sur cette dernière affiche, la classique pieuvre rouge voit ses tentacules tranchés partout : Italie, Turquie, Allemagne, Angleterre, Espagne (où un soldat franquiste est encore en train de manier la hache) mais pas la France où le seul tentacule restant s'enroule autour du drapeau tricolore.

Depuis 1935, les communistes sont accusés de pousser la France à la guerre contre l'Allemagne pour détourner cette dernière de l'URSS. Antimunichois, les communistes ? Et pour cause ! On lit dans *La Petite Illustration*, de droite modérée : « Il est bien évident que si, conformément à l'opinion de Staline et de Lénine, une guerre est nécessaire pour le déclenchement d'une révolution, les communistes ont perdu là une fameuse occasion de déclencher la révolution mondiale, et l'on s'explique leur colère et leurs imprécations après la conférence et l'accord de Munich[10]. » Gabriel Péri, en charge de la rubrique internationale de *L'Humanité*, qui a accusé Daladier et Bonnet d'avoir signé la démission de la France, est violemment pris à partie par Roland Manescau : « Ce sont là des propos intolérables venant surtout des hommes qui sont responsables d'une situation telle que la France n'est plus en mesure de dire *Non*. Ces hommes qui ont saboté notre défense nationale, qui ont bouleversé notre économie, qui ont semé à travers tout le pays la haine et la discorde ne sont pas qualifiés pour donner aujourd'hui des leçons de patriotisme et de fierté nationale. En réalité, ils crient, ils tempêtent parce qu'ils ont été incapables d'imposer la solution qui leur a été dictée par Staline[11]. » Or *L'Écho de la Nièvre*, dans lequel cette philippique paraît le 1er octobre 1938, est de tendance radicale – composante du Front populaire !

Au lendemain de Munich, l'anticommunisme obscurcit certains esprits au point non seulement de faire oublier la menace de l'Allemagne nazie mais de la trouver préférable à celle de la révolution. Dans le numéro d'octobre 1938 d'*Esprit*, Emmanuel Mounier résume la situation en une formule saisissante : « On ne comprendra rien au comportement de cette fraction de la bourgeoisie si on ne l'entend murmurer à mi-voix : *Plutôt Hitler que Blum*. » Pertinax (André Géraud) écrit dans *L'Ordre* du 7 octobre 1938 que « dans les classes dites conservatrices, beaucoup en étaient arrivés à sentir que le péril social l'emportait sur le péril allemand, que les États totalitaires devraient être regardés comme une assurance contre Moscou ».

Blum et le Front populaire sont en effet mis dans le même sac de l'anticommunisme. Les socialistes ne sont plus fréquentables. L'extrême droite concentre ses attaques sur Léon Blum – « Blum le Juif ». Le *Candide* du 7 avril 1938, en première page et sur trois colonnes, publie sous la plume de l'historien et journaliste d'extrême droite, Pierre Gaxotte, un article intitulé « L'homme maudit » : « Entre l'homme maudit et la France, il faut choisir. Lui, il incarne tout ce qui révolte notre sang et notre chair. Il est le mal. Il est la mort. » Comme le fait remarquer J.-L. Crémieux-Brilhac qui cite ces lignes, « jamais Gaxotte n'en a écrit autant sur Hitler[12] ». « On t'accuse, écrit Henri Béraud, de nous pousser au combat après avoir, trente années durant, fait tout ce qu'il était en ton pouvoir pour nous désarmer [...] Tu as passé ta jeunesse à bafouer nos chefs militaires, tu as passé ton âge moyen à refuser les crédits de la Défense et tu passes ta vieillesse à chanter *L'Internationale* en nous montrant le poing. En notre âme et conscience, nous croyons que ton fameux cri de haine exprimait bel et bien, dans un élan d'involontaire sérénité, tes sentiments réels envers *notre* patrie. On m'entend ; et toi-même ne t'y trompe point[13]. » Pour Béraud comme pour un large lobby antisémite, Blum le Juif n'est pas français. Le Juif est apatride, bolchevisant et fauteur de guerre. C'est *L'Action française* qui a popularisé en France, bien au-delà de sa propre sphère, l'appellation de « judéo-bolchevisme », chère aux nazis et déjà énoncée dans *Mein Kampf* : « Dans le bolchevisme russe, nous voyons au vingtième siècle les efforts de la Juiverie pour la domination du monde. »

« Au point où nous en sommes, lit-on dans *L'Ère nouvelle*, de tendance radicale, du 15 décembre 1938[14], il ne doit y avoir en France que deux partis : les antimarxistes et les marxistes (SFIO et communistes). La restauration du pays ne peut être obtenue que par la défaite complète du marxisme, doctrine de guerre sociale et doctrine démagogique. » *L'Action française* du 1er décembre 1938 claironne en manchette : « Et maintenant, si l'on veut le salut du pays, il faut dissoudre : 1°) le Parti communiste ; 2°) la CGT ; 3°) la Chambre des députés. » En 1938, 438 journaux et périodiques réclament la dissolution du parti communiste et des organisations qui lui sont liées.

Charles Rist, économiste et fondateur de l'Institut de recherches économiques et sociales (IRES), écrit dans son *Journal* en 1939, alors même que la guerre est déclarée : « Ce que l'avenir ignorera probablement, et ce qu'il faut retenir, c'est le rôle formidable que le conservatisme social, la crainte du communisme et du bolchevisme ont joué dans la politique étrangère de ces dernières années en France et en Angleterre. Cette crainte obnubile des centaines de personnes, les rend incapables de saisir les événements autrement qu'à travers ce verre déformant. De là des sympathies cachées mais certaines à l'égard même de Hitler, de ses méthodes, de ses violences[15]. »

Les « 200 familles »

Au-delà et aussi largement en deçà de la grande peur du Front populaire, il est évident que la hantise anticommuniste a lourdement influé sur l'attitude du grand patronat. Le thème des 200 familles qui gouvernent de fait le pays, cher à la propagande communiste, a été si caricatural qu'il a fini par aller à l'encontre du but recherché en l'invalidant dans l'opinion de nombreux Français. En 1936, une scène du film de Jean Renoir, *La vie est à nous*, produit par le parti communiste, fait chanter à un chœur : « En France, il est 200 familles /qui accaparent la richesse. /En France il est 200 familles / qui provoquent votre détresse. /Leurs conseils d'administration /sont des repaires de brigands /où l'on réduit votre portion /où l'on détrousse vos enfants. /La France n'est pas aux Français /car elle est à 200 familles. »

À entendre l'historienne et militante du Pôle de Renaissance Communiste en France (PRCF) Annie Lacroix-Riz[16], ce grand patronat tout-puissant (Comité des Forges, groupe Wendel, Banque Worms, etc.) et derrière lui la Banque de France, finançant, pour ne pas dire corrompant, dès la fin de la Grande Guerre, presse et hommes politiques, voire généraux (Weygand au Conseil d'administration de la Compagnie du Canal de Suez), aurait conduit et trahi la politique extérieure de la France. Les « puissances d'argent » auraient sans cesse fait le choix de l'Allemagne, d'abord comme partenaire économique privilégié puis comme rempart contre le danger communiste, surtout après le Front populaire qui « radicalise la stratégie patronale ». « Les hommes d'affaires haïssaient l'URSS autant ou plus que les ennemis intérieurs du profit. [...] La croisade contre cet ennemi exclut d'emblée *l'alliance de revers* avec l'Union soviétique au moins autant que l'impératif de ne pas froisser le Reich, hanté par la guerre sur deux fronts qu'elle lui imposerait. [...] Dans les années 1920, ayant échoué à se débarrasser des bolcheviques, elles [les élites] comptaient sur le Reich[17]. »

Le grand patronat, constitué en « synarchie », aurait, en privilégiant l'ennemi intérieur, organisé sciemment la défaite de la France dans une guerre que lui, au moins, voyait venir. Voici François de Wendel né en 1874, président du Comité des Forges, régent de la Banque de France, député (1914-1933) puis sénateur (1933-1940), faiseur et défaiseur de « décideurs » politiques qui ne font que passer alors qu'il est sans cesse aux commandes... Voici André François-Poncet, ancien du Comité des Forges et « porte-parole de la sidérurgie » endormant la méfiance de la France au milieu des années 1930... Voici Laval, favori du grand capital, liquidant la politique de Barthou, funeste à l'Allemagne... etc. Tels les grains d'un chapelet maléfique, les acteurs de la conjuration défilent et sont dénoncés par Annie Lacroix-Riz qui a incontestablement accompli un énorme travail d'archives – et d'archives diplomatiques jusqu'alors peu consultées par des historiens français. L'historienne a ajouté dans des conférences[18] que ces mêmes historiens français se gardent bien de toucher à un tabou. Ne sont-ils pas eux aussi, pour les plus connus, dans les mains des « puissances d'argent » à commencer par les éditeurs ? (Anne Lacroix-Riz – qui en a tout de même trouvé un – est la seule historienne à avancer le terme de « putsch franco-allemand » en 1940 en lieu et place de « défaite ».)

Un complot ou plutôt un contre-complot capitaliste conjurant le communisme et lui préférant la victoire allemande ? Il y aurait beaucoup de choses à examiner dans l'étude de cette historienne au demeurant très politiquement engagée si elle n'était pas aussi doctrinaire. Cette conjuration de « synarques » préparant longuement et froidement la défaite de la France, c'est tout de même un peu gros. L'idée d'une coalition de fait, acceptant et anticipant l'idée de la défaite, c'est déjà assez grave…

7

La glaciation de l'armée française

Dans les années suivant immédiatement l'armistice de 1918, Foch et Clemenceau sont au moins d'accord sur une chose : l'armée française, au-delà de son formidable prestige et pour une large part à cause de lui, ne prend pas une bonne direction. Elle ne se reconstitue pas, ne se reconstruit pas, ne se transforme pas. Foch fait remarquer qu'aucun ministre de la Guerre ne s'occupe de cela. La guerre n'est-elle pas finie ? « Le Conseil supérieur de la Guerre n'a jamais aussi peu travaillé ; non seulement on ne lui a rien donné à faire, mais on lui a défendu de s'occuper de quoi que ce soit[1] ! » Clemenceau, de son côté, déplore que les états-majors ne travaillent qu'à la tactique. « Quant à la stratégie, c'est-à-dire l'étude de la guerre de masses, de la guerre au vingtième siècle, elle est toujours aussi honnie qu'avant la guerre[2]. » Il dénonce pêle-mêle le manque d'instruction de l'armée, son déficit de cadres (l'armée de carrière), ses stocks insuffisants, son matériel en train de se déclasser.

Clemenceau, considérant la période 1871-1914, explique que la France alors vaincue et désirant reconstituer sa puissance dut manier deux concepts finalement contradictoires : le principe de la société militaire, c'est-à-dire la discipline, la consigne, l'obéissance, et le principe de la société civile, c'est-à-dire le droit, la liberté, la justice. Pendant la Grande Guerre, c'est évidemment la société militaire qui, c'est le cas de le dire, occupa le terrain. La paix revenue, c'est la société civile qui a la parole.

L'ombre d'elle-même

Il est confondant de constater la vitesse à laquelle l'armée française est devenue l'ombre d'elle-même dans l'entre-deux-guerres, alors qu'elle conservait paradoxalement l'image internationale d'une armée toute-puissante, voire impérialiste. Prisonnière en quelque sorte de sa victoire, elle s'est montrée au lendemain de la Grande Guerre pas même hostile mais étrangère à toute idée de changement. Les raisons en sont nombreuses, à commencer par l'absence d'une politique cohérente et continue du pays. « C'est pourquoi, le corps militaire, auquel l'État ne donnait d'impulsions que saccadées et contradictoires, s'enfermait dans son conformisme. L'armée se figeait dans les conceptions qui avaient été en vigueur avant la fin de la dernière guerre. Elle y était d'autant plus portée que ses chefs vieillissaient à leur poste, attachés à des errements qui avaient, jadis, fait leur gloire. » (De Gaulle, *Mémoires de guerre)*.

La « reine des batailles » demeure l'infanterie, dont procède l'artillerie. Cependant, l'effroyable saignée de la Grande Guerre conduit au souci de ménager désormais la vie du fantassin. Études, plans de mobilisation, instructions vont dans ce sens, comme le 5 mars 1920, l'« Instruction générale relative aux études préparatoires à l'organisation défensive des fronts d'Alsace et de Lorraine » : « Il n'est pas téméraire de prévoir que le champ de bataille d'un avenir plus ou moins éloigné ne comportera plus un seul homme combattant à poitrine découverte : ce sera l'époque où le groupe de combat, réduit en conséquence, sera tout entier enfermé dans une carapace protectrice et mobile, autour de son arme automatique… L'infanterie, dans cinquante ans, sera peut-être tout entière embarquée dans des chars blindés de dimensions et d'armements divers[3]. »

Cette conception d'une infanterie blindée assigne d'ores et déjà au char son rôle *défensif* – maître mot qui figure dans toutes les instructions, à l'instar de celle du 5 mars 1920. Chaque DI (division d'infanterie) se voit dotée, sur le papier en tout cas, d'un bataillon de 45 chars légers. Pas de chars offensifs donc, concentrés en grandes unités. La cavalerie, d'ailleurs, conserve ses chevaux, tout comme l'artillerie. Depuis Napoléon, l'artillerie hippomobile passe partout – mais à 4 km/h. À plus forte raison, on passe partout à pied. Gare à ceux qui subissent « le mirage de la motorisation » ! La question fait tout de même l'objet d'une réflexion. Ainsi un *Mémoire sur la manœuvre automobile* du 28 février 1923 modifié (un véritable tic dans l'armée) par celui du 10 avril 1925. On y conçoit des DI transportées par automobiles et même une « DI automobile » avec 2 bataillons de « chasseurs portés », 2 bataillons de chars, 1 groupe d'automitrailleuses, 1 groupe de canons 75, un du génie et un des transmissions – c'est-à-dire la préfiguration de la « division cuirassée », premier nom donné à la division blindée.

Mais c'est là pure prospective. Les matériels ne sont pas construits ni même mis à l'étude. Il n'y a pas de doctrine, ni de crédits. En 1935, on peut encore lire dans la revue *La France militaire* que « le seul véritable tout-terrains », c'est le cheval qui est « l'irremplaçable instrument de déploiement et de décrochage ». Hélas, le cheval « n'est pas à la mode parce qu'il existe depuis trop longtemps[4] ». Et encore en 1937, le général Daubert écrit dans le *Mercure de France* : « Ayons une politique de l'élevage […] la France, peut-être un jour, devra son salut au cheval[5]. » *L'Action française* s'est prononcée elle aussi « pour le cheval et contre le moteur », préférant « un cheval national nourri d'avoine nationale » à « un engin alimenté par de l'essence étrangère ». Et quand Daladier, alors ministre de la Guerre, décide en 1933 de supprimer 10 000 chevaux et mulets sur les 130 000 que l'armée possède, c'est un beau tollé de protestations à la Chambre – car de cela aussi, les députés se mêlent.

On aura compris que l'esprit de modernisation ne règne pas dans l'armée, ni dans une réorganisation dont elle n'aperçoit pas la nécessité, ni dans le renouvellement de son matériel – sinon à la marge (FM modèle 1915, canon de 37 mm modèle 1916, etc.). Foch, décidément « poil à gratter » des années 1920, pense qu'améliorer le matériel existant est négatif à long terme. Il faut concevoir des armes nouvelles mais là encore les crédits font défaut. En 1922, seulement 2,25 % des crédits demandés pour la recherche sont accordés[6]. Une raison supplémentaire pour que les polytechniciens se détournent de la carrière militaire, aux maigres soldes et à l'avancement extrêmement lent. D'une manière générale, ceci a pour conséquence de provoquer un déficit constant dans le recrutement des militaires de carrière. En 1930, il manque 7 000 officiers sur les 36 000 budgétisés, et 6 000 agents militaires sur 15 000[7].

C'est poser la question des effectifs – et pour en faire quoi ? La doctrine, le dogme du front continu en temps de guerre nécessite un « dispositif de couverture » considérable en nombre de divisions. « L'idée du front fixe et continu dominait la stratégie prévue pour une action future. L'organisation, la doctrine, l'instruction, l'armement en procédaient directement. Il était entendu qu'en cas de guerre, la France mobiliserait la masse de ses réserves et constituerait un nombre aussi grand que possible de divisions, faites, non pas pour manœuvrer, attaquer, exploiter, mais pour tenir des secteurs. Elles seraient mises en position le long de la frontière [...] et y attendraient l'offensive de l'ennemi » (De Gaulle, *Mémoires de guerre*).

Au début des années 1930, après que quatre lois dites fondamentales (notamment celle du 13 juillet 1927) ont réduit les effectifs, la France compte 50 divisions d'active : 44 DI (1 DI = 3 régiments d'infanterie, 2 d'artillerie et 1 escadron de cavalerie) et 6 divisions de cavalerie (chacune comportant, en un assemblage incertain, 2 brigades à cheval et 1 brigade motorisée). Ce sont 500 000 hommes dont 106 000 de carrière dans une armée de type ancien avec de gros bataillons très faiblement motorisés. Devront s'y ajouter les 3 millions d'hommes de la réserve en cas de mobilisation générale. Arrêté le 1er mai 1929, le « plan B » (les armées ont toujours des plans B et même des plans B bis) planifie la mise en place sur 21 jours de 70 nouvelles DI dont 4 de Nord-Africains et 4 de Sénégalais.

Pas de « couverture » sans cette réserve. Encore faudrait-il que celle-ci soit entraînée. Or ce n'est pas le cas. En 1925 déjà, un quart des officiers de réserve n'ont jamais combattu comme officiers. Il faudrait aussi une instruction sélective, plus ou moins longue en fonction des armes, mais cela est en contradiction avec le principe d'égalité des citoyens. L'armée de la République, c'est celle de la nation démocratique en armes, héritée de la levée en masse de la Révolution française. Pour suranné qu'il soit, ce principe ne vaut de toute façon pas pour l'entraînement de la réserve. « Quant à la préparation proprement militaire, elle était nulle. Les gouvernements de gauche se faisaient un mérite de ne point convoquer les réservistes pour ces périodes d'instruction qui devaient en théorie entretenir leurs connaissances et assurer leur entraînement[8]. »

Cette doctrine séculaire du nombre est non seulement en contradiction avec l'émergence dans les pays industrialisés de l'armée moderne, technique et motorisée, mais aussi avec le déclin démographique de la France. On a déjà évoqué à propos de Briand (« Je fais la politique de notre natalité ») le vieillissement du pays. La France compte 42 millions d'habitants en 1938 contre 67 millions en Allemagne (sans compter l'Autriche). De 1900 à 1939, la population française ne s'est accrue que de 3 %, et encore grâce à l'immigration, tandis que l'Allemagne s'est accrue de 36 %, l'Italie de 33 %, et la Grande-Bretagne de 23 %. À la même date, la France est au 6e rang des PIB mondiaux (Allemagne au 4e) alors qu'elle était au 3e rang en 1929. « Le Français se fait rare », écrit en 1939 Jean Giraudoux qui plaide pour une politique d'immigration à l'exemple de celle des États-Unis[9]. Déjà, au lendemain de la Grande Guerre, le président de la République Paul Deschanel adjurait ainsi ses concitoyens : « Français, vous n'avez pas eu peur de la mort, auriez-vous peur de la vie ? Le sang que vous avez répandu généreusement sur les champs de bataille, n'oserez-vous plus le transmettre aux générations ? La France, par-delà les tombes, cherche les berceaux : resterez-vous sourd à sa prière ? »

À la fin des années 1930, la France est le pays d'Europe le plus âgé. Les gouvernements, mais dans la discontinuité politique que l'on sait, tentent de conjurer le péril en organisant une propagande nataliste (qui joue notamment sur la peur de la démographie allemande), en créant divers organismes comme l'« Alliance nationale contre la dépopulation ». Mais on est déjà à la fin des années 1930. Ce n'est que le 29 juillet 1939 qu'est voté le Code de la famille et que les allocations familiales sont étendues et fortement majorées à partir du troisième enfant. Illogiquement, le service militaire est ramené à un an en 1928, alors que le pays est en train d'entrer dans les années de classes creuses, et pratiquement à dix mois en 1932.

L'armée et sa conception de la guerre sont celles de 1914-1918 avec la foi en moins. « Une telle conception de la guerre convenait à l'esprit du régime. Celui-ci, que la faiblesse du pouvoir et les discordes politiques condamnaient à la stagnation, ne pouvait manquer d'épouser un système à ce point statique » (De Gaulle, *Mémoires de guerre*). Cette conception statique s'illustre tout particulièrement dans l'aviation. Au lendemain de l'armistice, la France est forte de 260 escadrilles, soit 4 500 appareils (200 en 1914). Son industrie aéronautique est à cette date la plus puissante d'Europe sinon du monde[10]. Le sentiment de cette incontestable supériorité va subsister jusque tard dans les années 1930, mais pas la supériorité elle-même. Au début des années 1920, l'aviation est strictement subordonnée au commandement terrestre. Ce n'est que logique puisque l'avion est une arme de l'armée de terre. Il éclaire, il renseigne mais ne livre pas de bataille aérienne et bombarde encore moins. Le bombardement, hélas riche d'avenir, est frappé de discrédit dans une France démocratique et pacifiste. Il faut en outre attendre 1928 pour que soit créé le ministère de l'Air. Et encore n'est-ce qu'une concession à l'époque du triomphe de l'aviation civile (Lindbergh a traversé l'Atlantique l'année précédente et Mermoz commence à écrire les pages glorieuses de l'Aéropostale). Loin d'aider le nouveau ministère à rattraper le temps perdu, l'armée de terre est en rivalité avec lui. À l'automne 1933, alors que Hitler fait retentir les ondes de ses clameurs, le retard technique est encore de cinq ans sur l'Allemagne. Le général Denain et Pierre Cot, ministre de l'Air de 1933 à 1934 puis de 1936 à 1938, ne parviennent pas à faire triompher la notion de bataille aérienne et moins encore celle du bombardement tactique. Au surplus, les crédits ne suivent pas et vont de préférence à la Marine dont on voit mal pourtant de quel secours elle pourrait être aux frontières du Nord-Est. Il sera trop facile d'accuser ensuite Pierre Cot d'impéritie.

Le résultat est la construction d'un avion composite, tout à fait à l'image de la politique du pays : le BCR (bombardier-chasseur de reconnaissance). Expérimenté pendant la guerre d'Espagne, il se révèle un échec (le BCR Potez-540 est surnommé « le cercueil volant » par ceux qui le pilotent). Ce n'est qu'en novembre 1936 que commence enfin l'étude d'un chasseur monomoteur, le Dewoitine-500, capable de lutter contre des chasseurs allemands tels que le redoutable Messerschmitt Bf109, conçu dès 1933. Son prototype ne vole qu'à l'automne 1938 (le Bfl09, lui, vole pour la première fois en septembre 1935). Le Dewoitine-500 est seulement en cours de dotation lorsque la guerre éclate et ne remplacera que très partiellement avec 437 appareils le Morane-Saulnier MS406, très maniable mais surclassé par les appareils de la Luftwaffe. De toute façon, l'industrie ne peut pas suivre. Il faudrait construire 1 000 appareils par an. Au surplus, il n'y a toujours pas de réelle doctrine d'emploi de l'aviation militaire. Ceci n'empêche pas presse spécialisée et hommes politiques d'affirmer que l'aviation française est la meilleure du monde. Le premier cri d'alarme sérieux est lancé au mois de mai 1938 par le général Armengaud dans la *Revue militaire générale* dont on ne peut pas dire que le lectorat est très étendu.

La Marine nationale se sort un peu moins mal de cette impréparation mortelle pour les armes de France. Le statut naval de 1924 prévoyait la réalisation d'une flotte de 725 000 tonnes ayant une marge de supériorité sur les flottes allemande et italienne additionnées. En 1935, ce résultat n'est pas atteint et l'appui britannique est indispensable. Ce n'est qu'à partir de cette date que des crédits substantiels sont accordés pour la construction d'une flotte nouvelle : 4 navires de ligne, 2 porte-avions, 2 croiseurs, 4 contre-torpilleurs, 25 torpilleurs, 24 sous-marins[11]. Celle-ci ne sera prête que le 1er janvier 1943

– et encore l'amiral de la flotte, François Darlan, annonce-t-il en octobre 1938 que ce délai ne pourra être tenu. De toute façon, la Marine française ne peut agir que dans le cas d'une guerre longue qui est, à l'exemple de la précédente, le cas de figure communément envisagé.

Le retard de modernisation, quand ce n'est pas son absence, est particulièrement criant dans le domaine des communications. Il va de pair avec celui de la motorisation, l'armée française en est encore dans les années 1930, comme aux plus beaux temps des tranchées, aux agents de liaison, « cyclistes » et autres « coureurs », aux téléphones de campagne dont il faut dérouler les fils à l'infini, aux pigeons voyageurs et à leurs très prisés « colombogrammes ». À la fin des années 1930, la transmission par radio (on dit alors TSF – pour « téléphonie sans fil ») est encore embryonnaire. Les chars français communiquent par fanions tandis que les chars allemands sont équipés de radio.

La complexité et la composition du haut commandement achèvent la peinture de ce sombre tableau. Tout en haut est le Conseil supérieur de la Guerre placé sous la présidence du ministère de la Guerre mais dont le véritable chef est le vice-président : le maréchal Pétain de 1920 à 1931, le général Weygand jusqu'en janvier 1935 puis le général Gamelin. Les trois chefs militaires avec lesquels va se jouer la défaite de 1940. Le chef d'état-major général de l'armée est placé sous l'autorité du vice-président du Conseil supérieur de la Guerre : c'est Weygand sous Pétain, Gamelin sous Weygand… et Gamelin sous Gamelin alors que les deux fonctions n'avaient jamais été cumulées jusqu'alors. Il y a aussi un Conseil supérieur de la Marine et un de l'Air. Cependant, en cas de guerre, une partie de l'aviation passera sous commandement terrestre tandis que les « forces réservées » demeureront sous l'autorité d'un général d'aviation. C'est la désorganisation assurée, au moins pendant les premiers jours. Bien entendu, les trois armes (Terre et Marine surtout) s'ignorent superbement. C'est pour tenter de les coordonner qu'est créé un ministère supplémentaire en janvier 1932 : celui de la Défense nationale, supprimé la même année par le nouveau gouvernement, puis rétabli début 1934, supprimé à nouveau puis institué définitivement en 1936 par le Front populaire.

Un Haut Comité Militaire a été institué en 1932, réunissant régulièrement le président du Conseil, les ministres des trois armes, le vice-président du Conseil supérieur de la Guerre, ceux du Conseil supérieur de la Marine et de l'Air, leurs chefs d'état-major respectifs, sans oublier l'inspecteur général de la Défense aérienne du territoire (DAT) subordonnée à l'armée de terre jusqu'en 1938. Le HCM, devenu en juin 1936 Comité permanent de la Défense nationale auquel s'ajoute le ministre des Affaires étrangères, se réunit à intervalles variables. « On y examine diverses hypothèses sans jamais aboutir à des conclusions fermes, on reste dans l'équivoque et l'indécision qui traduisent bien le désarroi des dirigeants militaires et politiques du pays[12]. » Redevenu président du Conseil en 1938, Daladier ne réunira que deux fois le Comité « permanent » de la Défense nationale. Il est vrai qu'il cumule alors les fonctions de président du Conseil, de ministre de la Guerre et de ministre de la Défense nationale et qu'il est une sorte de comité à lui tout seul.

À la lourdeur du haut commandement s'ajoute le vieillissement des généraux, à commencer par les trois principaux. Pétain est né en 1856, l'année où prenait fin la guerre de Crimée ; Weygand est né en 1867 et Gamelin en 1872. Ce n'est qu'une fois la guerre déclarée que la limite d'âge pour les commandants d'armée sera ramenée à 65 ans, à preuve qu'on était bien au-delà auparavant. L'écart avec le haut commandement allemand est de dix ans en moyenne – ce qui, pour faire la guerre et aussi pour une époque très différente de la nôtre en termes d'âge relatif, est beaucoup.

L'âge ne serait rien s'il ne coïncidait pas avec un dogmatisme étroit tel qu'il est notamment dispensé à l'École supérieure de Guerre. Le général Beaufre, qui y est entré en 1930, n'y voit qu'une « bonne école secondaire d'E.M. avec quelques échappées intermittentes sur le supérieur [...] Le vide de l'école provenait de ce qu'on y enseignait une doctrine étroite où la tactique prenait l'aspect d'un devis d'ingénieur. La préoccupation essentielle de nos chefs était la forme des papiers[13] ». À propos de l'armée dans son ensemble, Bertrand de Jouvenel ajoute : « Un lourd appareil central émettait sans cesse du papier et réclamait qu'on lui renvoyât des chargements équivalents d'états et de comptes rendus. Du colonel à l'adjudant, chacun était transformé en scribe. De sorte qu'un plaisant a pu prétendre que le nom le plus connu de l'armée française n'était pas celui d'un général, mais bien celui de Lavauzelle, l'éditeur des formules imprimées militaires[14]. » Admis en 1938 à l'École de Guerre, le général Renauld pense la même chose : « Elle n'a pu avoir aucune influence sur l'évolution – d'ailleurs non réalisée, de la pensée militaire française[15]. » Beaufre n'est pas plus tendre avec l'état-major de l'armée : « L'ensemble n'avait qu'une force, celle de l'inertie. »

Les chefs militaires sont néanmoins très contents d'eux. À la fin des années 1920, le général Weygand a été le commandant du Centre de hautes études militaires créé en 1911 et surnommé « l'École des Maréchaux ». Pour y entrer, il faut être au moins colonel, mais là encore la moyenne d'âge est supérieure de dix ans à celle de 1914 ! On a du mal à croire Weygand quand il écrit dans son ouvrage bien nommé *Mirages et réalité* qu'il s'y efforça « de lutter contre le conformisme, d'exciter l'imagination, le goût de l'initiative et de favoriser le développement des personnalités et des caractères ». Lieutenant-colonel en 1914, puis chef d'état-major de Foch, Weygand est général de division en 1918. Conseiller militaire de la Pologne en 1920, Haut-commissaire en Syrie en 1923, membre du Conseil supérieur de la Guerre en 1924, il est nommé chef d'état-major général de l'Armée en 1930 et enfin vice-président du Conseil supérieur de la Guerre à partir de 1931. Il quitte le service en 1935, à soixante-huit ans. On va le revoir.

Et quel portrait peut-on livrer de Maurice Gamelin qui succède à Weygand en 1935 ? Il cumule, à partir de 1938, les fonctions de vice-président du Conseil supérieur de la Guerre, de chef d'état-major général de l'armée de terre et de chef d'état-major général de la Défense nationale. En cas de guerre, il aura la responsabilité des opérations. Qui est-il ? Fils et petit-fils d'officiers généraux, il est sorti premier de Saint-Cyr, entré en 1899 à l'École de Guerre et a été général de brigade à quarante-quatre ans. À la fin de la Grande Guerre, il est l'un des plus brillants généraux de division de l'armée française. C'est un général « politique » au sens où il sait se ménager les bonnes grâces du pouvoir civil par son intelligence, son érudition philosophique, sa courtoisie, sa souplesse de caractère. C'est un homme de cabinet plus que de terrain et d'action, un tacticien parlementaire plus qu'un tacticien tout court. Sa carrière l'a d'ailleurs presque constamment tenu à l'écart de la troupe. Une chose est certaine en tout cas : ce n'est pas un homme de décision, et encore moins un fonceur. En 1935, Weygand aurait argué du manque de caractère de Gamelin pour s'opposer à ce qu'il lui succède à la tête du Conseil supérieur de la Guerre. « De tout temps, pour bien préparer la guerre, écrit Pertinax, il a fallu l'aimer [...]. Subie comme une corvée, elle ne peut être que mal conduite, machinalement, sans esprit d'invention. Chez

Gamelin, elle ne provoquait certainement pas un élan du cœur et de l'esprit, mais un travail de bureau soutenu, médiocre, monotone, aussi peu brutal et passionné que possible. [...] Il importe que le chef de guerre soit homme d'État, a écrit Clausewitz. Gamelin respectait, à la façon d'un préfet, les bornes de ses fonctions. [...]. Or, être homme d'État signifiait pour le commandant en chef, dans les années 1939-1940, fournir à la France, démunie de chefs politiques, la dictature technique dont elle avait besoin[16]. » « Il est de ceux, ajoutera Jules Romains, chez qui la liaison se fait mal entre la puissance intellectuelle et la puissance d'agir. Il ne voulait pas ce qu'il pensait. Ce qui est rare, c'est qu'un rêveur de ce type puisse devenir général en chef des armées de la France et des armées alliées[17]. » Les militaires ont entre eux des formulations plus simples. Lorsque le général Beaufre entre à l'état-major de l'armée de terre, il est accueilli par le capitaine Henri Zeller (futur général, le frère de celui du putsch d'Alger) qui lui dit : « Il y a une chose, mon cher camarade, qu'il faut que vous sachiez. Connaissez-vous le général Gamelin ?... Eh bien, le général Gamelin, c'est une nouille[18]. »

Au moment de Munich, la France a partiellement mobilisé. Les déficiences se sont révélées multiples, notamment en termes d'équipement et d'habillement, voire de cantonnement. Selon l'expression malheureusement usuelle en France, « l'intendance n'a pas suivi ». Gamelin juge « l'épreuve très fructueuse ». La France va pouvoir tirer profit de cette répétition en grandeur réelle. Gamelin a dû aussitôt affronter les représentants des commissions de l'armée du Sénat et de la Chambre. Il raconte, sans y voir de malice, que le président de la commission de l'Air du Sénat lui demande d'intervenir publiquement sur les carences constatées afin d'obtenir les réformes nécessaires. « Je lui exposai que je ne pouvais le faire personnellement sans découvrir le ministre[19]. » C'est tout l'homme.

Pourtant Daladier fait confiance à Gamelin, à qui on a cependant adjoint le général Colson et le général Georges, mais il les tient soigneusement à l'écart afin d'assurer seul le contact avec le gouvernement. Les autres généraux de son entourage sont tout aussi muselés. Parmi eux, à partir de janvier 1939, Giraud, bientôt célèbre. À la différence de Gamelin, c'est un baroudeur. Il ne croit qu'à l'infanterie et voit l'armée de Hitler comme une « armée d'énergumènes[20] ». Il y a aussi ceux qui seraient plutôt favorables à la modernisation et qui ont d'autant moins voix au chapitre : Billotte – mais une vieille rivalité l'oppose à Gamelin ; Héring, le polytechnicien – mais il exècre les politiciens et de ce fait n'est guère montrable. Pourtant, lors des dernières grandes manœuvres, il avait commencé à mettre sur pied de prometteurs « groupements tactiques interarmes » pour pallier l'effrayant compartimentage entre armes.

L'armée française semble faite pour fonctionner exclusivement en temps de paix. Le 14 juillet 1939, 150e anniversaire de la Révolution, le défilé traditionnel sur les Champs-Élysées revêt un faste exceptionnel. Troupes métropolitaines et coloniales (l'Empire !) rivalisent de splendeur. « Paris acclame la plus belle armée du monde » *(Le Matin)*.

Le credo défensif

En fait, la doctrine de l'armée (ou plutôt son absence de doctrine) a subi le poids écrasant du pacifisme et des pacifistes. Ceux-ci, quand ils ne sont pas « pacifistes intégraux », ne songent au pire qu'à se défendre, hors de tout esprit d'offensive – celui-là même qui fut celui de 1914, avec les hécatombes qui s'ensuivirent. L'offensive, c'est « la doctrine du chef réactionnaire, indifférent aux pertes en hommes » (Paul Reynaud). La défensive est républicaine et conserve l'intégrité de l'esprit démocratique. L'armée, instrument de la nation, ne pouvait échapper à ce credo. S'y ajoutait le souci de se dédouaner de l'image fâcheuse, au lendemain de la Grande Guerre, d'une puissance militaire agressive. En réalité, l'armée française est, si l'on ose dire, pacifiste...

Dans le contexte politique et psychologique des années 1920, en plein briandisme, alors que toute la gauche pousse au désarmement, la stratégie qui s'impose est donc un système militaire purement défensif, replié sur l'Hexagone – en totale contradiction avec les alliances de revers à l'Est. Cette stratégie se concrétise dès 1925 avec la décision de réaliser aux frontières un système défensif constitué de fortifications. Le 6 novembre 1926, un « Rapport sur l'organisation défensive des frontières » constitue le schéma directeur de ce qu'on va appeler bientôt la « ligne Maginot », du nom du ministre de la Guerre, André Maginot (de 1922 à 1932), auréolé de son passé héroïque de la Grande Guerre. Le 14 janvier 1930, le Parlement en vote la construction (2,90 milliards sur 5 ans). La décision d'une telle création anticipe gravement la faillite du traité de Versailles qui a démilitarisé la rive gauche du Rhin et limité la Reichswehr à 100 000 hommes. En effet, en cas de violation de ces clauses, c'est une armée d'intervention qui est nécessaire et non une ligne de défense. À aucun moment, la France ne sortira du dilemme offensif/défensif.

Deux systèmes s'opposent, entre tenants d'un réseau continu en profondeur et partisans d'un front discontinu défendu par des fortifications puissamment ouvragées (hypothèse d'un siège prolongé). On se décide alors pour une solution mixte. Achevée en 1936, la ligne Maginot fortifie au nord-est, en deux lignes légèrement incurvées, la région de Metz (Longuyon à Teting) et celle de la Lauter (de la Sarre à Fort-Louis du Rhin). Une zone d'étangs inondables de 40 km sépare ces deux secteurs. À l'est, les berges du Rhin sont défendues. Au sud-est, face à l'Italie, une « ligne Maginot alpine » est édifiée (Savoie, Dauphiné et Alpes-Maritimes). Fort bien… La propagande de la fin des années 1930 ne va pas manquer de glorifier, face à l'Allemagne menaçante, cette forteresse inexpugnable (« Nous répondons ! »… ne cessent de scander les actualités filmées). En réalité, les faiblesses de la ligne Maginot sont nombreuses. Elle manque d'une profondeur pourtant prévue aux endroits névralgiques (mais les crédits n'ont pas suivi). Contrairement à la propagande qui la montre, en des endroits choisis, hérissée de pièces d'artillerie lourde, elle est surtout équipée du bon vieux 75 de la Grande Guerre. De plus, elle immobilise des effectifs considérables auxquels s'ajouteraient, en cas d'attaque, d'importantes réserves d'infanterie et de chars.

Enfin et surtout, la ligne Maginot s'arrête à Charleville-Mézières, laissant un vide béant jusqu'à la mer. La frontière du Nord n'est donc pas défendue, sinon par des fortifications légères de campagne, par égard à l'accord militaire qui lie la France à la Belgique. Il n'est venu à l'idée de personne d'édifier une ligne Maginot franco-belge, corsetant l'Allemagne. Arrive 1936, quand la Belgique se veut de nouveau neutre. N'est-ce pas le moment de prolonger la ligne Maginot vers la mer ? Que non ! Il ne faut pas « vexer les Belges », ni se priver d'une armée de 500 000 hommes qui s'est révélée solide depuis la Grande Guerre. Il s'agit encore moins de jeter la Belgique dans les bras de l'Allemagne.

Une idée plus vaste habite les stratèges partisans de la ligne Maginot : celle d'associer la manœuvre au barrage. Le barrage, la défensive, ce ne serait qu'un premier temps, celui de l'arrêt de l'attaque ennemie. Viendrait ensuite celui de la riposte, de la lance après le bouclier. C'est le concept de la « bataille méthodique » dite aussi « bataille conduite » dans la perspective d'une guerre longue. Ainsi, comme pendant la Grande Guerre, les réserves se formeront, si l'on ose dire, sur le tas. Tel l'âne musicien de Diderot qui tranche en faveur du coucou au détriment du rossignol, l'armée française est « pour la méthode ».

La lance et le bouclier… Mais où est la lance ? « Nous avons mis une formidable cuirasse sur la poitrine du combattant meurtri. C'est vrai ! Mais nous n'avons rien su faire pour relever sa vigueur et augmenter l'amplitude de ses pectoraux[21]. » Dès le début de la construction de la ligne Maginot, Bertrand de Jouvenel mène campagne contre dans *La Voix*, sous le pseudonyme de *Centurion*, en faveur de la motorisation, et de l'action contre la fortification : « Il vous vient une certaine anxiété à la pensée qu'une armée mobile et pénétrante, numériquement inférieure à la nôtre, pourrait se ménager, grâce à ses facultés de manœuvre, cette supériorité sur le point décisif qui est le secret de la victoire » (8 décembre 1929)[22]. Tardieu dénonce de son côté le danger d'une trop grande confiance dans la ligne fortifiée : « Lorsque l'Empire romain, la plus grande puissance du monde antique, confia sa défense à des ouvrages fortifiés et négligea son armée de campagne, il devint très rapidement la proie des barbares[23]. »

À l'opposé de ces rares critiques, s'installe le dogme d'une ligne Maginot inexpugnable. En juin 1939, le colonel Grasset s'essaie au *Kriegspiel*. La guerre contre l'Allemagne a éclaté. Un scénario de guerre d'usure et d'asphyxie économique de l'agresseur cadre l'avenir. En attendant, « à l'Ouest, la ligne Maginot enraye toute attaque brusquée[24] ». Professeur à l'École supérieure de Guerre, le général Chauvineau est titulaire de 1919 à 1926 du « cours de fortification ». Il y professe que, grâce à la fortification, « le soldat français sera vraiment en réserve. Il assistera presque en spectateur à la lutte de l'ennemi contre du matériel et du béton. Mais il sera là car sa présence est aussi nécessaire que celle des réserves en arrière d'un front. Or un pareil front, avec un commandement organisé disposant d'artillerie et de réserves, ne sera pas à la merci d'une attaque brusquée ». Chauvineau pense toujours la même chose en 1939 quand il publie un ouvrage au titre aujourd'hui surréaliste de *Une invasion est-elle encore possible ?* Tous les poncifs de la pensée militaire française s'y trouvent réunis. Le dogme, c'est « le front continu défensif » hors duquel il n'est point de salut. N'est-ce pas l'unique façon de pallier la supériorité numérique de l'Allemagne en termes de population ? L'offensive, la percée sont des « chimères ». Et notre général de condamner au passage « les randonnées à cheval ou en auto, que des esprits imaginatifs voient, courant loin devant les armées, à la recherche de l'ennemi ». D'accord toutefois pour la contre-offensive mais quand il s'agit « d'étrangler une poche » (toujours la Grande Guerre). L'aviation ennemie n'est pas prise au sérieux, même dans le bombardement des villes. « Au reste, les citadins ont chez nous, grâce à leur nombre restreint, la ressource de partir pour la campagne ou la mer. En août 1914, nos femmes, ayant quitté Paris, sont revenues quatre mois plus tard avec des mines charmantes. »

Une offensive de l'ennemi ? La couverture (la fameuse couverture) et « la réserve solide et mobile » l'absorberont : « L'attaque brusquée s'enfonçant dans notre pays avec une hardiesse qui la conduirait nécessairement à découvrir ses deux ailes, notre vigoureux chien de garde n'aurait qu'à foncer, lui aussi avec hardiesse, dans le flanc et les arrières de l'attaque pour la voir, selon toute vraisemblance, battre en retraite précipitamment. » « Toute la guerre de 1914-1918 est là pour confirmer cette règle. » Pas « d'improvisation désordonnée à laquelle nous convie la motorisation du combattant ». La technique est en train « d'ankyloser la guerre ».

Loin d'être cantonnées à la signature d'un olibrius galonné, ces affirmations ahurissantes sont homologuées par la préface du maréchal Pétain : « Les vues du général Chauvineau sur le début des opérations terrestres sont pleines de sagesse. » Pétain, lui aussi, entonne le couplet du front continu défensif. « Toute autre méthode participe du jeu, plus que de l'art, et constitue en plus une imprudence qui peut être fatale, une offensive manquée causant plus de mal à l'assaillant qu'au défenseur. » Les avions ? « Des engins encore énigmatiques qui portent dans leurs flancs des secrets encore insoupçonnés. » Nous sommes en 1938 et Pétain voit les avions comme des « engins encore énigmatiques » ! L'offensive ? Oui, mais après. Surtout pas dès le début des opérations. « Couverte par les fronts continus, la nation a le temps de s'armer pour résister d'abord, pour passer à l'attaque ensuite. Cette perspective n'a rien de réjouissant pour un agresseur éventuel : elle est le meilleur gage de la paix. » Paul Reynaud, *a posteriori*, consacre un bon nombre de pages de ses *Mémoires* au livre du général Chauvineau, à preuve que celui-ci n'est pas passé inaperçu. « On se demande si son auteur n'est pas un pince-sans-rire qui aurait passé sa vie à mystifier ses supérieurs et ses élèves[25]. »

Est-ce qu'on ne pourrait pas au moins prévoir l'organisation de la France en cas de nouvelle guerre ? C'est ce à quoi s'emploie Joseph Paul-Boncour, alors député SFIO, membre de la commission de l'Armée et de celle des Affaires étrangères. Il propose en 1927 une « loi sur l'organisation de la nation en temps de guerre » pour « ne pas retomber dans les improvisations qui nous avaient coûté si cher en 1914, si l'éventualité d'une guerre nous était imposée[26] ». C'est un projet de bon sens qui pressent le caractère de guerre totale des conflits futurs et entend mobiliser pacifiquement ressources et population (y compris les femmes) du pays.

Adopté à la Chambre le 7 mars 1927, le projet est aussitôt combattu par les communistes qui crient à la dictature. Ne veut-on pas de surcroît assimiler, en temps de guerre, l'ouvrier à l'usine au soldat au front ? Les Normaliens de la rue d'Ulm manifestent. Écrivains et intellectuels pétitionnent, naïvement révoltés à l'idée qu'en temps de guerre, il puisse exister une censure. Les pacifistes se déchaînent. Se préparer à la guerre, même en termes de défense passive, c'est l'accepter et la préparer, c'est en favoriser la venue. Il ne doit et il ne peut y avoir de guerre ! Quant à l'armée, elle ne se sent pas concernée. Le parti socialiste, qui avait d'abord soutenu Paul-Boncour, le lâche et le Sénat réduit le projet en miettes. Après dix ans d'oubliettes, la menace de guerre, cette fois concrète, aboutit enfin au vote de la loi – mais une loi totalement tronquée et édulcorée. D'ailleurs, ce qui en reste ne sera même pas appliqué sérieusement, la guerre venue. Il n'y a pas la moindre mobilisation dans l'opinion, sinon contre la guerre.

« Rendre le fil à l'épée »

Ceux qui s'opposent au credo défensif, prônant au contraire l'initiative et l'offensive, sont l'exception et considérés comme des « hérétiques » et des « bellicistes ». C'est toute la querelle, hors de celle de l'aviation, qui agite militaires et politiques à propos de l'emploi des blindés et d'une force offensive rompant avec le dogme du front continu et de la couverture. La « querelle des Anciens et des Modernes » à propos des blindés n'est pas nouvelle. Le général Estienne a été le promoteur pour ne pas dire l'inventeur des chars à la fin de la Grande Guerre. (Il est aussi le pionnier de l'aviation militaire.) Inspecteur des chars de combat, il assigne à l'arme blindée un rôle nouveau : le 7 mai 1921, dans une conférence qu'il donne à Bruxelles devant le roi Albert 1er, il répète : « Imaginez, messieurs, le formidable avantage stratégique et tactique que prendraient sur les lourdes armées du plus récent passé 100 000 hommes capables de couvrir 80 kilomètres en une seule nuit avec armes et bagages. Il suffirait pour cela de 8 000 camions ou tracteurs automobiles et de 4 000 chars à chenilles et montés par une troupe de choc de 20 000 hommes. »

Un autre précurseur totalement oublié, le capitaine Mérat[27], publie en mars 1920, dans la *Revue militaire générale*, un article que la rédaction de la revue condamne dans un avertissement. Que contient-il de si hérétique ? Que l'avenir est dans la motorisation et les armes modernes. Que la cavalerie « a terminé son époque ». Que l'avion (et notamment la chasse) et le « tank » sont destinés à jouer le rôle principal dans les conflits futurs. Que les ouvrages défensifs sont de peu d'utilité et au surplus « ruineux ». On est au printemps 1920.

On a vu cependant que les chars, dont personne ne conteste l'utilité en soi, sont affectés comme soutien aux DI hors de toute idée de force autonome qui romprait avec la pensée stratégique de l'époque. Pourtant, ce n'est plus un secret que la Reichswehr s'est construite dans cet esprit. Depuis qu'il en a quitté le commandement en 1926, le général Hans von Seeckt s'en est expliqué sans ambages dans des conférences puis dans un ouvrage d'ailleurs traduit en français[28]. Il considère que la petite armée régulière et bien entraînée de l'Allemagne constitue une force supérieure à la multitude sans cohésion de l'armée française. Henry dc Jouvenel, sénateur et ambassadeur radical-socialiste (le père de Bertrand), s'exclame : « Le traité de Versailles a doté l'Allemagne de la véritable armée moderne ! »

En 1932, avec la publication de l'ouvrage d'un certain lieutenant-colonel de Gaulle, *Le Fil de l'épée*, le dogme officiel de l'armée française est de nouveau remis en question, et pas seulement à propos des blindés. En

1932, de Gaulle a quarante-deux ans. Entré à Saint-Cyr en 1909, il a servi en 1912 au 33e RI à Arras sous les ordres du colonel Pétain. Lieutenant en 1913, il a été blessé à trois reprises pendant la Grande Guerre puis fait prisonnier à Douaumont le 2 mars 1916. Après l'armistice, il demande à rejoindre les troupes polonaises qui luttent contre l'Armée rouge. Revenu en France en 1922, il est nommé professeur d'Histoire à Saint-Cyr en même temps qu'il intègre l'École de Guerre. Il en sort dans un mauvais rang, critiqué pour son non-conformisme et son « état d'esprit de roi en exil » (de Gaulle est déjà de Gaulle !). Cependant, Pétain, alors vice-président du Conseil supérieur de la Guerre, le remarque et l'affecte à son Cabinet en octobre 1925, le chargeant entre autres de rédiger une étude tout à fait dans l'air du temps sur *le rôle historique des places fortes françaises*. Affecté à Trèves, puis en 1929 à l'état-major des troupes du Levant, il est nommé en 1931 au secrétariat général de la Défense nationale. Ce dernier poste est déterminant, car c'est là qu'il va s'initier aux affaires de l'État et voir de près le « trio » Pétain-Weygand-Gamelin. En 1924, il avait publié *La Discorde chez l'ennemi* où il exposait les raisons psychologiques qui selon lui avaient été cause de la défaite de l'Allemagne. L'ouvrage était passé inaperçu, sauf auprès de l'ambassade d'Allemagne qui en avait acheté quelques exemplaires. *Le Fil de l'épée* est d'une tout autre envergure. Il constate d'abord la langueur qui s'est emparée de l'armée française après la Grande Guerre, « cette mélancolie du corps militaire hors des périodes de grands efforts [...] A se détendre brusquement, il semble que le ressort se brise ». Dans un article de la revue *Études* du 5 décembre 1933, de Gaulle reprend cette image forte : « Dès le lendemain de la guerre, une immense lassitude envahit les Français. Ainsi se brise un ressort trop tendu. » *Le Fil de l'épée* évoque un peuple « vidé de courage en même temps que d'illusions ». « Une sorte de mystique s'est partout répandue qui, non seulement tend à maudire la guerre, mais incline à la croire périmée, tant on voudrait qu'elle le fût. » Cette « ambiance du temps » fait que « l'ordre militaire est attaqué dans sa racine ». La crise du recrutement des écoles d'officiers l'atteste. « L'état d'esprit d'une partie des cadres laissait fort à désirer. Il y perçait, çà et là, une amertume dont jadis, eut rougi le dernier sergent. » *Horresco referens*, « on vit dans des garnisons des essais de syndicats ». « Il est temps que l'élite militaire reprenne conscience de son rôle prééminent. Il faut *rendre le fil à l'épée.* »

La France est géographiquement, au Nord et à l'Est, une « proie facile ». « Béante, offrant aux coups son corps sans armure, privée de tout répit, où donc la patrie peut-elle trouver sa protection latente, sinon dans les armes ? » Mais quelles armes ? Quelle armée ? Dès ce premier manifeste, au demeurant peu lu (il va tellement à rebrousse-poil des idées reçues qu'il ne suscite même pas de débat), de Gaulle évoque une armée indépendante de ses mouvements, capable d'agir à l'improviste, inventive, utilisant le choc des blindés – une armée avec « des chefs » (sous-entendu des vrais chefs, avec du « caractère »).

Le lieutenant-colonel de Gaulle poursuit son propos dans *Vers l'armée de métier*, qui paraît en 1934. L'armée qu'il a esquissée dans *Le Fil de l'épée* ne peut être que d'active, rompant totalement avec la notion égalitaire de nation en armes. La France pouvant être attaquée à l'improviste, sa ligne fortifiée est trop mince et surtout laisse découverte toute la région du Nord. Elle pourra être contournée. Or l'Allemagne se prépare à une guerre de vitesse : « Le défenseur, s'il reste passif, se voit surpris, fixé, tourné. » Vient alors l'apologie du moteur et des armes modernes : l'avion et le char dont les actions doivent être conjuguées. Celles-ci exigent une technicité et un entraînement que seule peut assurer une armée d'active et non une armée de conscrits et de réservistes. Le corps d'élite sera composé de 7 divisions (6 lourdes et 1 légère) entièrement motorisées et en partie blindées, soit 100 000 hommes. Sa stratégie consistera à se saisir de gages territoriaux dès les premiers jours du conflit. Ainsi la supériorité qualitative viendra pallier une natalité déclinante et une « production moyenne ». On ne discutera pas ici de certaines faiblesses (c'est à peine si l'aviation est mentionnée) ou outrances de l'argumentation comme celle du présupposé gaullien – lequel ne changera jamais –, que la France fait mieux parce que c'est la France. « Notre pays de ciel nuancé, de relief varié, de sol fertile, nos campagnes du beau blé, du bon vin, de la viande de choix, notre industrie des objets fins, des produits achevés, des articles de luxe, nos dons d'initiative, d'adaptation, d'amour-propre font de nous, par excellence, la race des actions d'éclat et des groupements sélectionnés. » Il y a du petit Lavisse chez de Gaulle.

Dans ses *Mémoires de guerre*, de Gaulle rendra hommage à ceux qui ont influencé sa pensée : le général Estienne, Liddell Hart et le *Royal Tank Corps* de 1917, von Seeckt… Quant à la destinée de *Vers l'armée de métier*, il ajoute que « l'ouvrage souleva, d'abord, de l'intérêt mais point d'émotion [...] Il ne venait à l'esprit de personne que notre organisation pût en être modifiée ». En réalité, il y a déjà longtemps que la question fait débat. Dès 1922, devant la Chambre, Jacques Duboin, député à gauche de Haute-Savoie, capitaine d'artillerie pendant la Grande Guerre, interpelle le ministre de la Guerre : « Je demande où est l'effort du gouvernement pour moderniser l'armée. » André Maginot, ministre de la Guerre depuis peu, lui répond que l'armée modernise puisqu'elle augmente les dotations de chars dans chaque DI. Duboin rétorque : « Qu'importent les lourdes armées du temps d'autrefois, si elles ne peuvent se mouvoir qu'à la vitesse de dix kilomètres par jour ! » (séance du 14 mars 1922[29]). « En schématisant un peu, écrit Ladislas Mysyrowicz, disons qu'à gauche on était plutôt moderniste mais antimilitariste, et à droite, militariste mais antimoderniste. Et en définitive, l'antimilitarisme des uns se conjugua avec l'antimodernisme des autres. »

La presse, y compris britannique, se fait l'écho de cette controverse rémanente : « Ce n'est pas un secret, lit-on dans un article du *Times* du 18 octobre 1928 intitulé "French Army and Conscription", que certains cercles militaires aimeraient remplacer la masse actuelle des recrues mal formées par une force professionnelle très spécialisée et à grand rendement[30]. » (C'est d'ailleurs le cas en Grande-Bretagne.) *Paris-Phare* renchérit dans son numéro du 20 novembre 1928 : « L'heure n'est plus à la levée en masse. Elle est aux soldats bien préparés, bien entraînés, sachant tirer le meilleur parti d'un matériel perfectionné. Elle est aux armées moins nombreuses, mais très mobiles, où le tank remplace une compagnie, l'avion un escadron, ou, suivant son affectation, une batterie. Dix hommes en remplacent 500, et souvent davantage. À condition toutefois que ces hommes connaissent leur métier. Car la guerre de demain ne s'improviserait pas : il faut savoir la faire pour pouvoir vaincre. » Et le journal d'incriminer la routine et « la politicaillerie[31] ». Certains pacifistes ne sont pas loin de penser la même chose mais pas pour les mêmes raisons : l'armée de métier « réduira au minimum les hécatombes éventuelles ».

Loin de passer inaperçu, le livre du général von Seeckt a aggravé la polémique mais la tendance est à minimiser ses propos provocateurs. Paul-Boncour, futur ministre de la Guerre, futur ministre des Affaires étrangères, futur président du Conseil, va jusqu'à demander : « L'ancien chef de la Reichswehr était-il sincère ? Ses propos ne visaient-ils pas à tenter la France, à lui proposer un système qui donnerait la supériorité à l'Allemagne ? » Le 8 décembre 1929, Daladier, pour une fois où il n'est pas membre du gouvernement, reproche à celui-ci lors de la présentation du budget devant la Chambre d'« entretenir l'armée la plus nombreuse du monde et de sacrifier le matériel aux effectifs ».

Le débat est donc bien antérieur au livre qui cependant relance la polémique, au moment où la ligne Maginot est en construction. Dans l'armée, on est embarrassé. De Gaulle fait encore figure de poulain du maréchal Pétain. Le maréchal ne serait-il pas derrière tout cela ? Prudence, donc. Nommé colonel en 1937, de Gaulle a rejoint Metz pour y prendre le commandement du 507e régiment de chars (il n'y en pas 506 autres !). L'année suivante, il publie *La France et son armée*, ouvrage plus académique évoquant l'histoire de l'armée française au sein de la nation. Pétain, considérant que c'est un travail d'état-major dont de Gaulle n'est que la plume, n'a pas eu la dédicace qu'il avait dictée ni les retouches qu'il aurait souhaitées. Il n'était même pas convenu que l'ouvrage serait publié sous le nom de De Gaulle. L'entourage du Maréchal jette de l'huile sur le feu. La brouille qui couvait entre les deux hommes est définitive.

La « Grande Muette » l'est donc plus que jamais et de toute façon Gamelin est un adversaire résolu des thèses de De Gaulle, influençant en cela Daladier. Rares, de leur côté, sont les journaux qui s'y montrent favorables, exception faite de *L'Époque*, d'André Pironneau. « La responsabilité de la défense nationale, écrit de Gaulle, incombait aux pouvoirs publics. Je décidai de porter le débat devant eux. Je fis d'abord alliance avec André Pironneau [...] il prit à tâche de faire connaître le projet d'armée mécanique et de tenir le pouvoir en haleine par l'aiguillon d'un grand organe de presse » (*Mémoires de guerre*). De Gaulle est présenté à Paul Reynaud, « étoile montante de la droite libérale » (J.-L. Crémieux-Brilhac), en décembre 1934. « Je le vis, le convainquis et, désormais, travaillai avec lui », écrit le général avec des accents césariens.

Le 15 mars 1935, Reynaud, alors simple député de Paris, profite de ce que la politique militaire du gouvernement Flandin fait l'objet de plusieurs interpellations pour déposer un projet de loi visant à créer un corps cuirassé de 6 divisions à 500 chars chacune, auquel s'ajouterait la « division légère mécanique » existant déjà. C'est un beau tollé. Le général Maurin, ministre de la Guerre, pourtant réputé intelligent, répond devant la Chambre : « Comment peut-on croire que nous songions encore à l'offensive, quand nous avons dépensé des milliards pour établir une barrière fortifiée ? Serions-nous assez fous pour aller, en avant de cette barrière, à je ne sais quelle aventure ? » (Ceci ne va pas l'empêcher de publier en 1938 *L'Armée moderne.)* Pétain monte au créneau en dépit de sa réputation de silence : « Les luttes modernes impliquant la mise en œuvre de la totalité des ressources des peuples, notre défense nationale doit être établie sur le principe de la nation armée. Cette conception répond exactement à l'état politique et social d'une nation dépourvue de toute ambition territoriale et qui n'a d'autre but que la sauvegarde de notre patrimoine[32]. » Le haut commandement, bien rangé derrière Pétain, argue en outre avec une mauvaise foi totale que, « depuis un certain temps, il s'est appliqué à créer l'outil de manœuvre préconisé par Monsieur P. Reynaud ». De toute façon, la gauche ne suit plus. En décembre 1934, déjà, les communistes dénonçaient « la peur de l'armée populaire, liée aux masses, hantant l'État-major » (Vaillant-Couturier dans *L'Humanité)*. De son côté, Léon Blum ne manque pas d'avertir que cette

« armée prétorienne » pourra être utilisée contre le peuple (*Le Populaire*).

La commission de l'armée, qui a mis trois mois à se réunir, enterre la proposition Reynaud. Il ne faut pas « sacrifier la puissance de l'ensemble de notre organisation militaire à la création d'un corps spécialisé, même très mobile, qui, trop isolé du gros des armées, court le risque de ne pas être suffisamment fort ». Comme dans un combat d'arrière-garde, Paul Reynaud publie en 1937 *Le Problème militaire français*[33]. « La loi de l'Europe d'aujourd'hui, c'est la force... » Or toute l'Europe se rue aux armes, sauf la France. « L'idée que si peu de temps après les horreurs de la dernière guerre, des nations puissent songer à y précipiter le monde de nouveau, lui apparaît comme contre-nature. [...] Depuis ce temps-là, on n'a plus parlé que du *bouclier de la France* comme si le guerrier antique n'était pas aussi armé d'une épée. » En 1937, la France a sous les armes 420 000 hommes et l'Allemagne 800 000. « La paix est condamnée si la France n'est pas prête à se battre. » À propos de « l'armée de métier », Reynaud fait remarquer que ce qui pose si fort problème pour l'armée de terre n'en pose pas pour l'aviation et la marine qui sont, de fait, des armes spécialisées.

Il faut attendre le 2 décembre 1938 et la guerre aux portes du pays, pour que le Conseil supérieur de la Guerre (à preuve qu'il n'est point besoin de la Chambre pour en décider) crée seulement deux « divisions cuirassées » – et encore ne seront-elles opérationnelles, au rythme de la construction des chars lourds, qu'en 1941. Et pour quel emploi ? Le général Dufieux, inspecteur général de l'infanterie et des chars, déclare en mai 1938 : « Le char est le moyen de compenser, vis-à-vis de l'ennemi, l'infériorité numérique de l'infanterie. » On en est toujours au même point et, à la limite, on va fabriquer des chars pour fabriquer des chars, sans réelle doctrine d'utilisation. Dans un débat à la Chambre en 1936, Henri de Kerillis déclare : « Quelle tristesse que le pays où est née l'automobile, où est né le tank, où est né l'avion, se soit laissé distancer à ce point. »

Il ne faut pas réveiller le chat qui dort

Ce n'est pas le moindre paradoxe que la doctrine défensive de l'armée française s'échafaude en toute connaissance de l'esprit offensif de l'armée allemande, et en fonction d'elle. Pas plus qu'en 1870 et en 1914, la France ne sera l'agresseur. C'est l'Allemagne, dès avant Hitler, qui s'octroie ce rôle. Un État démocratique, républicain et très majoritairement pacifiste ne saurait s'organiser de façon offensive. Dès 1929, le général Brindel remarque que « l'organisation de l'armée allemande est précisément l'antithèse de celle de l'armée française[34] ». Il faut en rester aux leçons de la Grande Guerre pendant laquelle la France s'est défendue et bien défendue, en se donnant les armes d'un défendant et non d'un attaquant. Encore en juillet 1939, deux mois avant la guerre, la très officielle *Revue d'infanterie* rappelle qu'il faut du « courage » pour résister à la « contagion » séductrice de la mécanique, de la vitesse, des chevauchées de blindés. À chacun son rôle – et son rôle historique.

En avril 1936, le *Mercure de France*, sous la plume d'un mystérieux « général *** » examine la question avec un brin d'ironie : « Le premier problème qui se posera, à nous les défensifs, sera de tenir le front avec une couverture d'abord, avec toute l'armée française ensuite, afin que l'ennemi ne l'enfonce pas en quelques heures ; afin aussi que soit gagné le temps d'amener au point voulu la "réserve mobile" qui brisera l'attaque ennemie et permettra de passer à la contre-offensive. [...] Nous avons en France le tort de discuter un peu trop sur la place publique. Nous avons démontré l'utilité d'une armée mécanique. Nous avons fait des expériences et en avons publié les résultats. L'adversaire n'a pas eu besoin de payer ses espions pour être renseigné ; il lui a suffi d'acheter nos livres, nos revues, nos journaux pour profiter de nos études préliminaires de quinze années, et de nos polémiques et de nos conclusions. Sans avoir dépensé un sou, il n'a eu qu'à conclure à son tour et à réaliser l'armée d'agression : l'armée mécanique. » Le caractère de guerre totale qu'est en train de mener l'Allemagne nazie est bien compris. Tout le pays est mobilisé. Tout est mis en œuvre tandis que la France « travaille au ralenti ».

Et la force motorisée ? « Elle est chez l'agresseur. » « L'Allemagne, qui choisit son heure et prépare son armée pour cette heure, peut et doit être motorisatrice. La France, qui est pacifique et défensive, ne peut être que contre-motorisatrice. » Plutôt que la division cuirassée qui devra se battre à une contre trois, la riposte à l'attaque, outre la sacro-sainte « barrière fortifiée », les mines et les terrains inondés, se fera à coups de « canons contre les chars ». La contre-attaque s'appuiera sur les blindés.

Mais on reste là entre militaires. La France pacifiste ne raisonne pas en termes d'attaque et de contre-attaque. Ce vocabulaire lui est étranger ou plus exactement elle ne veut pas entrer dans des discussions qui, par définition, admettent l'idée de guerre. Le 15 avril 1938, un mois après l'*Anschluss*, les *Nouveaux Cahiers* (du pacifisme) s'en prennent violemment aux idées du colonel de Gaulle. L'Allemagne de Hitler a des forces offensives ? Raison de plus pour ne pas en avoir. Deux forces offensives ne manqueraient pas de se faire la guerre. Il ne faut pas réveiller le chat qui dort.

« On reste stupéfait, écrit Bertrand de Jouvenel, qu'une grande puissance, à un moment décisif pour son destin, paraisse comme frappée d'immobilité. N'y avait-il point dans ce pays, se demande-t-on, d'hommes capables de regarder ce qui se préparait autour d'eux ? Il y en avait assurément, mais tout occupés à s'entre-observer ; leur vigilance était absorbée par les luttes intérieures. On discutait sur le forum, et les tours étaient dépourvues de guetteurs [...] Jamais encore la France n'avait été à ce point privée de tête. De cet organe que les Anciens appelaient fortement *le lieu des décisions*[35]. »

Il y a, au fond, un malentendu essentiel : « Nos militaires, nos diplomates, nos ministres, fait remarquer René Rémond[36], n'ont pas compris qu'ils avaient affaire à un ennemi qui n'avait plus rien de semblable à l'adversaire traditionnel. C'est, toutes proportions gardées, un décalage comparable à celui que décrit Tolstoï dans *Guerre et Paix*, entre les généraux qui commandaient les armées d'Ancien Régime et les armées révolutionnaires : de fait, nos généraux s'apprêtent à conduire une guerre de l'ancien temps. »

8

La force du Reich

Dans sa préface de *Bérénice*, Racine écrit : « Toute l'invention consiste à faire quelque chose de rien ». Ce fut le cas de l'armée allemande au lendemain de la défaite, quasiment réduite à néant mais bien décidée à se réinventer sur des bases entièrement nouvelles. « Le peuple allemand, qu'il n'était pas au pouvoir des Alliés de détruire, devait tendre à se relever. Admettre qu'un peuple puisse se sentir vaincu autrement qu'à titre temporaire, c'est supposer que s'arrête la marche de l'Histoire[1]. » Bismarck disait que « c'est en temps de paix qu'il faut forger les canons ». L'Allemagne de Weimar n'a pas attendu Hitler pour mettre cet axiome en application.

La « Reichswehr noire »

Lors de la conférence de la Paix, il ne fait de doute pour personne que la course aux armements fut à l'origine de la guerre. L'un des 14 Points de Wilson prévoit de ramener partout les armements « au niveau le plus bas compatible avec la sécurité intérieure ». Première visée par ce désarmement, l'Allemagne est toutefois aux prises avec les révolutionnaires bolcheviques. C'est non seulement sa sécurité intérieure mais aussi le danger de voir l'incendie bolchevique s'étendre en Europe qui fait laisser à celle-ci une Reichswehr provisoire, énorme milice contre-révolutionnaire de 300 000 hommes.

Là encore, les Alliés ne sont pas d'accord sur ce que devra être la Reichswehr du traité de Versailles. Foch réclame des dispositions draconiennes : une petite armée de 140 000 hommes par conscription d'un an avec un équipement réduit au maximum. Les Britanniques prescrivent quant à eux une armée de 200 000 volontaires destinés à rester dans l'armée plusieurs années. Dans le premier cas, le danger est la constitution à terme d'une importante réserve et dans le second celle d'une armée de métier en même temps qu'une école de cadres – et Foch craint plus la qualité que la quantité. On retient finalement la solution numéro deux mais ramenée à 100 000 hommes dont 4 000 officiers. Ni artillerie lourde, ni tanks, ni avions. Pas d'état-major. La flotte, qui a fait l'objet de discussions acharnées (on parlera de la « bataille navale de Paris »), est limitée à 15 000 marins et 100 000 tonnes dont 6 vieux cuirassés déjà démodés en 1914. Les sous-marins sont interdits. Ceux qui existent sont détruits, tout comme 15 700 avions et 30 000 moteurs, 60 000 canons, 130 000 mitrailleuses, 6 millions de fusils, etc.[2]. Les fortifications allemandes, terrestres et maritimes, sont démantelées. L'industrie d'armement est strictement encadrée, l'importation d'armes prohibée. Toute activité paramilitaire est interdite dans les sociétés de sport ou de jeunesse. Une commission interalliée de contrôle militaire (CICM) est instituée qui sera présidée par un Français, le général Nollet.

Pas plus que les Réparations, les dirigeants de la République de Weimar, soutenus en cela par le peuple allemand, ne vont accepter un tel désarmement. Ainsi, dès le début des années 1920, vont évoluer en Allemagne deux Reichswehr : l'une officielle et conforme au traité de Versailles avec ses 100 000 hommes, l'autre clandestine, la « Reichswehr noire ». Nous avons vu le leader pacifiste allemand Quidde dénoncer l'existence de celle-ci en 1924 et se faire condamner de ce fait pour haute trahison. Nous avons vu aussi comment, lors du traité de Rapallo avec la Russie en 1922, une clause secrète prévoyait son entraînement en territoire russe. Ainsi, dès cette date, des officiers vont pouvoir s'entraîner sur des avions et des chars. Du matériel de guerre va être construit en Russie. Un centre d'entraînement à la guerre chimique va même être créé près de Saratov.

Les infractions au traité de Versailles sont multiples, trahissant la volonté délibérée des gouvernements de l'Allemagne de Weimar, y compris les sociaux-démocrates, de reconstituer l'armée. L'état-major, interdit, est réinstitué sous le nom de *Truppenamt* (office des troupes). De même, la *Kriegsakademie* (École supérieure de Guerre), également interdite par le traité, est remplacée par des écoles décentralisées dans chaque *Wehrkreis* (région militaire). La Reichswehr, après une expérimentation intense de la mécanisation de l'armée, s'entraîne sur des chars factices (*Attrappen*). Cette volonté se manifeste tout aussi bien dans le respect à la lettre mais non dans l'esprit des clauses du traité comme lorsque l'Allemagne met en chantier, en 1928, 5 croiseurs légers et 1 « cuirassé de poche », le *Deutschland*, qui ne déplace officiellement que 10 000 tonnes (maximum autorisé alors que les navires de ligne atteignent couramment 35 000 tonnes) mais dont la vitesse (27 nœuds) et la puissance de feu (6 pièces de 280 mm) surclassent ses rivaux. La France réplique en décidant de mettre en chantier deux croiseurs de 26 000 tonnes, le *Dunkerque* et le *Strasbourg*. Cette amorce de course aux armements est en complet divorce avec l'existence, depuis mai 1926, de la « Commission préparatoire du désarmement » dont les travaux sont d'ailleurs au point mort.

Le général Hans von Seeckt fut le grand artisan de cette Reichswehr à deux visages. Né en 1866, sous-officier à dix-neuf ans, il est chef d'état-major de la 11e armée pendant la Grande Guerre. Nommé président de la commission préparatoire de l'armée de la Paix, il s'emploie aussitôt à faire de la Reichswehr non la fin mais le début de quelque chose, une armée avec une foi nouvelle et un esprit également nouveau. Pour ce faire, von Seeckt entend rester dans le giron républicain tout en manifestant une attitude ambiguë vis-à-vis des corps francs (*Freikorps*). Ces milices contre-révolutionnaires et anti-républicaines, qui ont notamment assassiné Rosa Luxemburg et Karl Liebknecht en janvier 1919, se battent aussi aux frontières de l'Est et dans les pays baltes. Les Alliés exigent leur dissolution qu'accepte le gouvernement allemand. Le 13 mars, un corps franc mené par Herman Ehrardt, un ancien amiral, et Wolfgang Kapp, journaliste d'extrême droite, marche sur Berlin pour obliger le gouvernement à revenir sur sa décision. Celuici doit s'enfuir à Stuttgart. Une grève générale déclenchée par les partis de gauche met le putsch en échec. Seeckt n'a pas soutenu la rébellion mais il ne l'a pas combattue non plus. L'armée ne s'est pas opposée aux insurgés. « La Reichswehr ne tire pas sur la Reichswehr. » Le 18 mars 1920, au lendemain du putsch manqué, von Seeckt est nommé « ministre » de la Reichswehr. Il s'empresse d'adresser aux officiers un discours d'orthodoxie républicaine et de fidélité au régime. Toutefois cette fidélité n'est là que pour servir le devenir de l'armée : « Tous doivent être pénétrés de cette idée que notre route ne remontera vers les sommets que si chaque soldat reste fidèle aux devoirs que lui impose la Constitution. »

Von Seeckt va dès lors déployer une activité confondante, faisant de la Reichswehr l'armée que n'imaginaient certainement pas les plus pessimistes des diplomates de Versailles. En dix ans, elle devient une armée de métier, de spécialistes, de cadres capables, la guerre venue (et en Allemagne chacun sait qu'elle viendra), d'exercer des responsabilités bien plus grandes que celles occupées alors. Le coup de maître, c'est de réussir cela tout en laissant aux Alliés décidément aveugles l'impression que l'Allemagne en est restée à « l'armée de police » de 100 000 hommes. Dans l'esprit de Locarno et du briandisme, pour ne pas humilier plus longtemps cette Allemagne qui fait maintenant figure de victime des conditions inhumaines du traité de Versailles, la Commission interalliée de Contrôle militaire se retire très imprudemment d'Allemagne dès 1927.

Au fil des années, les divisions autorisées se structurent de telle façon qu'elles peuvent être rapidement dédoublées, voire détriplées. Le *Truppenamt* (dans lequel n'importe quel diplomate français avisé pouvait voir, s'il voulait voir, le camouflage grossier d'un état-major général) est, de par sa nature, « condamné » à innover, inventer, regarder ce qui se passe dans les autres armées, suivre l'évolution des techniques. Le *Truppenamt* est arrivé ainsi à la conclusion qu'une prochaine guerre sera une guerre de mouvement, combinant le char et l'avion. Von Seeckt n'est pas seul pour concevoir tout cela. Le début de carrière de Heinz Guderian en est un bon exemple. Né en 1888, il entre en 1901 à l'École des Cadets de Karlsruhe. Aspirant en 1907, il fait l'objet d'affectations diverses pendant la Grande Guerre : principalement l'état-major mais aussi celle d'officier de signalisation où il va prendre conscience de l'importance des transmissions. Après la défaite, il reste dans la Reichswehr dont les cadres ont été triés sur le volet. À partir de 1922, il s'occupe au *Truppenamt* de transport automobile (concept innovant pour les armées d'alors). Pratiquant couramment l'anglais et le français, il découvre et adopte les théories modernes sur l'arme blindée combinée à l'appui feu de l'aviation qu'il met en application dans un *Kriegspiel* (très à l'honneur en Allemagne) dont le lieutenant-colonel von Brauchitsch lui a confié la direction lors de l'hiver 1923-1924. Ceci lui vaut d'être désigné professeur de tactique et d'histoire militaire à Stettin. Trois ans plus tard, devenu chef de bataillon, il retourne au ministère à la section Transport du *Truppenamt*. Il devient alors le théoricien d'une tactique fondée sur la motorisation et l'emploi offensif de l'arme blindée. Faute d'être entendu en France, le général Estienne l'est en Allemagne.

Devenu trop voyant, von Seeckt est contraint à la démission en 1926 (sous le mince prétexte d'avoir autorisé le petit-fils du Kaiser, le Prince Wilhelm de Prusse, à assister à des manœuvres militaires en grand uniforme de la Garde impériale). Sa doctrine va néanmoins continuer à imprégner la Reichswehr. « Les armées de l'avenir n'auront pas intérêt à accumuler les stocks d'un matériel qui se démode rapidement. Il suffira de construire quelques prototypes et d'en préparer la fabrication en série, en organisant dans les usines le passage du régime de paix au régime de guerre [...] La guerre future sera une guerre d'industrie et d'organisation [...] Soyons outillés matériellement. Soyons surtout des hommes à l'intelligence souple pour nous adapter rapidement à des situations insoupçonnées et pour résoudre, avant et mieux que nos rivaux, les problèmes qui surgiront[3]. »

La République de Weimar n'en continue pas moins de financer la Reichswehr noire. Les budgets au contraire ne cessent d'augmenter. Ce sont par exemple des subventions camouflées versées à des industriels afin qu'ils soient en mesure de passer rapidement à une production d'armements. On voit en conséquence des usines de matériel agricole consigner sur leurs états de mystérieux *Grosstraktor* et autres *leichtetraktor*. On aura compris que ces tracteurs lourds et légers sont des prototypes de chars aussitôt testés en Russie où la clause secrète du traité de Rapallo continue à remplir son office. La Reichswehr croit à l'arme blindée. « Les chefs d'une armée battue sont toujours profondément impressionnés par ce qui les a vaincus, écrit Bertrand de Jouvenel en 1938. Réfléchissant sur leur défaite, les Allemands ont conclu que le char d'assaut en était le principal auteur [...] Du côté allié, foi dans le char, fabrication massive, emploi massif. Du côté allemand, scepticisme, fabrication très tardive, emploi négligeable[4]. »

En dépit de toutes ces astuces, les *Kriegspiel* qui se multiplient à la fin des années 1920 (ce qui ne va pas dans le sens de l'innocence démocratique traditionnellement prêtée à la République de Weimar) concluent tous que la Reichswehr ne serait pas capable en l'état d'assumer une guerre contre la France, pas même contre la Pologne. Des préalables incontournables subsistent, à commencer par le rétablissement du service militaire. Une nouvelle étape doit être franchie. L'échec des discussions, au demeurant vagues, sur le désarmement permet à l'Allemagne de « mettre la pression ». Il y a belle lurette qu'elle ne parle plus en pays vaincu (et a-t-elle jamais parlé ainsi ?) et puisque la voilà admise au sein de la SDN, elle doit pouvoir parler d'égal à égal avec les autres nations – et d'armée égale à égale.

À la faillite patente du désarmement, s'ajoute, outre l'étonnant retrait d'Allemagne de la Commission interalliée de contrôle, l'évacuation, anticipée elle aussi, de la rive gauche du Rhin, obtenue par Stresemann en 1930, Locarno oblige... Chancelier depuis 1930, Heinrich Brüning, déjà sous la pression des nazis, annonce en avril 1932 les objectifs révisionnistes de l'Allemagne en matière d'armements. La conférence du Désarmement qui s'est ouverte à Genève le 2 février dans le cadre de la SDN est l'endroit idéal tant il est évident (pour les Allemands en tout cas) que rien ne va en sortir. La commission préparatoire, qui comptait 26 pays, a rendu un texte vide. La conférence qui suit est paralysée d'emblée non seulement par le nombre des pays participants (62) mais aussi par le désaccord entre la France et l'Allemagne. On a vu comment, le 11 décembre 1932, tout en haut de la liste des plus graves échecs de la SDN, l'égalité des droits en matière d'armements fut reconnue à l'Allemagne, et comment, le 14 octobre 1933, Hitler, au pouvoir depuis le 30 janvier, quitta néanmoins à la fois la SDN et la conférence du Désarmement.

La Wehrmacht de Hitler

Entre ces deux dates, la première décision importante du nouveau chancelier, sept semaines seulement après son installation, a été d'ordonner l'accélération et le renforcement du programme de développement de l'armée. Prudence et dissimulation restent toutefois nécessaires tant que l'Allemagne peut craindre une guerre préventive contre elle (on en est loin). Hitler se déguise donc en « chantre de la paix », signant en janvier 1934 un pacte de non-agression avec la Pologne et multipliant les déclarations apaisantes. Mais, en août 1934, il devient le maître absolu du Reich lorsque le décès du très populaire président de la République Hindenburg lui donne l'occasion de cumuler les deux charges de chancelier et de président en une seule – celle de Reichsführer (conducteur, guide du Reich). Le plébiscite de la Sarre, en janvier 1935, qui s'est déroulé sans heurts, achève de lui donner les coudées franches. En mars, un mémorandum du général Ludwig Beck, autre artisan de la Reichswehr, réaffirme la volonté d'une égalité de l'Allemagne en matière d'armements. Le nombre de 21 DI et de 3 divisions de cavalerie est considéré comme « acceptable » par la communauté internationale. Cela, dans les calculs de la Reichswehr, représente 63 divisions potentielles d'ici à 1938-1939, dans l'éventualité d'une guerre – car c'est toujours bien de cela qu'il s'agit. Ce réarmement passe, selon un mémorandum du général Ludwig Beck[5], par la suppression de toutes les restrictions territoriales du Reich, à commencer par le statut de zone démilitarisée de la Rhénanie. Beck juge également indispensable le passage à une armée de conscription d'ici à l'été 1935. Dans les jours qui suivent, un échange de mémorandums avec von Blomberg, ministre de la Reichswehr et von Fritsch, chef de l'armée de terre, évoque plutôt le nombre de 36 divisions en temps de paix. Toutefois, chacun craint les réactions internationales.

Hitler opte évidemment pour l'hypothèse haute de 36 divisions d'active, qui impliquent un effectif total de 550 000 hommes. Pour ce faire, il décide de rétablir la conscription, au risque de déclencher une intervention militaire. Le pas à franchir est en effet de taille. La loi votée en France le 15 mars 1935 portant le service militaire à deux ans lui en fournit opportunément le prétexte. La France n'est pas soudain devenue belliciste et ne veut par cette mesure que combler le déficit des classes creuses. Les effectifs de son armée ne s'en trouvent pas augmentés. Ce vote malheureux, qui provoque en France une véritable levée de boucliers pacifistes, n'a pas d'autre résultat que de décider le Führer à franchir un Rubicon qu'il aurait franchi de toute façon. Dès le lendemain, le 16 mars, après qu'il a informé les ambassadeurs, Hitler remet devant le Conseil des ministres le texte d'une loi instituant une nouvelle armée, la Wehrmacht (mot à mot : « force de défense »), à l'effectif de 36 divisions « en temps de paix » s'appuyant sur le service militaire obligatoire. Le soir même, tous les journaux allemands annoncent l'extraordinaire nouvelle accompagnée de la proclamation du Führer : « À dater d'aujourd'hui, la garantie de l'honneur et de la sécurité du Reich est de nouveau confiée à la force propre de la nation allemande[6]. » L'Allemagne unanime applaudit et pavoise. La clause la plus humiliante du *diktat* de Versailles vient d'être balayée. Le lendemain, le général von Blomberg s'écrie dans un discours : « Le monde entier a dû se rendre à l'évidence. L'Allemagne n'est pas morte de sa défaite au cours de la guerre mondiale. L'Allemagne va retrouver la place qu'elle mérite dans le concert des nations. Nous nous engageons envers une Allemagne qui ne se rendra jamais et qui jamais plus ne signera un traité qui ne saurait être exécuté[7]. » Une gigantesque parade militaire s'ensuit, signifiant hautement que la tradition de l'armée allemande vient d'être restaurée.

La loi du 25 mai 1935, qui précise entre autres les modalités de la conscription, souligne que « le service militaire est le couronnement de l'éducation civique de chaque Allemand ». Le jeune Allemand n'aura en effet pas eu besoin d'attendre l'âge de 20 ans pour être forgé en futur soldat. À partir de l'âge de 8 ans, garçons et filles intègrent le *Jungvolk*. À 14 ans, les garçons entrent à la *Hitlerjugend*, formation paramilitaire préparant physiquement et moralement les adolescents à la vie de soldat (obligatoire à partir de 1936 et comptant à cette date 5 millions de membres) et les filles au *Bund Deutscher Mädel (BDM)* (ligue des jeunes filles allemandes). Les *Hitlerjugend* servent de pépinière à la SA (section d'assaut du parti des Travailleurs nationaux-socialistes allemands), gigantesque armée privée du parti nazi qui regroupe 4 500 000 hommes en 1934. Enfin, à l'âge de 20 ans, jeunes hommes et jeunes filles accomplissent obligatoirement six mois de service du travail, le RAD (*Reichsarbeitsdienst*). À peine moins sévère pour les filles, le service du travail est dur, très physique (2 heures de sport par jour pour les garçons en sus du travail et de l'instruction militaire). En effet, la force du Reich s'édifie non seulement par la lutte mais aussi par le travail. Au congrès du parti nazi de 1933 à Nuremberg, Konstantin Hierl, chef du RAD, souligne que « le travail est frère de la lutte ».

Le moins qu'on puisse dire, c'est que le rétablissement du service militaire nazi n'arrache pas d'un seul coup la jeunesse allemande à la douillette vie civile. Il n'empêche que son importance politique est considérable. C'est la première fois dans l'histoire du pays (ce n'était pas le cas dans l'armée impériale) qu'il est obligatoire pour tous, sans aucune dérogation. Il est l'acte de naissance d'une véritable armée nationale. Hitler s'expliquait fort bien là-dessus dans *Mein Kampf* : « Quelles que soient les cloisons qui puissent s'élever au sein de la nation, l'armée a pour mission de les briser et de les transformer en forces unificatrices. [...] C'est là un principe que nous maintiendrons à tout prix, lors du rétablissement de l'armée nationale. » C'est dans cet esprit que le terme de Reichswehr, synonyme d'armée de métier, a été remplacé par Wehrmacht, mot nouveau pour une armée nouvelle. Quant au « ministère de la Reichswehr » il a été remplacé éloquemment par « ministère de la Guerre du Reich ».

À l'annonce stupéfiante de l'instauration du service militaire pour tous en Allemagne, les gouvernements étrangers furent pris de court. Les Britanniques, sans consulter les Français, protestèrent. Les Français et les Italiens en firent autant en termes un peu plus vifs. La SDN condamna, sans autre résultat. Hitler était en train de gagner son premier grand pari. « Je crois que nous allons nous en tirer », confia-t-il à Rosenberg[8], alors que les généraux s'apprêtaient à affronter une intervention militaire de la France. C'est paradoxalement Mussolini qui réagit le plus vivement en organisant le 14 avril la conférence de Stresa entre Pierre Laval, ministre français des Affaires étrangères, Ramsay MacDonald, Premier ministre britannique, et lui. Le Duce voudrait négocier sa participation à la défense (tardive) du traité de Versailles en échange d'un feu vert pour les ambitions de l'Italie fasciste sur l'Éthiopie. La France et l'Angleterre tentent de louvoyer et le texte final de la conférence traduit l'absence de consensus en se bornant à constater le plein accord des trois puissances « pour s'opposer par tous les moyens appropriés à toute répudiation unilatérale des traités susceptibles de mettre en danger la paix de l'Europe ». Cette déclaration vague ne remet nullement en question le coup de force du 16 mars et les Britanniques n'en poursuivent pas moins les conversations unilatérales qu'ils avaient entamées avec l'Allemagne. Le 18 juin, un accord naval est signé entre les deux pays. L'Allemagne peut désormais se doter d'une flotte de surface à proportion de 35 % de la flotte britannique et d'une flotte sous-marine égale. Cet accord ridiculise ce que les diplomates appelaient déjà « le Front de Stresa » et entérine implicitement le réarmement allemand.

Dans le même mois de mars 1935, la création de la Luftwaffe a été annoncée par Göring, commissaire à l'aviation, et celle de la *Kriegsmarine* le 25 par Hitler. Le grand état-major est rétabli, tout comme la prestigieuse *Kriegsakademie*. Le réarmement allemand peut se poursuivre désormais au grand jour. Toutefois, la mobilisation industrielle qui en découle a besoin de la Ruhr, arsenal traditionnel de l'Allemagne avant le traité de Versailles. Il faut donc remilitariser la Rhénanie. Ce sera, nous l'avons vu, le second coup de poker réussi de Hitler, la France perdant ainsi la dernière occasion d'intervenir avec de solides chances de succès. Après, c'est trop tard. Les moyens, encore limités de la nouvelle Wehrmacht, vont dès lors croître à une vitesse vertigineuse. La réintroduction du service militaire en Allemagne a des conséquences mécaniques que personne, à commencer par la France, n'aurait dû ignorer. De 1935 à 1939, la moyenne annuelle des appelés pour le service militaire en Allemagne va être de 422 000 contre 202 000 pour la France. Au printemps 1933, la Reichswehr comptait 125 000 hommes ; à l'automne 1935, six mois à peine après l'établissement de la conscription, la Wehrmacht en compte 836 000[9]. S'y ajoutent les 225 000 hommes du RAD. À la fin de 1936, après que Hitler a fait passer la durée du service militaire de un à deux ans, la Wehrmacht est forte de 1 210 000 hommes, plus les 405 000 hommes de formation paramilitaire telles que la SS, le RAD (et sans compter la SA). À côté de cette force déjà formidable, la France, à la même date, a 623 000 hommes sous les drapeaux. C'est la moitié et même la moitié de la moitié si l'on soustrait ceux qui sont affectés en Afrique du Nord et dans les différents pays de l'Empire. Il n'y a que 407 000 soldats français en métropole, soit 1 pour 4 soldats allemands... En cas de guerre, le Reich pourrait mettre sur pied, toujours à la fin de 1936, 13 millions d'hommes dont 5 millions en 48 heures.

De tels chiffres relativisent les chances de succès d'une intervention militaire contre l'Allemagne au moment de Munich même si, sur le papier, le nombre de divisions joue encore contre l'Allemagne : 77 contre les 140 françaises et tchécoslovaques (avec 40 divisions bien équipées, la Tchécoslovaquie constitue une force de revers, d'ailleurs négligée). De la Rhénanie (mars 1936), où le Reich était vulnérable, à Munich (septembre 1938), Hitler a fait très vite.

Un mémorandum du ministère allemand de l'Économie, dicté par Hitler, stipule que « la réalisation du programme d'armement avec rapidité et en quantité doit être le problème de la politique allemande ; tout le reste doit être subordonné à ce but ». En 1933, l'Allemagne consacrait 730 millions de marks à la Reichswehr ; en 1935, elle dépense 5 150 millions pour la Wehrmacht et

15 500 millions en 1938. Bientôt, 70 % des usines vont être accaparées de près ou de loin dans les fabrications d'armements. En 1939, 50 % du budget va à l'armement (et 25 % du PNB). Ceci exige d'énormes sacrifices, tant de la part des entreprises que des particuliers, même si cet effort s'accompagne d'un redressement spectaculaire de la production. Pour une base 100 en 1929, à la veille de la crise mondiale, on enregistre 81 en 1934, au plus fort de la crise, et 119 en 1937. Le chômage, qui a amené les nazis au pouvoir, tombe de 6 à 3 millions de 1933 à 1935.

Marine et aviation sont prioritaires dans cet immense effort. Pour la *Kriegsmarine*, un plan Z prévoit la construction d'une flotte de guerre de 1 million de tonnes capable de dissuader la *Royal Navy* (l'accord naval de 1935 avec la Grande-Bretagne va être dénoncé le 28 avril 1939). Cependant, c'est la Luftwaffe qui reçoit les plus grands soins : 20 000 avions de combat sont programmés pour 1942. Les modèles mis en construction reflètent bien la conception offensive de la stratégie du Reich, privilégiant le monoplace de chasse et le bombardier en piqué. Le bientôt tristement célèbre JU 87 (firme Junkers) dit *Stuka* (abréviation de *Sturzkampfflugzen* : avion de combat en piqué) fait ses classes pendant la guerre d'Espagne. Le *Messerschmitt* Bf 109, le chasseur le plus utilisé par la Luftwaffe pendant la Seconde Guerre mondiale (35 000 avions produits dans ses différentes versions), vole à partir de 1935 et commence à sortir des chaînes dès février 1937. Lui aussi est expérimenté pendant la guerre d'Espagne, et amélioré après. Ses canons lui assurent une large supériorité sur les appareils français, belges, néerlandais, polonais et même britanniques. Il possède une autonomie de 560 à 1000 km (avec des réservoirs supplémentaires) et vole à une vitesse maximum de 620 km/h à 6 900 mètres d'altitude. C'est un peu plus que les premiers *Supermarine « Spitfire »* britanniques (580 km/h) et plus que son concurrent français (pour les rares exemplaires qui auront l'occasion de voler) : le *Dewoitine* 520 (525 km/h). Les leçons d'adaptabilité professées par von Seeckt ne sont pas perdues non plus. Ainsi le JU 52, initialement conçu comme bombardier, devient bientôt l'avion de transport à tout faire de la Luftwaffe, popularisé sous le sobriquet « tante Ju », légendaire pour sa robustesse et sa structure révolutionnaire en tôle ondulée. Quand il apparaît que les premiers modèles monomoteurs sont sous-motorisés, on s'empresse d'y ajouter deux moteurs sur les ailes (les derniers JU 52 voleront pendant la guerre d'Algérie).

La Luftwaffe, comme la Wehrmacht, n'a pu connaître une croissance aussi spectaculaire qu'en profitant des quinze années d'expérience – et d'expérience dans un esprit innovant – de la Reichswehr noire. Dans les années 1920, des firmes comme Junkers, Heinkel, Dornier, Focke-Wulf, n'ont même pas eu besoin de s'expatrier comme d'autres, dotant à partir de 1926 la *Deutsche Lufthansa* civile d'une flotte moderne, à la technologie poussée et immédiatement convertible en aviation de guerre (ce fut notamment le cas du JU 52 équipant les trois quarts de la Lufthansa au début des années 1930). Il en va de même pour les pilotes. Ce n'est pas non plus par hasard que le vol à voile, seul sport aérien permis par le traité de Versailles, a eu une telle vogue dans l'Allemagne de Weimar. En 1930, l'école de vol à voile *Deutscher Luftsportverband* ne compte pas moins de 50 000 membres actifs[10].

La Wehrmacht ainsi créée ne peut avoir dans l'esprit de Hitler qu'un seul chef : lui. N'est-il pas le Führer de la nation ? Dans l'Allemagne de Weimar, le président de la République était le chef suprême de l'armée, mais ce titre était essentiellement nominal, ne valant qu'en temps de paix et encore avec l'aval du chancelier ou du ministre de la Reichswehr. Désormais « le chef suprême de la Wehrmacht est le Führer et chancelier du Reich » dont les ordonnances en matière militaire n'ont plus besoin d'être contresignées. Les soldats ne prêtent plus serment d'obéissance à la Constitution mais à Hitler personnellement : « Je jure devant Dieu, d'obéir sans réserves à Adolf Hitler, Führer du Reich et du peuple allemand, chef suprême de la Wehrmacht, et je m'engage, en soldat courageux, à observer toujours ce serment, fût-ce au péril de ma vie. »

Encore Hitler doit-il s'assurer de la réalité de l'obéissance de ses généraux – ceux du dernier carré de la Reichswehr dont le nazisme paraît souvent circonstanciel. Or la Wehrmacht ne serait être que nazie, en rupture avec la tradition d'indépendance vis-à-vis des gouvernements qui a été celle de la Reichswehr. Himmler, chef de la SS depuis 1929 et de la police politique depuis novembre 1933, fait espionner les généraux du haut commandement. Il apparaît que ceux-ci, sans parler à proprement de fronde, se réunissent régulièrement pour des « échanges de vues » où intervient forcément la politique. Hitler va mettre bon ordre à tout cela. Lors de la « nuit des longs couteaux » qui a liquidé en 1934 les chefs SA les plus encombrants, il a fait assassiner Kurt von Schleicher, dernier chancelier avant lui et homme-clé, avec von Seeckt, du réarmement de la Reichswehr. Restent von Blomberg et von Fritsch. Ils ont prêté tous deux le serment de fidélité, le 2 août 1934, après la mort du président Hindenburg, mais cela ne suffit pas à Hitler. Né en 1878, le baron Werner von Blomberg a été lieutenant en 1897 à dix-neuf ans, colonel en 1926, membre de la délégation allemande à la SDN en 1927 et expert auprès de la conférence du Désarmement en 1932. Nommé général d'infanterie et ministre de la Reichswehr dès l'arrivée de Hitler à la chancellerie, sa neutralité a été plus que bienveillante à l'égard du nouveau régime. Il aurait pourtant voulu défendre l'indépendance de la Reichswehr. Bien qu'il partage les inquiétudes des généraux face à la politique extérieure de Hitler, il refuse de se faire leur interprète auprès de lui. Ceux-ci ont pour figure de proue Werner von Fritsch, né en 1880, adjoint dès 1919 de von Seeckt avec qui il n'a cessé d'œuvrer à la construction de la Reichswehr. Général de brigade en 1930, il est nommé en février 1934 par Hindenburg à la tête de l'armée de terre (*Heer*). À la différence de Blomberg, Fritsch, type même de l'officier prussien, est nettement hostile au nazisme, bien que sa prestation de serment à Hitler ait entraîné derrière lui nombre d'officiers généraux hésitants. Néanmoins il s'oppose à la nazification de la Wehrmacht. Il est difficile, même pour les nazis, de l'assassiner. Heydrich, chef du service de sécurité de la SS, et Göring, pour lors très occupé de police politique (c'est lui qui signe en mars 1933 le décret de création des camps de concentration), s'emploient alors à le compromettre dans un sordide procès monté de toutes pièces sur l'accusation d'homosexualité. Von Fritsch est acquitté sans mal, mais perd son commandement et accepte, non sans grandeur, d'être rétrogradé au grade de colonel dans son ancien régiment. À la même date, von Blomberg est brutalement poussé à la retraite en même temps qu'une quinzaine d'autres généraux.

Hitler crée son propre état-major, l'*Oberkommando der Wehrmacht* (OKW) par décret du 4 février 1938 qui commence ainsi : « Le commandement de toutes les forces armées sera désormais exercé par moi. » Il nomme chef de l'OKW Wilhelm Keitel, général très docile remplaçant désormais le ministre de la Guerre. Walther von Brauchitsch succède à von Fritsch à la tête de l'armée de terre (OKH). L'armée est définitivement mise au pas.

À l'opposé de l'esprit de caste qui a régné chez les officiers du IIe Reich et de la Reichswehr, Hitler entend promouvoir une Wehrmacht « démocratique » où seules comptent la valeur et la discipline. Certes, de nombreux généraux restent (Hitler ne peut pas chasser tout le monde) qui, à l'image de leurs homologues français, sont plus défensifs qu'offensifs. C'est le cas de Beck et de Haider qui lui succède en août 1938 à la tête de l'état-major général. Tous deux sont persuadés que l'infanterie est l'arme principale et que les autres doivent lui être subordonnées. Mais le temps est venu des nouveaux généraux dont l'esprit d'offensive flatte le joueur qu'est finalement Hitler. C'est ainsi qu'on retrouve Guderian et ses chars. Colonel le 1er avril 1933, il est chef d'état-major du commandement des unités motorisées le 1er juillet 1934. Il ne manque pas de célébrer la création de la Wehrmacht. La nation allemande, « par l'acte héroïque de son Führer, était de nouveau un État souverain [...] Ainsi se sont ouvertes les écluses derrière lesquelles étaient immobilisés depuis la guerre la puissance créatrice et l'appétit de développement de la jeune armée motorisée allemande ». Général de brigade puis de division, Guderian popularise ses théories en publiant en 1937 *Achtung Panzer !* Théoricien de l'arme blindée dès avant 1933, il donnait en 1936 dans une revue militaire[11] une description visionnaire de la guerre motorisée (que personne encore n'appelle *Blitzkrieg) :* « Une nuit, les portes des hangars à avions et à chars d'assaut s'ouvriront [...] Grâce à une première attaque lancée par surprise, on pourra s'emparer en partie d'importantes régions industrielles ou minières et en partie les détruire par des attaques aériennes, les éliminant ainsi de la production guerrière ; de même, on paralysera l'action du gouvernement et de l'état-major ennemi et on détruira ses voies de communication. [...] La première vague d'avions et de chars d'assaut sera suivie par des divisions d'infanterie transportées en camions ; ces troupes seront débarquées à la frontière de la zone conquise qu'elles occuperont, afin de permettre aux unités mobiles de porter un nouveau coup [...]. »

Cette vision nouvelle de la guerre est en partie héritière des doctrines de Ludendorff au lendemain de la Grande Guerre : dans le cadre d'une guerre totale mobilisant toutes les forces de la nation, une stratégie offensive alliant puissance et mobilité, c'est-à-dire le char et l'avion. Mais à la différence de Ludendorff qui prône l'offensive sur un large front, Guderian la conçoit sur un secteur étroit à la défense moindre, par surprise, du fort au faible. Hitler ne peut qu'être favorable à de telles théories car il est partisan *a priori* de toute solution rapide (fût-elle risquée – mais la guerre l'est de toute façon). Il sait pertinemment que l'Allemagne ne sera jamais équipée pour une guerre longue. La question du pétrole n'en est que l'un des facteurs. En temps de paix, l'Allemagne en importe 5 millions de tonnes. Il lui en faudra 12 millions de tonnes au moins en temps de guerre avec des sources d'approvisionnement taries du même coup et qu'il faudra retrouver par conquête (Roumanie, URSS). L'Italie est dans la même situation. Quant à la fabrication de carburant synthétique à partir du charbon, d'ailleurs réalisée par des chimistes allemands, elle est terriblement coûteuse et ne suffit pas de toute façon. Et au pétrole s'ajoutent les importations de minerai de fer, de caoutchouc, de coton, de cuivre, de nickel, de mica tout autant indispensables à l'effort de guerre. Il faut décidément l'emporter au premier choc.

Le 15 octobre 1935, trois *Panzerdivisionen* (PzD) sont constituées et Guderian prend le commandement de la 2e. Deux autres PzD sont prêtes à l'automne 1938 et une autre encore au printemps 1939. À terme, nombre de divisions motorisées sont transformables en PzD. Chaque PzD est composée d'un groupe de reconnaissance, d'une brigade blindée (2 régiments à chacun deux bataillons mixtes : 1 compagnie de chars lourds et

2 de chars moyens ou légers) et d'une brigade motorisée. Chaque division dispose en propre d'artillerie de campagne et de moyens antichars. Ses moyens d'appui comportent entre autres un bataillon de génie spécialisé dans le franchissement et un bataillon de transmissions radio. Tous les moyens logistiques sont motorisés. Son autonomie est le gage de sa mobilité.

« Triomphe de la volonté »

La force du Reich ne réside pas seulement dans son bras armé. Au début de 1935, au moment même où Hitler annonce la création de la Wehrmacht, toute l'Allemagne s'enthousiasme à la projection du film « Triomphe de la volonté » *(Triumph des Willens)*. Son réalisateur est une femme, Leni Riefenstahl, née en 1902. Actrice puis réalisatrice de films de montagne, très en vogue à l'époque, elle est fascinée par Hitler. Elle lui écrit. La voilà chargée de réaliser le reportage des congrès annuels du Parti nazi qui se tiennent, à grand spectacle, dans la ville de Nuremberg. Son premier film (« Victoire de la foi »), sur le Congrès de 1933, est quelque peu improvisé. Il n'est en quelque sorte que le brouillon du film suivant : « Triomphe de la volonté », sur le Congrès de 1934. Ce chef-d'œuvre de propagande, aujourd'hui encore projeté et commenté dans les écoles de cinéma, va écraser la carrière de Leni Riefenstahl de par son succès même. Mise en accusation (et relaxée) après la guerre, elle dira pour sa défense : « J'ai seulement montré ce dont tout le monde, alors, était témoin. À l'époque, on croyait encore à quelque chose de beau. Le pire était à venir, mais qui le savait ? »

Dans une écriture cinématographique révolutionnaire pour l'époque (contre-plongées héroïques, larges travellings circulaires, plans panoramiques, une équipe de tournage de 120 personnes et 30 caméras dont l'une perchée à 38 mètres), le film nous montre Hitler arrivant à Nuremberg, debout dans sa Mercedes, nimbé de lumière. Il est le messie qui descend du ciel pour sauver l'Allemagne. Ses discours se succèdent dans un crescendo de puissance et d'assurance. La musique guerrière (essentiellement des percussions), l'alternance des images entre les gros plans du Führer et la parfaite chorégraphie des défilés des SA, des SS, des Hitlerjugend, les retraites aux flambeaux, les drapeaux qui claquent au vent, les chants, les ovations de la foule, les inserts comme celui de cette mère extatique, son enfant dans les bras, qui vient serrer la main du Führer… Tout concourt puissamment à glorifier le nazisme, à en exalter la force joyeuse et saine, l'harmonie virile et guerrière.

Quand Riefenstahl dit qu'elle montre ce qui existe, elle le fabrique tout autant. Non seulement le Parti devenu tout-puissant se donne en spectacle à lui-même mais il assure la nation allemande de sa force retrouvée. Le titre même de cet extraordinaire film de propagande s'inspire de l'un des principes posés par Rosenberg dans son *Mythe du xxᵉ siècle* (1930), bible au demeurant opaque de l'idéologie nazie. « Ce dont il s'agit aujourd'hui, c'est de retrouver dans tous les domaines la *volonté* créatrice des anciens Germains » (par opposition aux valeurs judéo-chrétiennes). Pour n'en rester qu'aux films de Riefenstahl, élément parmi d'autres (on pense aux affiches) de la colossale propagande qui s'abat sur la population allemande, il n'est pas jusqu'à son *Dieux du stade* sur les JO de 1936 qui ne serve l'idéologie nazie. L'Allemagne est en tête avec une moisson de 31 médailles d'or, 28 d'argent, 29 de bronze. *Deutschland über alles*… La force, l'effort, la compétition, le triomphe des corps sur l'esprit sont autant de vertus finalement guerrières, quand le sport fait bon ménage avec le fascisme.

Ein Volk ! Ein Reich ! Ein Führer ! Comment croire que toute cette force nouvelle va en direction de la paix ? Et comment concevoir que Hitler aurait été le seul à penser à la guerre ? Que fait-on quand on possède la meilleure armée du monde ? On s'en sert…

Aussitôt après la conférence de Munich, Hitler est certes satisfait de ce nouveau test au détriment des démocraties mais il s'inquiète en même temps. De la guerre ? Non ! Il s'inquiète de la paix ! L'accueil triomphal qu'il reçoit à Berlin est lui aussi, imprégné d'esprit munichois. C'est le sauveur de la paix que la foule applaudit et non l'homme de guerre. Le Führer s'en ouvre le 10 novembre 1938 devant les hauts fonctionnaires de l'État, du parti et de la propagande qu'il a réunis. Il ne faudrait tout de même pas que le peuple allemand aille se mettre en tête « que le régime actuel veut véritablement sauvegarder la paix à tout prix. Cela mènerait non seulement à une fausse appréciation de nos objectifs, mais aurait surtout pour effet que la nation allemande, au lieu de regarder les événements en face, serait imprégnée d'un esprit qui, à la longue, deviendrait défaitiste […] Désormais il est nécessaire d'opérer une reconversion psychologique du peuple allemand[12] ». Et Hitler de conclure ainsi : « Le disque pacifiste, c'est fini chez nous. » Quant à la « reconversion psychologique du peuple allemand », elle va signifier le renforcement concomitant de la propagande et de la terreur – pas seulement la terreur des persécutions politiques ou antisémites et des premiers camps de concentration, mais celle qui s'installe au bureau, à l'usine, dans chaque famille où chacun surveille chacun, où chacun peut devenir – et est encouragé à devenir – le dénonciateur de l'autre. En 1938, toute activité visant à saper la discipline des soldats est désormais passible de la peine de mort.

Ce n'est même pas de culture de guerre qu'il s'agit mais de guerre tout court. Le Reich est déjà en guerre. Il l'est depuis le 30 janvier 1933 et d'une certaine façon depuis le 11 novembre 1918. Dans la *Revue de Défense allemande* de décembre 1935, on peut lire à propos du IIIe Reich : « L'histoire dira du xxe siècle qu'il a été l'âge de la guerre. Auparavant, à l'époque dite bourgeoise, la guerre n'était qu'un accident. Aujourd'hui, loin d'avoir été réduite par les hommes, elle leur échappe et s'émancipe. Elle est devenue une forme nouvelle d'existence, ayant les mêmes droits que la paix. Un monde nouveau est né, où la guerre est la commune mesure, où le militaire fait la loi et commande. La vie sociale est maintenant fondée tout entière sur la guerre. »

9

La guerre !

Au printemps 1939, l'Allemagne est prête. Son avance militaire quantitative et qualitative va désormais décroître face à la France et la Grande-Bretagne qui ont commencé à réarmer. Il est temps. La seule question que se pose maintenant Hitler est de savoir s'il frappera d'abord à l'Ouest ou à l'Est. L'ère des conférences, fussent-elles de Munich, est révolue. De toute façon, après les Autrichiens et les Allemands des Sudètes, il n'y a plus de peuples dont le Reich pourrait encore invoquer le droit à disposer d'eux-mêmes. Il n'y a plus de justifications à fournir à ceux qui, en France comme en Grande-Bretagne, s'obstinent encore à en trouver. C'est la force qui désormais va parler et d'abord en direction de la Tchécoslovaquie ou plutôt de ce qu'il en reste. L'annexion des Sudètes a rendu le pays indéfendable. Son territoire est amputé de 30 %, son potentiel industriel de 40 % (dont ses industries d'armement mondialement réputées). La Tchécoslovaquie est devenue fédérale avec une large autonomie à la Slovaquie dont Berlin favorise le séparatisme. Le gouvernement du pays, avec un Parti communiste interdit et une presse muselée, est déjà dans l'orbite du Reich. La Slovaquie proclame son indépendance le 13 mars. Berlin « arbitre » en convoquant le 14 le nouveau président de la République Emil Hacha, vieux et fragile. Soumis à une épouvantable pression et sous la menace d'un bombardement de Prague, celui-ci se résigne à « confier le destin de son pays » au Reich.

Le 15 mars 1939, la Wehrmacht entre dans Prague et Hitler couche le soir même dans le palais des rois de Bohême. Ses soldats n'ont pas eu à tirer un seul coup de fusil. La sécurité du pays ne reposait plus que sur les accords de Munich garantissant sa nouvelle frontière et sur son alliance militaire avec l'URSS et la France – autant dire sur rien. À tout hasard, Hitler avait fait préparer un plan d'opérations militaires au cas où la France interviendrait. La Tchécoslovaquie n'existe plus, transformée en Protectorat de Bohême-Moravie tandis que la Slovaquie devenue « indépendante » n'est plus qu'un satellite du Reich. Le 7 avril, Mussolini en profite pour envahir et annexer l'Albanie. Un nouveau temps vient de commencer. Ce n'est pas encore la guerre mais ce n'est plus la paix, même boiteuse, instaurée au lendemain de la précédente guerre.

Le 19 et le 20 avril 1939, le 50e anniversaire du Führer est l'occasion d'une parade monstre à Berlin. Le défilé militaire dure près de cinq heures. Au même moment, à Paris, la compagnie Louis Jouvet prépare fiévreusement la première de la nouvelle pièce de Jean Giraudoux : *Ondine*, la fille du lac qui commande aux éléments.

La France « aux cornes d'escargot »

Après le 15 mars 1939, les œillères des gouvernements britannique et français tombent enfin : la guerre n'est plus une menace, mais une certitude. Pour la Tchécoslovaquie, Hitler aurait pu se contenter d'attendre. En incorporant de force une population non allemande au Reich, il viole le principe wilsonien du droit des peuples à disposer d'eux-mêmes et, ce faisant, il se place, aux yeux des Britanniques surtout, non plus en défenseur même peu recommandable de son peuple, mais en provocateur à la guerre. C'est d'ailleurs la Grande-Bretagne qui opère le revirement le plus spectaculaire. Porté par une opinion publique indignée, le naïf Chamberlain admet finalement que cet Hitler n'est décidément pas le personnage fréquentable qu'il avait voulu voir lors de la conférence de Munich. Ses formulations officielles restent cependant amphigouriques : l'Occupation de la Tchécoslovaquie par le Reich ne constituerait-elle pas « une étape dans une entreprise visant à dominer le monde par la force[1] ? »

Le 31 mars, Chamberlain annonce que le gouvernement britannique accorde sa garantie à la Pologne, prochaine étape évidente des agressions du IIIe Reich. Il en a préalablement informé le gouvernement français, mais pas l'état-major britannique. Cette garantie est d'ailleurs illusoire car la Grande-Bretagne n'a aucun moyen d'intervenir militairement en Pologne. Churchill, aux Communes, s'emploie à démontrer qu'il faut pour cela accélérer le réarmement, rétablir la conscription (c'est chose faite le 26 avril), négocier avec Moscou, former un gouvernement d'union nationale. Dès lors la presse britannique réclame Churchill, « le seul Anglais dont Hitler ait peur[2] ».

Et la France ? Depuis le 10 avril 1938, Édouard Daladier est de nouveau le chef du gouvernement avec le portefeuille de la Défense nationale qu'il détient sans interruption depuis juin 1936. Le 12 mai 1939, à la rentrée des Chambres, son discours est martial : « Si l'on porte atteinte à la paix, on connaîtra le poids de nos armes. Si entre la paix et la guerre, on prétend nous user, nous tiendrons le temps qu'il faudra. Ni la force, ni la ruse ne pourront rien contre la France. » Anatole de Monzie, député du Lot et ministre des Travaux publics, qui cite ce fier discours, ajoute : « Le discours a été acclamé – légitimement acclamé. L'homme est un jacobin velléitaire, mais sincère dans toutes ses velléités[3]. »

Au moment où la France va devoir affronter son destin, nombreuses sont les voix autorisées à formuler la même critique à l'encontre du chef du gouvernement. Pourtant Daladier est « l'homme fort » que soutient l'opinion publique. Même si c'est trop tard face à l'Allemagne, le président du Conseil, pour la première fois depuis la fin de la Grande Guerre, peut gouverner à coups de décrets-lois. Il a tout pour décider mais il ne sait pas décider. Le journaliste André Géraud, alias Pertinax, qui le connaît bien, demande : « Pourquoi tant d'erreurs majeures et mineures lui sont-elles imputables ? Voici la réponse presque unanime : il n'a pas de volonté. Il ne parvient à une décision que par le processus le plus laborieux et le plus lent. [...] Le plus souvent, il cède à la pression de ceux qui l'entourent. Il n'est pas de ces hommes solidement trempés et imperméables aux agitations du dehors que rien ne détourne de leurs idées et sentiments. Il ne marque pas les autres de sa griffe, il est plutôt marqué de la leur. Il n'est pas un personnage convexe à la Clemenceau : il est concave. Sa politique est toute bosselée de forces contradictoires qui s'exercent sur elle et, avec quelque fourberie, il s'efforce à dissimuler la déformation. [...] Les ministres anglais, il est vrai, l'ont vu différent de ce qu'il était au naturel, parce que, jeté dans l'action d'une conférence, n'ayant plus le temps de délibérer avec lui-même et d'hésiter, il empruntait pour quelques heures toutes les apparences de la résolution et de la force. Au demeurant, il était faible et flottant[4]. » « Le taureau du Vaucluse a des cornes d'escargot », ajoute Pertinax. Ce portrait cruel est conforté par d'autres contemporains : « Il avait plus de rudesse que de vraie volonté » (E. J. Bois[5]). « Toujours aussi irrésolu, se désole Mandel le 23 septembre, et cette irrésolution s'imprime à toute notre administration de guerre[6]. » Et le 7 décembre, Jules Jeanneney, président du Sénat, confirme qu'« il est adroit en paroles, parfois énergique. Mais est-il donc si difficile d'agir comme on parle ? Que d'indécision chez lui ! Avec quelle lenteur les actes suivent[7] ! ». Quand on demandera à Paul Reynaud quel serait le meilleur successeur à Daladier, il répondra : « Daladier, tel que les Français se le représentent. »

Pour son malheur et celui des autres, l'Allemagne a son Hitler et l'URSS son Staline. Bientôt, la Grande-Bretagne va avoir son Churchill. La France, quant à elle, ne va pas trouver son Clemenceau. « Ah ! L'impuissance à dire "non" ! Que ne nous coûte-t-elle pas ! Clemenceau savait, lui, dire non tout de suite et se faire obéir… de tous… ses ministres d'abord ! » (J. Jeanneney). Kerillis, quant à lui, s'adresse ainsi à Daladier : « Monsieur le président du Conseil, n'auriez-vous pas, par hasard, un fou, un vrai fou dans votre entourage ? Si vous ne l'avez pas, il serait désirable que vous le trouviez, un non-conformiste et audacieux qui dirait au président du Conseil : il faut découvrir et construire en série un canon qui porte à 500 km, un avion capable d'emporter 1 000 hommes armés à bord, un tank de 500 tonnes armé de 20 canons lourds, etc.[8]. »

Le numéro deux du gouvernement, c'est Paul Reynaud. Ministre des Finances, il préside à l'authentique mais tardif effort de réarmement du pays. Il pourrait, lui, être le véritable décideur. Résolu face à l'Allemagne, il proclame : « Il n'y a plus, chez nous, qu'un parti politique : celui de la force française. » Du même coup, sa réputation de « belliciste » le met à l'écart de la diplomatie car le « parti de la paix » continue à parler haut au Parlement. Par ailleurs, quand Reynaud réclame une mobilisation industrielle totale pour le réarmement, il ne peut ignorer que la France fonctionne dans un système économique libéral et non totalitaire. Le gouvernement lui-même n'est pas unanime comme lorsque Henri

Queuille, ministre de l'Agriculture, eu égard à l'effort exceptionnel qui serait demandé aux Français, souhaite « ne pas provoquer d'inutiles colères de la classe ouvrière[9] ». Pourtant, Reynaud émet plusieurs emprunts de la Défense nationale qui sont autant de succès. Sur une affiche de Paul Colin, une Marianne, sur fond d'usines qui fument, brandit à bout de bras un bouclier RF qui protège une gerbe de blés. « Souscrivez pour sauver la paix et vos libertés. »

La France, comme la Grande-Bretagne, est en tout cas décidée à ne plus reculer devant les agressions de l'Allemagne. Celle-ci n'a pas attendu longtemps pour surenchérir. Onze jours seulement après l'invasion de la Tchécoslovaquie, Ribbentrop présente deux revendications à l'ambassadeur de Pologne à Berlin : l'annexion de Dantzig, ville à population allemande au demeurant noyautée par le parti nazi, et une voie de communication extraterritoriale à travers le corridor. Au-delà de ces demandes qui auraient pu paraître dignes d'examen avant l'entrée de la Wehrmacht dans Prague, Hitler veut en réalité la destruction de la Pologne, qui ne s'y trompe pas. Son attitude a toutefois été ambiguë : elle a pris part au dépeçage de la Tchécoslovaquie en annexant Teschen le 30 octobre 1938, elle a joué le jeu de l'Allemagne jusqu'à ce qu'elle se sente à son tour menacée et retrouve le chemin diplomatique de l'Ouest. Dans ses *Mémoires*, Georges Bonnet évoque « l'attitude sotte et obstinée » de la Pologne. Il aurait même envisagé (tardivement) de dénoncer l'alliance de la France, ou à tout le moins d'en réviser sérieusement les clauses, n'y renonçant que face à une opinion se leurrant sur la force d'une armée polonaise en réalité désuète (au contraire de l'armée tchèque, mésestimée à tort). « Gamelin, qui en était resté à la bataille de la Marne, estimait que la Pologne apportait à la France une force indispensable à sa victoire. La plupart de ses collaborateurs partageaient cette opinion. Dès lors, quels que fussent nos griefs contre les Polonais, notre état-major estimait que nous devions défendre la Pologne dans notre propre intérêt, parce que nous avions besoin de son appui militaire pour résister à l'Allemagne et pour la vaincre, si elle nous attaquait[10]. »

Ainsi, dans la course aux alliances qui s'engage au cours de l'été 1939, la Pologne est un faux poids – et qui parle haut. Hitler est convaincu que les démocraties occidentales n'iront pas jusqu'à la guerre pour la soutenir. Mais qu'importe puisqu'il ne bluffe plus. Tandis que Hitler conclut avec Mussolini, le 22 mai 1939, le « pacte d'Acier » en se leurrant à son tour sur l'apport stratégique de l'Italie fasciste, la France et la Grande-Bretagne se lancent dans une politique de « garanties » totalement stérile. À l'Ouest, un front associerait classiquement la Grande-Bretagne, la France, les Pays-Bas et la Belgique – sauf que ces deux pays ne veulent pas de cette « garantie » qui selon eux ne fera que leur attirer les foudres du Reich et tiennent à rester neutres. À l'Est, un second front associerait la Pologne, la Roumanie, la Grèce et la Turquie. Seule la Pologne accepte.

Le pacte de non-agression germano-polonais de 1934 est dénoncé par Hitler le 28 avril à la suite de la concrétisation de l'alliance anglo-polonaise. Le 5 mai, Joseph Beck, ministre des Affaires étrangères de Pologne, déclare s'opposer à la politique d'agression de l'Allemagne. Il n'y aura pas de négociation sur Dantzig. Dès le début d'avril 1939, Hitler a ordonné à l'OKW de préparer un plan d'invasion de la Pologne. La France, qui a fait si peu de cas de son alliance avec la Tchécoslovaquie, a désormais son destin lié à celui de la Pologne.

Dans ce colin-maillard diplomatique, la France se distingue. Elle voudrait ne pas trop s'engager militairement – et ce en contradiction avec ses « garanties », et modérer les ardeurs polonaises. Elle a néanmoins confirmé son soutien le 13 avril : « La France et la Pologne se garantissent immédiatement et directement contre toute menace directe et indirecte qui porterait atteinte à leurs intérêts vitaux. » De son côté, le général Gamelin signe le 17 mai avec le général Kasprzycki, ministre polonais de la Guerre, une convention militaire d'une précision des plus contraignantes. En cas d'agression allemande contre la Pologne et notamment contre Dantzig, la France entamera immédiatement une action aérienne. Dès le 3e jour, des « actions offensives à objectifs limités » seront menées contre l'Allemagne, prélude à une action avec « le gros de ses forces » à partir du 15e jour. Dans le cas d'une attaque de la France par l'Allemagne, l'engagement de la Pologne est moins précisé : « L'armée polonaise s'efforcera de maintenir devant elle le maximum de forces allemandes[11]. » Effrayé à la découverte de ce texte, Georges Bonnet obtient de Gamelin une marche arrière : l'accord militaire ne sera valide qu'après signature des accords politiques alors en cours de discussion. Or il n'y aura plus de conversations d'état-major entre la France et la Pologne. De toute façon, Varsovie est persuadée que Hitler ne prendra pas le risque d'une guerre générale en attaquant la Pologne et qu'il lui suffit de rester ferme devant ses tentatives d'intimidation.

L'URSS, qui pèse d'un grand poids dans cette course aux alliances, se voit courtisée à la fois par les démocraties occidentales et le IIIe Reich, et mène une double négociation – officielle avec les premières et secrète avec le second. Staline se méfie tout autant des démocraties qu'il suspecte toujours de chercher à détourner la guerre contre son pays que du IIIe Reich dont l'idéologie est l'antithèse absolue du marxisme-léninisme. Il est probable qu'au printemps 1939 Staline n'a pas encore fait son choix. Ce sera au plus offrant. Côté occidental, les négociations commencent mais séparément pour la France et la Grande-Bretagne. Ni l'un ni l'autre de ces pays ne joue franchement le jeu. À ce peu de résolution côté occidental correspond une mauvaise volonté soviétique. Pour la France, ce serait le moment ou jamais de concrétiser le pacte de 1935 mais de nouveau les discussions traînent en longueur. Le 3 mai, Litvinov, commissaire du peuple aux Affaires étrangères, est remplacé par Molotov, réputé moins favorable aux intérêts occidentaux. On est à la fin de juillet lorsqu'un accord politique semble se dessiner. En fait, Molotov a gagné du temps pour mener ses pourparlers avec Berlin. Quand il se déclare enfin prêt à engager des négociations pour une convention militaire, Paris et Londres n'envoient à Moscou le 11 août qu'un général français et un amiral britannique, là où il aurait fallu à tout le moins des ministres plénipotentiaires et, pourquoi pas, « le taureau du Vaucluse » en personne. N'est-il pas aussi le ministre de la Guerre ? Il a dit à sa délégation militaire avant leur départ : « Ramenez-moi un accord à tout prix. » Mais quel accord, et à quel prix ? Le vrai prix à payer est la Pologne. Celle-ci n'entend toujours pas transiger avec un passage de l'armée soviétique sur son territoire. « Avec les Allemands, nous risquons de perdre notre liberté ; avec les Russes, notre âme », aurait fièrement déclaré le maréchal Smigly-Rydz, chef des armées et homme fort de la Pologne. La France – mais c'est bien tard – semble décidée à passer outre. Le gouvernement polonais, qui ne peut se priver de l'alliance française, paraît enfin d'accord mais c'est pour démentir aussitôt une telle concession. Pour les Soviétiques, l'acceptation française ne suffit pas. Ils exigent une réponse précise des Polonais mais en réalité les jeux sont faits : Moscou s'est déjà entendu avec Berlin.

Ne pas « mourir pour les Poldèves »

Le gouvernement français, faute d'un chef capable de le galvaniser, de le transcender, est ligoté en grande partie par une opinion publique toujours imprégnée de pacifisme. Les Français, dans leur grande majorité, sont toujours aussi malades de la paix. La guerre s'approchant, leur pacifisme est devenu défaitisme : « Reste la France. Une France épuisée de tant de sursauts, secouée de tant de colères vaines, brisée de tant d'espoirs déçus. Comme les grands malades, elle ne bouge, ne parle plus guère. Elle attend, pâle, lasse, lasse à faire peur. Les événements déferlent sur elle. Elle ne se dresse plus. Elle accepte. [...] La foule ne répond, ni ne bronche. Cette foule déçue jusqu'à l'os, déçue par tous, sans larmes, sans espoir, qui ne songe qu'à vivre, qu'à durer[12]. »

L'article de Marcel Déat, qui paraît le 4 mai 1939 dans *L'Œuvre* (tirage : 274 000) et connaît un immense retentissement, donne le ton. D'abord socialiste, un court moment ministre de l'Air juste avant le Front populaire, chef de file des néo-socialistes (« Ordre, Autorité, Nation ») scissionnistes de la SFIO, Déat ne veut pas « mourir pour Dantzig ». Qui empêchera Hitler, demande Déat, de mettre la main sur Dantzig si la fantaisie lui en prend ? « Flanquer la guerre à l'Europe à cause de Dantzig, c'est y aller un peu fort, et les paysans français n'ont aucune envie de *mourir pour les Poldèves* » (peuple inventé en 1929 par un journaliste de *L'Action française*). Les Poldèves, ce sont bien sûr les Polonais dont Déat moque l'optimisme : « Pour un peu, les Polonais se chargeraient à eux seuls de l'Allemagne [...] Et depuis quand les poitrines remplacent-elles les canons ? » Il ne faut pas que les « automatismes diplomatiques et guerriers » entraînent la France « dans la catastrophe ». « Combattre aux côtés de nos amis polonais, pour la défense commune de nos territoires, de nos biens, de nos libertés, c'est une perspective qu'on peut courageusement envisager, si elle doit contribuer au maintien de la paix. Mais mourir pour Dantzig, non ! »

Kerillis réplique à Déat : « Aucun Français ne songe à mourir pour Dantzig mais tous les Français doivent être prêts à mourir pour l'indépendance de leur patrie, laquelle suppose l'existence d'une Pologne libre, forte et alliée. » C'est vouloir ignorer le pacifisme ambiant. Dans *Le Pays socialiste* du 7 avril 1939, Paul Faure proclame que n'importe quelle cession de territoire vaut mieux que « la mort d'un seul vigneron du Mâconnais ». À la SFIO, Jules Moch accuse les « paulfauristes » de lâcheté – à quoi riposte Henri Salengro, député du Nord, que « la lâcheté est dans l'acceptation passive et résignée de la guerre[13] ». Dans *Le Populaire* du 19 mai, Marx Dormoy, sénateur socialiste de l'Allier et ancien ministre de l'Intérieur du Front populaire, farouche antimunichois, demande : « Si la Pologne est envahie, les paulfauristes accepteront-ils ou non de la seconder, liée qu'elle est à nous par un pacte, ou bien diront-ils qu'ils ne veulent pas mourir pour elle, qu'ils veulent vivre, même dans les camps de concentration[14] ? »

À côté d'un pacifisme de gauche, on trouve un défaitisme réaliste d'extrême droite qu'illustre Maurras. En 1939, il continue d'affirmer que « la Grande Allemagne est le fléau de l'Europe » mais il estime qu'il faut laisser « mourir l'enfant » (la Pologne) pour que « vive la mère » (la France). On retrouve ce « réalisme » dans *Gringoire*, toujours très lu, et selon lequel la France, au réarmement saboté par le Cartel des gauches puis par le Front populaire, n'a plus qu'à dénoncer l'alliance polonaise et ignorer les Soviétiques en laissant Hitler débarrasser l'Europe du communisme. La guerre voulue par les Anglais et « l'Internationale juive » est perdue d'avance.

Il faut compter aussi avec les pacifistes idéalistes, à commencer par Roger Martin du Gard qui n'en rate pas une. Il confie à son *Journal* pour l'été 1939 : « Je crois que Hitler craint terriblement la guerre ! » Georges Duhamel, au contraire, quoique pacifiste lui aussi, s'étonne dans sa chronique de l'année 1939 (en mai) de la naïveté de ceux qui pensent « apaiser la fringale hitlérienne ». Certes, il reste pacifiste mais il récuse désormais le pacifisme intégral. « On n'évitera pas la guerre en refusant de résister. Il n'y a plus qu'une manière de contenir les ennemis de la paix, c'est non seulement d'armer les peuples pacifiques, mais c'est de montrer les armes, de parler de cet armement, de signifier aux violents que leurs entreprises, désormais, se heurteraient à des obstacles infranchissables[15]. »

Le trouble profond qui s'est emparé de la population française, majoritairement pacifiste au-delà même des clivages politiques à la fin des années 1930, se reflète dans le cinéma. En 1937, *La Grande Illusion*, de Jean Renoir, est un film encore adossé à la Grande Guerre dont le thème obsède le cinéma autant que la littérature. Ce film, parmi les plus célèbres du cinéma français et néanmoins grand triomphe commercial, n'est pas seulement « le grand film du Front populaire ». Quelle est l'histoire ? Nous sommes en 1916. Le capitaine de Boëldieu (Pierre Fresnay) et le lieutenant Maréchal (Jean Gabin) sont tombés en avion dans les lignes ennemies et ont été faits prisonniers. Ils tentent à plusieurs reprises de s'évader et sont alors internés dans une forteresse dont le commandant, le capitaine von Rauffenstein, lui aussi pilote héroïque, devenu infirme de guerre (son interprète, Erich von Stroheim, est affublé d'une gigantesque minerve), se désole d'être transformé en gardechiourme. Pour faciliter l'évasion de Maréchal et d'un nouveau compagnon, Rosenthal (Marcel Dalio), Boëldieu provoquera une diversion au prix de sa vie. L'idéalisation de chacun des personnages paraît aujourd'hui caricaturale, et peut-être l'était-elle déjà en 1937. Mais l'intérêt du film est ailleurs, réunissant dans l'amitié de l'adversité l'aristocrate de Boëldieu, le prolétaire Maréchal et le Juif Rosenthal. De même l'estime rapproche de Boëldieu et von Rauffenstein dont l'aristocratie commune transcende les nationalités antagonistes. L'amour va surgir entre Maréchal et une paysanne allemande (Dita Parlo). Mais tout cela n'est-il pas une grande illusion, un théâtre d'ombres ? L'individu ici a pu intervenir sur le cours de l'Histoire, en inverser la logique, mais le titre même du film en réduit le postulat. L'harmonie et la paix universelle, ce n'est pas pour demain. Alors que la guerre menace de nouveau à l'horizon, la paix est la grande illusion. En France, la censure ampute le film de 18 minutes pour cause de démoralisation et de trop grande bienveillance à l'égard des Allemands. En Allemagne, Hitler (grand consommateur de cinéma, à l'instar de Staline) apprécie le film mais Goebbels en interdit la diffusion y voyant un dissolvant de l'élan national et une propagande en faveur des Juifs (en la personne de Rosenthal). Mussolini l'interdit de son côté. Censure française, censure nazie et censure fasciste n'ont voulu voir dans *La Grande Illusion* que le message de paix et de fraternisation entre les peuples, revendiqué par Jean Renoir.

L'année suivante, celle de Munich, deux films témoignent d'un pacifisme devenu plus pessimiste. Dans *Paix sur le Rhin*, du Suisse Jean Choux, nous revoilà en 1918, en Alsace, où deux frères rentrent chez eux. L'un s'est battu pour la France, l'autre pour l'Allemagne. À la fin du film, une jeune mère, agenouillée devant une crèche au soir de Noël, supplie : « Gardez-nous nos fils ! Éloignez à jamais d'eux la guerre ! Préservez-les du mal, des carnages, de la mort. Gardez-nous nos fils[16] ! »

C'est toujours sur fond de crise de Munich que sort en salles, pour le 20e anniversaire de l'Armistice de 1918 (on ne sort décidément pas de la Grande Guerre), la version parlante de *J'accuse* d'Abel Gance. La version muette, réalisée en 1919, n'était pas, quoi qu'on ait pu dire, un film pacifiste mais, selon Gance lui-même, « un cri objectif contre le militarisme allemand qui massacre la civilisation européenne ». En 1938, le montage et la vision sont tout autres. Gance certes pose toujours la même question : les vivants méritent-ils le sacrifice de tous ces morts ? Cependant, dans le contexte de 1938, le regard du réalisateur, à l'instar de celui de ses compatriotes, est devenu pacifiste. « Mon film est un acte de foi. Il ne peut pas être vrai que le sacrifice de millions d'êtres humains ait été vain. Il ne peut pas être vrai qu'on ne puisse empêcher de se rallumer l'incendie qui les a consumés. Vous tous, morts de Verdun et morts de l'Yser, morts de la Somme et de Champagne, levez-vous tous et criez : Assez… Assez… » La scène des généraux qui semblent s'adonner à un jeu de société en posant leurs petits drapeaux sur une carte (« Mon Alsace… » « Ma Lorraine… ») tout comme celle, célèbre et déjà fameuse dans la version muette, des morts de la Grande Guerre qui se relèvent et s'avancent sur les routes, armée de fantômes épouvantant l'Europe au point que celle-ci va abolir la guerre et décréter le désarmement mondial, ne peuvent plus être interprétées que comme le cauchemar d'une société qui refuse de se prêter à une nouvelle boucherie. Des anciens combattants mutilés de la face ont accepté d'être filmés avec l'encouragement de leurs associations. Dégoûté et effrayé, le public se détourne du film qui est même interdit en 1939, après la déclaration de guerre, comme défaitiste. C'est que ce grand mélo fantastique, baroque et halluciné, ne ment pas au fond, à l'opposé du décidément bien nommé *La Grande Illusion*. En 1938, les Français ne veulent pas qu'on leur dise la vérité. Ils ne veulent pas d'un Victor Francen, visionnaire et possédé, lançant son « J'accuse ».

Le message pourtant est pacifiste mais, à la différence du film de Renoir, il fait peur. Quant à Abel Gance, il reflète bien la naïveté de ses compatriotes quand il demande à Leni Riefenstahl d'intercéder pour que Hitler puisse voir son film et prendre ainsi conscience des ravages de la guerre.

La Règle du jeu, de Jean Renoir, à l'affiche en juillet 1939, dérange plus encore, car il met en scène la décomposition de la IIIe République. À travers la peinture et les intrigues amoureuses d'une famille faussement aristocratique de la grande bourgeoisie – et celle de ses domestiques qui ne valent pas mieux –, l'égoïsme, le mensonge (« c'est ennuyeux, les gens sincères ! » s'écrie l'un des personnages du film), l'individualisme, la lâcheté, l'aveuglement et le refus d'engagement de la société française de cet été 1939 sont cloués au pilori. Ce réquisitoire est très mal accueilli par le public et par la critique. Cinq jours après la première, le réalisateur doit se résoudre à couper le film – ce qui n'empêchera pas la censure de l'interdire, sitôt la guerre déclarée. Comme s'en expliquera Renoir, « c'est un film de guerre et pourtant pas une allusion à la guerre n'y est faite. Sous son apparence bénigne, cette histoire s'attaquait à la structure même de la société » *(Ma vie et mes films)*.

Un pacte contre nature ?

En cet été 1939, les Français sont partis en vacances tandis que le pays contemple son passé. Le 10 juin, c'était l'inauguration de la statue équestre du maréchal Joffre, le vainqueur de la Marne. Daladier saluait en lui « cette somme d'héroïsme et de décisions lucides qui permit, sur les bords d'une harmonieuse rivière de France, de sauver la liberté du monde ». C'est aussi le 150e anniversaire de la Révolution française. Le défilé du 14 juillet revêt une ampleur exceptionnelle, mobilisant 30 000 soldats. Pour la première fois, des troupes britanniques participent à la parade. Les troupes coloniales sont aussi à l'honneur. La foule innombrable applaudit son armée et son empire. Dans *L'Illustration* qui ne consacre pas moins de douze pages à l'événement, on peut lire : « Il est des cas où il faut savoir affirmer sa force. On l'a fait le 14 juillet. »

Le général Weygand inaugurait, le 4 juillet, le concours hippique de la foire-exposition de Lille en ces termes : « Vous me demandez mon sentiment sur l'armée française, je vous le dirai franchement et avec l'unique souci de la vérité, ce qui ne me gêne nullement. Je crois que l'armée française a une valeur plus grande qu'à aucun moment de son histoire : elle possède un matériel de première qualité, des fortifications de premier ordre, un moral excellent et un haut commandement remarquable. Personne chez nous ne désire la guerre, mais j'affirme que si l'on nous oblige à gagner une nouvelle victoire, nous la gagnerons. » Cette déclaration hautement fanfaronne n'est pas passée inaperçue puisque de Gaulle, dans ses *Mémoires de guerre*, en fait le reproche (entre autres) à Weygand. A quoi ce dernier réplique : « Mon rôle était de maintenir le moral à la veille d'une guerre que tous savaient imminente [...] Mon devoir était de ne pas diminuer la confiance en une armée qu'il n'était à cette heure plus possible de modifier[17]. » Si, en juillet 1939, Weygand considérait en son for intérieur que l'armée française n'était pas en état de se battre, n'est-ce pas plus grave encore ?

Quoi qu'il en soit, ce credo sans cesse réaffirmé de la solidité militaire de la France ne contribue pas peu à déréaliser le pays face à la menace allemande. « Croquemitaine se dégonflera » écrit dans *Le Figaro* du 18 août Paul Claudel, écrivain connu mais aussi diplomate de 1893 à 1936. Anatole de Monzie, oubliant un instant qu'il est un antibelliciste, s'indigne d'une telle affirmation sous la plume d'un ancien ambassadeur de France : « Toute la pauvreté de ce calcul couverte par la richesse de cette renommée ! Que dire, que faire pour lutter contre cet abaissement de notre esprit[18] ? »

Pendant ce temps, sous couvert de discussions commerciales, Berlin a poussé ses pions en direction de Moscou, faisant valoir non sans logique que l'Allemagne, l'Union soviétique et l'Italie ont en commun de s'opposer idéologiquement aux démocraties capitalistes. Hitler a fixé l'attaque de la Pologne au 1er septembre. Il faut aller vite. Le 12 août, le jour même où commencent à Moscou les négociations militaires avec la France et la Grande-Bretagne, le chargé soviétique des discussions à Berlin, Astakhov, suggère la venue dans le plus grand secret d'une haute personnalité allemande. Ce sera Ribbentrop. Le 18, Molotov accepte le principe d'un traité de non-agression entre les deux pays accompagné d'un protocole secret partageant leurs « zones d'influence » en Europe orientale. Il propose le 26 ou le 27 pour la venue de Ribbentrop à Moscou. Le 20, Hitler adresse un télégramme personnel à Staline en évoquant « la tension intolérable » entre l'Allemagne et la Pologne et en lui demandant d'avancer la date. Staline opte pour le 23 et Ribbentrop s'envole pour Moscou avec les pleins pouvoirs. Il faut un traité immédiatement applicable. Les conversations commencent dès son arrivée. Le pacte est signé dans la nuit. Il comporte deux éléments distincts. C'est d'abord un traité de non-agression qui sera rendu public le lendemain et aux termes duquel l'Allemagne et l'Union soviétique s'engagent, au nom de la consolidation de la paix, à ne pas se faire la guerre et à ne soutenir aucune tierce puissance qui entrerait en conflit avec l'une d'elles. Le pacte est conclu pour dix ans. C'est ensuite et surtout le protocole secret attribuant à l'Union soviétique la Finlande, l'Estonie, la Lettonie et la partie orientale de la Pologne ; à l'Allemagne, la Lituanie et la plus grande partie de la Pologne.

L'annonce du Pacte germano-soviétique, le 24 août, fait l'effet d'une bombe dans le monde entier. À l'Ouest, c'est la consternation. Comment une alliance à ce point contre nature a-t-elle pu se conclure ? Les caricaturistes se déchaînent sur le thème de la monstruosité d'un tel pacte. L'Égyptien Kem campe Hitler et Staline le pied dans une même botte et déjà trébuchant en voulant cheminer dans deux directions différentes. C'est oublier que tous les dictateurs, quand ils ne sont pas en train de se combattre, sont faits pour se comprendre. « Nous avons fait la cour à Staline, écrit Alfred Fabre-Luce, en lui parlant honneur, justice, liberté. Il a répondu qu'il ne voulait pas "tirer les marrons du feu" à notre profit. L'Allemagne lui a parlé guerre, partage, révolution : c'était le langage qu'il pouvait comprendre. Nous voilà un peu sots, comme l'amoureux transi qui se plaignait d'une cruelle et voit s'éloigner une prostituée [...] Entre 1933 et 1938, le militant nazi eut été scandalisé de voir son chef pactiser avec le bolchevisme. À la veille du conflit, il applaudit ce formidable coup de partie[19]. »

Certes, le monde ignore le protocole secret qui ne sera découvert qu'après 1945 dans les archives du IIIe Reich mais tout esprit avisé peut se douter qu'un tel pacte implique à plus ou moins brève échéance un nouveau partage de la Pologne. L'accueil en France n'est évidemment pas le même selon qu'on est à gauche ou à droite, communiste ou socialiste, belliciste ou pacifiste. L'extrême droite se gausse. Voilà ce qu'il en coûte de chercher à négocier avec le bolchevisme ! « Nous nous tenions les côtes sans l'ombre de vergogne [...] La gifle ne pouvait pas être plus formidable, s'abattant avec fracas sur notre pompeuse délégation [...] La dégustation de notre magnifique vengeance passait tout autre souci[20]. » Chez les socialistes, la déception est terrible : « On ne saurait guère pousser plus loin l'audace, le mépris de l'opinion, le défi de la moralité publique », commente Blum. La CGT parle de « méthodes de gangsters ». Les intellectuels de gauche expriment leur stupéfaction. Quant aux communistes, ils ont été pris par surprise. Tout en réaffirmant leurs convictions antifascistes, *L'Humanité* et *Ce Soir* veulent voir dans le pacte un « grand geste en faveur de la paix » ainsi qu'un moyen de contenir le IIIe Reich. Dans son numéro du 26 août, *L'Humanité* ne craint pas d'écrire : « Le Pacte germano-soviétique est la répudiation brutale de toutes les doctrines fondamentales du nazisme. » Néanmoins, le même numéro titre sur six colonnes : « Union de la nation française contre l'agresseur hitlérien ». C'est le dernier numéro de *L'Humanité*. La justification du Pacte germano-soviétique permet à Daladier de frapper le grand coup qu'il méditait depuis longtemps contre les communistes. *L'Humanité, Ce Soir* et plus de cent journaux ou périodiques communistes ou affiliés sont saisis et ne paraîtront plus. Des mandats d'arrêt sont lancés. Seul Blum proteste : « Ces milliers de travailleurs sont-ils de mauvais Français, de mauvais patriotes ? On sait bien qu'ils mourront comme les autres. »

La fermeté que Daladier manifeste à l'encontre du parti communiste ne se retrouve guère dans sa conduite du gouvernement. Tandis que la Grande-Bretagne affiche sa résolution de tenir ses engagements vis-à-vis de la Pologne, celle-ci son intransigeance, l'Italie sa non-belligérance (Mussolini argue auprès de Hitler de la promesse qu'il lui a faite de ne pas combattre avant 1942), la France continue à hésiter sur l'attitude à adopter. Elle n'a pas très envie de « mourir pour Dantzig » et voudrait bien qu'on modérât les ardeurs polonaises. À l'image du pays, le gouvernement se partage entre pacifistes et « résistants ». Ces derniers, minoritaires (Paul Reynaud, Georges Mandel), sont partisans de la mobilisation générale lors du Conseil des ministres qui se tient le 24 août à l'annonce du pacte. Daladier, dont « l'opinion s'enveloppe d'un mystère maussade » (Monzie), rejoint finalement Bonnet et les pacifistes en ne décrétant qu'une mobilisation partielle (une de plus). Le 25 août, Hitler convoque l'ambassadeur de France, Robert Coulondre, et le charge de transmettre à Daladier le message suivant : il n'a aucune hostilité contre la France et l'idée de combattre celle-ci à cause de la Pologne lui est « extrêmement pénible ». À en croire ses *Mémoires*, Coulondre lui répond que, si l'Allemagne attaque la Pologne, ce sera la guerre. La réponse de Daladier, le 26, est identique sur le fond mais plus « sentimentale » (Duroselle) : « Vous avez été, comme moi-même, un combattant de la dernière guerre… Si le sang français et le sang allemand coulent de nouveau, comme il y a vingt-cinq ans, chacun des deux peuples luttera avec la confiance dans sa victoire, mais la victoire la plus certaine sera celle de la destruction et de la barbarie. »

Le 27, Hitler rétorque que Dantzig et le couloir doivent revenir à l'Allemagne. Que ferait la France si on lui enlevait Marseille et si son territoire était coupé en deux par un couloir ? Il lui serait douloureux de combattre contre la France mais c'est la France qui l'aurait voulu[21]. Puis c'est le silence entre Paris et Berlin du 27 au 30. « Les journées vides et angoissantes de septembre 1938 recommencent », note Jean Zay, ministre de l'Éducation nationale[22]. La Grande-Bretagne prend le relais en tentant d'organiser une négociation directe avec l'Allemagne et la Pologne. Hitler fait semblant d'accepter, ne serait-ce que pour arguer ensuite de la mauvaise volonté de Varsovie. Sa décision d'attaquer est toujours fixée au 1er septembre alors même que Paris, décidément mal servi par ses ambassadeurs, est informé par Coulondre que « M. Hitler se demande comment sortir de l'impasse où il s'est engagé. »

Le 31 août, Mussolini propose pour le 5 septembre une nouvelle conférence « dans le but de réviser les clauses du traité de Versailles qui sont la cause de l'actuelle perturbation de la vie internationale ». Il est bien temps ! À Paris, un Conseil des ministres se tient à 18 heures. Daladier entend refuser cette nouvelle conférence de Munich : « La leçon de Munich, c'est que la signature de Hitler ne vaut rien. » Arrive au beau milieu du Conseil une lettre de Coulondre : « Tenez bon ! Si vous tenez bon, Hitler s'effondrera. » « Quand il s'agit d'attendre et de crâner, commente de Monzie présent au Conseil, l'enthousiasme et la facilité se conjuguent. Plus de débat ! L'avis de Coulondre clôt le bec des récalcitrants[23]. » À cette date du 31 août 1939, la France hésite encore sur l'attitude qu'elle doit adopter face à Hitler. Désemparée et divisée par les luttes politiques qui la minent depuis vingt ans, elle a perdu son sens national, comme on dit de quelqu'un qu'il a perdu la boussole.

Une déclaration de guerre à reculons

Le 1er septembre, à 4 h 45 du matin, l'Allemagne attaque la Pologne sans déclaration de guerre. En France, un Conseil des ministres se réunit à 10 heures et décide aussitôt la mobilisation générale à partir du lendemain – jour pour lequel est convoqué le Parlement auquel 75 milliards de crédits militaires exceptionnels vont être demandés. « Le mot même de guerre ne sera pas prononcé au cours de ce Conseil », note Anatole de Monzie qui ajoute : « La guerre n'est mise en cause que par des euphémismes. » Le même jour, Paul Reynaud rend une visite à Jules Jeanneney, président du Sénat et antimunichois convaincu. « 16 h 45. Paul Reynaud vient me voir. Il considère la guerre inévitable, en dépit de ce que disent et propagent certains ministres. Il s'alarme de voir le conseil aussi divisé, aussi peu composé pour l'action, avec un chef hésitant, velléitaire, et un ministre des Affaires étrangères, Georges Bonnet, plus perfide que jamais. [...] Reynaud souhaite que je fasse comprendre au président du Conseil la nécessité d'être résolu et d'avoir auprès de lui des hommes de trempe. »

Dès ce moment, Bonnet, chef de file des pacifistes du gouvernement, déploie une activité forcenée pour sauver l'idée de conférence italienne qui n'est pas complètement enterrée. Il veut son nouveau Munich. Le 2 septembre, Hitler, de son côté, demande 24 heures pour réfléchir, mais ce même jour la Grande-Bretagne et la France font savoir qu'elles n'accepteront la conférence que si les troupes allemandes évacuent la Pologne. Mussolini retire alors sa proposition.

Au milieu de toutes ces tergiversations, Daladier ne s'affirme guère. Le 2 septembre, il fait pourtant voter sans difficulté (y compris des communistes) par le Sénat et la Chambre le projet de loi autorisant l'engagement de 75 milliards « pour faire face aux obligations de la situation internationale ». Le texte du projet de loi a soigneusement évité d'utiliser le mot « guerre ». La première rédaction, par le directeur du budget, mentionnait clairement : « pour faire face aux trois premiers mois des hostilités ». Reynaud l'a édulcorée en : « pour faire face aux obligations résultant de nos alliances ». Et Daladier à son tour en : « pour faire face aux obligations résultant de la situation internationale ».

Quant au discours de Daladier, il ne ressemble en rien à celui de Viviani qui disait en 1914 : « La France, injustement provoquée, n'a pas voulu la guerre ; elle a tout fait pour la conjurer. Nous sommes sans reproche, nous serons sans peur. » Oui, mais en 1914, c'était l'Allemagne qui déclarait la guerre à la France. Daladier affirme certes que « la Nation tout entière répond à l'appel avec un calme grave et résolu » mais il ajoute, comme à regret, que la France ne saurait se soustraire à ses obligations sans devenir « une France méprisée, une France isolée, une France discréditée, sans alliés et sans appui [...] Nous n'achèterions, au prix de notre honneur, qu'une paix précaire, révocable, et, quand nous aurions à lutter demain, ayant perdu l'estime de nos alliés et des autres nations, nous ne serions plus qu'un peuple misérable promis à la défaite et à la servitude ». Daladier dit aussi que les Français n'ont rien contre le peuple allemand et que « si les démarches de conciliation se renouvellent, nous sommes encore prêts à nous y associer ». Monzie, qui est tout sauf un belliciste, parle de phrases « d'échappement, de dégagement ».

Plus étrange encore est que dans une France littéralement droguée de politique politicienne, où le Parlement discute et décide de tout et dans des détails souvent mesquins, le président du Conseil, responsable devant lui et soumis à sa censure, ne demande pas aux représentants de la nation l'autorisation d'entrer en guerre. Daladier a-t-il voulu ainsi prendre en compte l'incertitude du pays ? Aux quelques parlementaires qui s'en étonneront, on fera remarquer que le vote quasi unanime des crédits exceptionnels valait acquiescement.

De son côté, le général Gamelin demande qu'on gagne du temps pour que la mobilisation générale puisse s'effectuer dans de meilleures conditions. Cela ne manque pas de piquant car ce ne sont pas d'heures mais de nombreux jours (pas moins de quinze au bout du compte) dont il a besoin pour mettre en branle la lourde machine militaire française. L'ambassadeur de Pologne s'indigne d'une telle lenteur et accuse la France de dérobade. « À la veille de nous battre pour les Polonais, écrit Monzie, nous ne dissimulons pas notre déplaisir d'être leurs alliés. » Cependant, note Joseph Paul-Boncour, ancien ministre des Affaires étrangères, « cette dernière capitulation n'était pas possible[24] ». C'est ce dont les Britanniques sont convaincus. Ils s'indignent de la lenteur de leur Premier ministre Chamberlain et l'accusent de vouloir ressusciter un « appeasement » révolu. En l'occurrence, Chamberlain ne fait qu'attendre la France. Le 2 septembre, à 12 h 30, ministres et parlementaires rencontrent leur *Prime Minister* et le somment de prendre une décision ferme. Le lendemain à 9 heures, l'ambassadeur de Grande-Bretagne à Berlin remet l'ultimatum de Sa Majesté. Si, à 11 heures, l'Allemagne ne donne pas l'assurance qu'elle va retirer ses troupes de Pologne, la Grande-Bretagne se considérera en guerre contre l'Allemagne. Tandis qu'il appelle au gouvernement (à la Marine) Churchill, jusqu'alors dans l'opposition, Chamberlain déclare aux Communes : « Tout ce pourquoi j'ai travaillé et en quoi j'ai cru est tombé en ruines [...] Je souhaite pouvoir voir le jour où l'hitlérisme aura été détruit et où une Europe restaurée et libérée aura été rétablie. »

Soixante heures après l'attaque de la Pologne et six heures après l'ultimatum britannique, la France ne peut que se résigner à remettre le même ultimatum. Le général de Villelume, alors lieutenant-colonel assurant depuis 1935 la liaison entre l'état-major du général Gamelin et le Quai d'Orsay, évoque la colère des chefs militaires à l'encontre des « Anglais ». « C'est pour nous mettre devant le fait accompli, car les Anglais ont peur que nous mollissions », dit un officier[25].

C'est chose faite à 12 h 30 (pour 17 heures), alors même que l'ultimatum britannique est déjà rejeté. Le ministre des Affaires étrangères du Reich, Ribbentrop, reçoit l'ambassadeur de France en commençant par évoquer le projet de compromis italien auquel souscrivait le gouvernement français et qui a échoué devant l'intransigeance britannique. Ribbentrop confirme que l'ultimatum britannique a bien été rejeté et donne à Coulondre une copie du mémorandum qui en expose les raisons. Reste la France : « Si le gouvernement français se croit tenu par ses engagements envers la Pologne d'entrer dans le conflit, je ne puis que le regretter, car nous n'avons pas de sentiment d'hostilité envers la France. C'est seulement si la France nous attaque que nous nous battrons contre elle, et ce sera de sa part une guerre d'agression[26]. » Coulondre demande alors s'il doit conclure de ces propos que l'ultimatum français est également rejeté. La réponse est oui. Après avoir rappelé l'agression de la Pologne et le silence qui a été opposé à la France et à la Grande-Bretagne demandant l'arrêt des hostilités, Coulondre dit alors : « J'ai la pénible mission de vous notifier qu'à partir d'aujourd'hui, 3 septembre, à 17 heures, le gouvernement français se trouvera dans l'obligation de remplir les engagements que la France a contractés à l'égard de la Pologne et qui sont connus du gouvernement allemand[27]. » Même encore à ce moment, le mot « guerre » n'est pas employé.

De leur côté, la Belgique et les Pays-Bas mobilisent, tout en réaffirmant leur neutralité. Quant à Hitler, il aurait été, disent les historiens, abasourdi par cette double déclaration de guerre : il pariait sur une nouvelle reculade des démocraties. Ce qui l'étonna plutôt, c'est la rapidité (relative) de leur réaction. Il voulait sa guerre, il l'avait. Par ailleurs, devant compter encore en 1939 avec une opinion publique qui ne pouvait que s'effrayer d'une guerre avec la Grande-Bretagne et la France, le Führer avait tout intérêt à ce que ces pays fissent figure d'agresseurs.

À écouter les accents guerriers de sa presse, on pourrait croire que la France repart « comme en 14 ». « C'est une lutte sans merci qui commence, lit-on dans *Paris Soir*. Quelle que soit sa durée, elle ne s'achèvera, elle ne peut s'achever que par la victoire des nations libres sur la plus atroce tyrannie que l'Histoire ait connue [...] La France est résolue à mener la lutte jusqu'à la chute de Hitler et de sa bande, la France a conscience de sa force invincible. » En fait, les Français sont plus résignés qu'enthousiastes, mais assez nombreux cependant sont ceux qui pensent qu'il « faut en finir avec Hitler ».

Les ultrapacifistes ne font plus recette. Quinze jours après la déclaration de guerre, l'anarchiste Louis Lecoin lance un tract « Paix immédiate ! » (« Le monde entier va sombrer dans le sang des hommes [...] Que les armées laissant la parole à la raison, déposent donc les armes ! ») où figurent les noms des grands pacifistes de l'époque, Alain en tête, mais plusieurs d'entre eux (Marcel Déat notamment) disent que leur signature a été extorquée. L'un des signataires est Henri Jeanson, le célèbre dialoguiste de cinéma. Le 8 août 1939, dans le bulletin *Solidarité internationale antifasciste*, il a envoyé une lettre ouverte à Daladier pour dire « qu'il ne marchera pas » (il a alors trente-neuf ans). « Sans doute assimile-t-on ma modeste personne à une partie du territoire et entend-on m'empêcher de soustraire ma silhouette de soldat de 2e classe aux prochaines corvées de tranchées ou aux caprices de l'adjudant de semaine. Mille regrets, mon Daladier ! Cette partie du territoire qu'est mon corps imparfait, je n'en puis disposer à votre guise. Ma mère me l'a donnée en dépôt. Je la lui conserverai jusqu'à mon dernier souffle. Mon corps est à moi... » Jeanson se laisse pourtant mobiliser mais il est surveillé de près. Il continue à publier des articles pacifistes jusqu'à ce qu'il soit arrêté (après Lecoin) et inculpé de « provocation de militaires à la désobéissance ». Quant à Giono, le chef de file des ultrapacifistes qui s'est déchaîné au moment de Munich, il est encore mobilisable et choisit de ne pas être réfractaire. Il est néanmoins arrêté lui aussi le 14 septembre, accusé entre autres d'avoir lacéré les affiches de la mobilisation (en fait, il s'est contenté d'y coller avec quelques compagnons de son Contadour des papillons avec le mot « Non »). Il va bénéficier d'un non-lieu et se refuser à prendre la tête d'une action concertée contre la guerre, à la déception de nombreux pacifistes.

Dans son *Journal*, Ciano, ministre des Affaires étrangères de l'Italie fasciste, note pour le 3 septembre l'entrée en guerre d'une France « sans enthousiasme et pleine d'incertitude ». Réticences et préoccupations sont nombreuses. Que va faire l'Italie ? En dépit du pacte d'Acier, on ne veut pas croire qu'elle puisse se tourner contre la France. Pas d'alliance russe, à la différence de 1914. Et ce qui est pis, pensent les anticommunistes, une guerre franco-allemande va favoriser la politique soviétique et par suite la révolution. Daladier en personne, en septembre 1939, n'aurait pas dit autre chose à l'ambassadeur des États-Unis, Adamthwaite : « L'Allemagne sera vaincue, mais... les seuls vainqueurs seront les bolcheviks, car il y aura une révolution sociale dans tous les pays d'Europe[28]. » Cette crainte va hanter nombre de « réalistes » qui vont espérer, sinon une paix de compromis, du moins pas de vraie guerre avec l'Allemagne.

Comme de règle en France, la politique politicienne s'en mêle. Le gouvernement en place est-il qualifié pour mener la guerre ? « Il y a trop de choses obscures dans cette guerre, et qui restent obscures, lorsqu'on songe que les responsables d'aujourd'hui sont les mêmes hommes qui se vautraient il y a six mois aux pieds des dictateurs », écrit Bernanos à une amie le 2 septembre. Dans les couloirs de l'Assemblée et du Sénat, une opposition à la guerre, voire un défaitisme, s'installe. Ce n'est même pas tant une opposition qu'un déni. « La France en guerre ne croit pas à la guerre », écrit Monzie le 4 septembre. À la date du 12, il commente ainsi un fait divers : « Mme Brun, femme jalouse, vient de tuer son mari qui dirigeait la maison d'éditions Bernard Grasset. Elle n'a pas été incommodée par la guerre dans son opération. C'est une guerre qui s'efforce de ne déranger aucune habitude – même de meurtre[29]. »

10

Sitzkrieg

À une déclaration de guerre réticente succède une guerre qui ne l'est pas moins. Pendant huit mois et sept jours, la France parvient à éviter la bataille de rencontre qu'elle craint tant contre le IIIe Reich. Dans une perspective de guerre longue héritée du conflit précédent, elle veut gagner du temps pour rattraper le retard de sa production de guerre, en restant de toute façon fidèle à sa doctrine défensive. Cette longue période d'attentisme a pour conséquence d'achever de démoraliser le pays. « Les Français sont entrés dans la guerre le 3 septembre 1939 et, pour ce peuple pacifique, c'est déjà une défaite morale » (Duroselle). En France, cette guerre sans guerre a été appelée la « Drôle de guerre » non au sens de plaisant, d'amusant mais de bizarre, de surprenant, d'anormal. Pour les Britanniques, ce fut la *Phoney War*, la fausse guerre, la guerre bidon (et parfois *Bore War*, la guerre de l'ennui). Les Polonais la baptisèrent *Dziwna Wojna*, la guerre étonnante, et les Allemands, *der Sitzkrieg*, la guerre assise.

Où sont passés nos soldats ?

Le 10 septembre, le Canada entre en guerre contre l'Allemagne à la suite des autres États du Commonwealth et aux côtés d'une Grande-Bretagne pour qui la guerre sur mer commence aussitôt. Quant à la Pologne, sa situation à cette date est déjà désespérée. Elle n'a mobilisé qu'au dernier moment et s'est trouvée submergée par le déferlement de 69 divisions allemandes, précédé de bombardements massifs. Le 17, les Soviétiques franchissent de leur côté une frontière orientale totalement dépourvue de troupes. L'incontestable courage de l'armée polonaise, aux chars et aux avions périmés et peu nombreux, ne peut empêcher la défaite. Varsovie capitule le 27 septembre et la Pologne disparaît de la carte. La France, qui escomptait une résistance de l'armée polonaise jusqu'au printemps 1940, vient de perdre d'emblée l'alliance de revers sur laquelle elle comptait tant. Moins d'un mois a suffi aux Allemands alors qu'ils en avaient prévu trois.

La France ne va pas saisir l'occasion qui se présente. Pendant que le meilleur des armées du Reich est en Pologne (notamment toutes ses divisions blindées et son aviation), il n'y a à l'Ouest qu'un rideau d'une quarantaine de divisions constituées en majorité de vétérans. Le général allemand Westphal dira : « Ce n'était qu'une figuration, qu'un geste symbolique. Cette représentation symbolique dura jusqu'à ce que la masse de l'armée active du temps de paix revienne de Pologne, donc jusqu'au mois d'octobre. Sur tout le front allemand de l'Ouest, il n'y avait, en septembre 1939, pas un seul char. Les dotations en munitions suffisaient, tout compris, pour trois jours de combat. Le commandement de l'armée de terre n'avait, à l'intérieur, aucune réserve prête au combat[1]. » Par ailleurs, les ouvrages défensifs de la ligne Siegfried sont loin d'être terminés. Ils résisteraient mal à l'artillerie lourde de l'armée française (1 600 canons le long de la Sarre et du Palatinat contre 300 côté allemand). Le haut commandement allemand n'en mène pas large, comme les généraux Keitel et Jodl le confesseront au procès de

Nuremberg. « Personne, ajoutera le général von Manstein, ne pouvait supposer que les puissances occidentales abandonneraient aussi lamentablement la Pologne à qui elles avaient donné leur garantie. » N'avait-il pas été promis que la France attaquerait la ligne Siegfried avec « le gros de ses forces » au 17e jour de mobilisation ? Après tout, c'est pour la Pologne que la Grande-Bretagne et la France ont déclaré la guerre.

C'est alors que se déroule la mascarade de l'offensive sur la Sarre, qui débute dans la nuit du 5 au 6 septembre. Quelques divisions avancent sur une dizaine de kilomètres, ne se heurtant qu'à des tirs d'artillerie et à des mines antipersonnel. Celles-ci, disposées en grand nombre, occasionnent d'ailleurs d'assez nombreuses pertes. Gamelin écrit le 10 septembre à l'attaché militaire de Pologne en France : « Plus de la moitié de nos divisions actives du Nord-Est sont engagées au combat [...] J'ai donc devancé ma promesse de prendre mon offensive avec mes gros, le quinzième jour après le premier jour de la mobilisation française. » Ce que Gamelin nomme mensongèrement une offensive avec le gros de ses forces n'est somme toute qu'une forte reconnaissance. La pseudo-offensive s'arrête dès le 12 septembre et les troupes engagées retournent derrière la ligne Maginot le 16 octobre. Il n'y a alors plus de Pologne à « aider ». Francis Ambrière confie sa déception : « Cette fois c'est chez eux que ça va se passer », lui a dit son brigadier lors de la maigre avance des Français. Et puis, soudain, l'ordre de repli, sans raison. « Nous étions bien forcés de découvrir que l'on s'était joué de nous. Il nous fallait constater que nous n'avions fait qu'une grande manœuvre, destinée à nourrir une campagne de presse. Nous en revenions avec nos victimes, notre fatigue et notre courte honte[2]. » L'offensive de la Sarre a coûté au IIIe Reich 196 tués alors que la campagne de Pologne se solde par 66 000 tués et 200 000 blessés.

Dans une note du 8 septembre 1939, le général Gamelin expliquait avec ce mélange de cynisme et de naïveté qui fait la force des armées : « Quel que soit le sort réservé à la Pologne, ce serait une faute de briser prématurément notre instrument de guerre. » On est dans l'esprit de 1914-1918. Cette guerre, qui ne fait que commencer, va durer longtemps. Il faut éviter toute bataille de rencontre et en rester à « l'esprit Maginot ». Attentisme et immobilisme sont d'autant plus aisés que Hitler a interdit, et pour cause, toute action offensive à l'Ouest. Pas une bombe ne tombe sur Paris ou sur Londres où la défense passive avait déjà commencé l'évacuation d'enfants et la distribution de masques à gaz. À Paris, la défense passive, qui protège par ailleurs les monuments de sacs de sable, a poussé le zèle jusqu'à transformer en abris antiaériens les fausses grottes du zoo de Vincennes.

Mais où sont donc nos soldats ? Le 4 septembre, près de 5 millions de Français ont été mobilisés. C'est beaucoup pour un pays de 42 millions d'habitants. De 1934 à 1940, 1 574 000 jeunes Français ont été appelés au service militaire contre 3 172 000 jeunes Allemands (et dans des conditions d'entraînement qu'on imaginera sans peine radicalement différentes). Cela fait que la France ne compte que 3 soldats sur 10 entre 20 et 30 ans, contre 7 sur 10 pour l'Allemagne. La France a mobilisé 29 classes d'âge (jusqu'à la classe 1909) alors que l'Allemagne n'en a appelé que 7, l'armée française est une armée de réservistes. Cela signifie non seulement une moindre valeur combattante (il faut être jeune, voire très jeune, pour « bien » faire la guerre) mais aussi – et c'est plus grave –, l'absence dès le départ de réserve disponible puisque celle-ci est déjà appelée. Pourquoi tant d'hommes d'un seul coup ? C'est que la France est toujours aussi obsédée par sa doctrine de « la couverture ». Il faut « saturer l'espace » et l'espace, ce ne sont pas moins de 750 kilomètres de frontières. Il faut faire face à l'Allemagne mais aussi border la Belgique, le Luxembourg et même la Suisse (5 divisions rien que pour le « lot suisse »). À cela s'ajoutent encore les 12 divisions postées dans les Alpes et en Tunisie au cas où l'Italie entrerait en guerre aux côtés du Reich. L'Allemagne quant à elle conserve des réserves considérables (45 divisions) même si elles sont de moindre valeur combative. Le IIIe Reich a lui aussi ses vétérans et ses chevaux (ces derniers au nombre de 180 000 au regard de 120 000 camions[3]).

Quant aux forces en présence, toute une tendance historiographique actuelle s'emploie à démontrer qu'elles font jeu égal, avec un nombre sensiblement identique de divisions, de chars, d'avions. Il n'en est rien, sauf à effectuer des additions de ratons laveurs, comme par exemple d'ajouter aux divisions françaises non seulement et logiquement les quelques divisions britanniques initialement prévues en France au 33e jour de la mobilisation mais encore 22 divisions belges et 10 divisions néerlandaises alors que ces deux derniers pays sont farouchement neutres et que les Pays-Bas n'ont pas connu la guerre depuis 1830. Les petits drapeaux sur une carte d'état-major ne reflètent pas forcément la réalité. Sur le papier, l'armée française aligne 90 divisions face à 98 divisions allemandes (après le retour de Pologne). On aurait tort de conclure pour autant à un équilibre, car sur ce nombre il faut commencer par distraire 15 divisions de forteresse parfaitement immobiles. Et puis, il y a division et division. Tandis que la Wehrmacht compte 52 divisions d'active, l'armée française n'en a que 20 – et toujours avec un déficit endémique d'officiers (un tiers seulement de carrière) résultant du discrédit de l'armée dans l'entre-deux-guerres. Les autres divisions françaises sont reléguées en divisions de série A (23 % d'officiers d'active) et de série B (réservistes âgés et uniquement trois officiers d'active par régiment). Ces dernières, au nombre de 18, n'ont aucune valeur combative.

Toujours sur le papier, la France a autant de chars que l'Allemagne (2 500 environ). Mieux, la comparaison qualitative est à l'avantage de la France qui possède des chars lourds, les B1 bis, alors que l'Allemagne n'en a pas encore. Mais, le B1 bis est cher et complexe à construire, lent, faiblement pourvu en munitions et complètement inadapté à la guerre de mouvement. C'est un char de position, une arme de 1918 améliorée et non le char moderne tel qu'il est encore présenté aujourd'hui. À l'inverse, le char léger SOMUA (Société d'Outillage Mécanique et d'Usinage d'Artillerie de Saint-Ouen), rapide et autonome, est probablement le meilleur du monde dans sa catégorie. La preuve en est que les États-Unis passent commande de plusieurs milliers d'exemplaires. Il est tout désigné pour équiper les DLM (divisions mécanisées légères) mais 261 exemplaires seulement ont été livrés lorsque la guerre se déclare, auxquels s'ajoutent 200 autres jusqu'à mai 1940. Quant à sa version améliorée, sa production ne commence qu'en 1940. De même, la création d'un canon automoteur – une arme pour le coup véritablement nouvelle et particulièrement bien adaptée à la guerre de mouvement même en défense –, reste quasiment à l'état de prototype avec 32 exemplaires produits en mai 1940.

Fussent-ils plus nombreux, ces chars n'en resteraient pas moins dévolus au seul soutien d'infanterie. Disséminés dans les bataillons divisionnaires, ils ne s'y retrouvent qu'en petits groupements de 45 unités, contraints de progresser au rythme de la marche du fantassin. En juillet 1939, Gamelin déclare encore aux commissions de l'armée des deux Chambres : « Il ne faut pas exagérer l'importance des divisions mécaniques. Elles pourront jouer le rôle d'auxiliaires pour l'élargissement de certains trous, mais non pas le rôle considérable que les Allemands semblent espérer d'elles. »

Cependant, la France se décide in extremis à se doter de « divisions cuirassées » (DCR). La première n'était pas encore entièrement constituée au moment de la déclaration de guerre. 3 DCR sont enfin créées dans les premiers mois de 1940 et une quatrième est en cours de formation en mai 1940. S'y ajoutent 3 DLM essentiellement dotées d'automitrailleuses, sans DCA et sans moyens de franchissement. Il n'est toujours pas question de faire de ces unités une force autonome et rapide. L'attaque est moins que jamais à l'ordre du jour mais pas davantage la contre-attaque, à preuve de l'ignorance totale de la tactique allemande.

Pendant ce temps, chacune des 10 *Panzerdivisionen (Pzd)* prêtes en mai 1940 concentre 250 chars et avance à 60 km/h, éclairée par des avions d'observation *Fieseler Storch*, d'une grande manœuvrabilité et capables de décoller et d'atterrir à peu près n'importe où. Le ravitaillement en carburant se fait par bidons portables de 20 litres qui vont prendre le nom de *jerrycan* (« bidon de Fritz ») pendant la guerre du désert et que les Anglo-Saxons vont s'empresser d'imiter. Reste le principal qu'est la doctrine d'emploi. À la différence de la conception française, l'arme blindée allemande est conçue comme un bélier destiné à enfoncer le front ennemi en un point donné. Ce n'est pas un mystère. Il suffit pour le savoir de lire les publications de Guderian.

Quant à l'aviation, atout maître des batailles à venir, la France cette fois est en retard, y compris sur le papier. Pour ne compter au 3 septembre 1939 que la seule aviation de chasse et de bombardement véritablement opérationnelle (1re ligne : un appareil et son pilote), l'Allemagne aligne environ 2 400 appareils contre 1 200 pour la Grande-Bretagne et 900 pour la France[4]. Or, c'est une autre addition de ratons laveurs que de prétendre additionner avions français et avions britanniques tant il est évident que jamais la Grande-Bretagne n'enverra le gros de son aviation au-dessus de la France.

Il n'est pas de matériel que de chars et d'avions. À la différence de la France encombrée de ses stocks de la Grande Guerre, les matériels de la Wehrmacht sont récents et de bonne qualité. Son fusil d'infanterie, le Mauser K98, est en dotation générale tandis que le Mas 36, son homologue français, est loin d'avoir remplacé le vieux Lebel. Sa mitrailleuse MG34 (900 coups/min) est bien supérieure à la Hotchkiss de l'armée française, héritée de la Grande Guerre et totalement dépassée. Cependant la vraie supériorité de la Wehrmacht réside dans sa DCA et ses pièces antichar (PAK) tant en quantité qu'en qualité. Sur 4 500 canons antichars français, 4 000 (25 mm) ne peuvent percer les blindages allemands et l'excellent 47 mm n'est pas encore vraiment produit en série. Quant à l'artillerie de campagne, c'est encore le bon vieux 75 modèle 1897 qui en constitue l'ossature. Côté allemand, on ne citera que le redoutable et polyvalent 88 destiné initialement à la DCA (FLAK) mais qui s'est révélé un formidable canon antichar à cadence de tir élevée (15 coups/min).

Et qu'est-ce qu'une armée sans son haut commandement ? Le IIIe Reich, y compris la Wehrmacht, n'a qu'un chef : le Führer. Le 13 septembre 1939, celui-ci fait la couverture du journal de l'armée *Die Wehrmacht* : sur sa vareuse militaire, une seule décoration, la croix de fer qu'il a gagnée pendant la Grande Guerre. « Je ne veux être rien d'autre que le premier soldat de l'empire allemand », déclare-t-il. Rien d'autre que le chef suprême et absolu de l'armée, à qui il ne fait pas bon désobéir ni même faire traîner les directives ! Si Hitler doit nécessairement s'appuyer sur un état-major, son autorité directe et sans partage empêche les rivalités de s'y déployer et de retarder voire entraver ses décisions. Par ailleurs, son esprit d'offensive à outrance a permis la promotion rapide de généraux combatifs comme Guderian et von Manstein au détriment des prudents que sont Brauchitsch et Halder. Le haut commandement allemand est de toute façon animé d'un esprit de guerre qui fait cruellement défaut à son homologue français.

Et quel homologue français ? On notera d'abord que la Grande-Bretagne et la France n'ont pas d'état-major commun et pas davantage de plans collectifs d'opérations. Ils vont devoir en discuter au sein d'un organisme, le Conseil suprême interallié, qui se réunit pour la première fois le 12 septembre. Quant au haut commandement français, il faudrait presque un organigramme pour y comprendre quelque chose. Le généralissime, Maurice Gamelin, est le chef d'état-major de la Défense nationale. Il a pour mission de coordonner l'action de l'armée de terre (dont il est par ailleurs le chef), de la Marine (Darlan) et de l'armée de l'air (Vuillemin) – deux armes au demeurant très soucieuses de leur indépendance. En tant que chef de l'armée de terre, Gamelin s'appuie sur un GQG (général Bineau) lequel a institué pas moins de quatre théâtres d'opérations : le Nord-Est, de la Belgique à la Suisse (général Georges, mal remis de la blessure qu'il a reçue en 1934 lors de l'assassinat à Marseille du roi de Yougoslavie) ; le Sud-Est, c'est-à-dire les Alpes (général Billotte) ; l'Afrique du Nord (général Noguès) ; le Levant (général Weygand). Sur le front du Nord-Est, dans la région de Lille, s'ajoute le corps expéditionnaire britannique (*British Expeditionary Force*). Son chef, le maréchal Gort, dépend politiquement de son gouvernement mais opérationnellement du général Georges. De toute façon, c'est Gamelin qui traite directement avec Gort pour deux raisons. Le corps britannique, c'est aussi de la politique et rien de ce qui est politique ne saurait lui échapper. L'autre raison, c'est que Georges et Gamelin se détestent et que le généralissime, expert au moins dans ce genre de combats, s'ingénie à brider Georges dont la robuste franchise l'irrite au plus haut point. Ainsi, depuis la Grande Guerre, se combattent au sein de l'armée des « maisons » (Guelton) : « maison Foch » (Weygand) contre « maison Joffre » (Gamelin), « maison Pétain » (dont de Gaulle fait partie jusqu'à la rupture de 1938) souvent dévolue au rôle d'arbitrage. Bien entendu, la politique s'en mêle. Gamelin, choisi et soutenu par Daladier, fait du même coup figure de général « de gauche ». Georges, apprécié par Foch et par Pétain, de général « de droite » et « en tout cas comme le général anti-Gamelin »[5].

Chacun des commandements a son propre PC, géographiquement isolé des autres à une époque où les communications, tout particulièrement en France, sont encore dans l'enfance. Celui de Georges est à La Ferté-sous-Jouarre (Seine-et-Marne) où se trouve aussi le GQG. Pour pallier d'éventuelles attaques aériennes, le GQG se trouve lui-même éparpillé dans près de 70 bâtiments différents. Quant au PC de Gamelin, il est au fort de Vincennes. On a beaucoup épilogué et à juste titre sur ce choix du généralissime qui pourtant lui ressemble. D'abord il est, dit-il, un stratège responsable de la conduite de la guerre et non un tacticien chargé de commander les opérations. Il lui faut donc du recul. Ensuite, il veut être à la fois suffisamment proche du pouvoir politique pour y conférer dès que nécessaire, mais assez éloigné tout de même pour signifier son indépendance. Et quel meilleur choix que celui d'un château fort ? Les fenêtres de son bureau donnent sur le mur de la contre-escarpe et il n'y a guère que le sénateur Jacques Bardoux (l'homme des prophéties anticommunistes) pour trouver l'endroit « martial ». Le colonel de Gaulle y a été reçu une fois : « Il s'y trouvait dans un cadre semblable à celui d'un couvent, entouré de peu d'officiers, travaillant et méditant sans se mêler au service courant. Il laissait le général Georges commander le front Nord-Est, ce qui pouvait aller tant qu'il ne s'y passait rien, mais deviendrait, sans doute, insoutenable si la bataille s'engageait [...]. Dans sa thébaïde de Vincennes, le général Gamelin me fit l'effet d'un savant, combinant en laboratoire les réactions de sa stratégie[6]. »

Le généralissime n'a pour moyen de communication qu'un téléphone et des motocyclistes, loin de tout standard et encore moins de PC radio. De sa « thébaïde », il expédie des directives opérationnelles qui, écrit Keegan[7], « ressemblent à des traités de philosophie ». En voici un échantillon à propos de la mobilisation, tiré du long plaidoyer *pro domo* de ses *Mémoires*[8] : « Notre *plan de concentration* avait atteint la plus extrême souplesse. On peut dire que, dans l'ensemble, seules les troupes appartenant aux *régions frontières* avaient une destination initiale fixe. Toutes les autres, y compris les formations actives de l'intérieur, étaient *varientables*, d'ailleurs à des degrés divers et suivant des prévisions que nous appelions : le *jeu du plan (de concentration) dans les diverses hypothèses*. » Mais, ce que le généralissime affectionne le plus, ce sont ses « IPS » (« Instructions personnelles et secrètes ») qu'il envoie notamment à Georges. Ainsi, alors que la DCA française est totalement insuffisante, quantitativement et qualitativement, Gamelin entend faire profiter Georges des « leçons qu'il tire de la campagne de Pologne » notamment à propos de la Luftwaffe. « Il faut leur donner une bonne leçon dès qu'ils tenteront de s'aventurer à basse altitude. » Le 14 septembre, il adresse à Georges l'une de ses précieuses IPS : « Que la lutte contre l'aviation soit préparée de la manière la plus pressante et la plus poussée. Le but à atteindre étant que l'aviation allemande, enhardie par ses succès en Pologne, prenne un bon coup, dès sa première tentative contre nous[9]. »

L'impéritie du haut commandement s'aggrave encore quand, le 6 janvier 1940, Gamelin obtient de Daladier de remplacer à la tête du GQG Bineau, trop ami avec Georges, par Doumenc. Il en profite pour faire déménager une grande partie du GQG à Montry, au bord de la Marne, créant ainsi un troisième centre de décision pour la seule armée de terre, auxquels s'ajoutent ceux de la Marine et de l'air. Les liaisons deviennent alors tellement compliquées et absurdes que Gamelin doit s'en expliquer, du reste fort malhonnêtement, auprès de Georges : « Le fractionnement du GQG a été fait sur l'ordre du président du Conseil. Je l'ai pris sur moi, mais il faut que vous sachiez que cela vient de lui[10]. » Ce n'est pas la première fois ni la dernière qu'on va prendre Gamelin en flagrant délit de mensonge. Mais qui est-il donc ? D'un premier abord cultivé, subtil et flatteur, c'est (à la différence de Georges) le type même du général politique sans cesse à l'écoute du pouvoir et souple sous un vernis d'autorité. Il a si bien réussi à se faire aimer des Britanniques que ceux-ci l'appellent « notre Gamelin ». En fait, toute cette façade dissimule de graves défauts : souci exagéré des préséances et esprit de rivalité, obsession de ne pas déplaire au gouvernement (n'en espère-t-il pas son bâton de maréchal ?) dont découlent dissimulation, inertie, refus pathologique de prendre des responsabilités et des risques personnels. Sur ce dernier point, Georges lui sert de paratonnerre. À cela s'ajoute le manque total de charisme et d'aplomb. D'ailleurs ses soldats ne le voient pour ainsi dire jamais. Bien entendu, ces défauts ne peuvent que renforcer l'attentisme sur ce qu'il est décidément difficile de nommer « le front ». Même les Britanniques, au fur et à mesure qu'on s'enfonce dans la *Phoney War*, commencent à trouver Gamelin « nuageux » *(nebulous)*. Le *Field Marshal* Ironside y voit l'incarnation de « la défense la plus passive [...] Cela donne à Hitler une liberté à peu près complète de faire ce qu'il veut ». « On ne pensait qu'à *tenir* et l'on n'était organisé que pour *tenir*. Tout notre système de défense nationale avait été conçu dans cet esprit » (Chautemps).

Le front de la politique

« Notre haut commandement, note Joseph Paul-Boncour, s'accommode d'autant plus volontiers de l'inaction que la politique s'en accommodait elle-même. » À l'évidence, le gouvernement n'est pas dans la guerre. « L'état de guerre est si antinaturel pour une nation moderne qu'elle ne peut que s'y jeter, les yeux fermés ; il faut à tout prix créer une coupure irréversible, ne pas laisser un pouce de champ libre aux arrière-pensées. [...] avant tout, qu'il soit bien entendu que la paix, c'est fini. Le gouvernement Daladier, en 1939, allait, lui, à la guerre les yeux ouverts et faisait l'inverse : en réalité, tout ce qu'il pouvait laisser passer encore de paix dans l'état guerrier restait pour lui le bienvenu[11]. »

Un Comité de guerre a été constitué lors de la mobilisation, en lieu et place du Comité permanent de la Défense nationale. En présence du président de la République, il réunit le président du Conseil, les commandants en chef des trois armes, les trois ministres « militaires » (terre, Marine, air) et le ministre des Colonies. Il doit assurer « l'unité de direction militaire de la guerre et la coordination des opérations terrestres, maritimes et navales ». Daladier ne réunit que deux fois ce Comité, sans réussir pour autant à créer un véritable cabinet de guerre, moins lourd. Son gouvernement n'a pas assez de cohésion pour ce faire. Un modeste remaniement ministériel a été effectué le 13 septembre là où il aurait fallu, comme en 1914, un nouveau gouvernement d'union nationale. Daladier a songé à Pétain alors ambassadeur de France en Espagne mais celui-ci a décliné l'offre. Il se tourne alors vers les socialistes qui veulent Édouard Herriot aux Affaires étrangères. Bonnet ne peut décidément y rester et Reynaud menace de démissionner s'il n'est pas remplacé. Or on a besoin de ce dernier aux Finances. Partisan de la fermeté face à Hitler, Herriot fait figure de « dur » (c'est le nouveau mot pour « belliciste »). Il n'en faut pas moins pour voir se dresser contre son nom le puissant lobby des attentistes. Pas de Herriot donc. Le nouveau ministre des Affaires étrangères, ce sera… Daladier. Deux nouveaux ministères sont créés : celui de l'Armement, où est nommé Raoul Dautry, le seul homme neuf du gouvernement, et celui du Blocus, curieux nom pour un ministère mais qui en dit long sur la conviction d'une guerre longue. Il a été décidé avec la Grande-Bretagne d'établir un blocus censé, comme pendant la Grande Guerre, asphyxier lentement mais sûrement le IIIe Reich.

Le gouvernement donc, reste partagé entre attentistes et « durs ». Ces derniers sont minoritaires, avec Paul Reynaud aux Finances, Georges Mandel aux Colonies, César Campinchi à la Marine et Yvon Delbos à l'Éducation nationale. Ils ont perdu un allié de valeur en la personne de Jean Zay qui a préféré laisser là son portefeuille de l'Éducation nationale et s'engager pour le front. Le président du Sénat s'indigne de ce manque de cohésion en rappelant ce que fut le cabinet Clemenceau en 1917. C'était « l'homogénéité du dessein pour la guerre. Il avait été composé pour cela ». Et Jeanneney d'ajouter : « Ce serait bien le moment pour Daladier d'être le chef[12]. »

Mais, moins que jamais, Daladier n'est le chef. Étant partout, il n'est nulle part. Aux Affaires étrangères, c'est le secrétaire général Alexis Léger (Saint-John Perse de son nom de plume) qui mène la barque. À la Guerre, il laisse carte blanche à Gamelin. « La principale valeur de cet homme faible, écrit Pertinax, était de représenter assez exactement le Français moyen de son temps. […] Daladier fut l'image de la dernière décade républicaine.

Coulé dans la facilité du régime, il était inapte à le rendre totalitaire pour la lutte. Son succès de politicien, sa défaillance d'homme d'État, le malheur de la France : autant d'effets d'une seule cause. »

Quand les « cornes d'escargot » redeviennent de vraies cornes, c'est, on l'a vu, pour courir sus au Parti communiste. La signature du Pacte germano-soviétique et plus encore l'entrée de l'armée soviétique en Pologne ont puissamment réactivé l'anticommunisme en France. Le communisme vient d'être « pris la main dans le sac » (Becker et Berstein). Dans un climat de réprobation générale, les communistes apparaissent décidément comme l'ennemi intérieur, « une armée étrangère campée sur le sol national ». Même si de nombreux communistes quittent le Parti au nom de l'unité de la Nation (25 députés sur 76), « l'appareil » tient bon. Et que dit l'appareil ? Que cette guerre est une guerre impérialiste et capitaliste avec laquelle les communistes n'ont rien à faire. Ce nouveau catéchisme a été dicté par Eugen Fried, représentant du Komintern, à Jacques Duclos et Benoît Frachon convoqués à Lille le 10 septembre. C'est la fin du couplet antifasciste alors même que les députés communistes ont voté comme un seul homme les crédits de guerre le 2 septembre. Anticipant sur un alignement des députés sur les consignes du Komintern, Daladier signe le 26 septembre le décret de dissolution du Parti communiste (au J.O. du 27) qui interdit « toute activité ayant directement ou indirectement pour objet de propager les mots d'ordre émanant ou relevant de la IIIe Internationale communiste ou d'organismes contrôlés en fait par cette Internationale ». Un second décret suspend les municipalités communistes. 41 parlementaires sont arrêtés et ceux qui « n'abjurent » pas sont déchus de leur mandat. Des milliers d'arrestations ont lieu dans les mois qui suivent. Il s'agit de conjurer « le complot hitléro-communiste ». L'appareil du Parti s'établit alors dans la clandestinité. Sur ordre du Komintern, le sergent Thorez déserte le 2 octobre (la plupart des historiens, aujourd'hui encore, s'obstinent à dire par euphémisme : « quitte son unité »). Il sera déchu de la nationalité française le 20 février 1940. Via Bruxelles et Copenhague, il rejoint Moscou pour « reprendre sa place dans la lutte à la tête du parti ». Comme celle de ses « camarades », sa foi en l'Union soviétique est inébranlable. Le PC clandestin lance les slogans : « À bas la guerre impérialiste ! Paix immédiate ! » « Daladier, fauteur de guerre ! » Arrestations et condamnations vont se poursuivre tout au long de la Drôle de guerre. En fait, il semble que l'action du PC clandestin, tant au front que dans les usines d'armement, n'a pas eu beaucoup d'impact. En revanche, cet épisode a largement contribué à empoisonner l'atmosphère politique du pays. Ce fut incontestablement un des facteurs d'affaiblissement de la France qui n'avait pas besoin de cela.

Daladier paraît aussi faire preuve de fermeté lorsque Hitler, dans un grand discours devant le Reichstag, le 6 octobre, offre une paix inacceptable : « Pourquoi la guerre devrait-elle se maintenir à l'Ouest ? Pour la reconstitution de la Pologne ? La Pologne du traité de Versailles ne ressuscitera jamais. » Le Führer poursuit en faisant remarquer qu'excepté des revendications coloniales, il ne demande rien à la France ni à l'Angleterre, sinon, implicitement, d'accepter le fait accompli. Ni Paris, ni Londres ne peuvent admettre un tel marché même si nombre de pacifistes ne sont pas loin d'entrer dans le raisonnement de Hitler. À coup sûr, on ne reconstituera pas la Pologne – et d'ailleurs il faudrait pour cela se mettre aussi en guerre contre l'Union soviétique. Le 10 octobre, dans un discours radiodiffusé, Daladier répond avec un rien d'ambiguïté : « Nous avons pris les armes contre l'agression et nous ne les déposerons que lorsque nous aurons la garantie d'une sécurité qui ne soit pas mise en question tous les six mois. » Comme le note Monzie : « Il continue la guerre par impossibilité de la cesser. » La réponse que donne Chamberlain, deux jours plus tard, est plus claire : « Des conditions de paix qui commencent par absoudre l'agresseur ne peuvent être acceptables. » Le 13, la Chancellerie du Reich déclare : « Alors que le Führer a fait des propositions constructives pour l'établissement d'une Europe pacifique et protégée, Chamberlain et sa clique ont choisi la guerre. » Le général Edward Spears, qui connaît bien la France où il va bientôt être le représentant permanent de Churchill, se fait l'écho du jugement de Georges Mandel, dont il apprécie le patriotisme et le courage politique : « Il dit que Daladier était fondamentalement faible, mais qu'il n'y avait pas lieu de craindre qu'il fît une paix séparée, car, même cet acte de couardise demanderait une espèce de courage qui le dépassait. »

Daladier affirme sa position dans un discours le 22 décembre à la Chambre : « Être responsable de la conduite de la guerre, je le répète, pour le gouvernement, cela veut dire qu'il doit être, avant tout, avare du sang français. Quelles que soient les sollicitations qui puissent lui parvenir, il doit maintenir son hostilité, si, par hasard, on les lui proposait dans la période actuelle, à ces offensives systématiques autant que prématurées, dont nous avons tous gardé le souvenir. » Il commente au passage le terme de « Drôle de guerre » qui fait florès dans tout le pays : « Faut-il s'en attrister ? En décembre 1914, il y avait 450 000 tués » et le président du Conseil d'y opposer à la date du 30 novembre 1939 les 1 136 tués de l'armée de terre, les 256 tués de l'armée de l'air et les 42 tués de la Marine nationale. Les députés applaudissent. « Voilà comment le moral de la nation fut mobilisé pour la bataille », conclut Pertinax. Comme l'écrit André Wurmser, la Drôle de guerre fut le prolongement de la drôle de politique[13].

Américains et Britanniques jugent sévèrement le gouvernement français qui n'a pas su ou pas voulu se transformer en gouvernement de guerre. C'est le cas de Summer Welles, envoyé personnel du président Roosevelt, ou de Robert Murphy, conseiller à l'ambassade des États-Unis en France. À l'occasion de la mission de Welles, Murphy remarque : « Nous ne discernions personne pour remplacer ces politiciens fatigués. Or nous devinions que la terrible épreuve approchait. Ces hommes d'État semblaient incapables de tout raisonnement logique[14]. » Dans ses *Mémoires*, Churchill parle de l'impossibilité dans laquelle il se trouva pendant la Drôle de guerre de décider les Français à l'action. « M. Daladier m'informa, avec une gravité officielle, très exceptionnelle, que le président de la République était intervenu personnellement, et qu'aucune action agressive ne pouvait être envisagée, car elle n'aurait pour résultat que d'attirer les représailles contre la France. » Et Churchill de railler : « Ne soyez pas méchant pour l'ennemi, vous ne réussiriez qu'à le rendre furieux ! »

Le 30 novembre s'ouvre une session extraordinaire des deux Chambres à qui Daladier demande une prolongation des pouvoirs spéciaux qu'il obtient dans une atmosphère houleuse qui montre assez bien que les luttes politiques n'ont pas cessé du fait de la guerre. Daladier n'a plus la confiance du Parlement. « Si Daladier est encore l'homme du jour, écrit Fabre-Luce, c'est parce qu'il incarne sa résignation […] Sur l'écran des actualités, il a toujours un peu l'air de conduire l'enterrement du pays qu'il dirige. Dans son visage bouffi, sur son crâne chauve, nos malheurs s'inscrivent l'un après l'autre. On ne salue pas un chef, on respecte un témoin. »

Le front des usines

La France – et avec bien du mal – a déclaré la guerre mais elle n'a pas pensé la guerre. Elle n'est pas prête. Elle a besoin de temps. Lui reproche-t-on son immobilisme aux frontières ? C'est dans l'attente du « jour où les Anglais et nous aurons la supériorité du matériel. Tout doit être subordonné à ce programme essentiel[15] ». En 1937, Paul Reynaud s'écriait : « Nous n'étions pas prêts en 1870. Nous n'étions pas prêts en 1914. Allons-nous recommencer ? » En septembre 1939, la réponse est oui. Les Français, de nouveau, ne sont pas prêts. 5 millions d'hommes ont été mobilisés mais il n'y a que 3 millions de fusils, que 600 000 brodequins militaires – ces fameux godillots grâce auxquels l'infanterie est la reine des batailles. De nombreux mobilisés ont été priés de fournir leurs souliers personnels et ce n'est pas une bonne façon de leur faire oublier la vie civile. Pour rattraper son retard en matière d'armement, le pays doit entrer dans une économie de guerre. Il faut se battre sur « le front des usines » (Crémieux-Brilhac).

Paul Reynaud, ministre des Finances et numéro deux du gouvernement, n'est plus en position de pousser des cris d'alarme, comme au temps du Front populaire. Fort du succès des emprunts nationaux et des vigoureux débuts du réarmement, il prononce le 10 septembre un discours radiodiffusé annonçant le contrôle des changes mettant un terme à la politique libérale qu'il a menée jusqu'alors et qui avait permis le retour des capitaux effrayés par le Front populaire. Il vante la richesse de la France, de ses stocks d'or deux fois supérieurs à ceux de 1914 qui vont permettre d'acheter matières premières et armements nécessaires. Reynaud achève son allocution sur cette phrase aussitôt célèbre : « Nous vaincrons parce que nous sommes les plus forts ! » Il se défendra plus tard de s'être référé à l'armée française mais, pour n'en rester qu'à la force économique du pays, c'est se placer une fois de plus dans la perspective d'une guerre longue, d'une guerre qui va donner du temps au temps. En tout cas, voilà lancé un « plan de bataille économique et financier ». Bref, produire plus et consommer moins. Sur ce dernier point, le secrétaire général du ministère des Finances, Yves Bouthillier, hanté par le spectre de la contagion communiste et de la guerre sociale, va cependant réduire toute mesure qui pourrait appauvrir les classes moyennes.

Reste la production et plus particulièrement celle des armements. Le nouveau ministère de l'Armement, créé le 13 septembre, va-t-il répondre aux espoirs placés en lui ? Raoul Dautry, cinquante-neuf ans, polytechnicien et ingénieur, modernisateur des chemins de fer, est un homme d'envergure, de caractère et d'action, qui a accepté sa mission « non sans angoisse, par devoir ». Ce n'est pas un politique mais un industriel qui a la passion du service public, mais d'un service public non étatique. Il s'est opposé en 1937 à la création d'une SNCF « centralisée à l'allemande » et appelée à devenir « une machine administrative ruineuse ». Bien entendu, les communistes en font un « commis du patronat » mais c'est en réalité un technicien qui n'appartient à aucun clan. Son équipe – des ingénieurs avec qui il a l'habitude de travailler – est aussi neuve que lui. Sa méthode est de « choisir des buts précis, en fixer l'ordre d'urgence, ne plus jamais rien sacrifier à une intention accessoire de la poursuite de ces buts, galvaniser toutes les énergies, tenir constamment tous les services en haleine [...] collaborer avec tous sans ménager personne [...] répondre à tous et vite, décider de tout et vite[16] ». Autant dire que pour ce travailleur infatigable qui a déjà retroussé ses manches et qui entend que tous les Français en fassent autant, ça va être dur.

Le nouveau ministre de l'Armement doit commencer par gagner la bataille de la main-d'œuvre, en soustrayant à l'autorité militaire les ouvriers qualifiés qui se morfondent aux armées. La mobilisation massive et inutile (sauf à assurer la sacro-sainte « couverture ») a fait chuter vertigineusement les effectifs de l'industrie. Chez Renault, par exemple, on est ainsi passé de 30 000 à 8 000 ouvriers. En quelques semaines, 300 000 soldats sont placés en « affectation spéciale » dans les usines d'armement. Considérés comme mobilisés sur leur lieu de travail, ils sont néanmoins autorisés à demeurer dans leurs foyers. Entre septembre 1939 et juin 1940, les effectifs des usines d'armement croissent de 1 à 2 millions. C'est beaucoup mais ce n'est pas encore assez. Il faudrait également mobiliser massivement les femmes (dont l'effectif passe néanmoins de 120 000 à 375 000) à l'exemple de la Grande-Bretagne qui instaure révolutionnairement leur conscription. Dautry fait remarquer que dans des secteurs tels que le vêtement mais aussi, moins classiquement, la mécanique de précision et le travail des métaux, le rendement des femmes est égal, voire supérieur à celui des hommes[17]. Il faudrait aussi, à l'exemple de l'Allemagne cette fois, instaurer un service du travail préalable à l'incorporation aux armées. De telles mesures sont impensables dans une France qui n'est ni dans une logique, ni dans une psychologie de guerre totale – et pas même de guerre tout court.

Dautry, au demeurant, ne part pas de rien. Depuis la reprise en main de novembre 1938 (la semaine de travail est passée de 39 à 42 heures), la sidérurgie a augmenté de 27 %, la métallurgie de 20 % et, dans sa totalité, la production industrielle de 15 %. Ceci ne fait pourtant que rattraper le niveau de 1929, d'avant la crise mondiale. La production reste insuffisante et l'effort qui reste à accomplir est immense. Pour ce faire, Dautry décentralise, notamment l'aéronautique, qui est l'objet de toutes ses sollicitudes et qui finira par compter 250 000 travailleurs. Il coordonne les fabrications, entame la modernisation des outils de travail pour la plupart vieillis. Aux usines disposées à travailler pour la Défense nationale, il offre des contrats de démarrage en substituant l'État aux banques. Des missions d'achat sont créées (à Washington d'abord mais aussi en Italie qui, nonobstant le pacte d'Acier, vend avions et armements à la France) ainsi qu'un comité de coordination franco-britannique. On fait appel à Jean Monnet qui a fait ses preuves en la matière pendant la Grande Guerre. 2 304 avions de guerre (dont 1896 chasseurs) vont être produits en 1939 et 1652 dans les cinq premiers mois de 1940. De septembre 1939 à juin 1940, la production des blindages passe de 1 000 tonnes à 3 500 tonnes par mois et le nombre de chars légers de 1780 à 2962[18].

Mais ce n'est pas encore assez. Ce pourrait l'être bien davantage si Dautry ne se heurtait pas à d'innombrables difficultés, à commencer par l'inévitable pagaille provoquée par de tels bouleversements. La production d'acier est sans cesse en retard sur des demandes croissantes. Les transports sont engorgés. Le déficit d'ingénieurs et de main-d'œuvre qualifiée demeure, à une époque où les outillages ont besoin d'ajusteurs, de tourneurs, de fraiseurs, de régleurs. Au-delà de ces inévitables obstacles, Dautry doit aussi affronter de nombreuses résistances. Ce ministre qui s'acharne « à secouer la torpeur des uns, à développer le dynamisme des autres et à faire du ministère de l'Armement une maison où le travail est la loi[19] » est quelque part un rêveur dans un pays où la bureaucratie est déjà reine. Il s'en indigne avec des accents churchilliens dans ses interventions sur le terrain : « C'est bien de la guerre actuelle, n'est-ce pas, que vous vous occupez ? » « J'ai l'impression que votre service est un palais de la Belle au Bois dormant ». Mais qui, à part Dautry et quelques autres, se croit en guerre ?

Le ministre de l'Armement se heurte aussi à la classe ouvrière bien que le gouvernement surveille de près les agissements du parti communiste clandestin dans les usines. C'est en effet dans la métallurgie et les industries mécaniques que les militants communistes étaient les plus présents avant la dissolution de leur parti. Les rapports de police hypertrophient la moindre distribution de tracts mais il semble que l'action politique des communistes soit en réalité de peu d'ampleur. *L'Humanité* clandestine du 30 octobre 1939, sortie d'une machine à ronéotyper, titre : « Une guerre de droit ? Non une guerre de capitalistes ! » Des tracts glissés dans les vestiaires proclament : « À la porte, le gouvernement des munitionnaires ! » De nouvelles publications comme *La Vie ouvrière* ou *La Vie des usines* sont saisies et leurs journalistes arrêtés. L'agitation revendicative directe est faible face à un pouvoir qui dispose de tout un arsenal de sanctions possibles, à commencer par la radiation des affectés spéciaux et leur renvoi au « front ». Les actes de sabotage sont plus rares encore. Toutefois, une forme silencieuse de la revendication se manifeste indiscutablement dans un freinage de la production et dans un important absentéisme (10 % chez Renault fin décembre, soit le double des années précédentes). Cet absentéisme n'est pas seulement du fait des communistes que patronat et pouvoir voient partout. L'effort de guerre ne s'est pas accompagné d'une amélioration de la condition ouvrière. C'est même le contraire, faisant de l'absentéisme la seule protestation possible. Il en va différemment du ralentissement volontaire de la production, impossible à mesurer, incriminé par la police et les pouvoirs, considéré au contraire comme mythique par Dautry, et probablement circonscrit en tant qu'action politique de sabotage à la production. En revanche, il est certain que l'ambiance n'est pas au rendement et les ouvriers trop zélés ont tôt fait d'être rappelés à l'ordre par leurs camarades d'atelier. Ici non plus, on n'est pas dans la dynamique de guerre.

Les grands patrons dont les usines sont réquisitionnées ne coopèrent pas davantage. Certains résistent, pour ne pas dire qu'ils font du sabotage. C'est le cas de Marius Berliet, soixante-treize ans, autodidacte et souverain absolu des vastes établissements de Vénissieux, dans la banlieue sud de Lyon. Il s'est vu assigner la production de 240 000 obus par mois mais il fait traîner l'achat des nouveaux tours américains indispensables. Huit mois après la déclaration de guerre, pas un obus n'est encore sorti de ses usines. Il en va de même pour Louis Renault, soixante-deux ans, lui aussi self-made man et patron tout-puissant de son entreprise, la première de France (6 fois le chiffre d'affaires de Berliet). Renault a été le premier producteur d'armements pendant la Grande Guerre. Le premier char mitrailleur léger sur le front en 1918, c'est un Renault (FT17). Pétri de briandisme, Louis Renault ne croit cependant pas à la nouvelle guerre et retarde la reconversion de son entreprise. Il veut bien laisser son usine du Mans aux militaires pour « qu'ils y fassent toutes les conneries qu'ils veulent[20] » mais pas l'usine de Billancourt où il entend bien construire les voitures civiles d'après guerre (la Juva 4 par exemple). Les chars B1 bis ne sortent plus qu'à la cadence de un par semaine. Le 14 novembre, Dautry et Louis Renault se rencontrent avec leurs états-majors respectifs. « Je ne reconnais plus le grand Renault. Où est-il ? » s'indigne le ministre. Après une laborieuse mise sous tutelle (on est en guerre mais on est aussi en démocratie), la production de guerre démarre enfin mais lentement, la reconstitution de l'effectif ouvrier d'avant la mobilisation n'étant atteinte qu'à la fin d'avril 1940. Une progression spectaculaire commencera alors mais ce sera trop tard.

Hors de ces difficultés particulières, le facteur temps joue contre la France et la Grande-Bretagne. Le IIIe Reich, dont le réarmement intensif a commencé cinq ans plus tôt, devance les Alliés à chaque étape de la production. Si ces derniers misent sur la Drôle de guerre pour gagner du temps, celui-ci n'est pas perdu non plus pour l'Allemagne qui en profite pour mieux fourbir ses armées après l'expérience de la campagne de Pologne. Le 3 décembre, Jacques Bardoux, qui fait partie de la commission des Affaires étrangères du Sénat, déjeune avec Dautry. Il trouve le ministre « plein de vie et d'autorité » et « de premier ordre ». Il est cependant frappé par son pessimisme. « La mobilisation industrielle, lui confie Dautry, a été complètement loupée [...] Les ordres ne sont pas exécutés[21]. » Tout le pays s'est convaincu « que cet effort n'était que de précaution et cet armement qu'un moyen de dissuasion. Pour mener à bien dans les délais requis un si vaste effort, il fallait croire à son utilité et à son urgence » (Crémieux-Brilhac). Le credo de la paix s'est si solidement ancré dans l'entre-deux-guerres que les Français continuent à s'y cramponner même après que la guerre est déclarée.

Le front sans le front

« Ainsi nous étions passés, lit-on dans la *Revue des Deux Mondes*, de la *Paix-Guerre* à la *Guerre-Paix*. » Lord Ismay, général au *War Office*, fait la même réflexion dans ses *Mémoires* : « Avant septembre 1939, nous étions nominalement en paix mais pratiquement en guerre. Maintenant nous étions en guerre, mais, sauf en mer, pratiquement en paix[22]. » À la date du 10 septembre, Villelume consigne dans son *Journal* : « Le général Georges m'assure qu'il donnerait sa démission si on voulait lui imposer une offensive contre la ligne Siegfried. » Georges n'est pas le seul à être obsédé par le souvenir des offensives sanglantes des premiers mois de la Grande Guerre. Le Conseil suprême interallié qui se réunit pour la première fois le 12 septembre traduit bien la volonté des Alliés de ne pas se lancer dans une offensive inconsidérée contre l'Allemagne. La France et la Grande-Bretagne ont au moins cela en commun. « Le point commun de la stratégie alliée a consisté à vouloir faire la guerre en essayant de prendre les moyens d'éviter de la faire » (Bédarida).

De toute façon, l'armée britannique n'est pas prête, surtout pour une bataille terrestre. À la déclaration de guerre, elle n'a que 185 000 hommes sous les drapeaux, dont 2/3 seulement en métropole. La conscription n'est décrétée qu'à ce moment et ne concerne d'abord que les seuls célibataires de moins de 24 ans. Les Britanniques eux aussi prévoient une guerre longue – et une guerre dont la France sera le bouclier et le champ de bataille. 5 DI sont envoyées en France en décembre 1939 et 5 autres suivent entre janvier et avril 1940. Trois autres, totalement inexpérimentées, s'ajoutent en avril ainsi qu'en mai, encore en cours de constitution, la seule division blindée dont dispose la Grande-Bretagne. Ce sera tout, indépendamment de l'appoint de la RAF, mesuré lui aussi. Il est hors de question pour la Grande-Bretagne de déployer toute son aviation de chasse sur des bases françaises. La protection du territoire britannique est la priorité.

L'alliance britannique va se réduire *de facto* à un rôle d'appoint sur le territoire français. De ce fait, la stratégie globale revient à la France. Au sein du Comité suprême interallié, règne une mésentente cordiale entre Daladier escorté de Gamelin, et Chamberlain qui a dû s'adjoindre Churchill. Deux conceptions stratégiques s'opposent, exactement inverses des traditions militaires classiques de chacune des deux nations. La Grande-Bretagne est plutôt pour une stratégie frontale et la France, soucieuse d'éloigner la guerre de son territoire, pour une stratégie périphérique. Celle-ci aurait aussi l'avantage pour la

France d'obliger les Britanniques à s'engager plus avant dans le conflit et de redonner confiance aux petits Alliés demeurés neutres, Belgique en tête. Malentendus et méfiance réciproque vont émailler les neuf séances du Conseil suprême, mettant en évidence le peu de solidité de l'alliance franco-britannique. « Les circonstances, écrit Marc Bloch, étaient plus que jamais défavorables à l'établissement d'une confiance qui eût pu résister aux événements seulement si elle avait eu pour elle un long enracinement. Une alliance véritable est une création continue[23]. »

L'invasion de la Finlande par l'URSS (1 600 km de frontière commune), le 30 novembre 1939, est la première occasion de concrétiser la « stratégie périphérique ». Face à l'ogre soviétique, la petite Finlande, avec ses seules 15 divisions toutes non mécanisées, mais sur un terrain propice de forêts et avec des soldats entraînés, au moral élevé, résiste courageusement. L'Occident s'émeut. La SDN, qu'on croyait disparue, pousse son chant du cygne en excluant l'URSS le 14 décembre. Londres et Paris, qui ont laissé Hitler dévorer une partie de l'Europe, prennent feu et décident de voler au secours de la sympathique mais lointaine Finlande. On ne voulait pas mourir pour Dantzig mais on veut mourir pour Helsinki. Enfin, pas trop. L'antisoviétisme, exacerbé par le pacte avec Hitler, y est pour beaucoup. Par ailleurs, les succès finlandais de la guerre d'hiver contribuent à ancrer en Occident, y compris en Allemagne, l'image trompeuse d'un colosse soviétique aux pieds d'argile. Un corps expéditionnaire de 4 divisions est mis sur pied mais la Suède et la Norvège en interdisent le passage par leur territoire. Le traité de Moscou du 13 mars 1940, qui met provisoirement fin à la guerre russo-finlandaise, clôt du même coup cette première tentative périphérique.

Car il y en a d'autres, tout aussi chimériques et hasardeuses. Gamelin, qui ne croit guère à cette stratégie et qui va accorder des moyens au compte-gouttes, y va pourtant de sa propre idée. Il voudrait ressusciter le front de Salonique comme aux plus beaux temps de la Grande Guerre. C'est dans cet esprit qu'est constituée en Syrie « l'armée Weygand », un nom pompeux pour seulement 3 divisions, incomplètes de surcroît. Les Britanniques, avec le même nombre infime de divisions, voient plutôt un débarquement en Thrace. Après neuf mois de discussions, on en est toujours au même point. « Sans doute fort heureusement », ajoute le général Beaufre. Plus fou que les Balkans, il y a le projet « Caucase » : rien de moins que couper le robinet du pétrole soviétique au Reich… en bombardant Bakou, c'est-à-dire en attaquant l'URSS ! Prudents, les Britanniques arguent qu'ils n'ont pas les avions disponibles mais les Français vont insister longtemps pour que le « plan RIP » (« Russie industrie pétrolifère ») soit mis en œuvre.

La seule stratégie périphérique véritablement mise en œuvre vient de Churchill et non des Français. Le IIIe Reich, privé depuis la guerre de 50 % de ses importations en minerai de fer, l'importe alors principalement de Suède. L'hiver, quand la Baltique est gelée, ce minerai est acheminé par voie ferrée à Narvik, en Norvège, d'où il est ensuite embarqué pour l'Allemagne. Il suffit donc de « couper la route du fer » par une action navale. Après bien des débats entre Alliés, les eaux territoriales norvégiennes empruntées par les navires allemands sont minées. Le 9, le nouveau président du Conseil, Paul Reynaud (surnommé par les Britanniques, du fait de sa petite taille et de ses allures bravaches, « le Napoléon de poche »), proclame fièrement devant le Sénat que « la route du fer est coupée ». Ce même jour, les Allemands, informés depuis longtemps des projets de débarquement franco-britannique, prennent les devants et s'emparent des principaux ports norvégiens tandis qu'Oslo tombe aux mains d'un bataillon de parachutistes. Toujours le

9 avril, le Danemark, signataire d'un pacte de non-agression avec le Reich en mai 1939, est menacé d'un bombardement massif de Copenhague et capitule sans conditions. Quant à la Norvège, elle décide de se battre. Le 13 avril, une escadre britannique pénètre dans le fjord de Narvik et remporte un succès total en coulant plusieurs destroyers et sous-marins allemands. Un débarquement franco-britannique suit trop tardivement entre le 14 et le 19 dans la confusion et sans armement lourd. La Luftwaffe, omniprésente, harcèle le corps expéditionnaire, tandis que la Wehrmacht entame une marche éclair vers le nord de la Norvège. La campagne alliée qui s'engage aussi mal va se terminer un mois plus tard par un rembarquement. La route du fer n'a pas été coupée et les combats augurent fâcheusement d'un très proche avenir. « La courte campagne de Norvège a été une sorte de galop d'essai, de test préliminaire où les deux adversaires ont pu confronter leurs méthodes. Notre infériorité apparaît écrasante. Nous manquons d'imagination, de caractère et d'organisation [...] On constate déjà la timidité que nous a inculquée notre trop longue défensive », commente le général Beaufre. Jeanneney fulmine contre Gamelin : « Ce plan étudié légèrement, exécuté avec une lenteur bureaucratique, s'est révélé pitoyable, attestant des erreurs tactiques gigantesques. Gamelin en a grande part de responsabilités : il est sans imagination ni allant. L'échec de Trondhjem lui paraît un simple incident de guerre, comme il s'en produit communément. Son remplacement s'impose[24]. » Pourtant, le 26 avril, Gamelin disait à son entourage qu'il fallait aider les Anglais « à organiser le commandement, leur donner la méthode et le cran[25] ».

Le blocus ne réussit pas davantage. Le Reich répond au blocus maritime britannique par des acheminements terrestres. Pire, un contre-blocus, autrement dangereux pour la Grande-Bretagne, se met en place avec l'arme sous-marine qui entre en action dès la Drôle de guerre. Par ailleurs, nombre de produits à destination de l'Allemagne transitent par les ports italiens et sont ensuite acheminés par voie ferrée. Les Alliés, soucieux de ménager l'Italie qui n'est toujours pas en guerre, ferment les yeux. Enfin, le commerce qui s'intensifie entre le Reich et l'Union soviétique aux termes du Pacte germano-soviétique achève de ruiner le blocus allié. Attentifs à éloigner la menace nazie de leur pays, les Soviétiques vont jusqu'à mettre leur Transsibérien à la disposition du Reich pour ses achats en Extrême-Orient.

Pas question en tout cas de prendre des risques sur le « front » du Nord-Est. La ligne Maginot dissuade jusqu'à sa propre armée. « Si l'on avançait, on perdrait le bénéfice de sa protection ; or, pour attaquer, il faut avancer », note ironiquement le général Beaufre. La visite des meilleures sections du fameux « rempart de l'Ouest », comme l'appellent avec enthousiasme les actualités cinématographiques, est une étape obligatoire pour les hôtes de marque. Léon Daudet, dans *L'Action française* du 6 novembre 1939, s'adresse ainsi à la mémoire de Maginot, mort en 1932 : « Vous avez fait voter la construction d'une ligne de défense d'un type nouveau qui a désemparé l'offensive hitlérienne allemande, mal engagée. » Terriblement gaffeuse, Suzanne Borel (future épouse de Georges Bidault), première femme à être entrée au Quai d'Orsay, responsable de la propagande cinématographique au ministère de l'Information, confesse en public : « Je croyais que la ligne Maginot allait jusqu'à Dunkerque. »

Il y a tout de même des pertes. À la date du 15 octobre, Villelume fait état de 500 tués et 3 000 blessés. Des combats sont menés par des corps francs qui pratiquent des coups de main dans les lignes ennemies (on pense au capitaine Conan). Il faut surtout se défendre contre ceux menés par les Allemands. Des combats aériens ont lieu aussi : de septembre 1939 à avril 1940, 176 avions de la Luftwaffe sont abattus contre 139 alliés (82 britanniques et 57 français[26]).

Drôle de guerre… On ne s'étonnera pas que le généralissime n'apprécie pas ce terme. « Un mot, écrit-il dans ses *Mémoires*, bien malheureux dans ses conséquences psychologiques. Ceux qui l'ont lancé dans le public montraient, par là même, qu'ils ne comprenaient pas la situation et les graves préoccupations qu'elle devait logiquement susciter[27]. » Le généralissime préfère le terme de « Veillée des armes ». « Elle exige que l'on ne dorme pas. Montant la garde, à côté d'un grand feu, qui éclaire et qui réchauffe, il faut travailler à force, tout en se reposant, mais à tour de rôle, pour ménager ses muscles. » C'est à tête reposée (si l'on peut dire en ce qui le concerne), la guerre finie, que Gamelin écrit cela. Il est de bonne foi et c'est bien en cela qu'il est effrayant. Pas d'offensives locales donc (« On nous l'a assez reproché pendant la dernière guerre ») et encore moins d'offensive générale, sinon à passer par la Belgique. Or comment faire sans son accord ?

La bataille, si bataille il y a, passera de toute façon et comme toujours par la Belgique. Dans ce contexte, la décision, le 30 septembre, d'évacuer les Français des régions frontalières d'Alsace est une gesticulation inutile tant il est évident que les Allemands n'attaqueront pas plus sur le Rhin fortifié que sur la ligne Maginot. Dans la précipitation, comme si l'attaque était pour le lendemain, les malheureux Alsaciens contraints d'évacuer leurs foyers n'ont pu emporter chacun que 30 kg de bagages. Comble de stupidité administrative, ce sont des départements ruraux du Sud-Ouest (Dordogne, Gers) qui leur ont été assignés. Les vieux, qui ne parlaient que le dialecte alsacien, se sont fait traiter de Boches par les gens du cru.

Faut-il s'encombrer de la Belgique ? Déclarée neutre depuis 1936, elle n'est plus la fidèle alliée de la France, sa sœur des combats de la Grande Guerre. La France en ressent une grande amertume alors que c'est son inertie face à la remilitarisation de la Rhénanie qui est la cause principale de sa défection. Deux attitudes étaient possibles. La France aurait pu considérer que c'en était donc fini de la Belgique et qu'il fallait prolonger la ligne Maginot jusqu'à la mer pour opposer un vrai rempart aux armées de Hitler. À l'inverse, la France pouvait considérer que la Belgique demeurait un allié potentiel qu'il ne fallait isoler ni diplomatiquement, ni militairement, au risque de la jeter dans les bras de l'Allemagne. C'est la seconde solution qui a été choisie et du coup c'est l'intégrité du territoire belge qui en quelque sorte vaut ligne Maginot.

L'armée franco-britannique allait-elle au moins se porter en Belgique, face à l'Allemagne, en cas de déclaration de guerre ? Même Gamelin le « nuageux » a compris que ce n'était pas jouable. Dès 1937, il écrit : « Impossibilité pour la France de venir au secours de la Belgique si celle-ci ne réclame pas ce secours avant l'ouverture des hostilités. Un secours improvisé, qui nous amènerait à jeter des divisions dans la fournaise, le général ne l'acceptera jamais. » Le 1er septembre 1939, « le général » fait la même analyse mais à la première personne : « Certes, je comprends le point de vue auquel s'est arrêté le gouvernement français [...] : garantie que nous ne pénétrerions sur leur territoire qu'appelés par eux ; la France ne pouvait pas, du point de vue moral, avoir une autre attitude. Et elle ne peut que respecter ses engagements. Il n'est pas moins nécessaire de se rendre compte que l'attitude actuelle joue entièrement en faveur de l'Allemagne. » « Si les Belges, poursuit Gamelin, ne nous appelaient qu'au moment où ils seraient attaqués, leur front serait enfoncé et nous aurions à courir tous les aléas d'une bataille de rencontre ».

L'attitude obstinée de la Belgique, qui se refuse même à toute conversation d'état-major pour ne pas donner de

« prétexte » à Hitler, arrange finalement Gamelin qui trouve là une justification à son inaction. À aucun moment il n'a parlé d'une entrée préventive et autoritaire en Belgique. Il est décidé par contre qu'en cas d'attaque allemande l'armée franco-britannique entrera en Belgique, s'il le faut sans son autorisation. Mais jusqu'où ? Trois scénarios sont envisagés : jusqu'à l'Escaut (en abandonnant deux tiers du territoire belge) ; le long de la Meuse jusqu'à Namur et le long de la Dyle (un tiers abandonné) ; jusqu'au canal Albert, ligne fortifiée qui englobe la quasi-totalité du territoire. Lors du Conseil suprême interallié du 17 novembre, il est décidé que ce sera le scénario numéro deux. Alors que les stériles stratégies périphériques tout comme les scénarios d'entrée en Belgique ont toujours fait l'objet de longs débats, cette décision, qui conditionne pourtant toutes les opérations à venir, a été prise pratiquement sans discussion. Il en va de même au gouvernement français qui n'est pas appelé à se prononcer là-dessus alors qu'on a vu Gamelin prendre la peine de demander à Daladier l'autorisation de remplacer Bineau par Doumenc au GQG. Pour faire bonne mesure, Gamelin décide qu'en sus du schéma Namur-Dyle, la VIIe Armée de Giraud (6 divisions) qui se trouve à l'extrême gauche du dispositif de couverture, c'est-à-dire le plus près de la mer, se portera au secours des Hollandais jusqu'à Breda. Ainsi vient de se jouer, sur un scénario des plus hasardeux, sans possibilité de recours, sans réserves stratégiques (hors d'atteinte immédiate, la VIIe Armée constituait la seule armée de réserve), le sort de la guerre. Le général Georges, qui n'a pas été consulté, s'indigne : « C'est le type même de l'aventure ! Si l'ennemi masque la Belgique, il peut manœuvrer ailleurs ! Donc ne pas engager nos disponibilités dans cette affaire ! Écarter le rêve ! »

Ce plan ne va plus bouger d'une ligne, pas même quand, le 10 janvier 1940, un avion de la Luftwaffe,

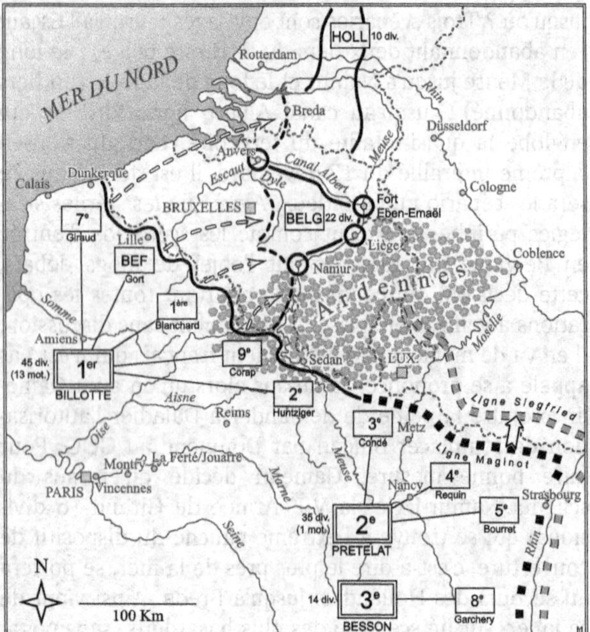

Le dispositif allié et le plan Dyle

égaré par le brouillard, atterrit en catastrophe à Mechelen-sur-Meuse, en Belgique. Le pilote et son passager, un commandant, tentent de brûler des documents quand une patrouille belge survient. Il s'agit d'instructions précises s'inscrivant dans un plan général d'attaque, non daté, qui établit clairement que la Belgique et le Luxembourg doivent être envahis. Manœuvre d'intoxication ? Les papiers paraissent authentiques. C'en serait donc fait de l'inviolabilité de la Belgique ? Ce n'est qu'avec les plus grandes réticences (les documents originaux ne sont pas communiqués) que celle-ci informe le commandement français qui en déduit que l'attaque allemande est imminente. Il faut entrer en Belgique sans plus tarder. Le gouvernement belge s'y refuse.

Les plans allemands saisis indiquent entre autres un passage des troupes à travers les Ardennes. L'état-major belge en fait informer Gamelin en s'inquiétant de la faiblesse du dispositif français dans ce secteur, catalogué impraticable, « a-stratégique », par une armée d'invasion. Le 21 mars 1940, une mission parlementaire conduite par Pierre Taittinger, député de la Seine, a visité ce même secteur de Sedan, au centre du dispositif français. Il évoque de son côté des « défenses rudimentaires voire embryonnaires ». La DCA paraît inexistante. Il n'y a pas de couverture aérienne. Les troupes semblent inexpérimentées. Va-t-on en renforcer les défenses ? Le général Huntziger, commandant de la IIe Armée (7 divisions) disposée entre Sedan et Longuyon, en bout de ligne Maginot, répond superbement : « J'estime qu'il n'y a aucune mesure urgente à prendre pour le renforcement du secteur de Sedan. » Ce qui inquiète Huntziger, c'est son aile droite, dans la région de Montmédy, qu'il renforce pour parer toute tentative de débordement au plus près de la ligne Maginot. Quant à son aile gauche, au débouché des Ardennes, il la voit si peu menacée qu'il n'y a disposé que la 55e DI, une division de série B.

L'horizon de la Drôle de guerre s'assombrit. Pourtant, le haut commandement reste confiant. Une attaque allemande ? Sûrement. Une offensive d'abord victorieuse puis stoppée et contre-attaquée ? C'est ce qui est prévu. « L'histoire de 1914 nous avait appris qu'on pouvait supporter une défaite aux frontières, car il restait toujours à attendre un miracle de la Marne » (général Beaufre).

Le front de l'ennui

« Pendant ces mois d'oisiveté, un changement de front s'est opéré : on ne se bat pas contre l'Allemand mais contre l'ennui », commente Alfred Fabre-Luce. Huit mois et une semaine… presque le temps d'une gestation : celle d'un soldat français rebuté, accablé, démoralisé. À la déclaration de guerre, très nombreux pourtant sont ceux qui sont prêts à se battre, sinon par patriotisme, avec le souci d'en finir. Robert Costrel, sous-officier affecté à Saverne, écrit à son épouse le 11 septembre : « Ici, nous avons tous un moral excellent, même ceux qui commencent une seconde guerre. En attendant, je suis plein de courage et de patience puisque notre bonheur futur ne peut être solidement établi sans que nous allions casser la gueule de ce cochon d'Hitler[28]. » « Je préfère que ça pète un bon coup et qu'après on soit tranquille », dit le sergent-chef réserviste au soldat météorologiste Jean-Paul Sartre[29]. Mais, on l'a vu avec la pseudo-offensive de la Sarre, il n'est pas question que « ça pète » et gare à ceux qui, se croyant en guerre, s'avisent de se servir de leurs armes ! Villelume raconte que dans la région de Bâle, à la frontière suisse il est vrai, un groupe de reconnaissance se borne à des échanges d'injures d'une rive à l'autre du Rhin. Les Allemands s'y baignent et nagent parfois jusqu'à la rive française. Malgré les consignes, un soldat français tire, sans d'ailleurs atteindre personne. Scandalisé, l'officier allemand, via l'entremise d'un officier suisse, présente des observations à son homologue français. Ailleurs, un capitaine évoque, non sans relever son ineptie, la phrase d'un rapport : « Les Allemands nous ont tiré dessus sans aucun motif valable[30]. »

Pas d'accrochages donc, hors de ceux ponctuels et programmés des corps francs. Ceux-ci sont d'ailleurs à double tranchant. Composés de volontaires risque-tout, ils contribuent à « démobiliser » le gros de la troupe. « Le commun des soldats se prit à penser que les expéditions périlleuses ne le concernaient pas, qu'il lui incombait seulement de patienter, à l'abri des fortifications, jusqu'à ce que l'Allemagne s'écroulât », fait remarquer Pertinax. De surcroît, l'activité des corps francs allemands est nettement plus intense et donne l'impression d'un adversaire plus motivé.

Ce long temps d'inaction n'est pas davantage consacré à l'entraînement, ni même au travail. C'est le désœuvrement et l'attente qui prévalent. « Je continue à penser qu'on m'emploie assez mal, écrit Marc Bloch à son fils le 28 mars 1940. Naturellement il faut se méfier, sur soi-même, du cafard de l'attente. Il est, me semble-t-il, un mal en ce moment assez général[31]. » Dans une lettre du 6 avril à son collègue Lucien Febvre, il souligne « l'attente – l'attente d'un je ne sais quoi, peut-être affreux, mais qui semblerait donner un motif vraisemblable à notre absurde existence[32] ».

Les témoignages sur cette situation absurde sont innombrables. Robert Marjolin, vingt-huit ans, économiste, rapporte qu'il a accueilli les affiches de la mobilisation avec soulagement. Il préfère la guerre à la paix déshonorante qui l'a précédée. Il croit en l'armée française : « Je rêvais à l'honneur retrouvé, à une France qui avait pu se ressaisir[33]. » Il arrive à Dijon qui est dans le plus grand désordre et où il apparaît qu'on a perdu son dossier militaire. Le voilà sergent à tout faire, surveillant deux mois durant des corvées de creusement de latrines alors que ses compétences, notamment en météorologie, pourraient être plus utilement employées. Enfin affecté, à force de démarches, à un poste météo près de Saverne, il rédige avec deux autres sous-officiers des bulletins météo journaliers pour un poste de commandement de l'armée de l'air qui se trouve dans le même village et qui est en charge d'un aérodrome et de plusieurs escadrilles. « Malheureusement, celles-ci n'existaient que sur le papier. Il n'y avait, je crois, qu'un seul avion sur le terrain ; il servait aux déplacements du colonel et de quelques autres officiers. » Marjolin passe là tout l'hiver 1939-1940, s'ennuyant prodigieusement. Ce n'est que le 10 mai, le jour de l'attaque allemande, qu'il rejoint Jean Monnet à Londres comme statisticien du Comité de coordination franco-anglais, avec le grade de sous-lieutenant.

Son ami, Raymond Aron, lui aussi sergent-chef, et lui aussi affecté à un poste météo à la frontière belge qui compte une vingtaine de militaires (« chiffre disproportionné aux missions qui nous incombaient »), n'a pratiquement rien à y faire. Il en profite pour avancer sur son *Histoire du socialisme*. Jean-Paul Sartre (encore dans une station météo !) profitera lui aussi de la Drôle de guerre pour écrire le premier tome des *Chemins de la liberté* et *L'Être et le néant*. Ce temps vacant mis à profit n'empêche pas le philosophe d'observer cette Drôle de guerre et d'en subir la triste existence. « Il s'agit exclusivement de dormir et de manger et de n'avoir pas froid, consigne-t-il dans ses *Carnets* en décembre 1939. C'est tout [...] On est exactement comme des bêtes. C'est invraisemblable. Il ne se passe naturellement rien. On se lève vers huit heures, on travaille un peu à des blockhaus et à des arrangements de cabane, on va chercher la soupe (le soir en pleine nuit, c'est une drôle de corvée). Cette après-midi on est allé aux douches, il a fallu faire quatre kilomètres en pleine gadoue, c'était un spectacle, je vous jure[34]. » Sartre écrit plus loin : « Ce n'est pas du tout tragique, c'est moche. »

Jean Guitton, âgé alors de trente-huit ans et déjà auteur d'une importante œuvre philosophique, est mobilisé à l'état-major de la XIIIe Région militaire, à Clermont-Ferrand. « J'avais appris le sens des mots. Ainsi ce mot d'urgence qui s'inscrivait au tampon rouge sur certains documents privilégiés, au bout de trois mois il ne m'effarouchait plus du tout. Puisqu'un autre tampon portait très urgent, cela conférait à la simple urgence ce caractère bénin que l'enfer donne au purgatoire ; cela insinuait, cela autorisait et finalement cela légitimait presque le retard[35]. »

Mais tout le monde n'a pas la ressource de faire de la Drôle de guerre un sujet d'observation. Le tout-venant du soldat se contente de s'ennuyer mortellement. Les lettres de Robert Costrel à sa femme témoignent de la dégradation rapide du moral des troupes : « On s'embête à longueur de journée. » (8 octobre) ; « J'envie ceux qui peuvent avoir un peu d'activité ; il y a des jours où l'on ficherait bien tout en l'air » (11 novembre) ; « Ah ! quelle vilaine chose que cette guerre et comme je voudrais pouvoir faire quelque chose pour l'abréger alors que je suis tellement inutile ici. J'en ai honte certains jours bien que je n'y sois pour rien, au contraire » (14 avril 1940[36]). Georges Sadoul, trente-cinq ans, critique et historien du cinéma, militant communiste, et pour lors mobilisé, rapporte dans son *Journal de guerre* : « On ne peut pas toujours jouer aux cartes, boire, écrire à sa femme. On reste étendu sur la paille à bâiller, on prend le goût du cafard et du rien faire. On se lave de moins en moins, on ne se rase plus, on n'a plus le courage de balayer, de débarrasser la table, après manger, des flaques de vin, des vieilles croûtes, des coulures de bouillon figé, des os rongés. Avec l'ennui, la crasse domine le cantonnement[37]. »

De l'ennui à la franche déprime, il n'y a qu'un pas qui est franchi au lendemain des fêtes de fin d'année et des permissions. Le mot devient officiel : c'est la « dépression d'hiver ». Les officiers d'active s'inquiètent, mieux renseignés par la censure postale que par le contact avec la troupe : « Moral déplorable. S'il fallait passer quatre ou cinq hivers, j'aimerais autant être mort[38]. » La rancœur s'exacerbe contre les affectés spéciaux, comparés aux « embusqués » de la Grande Guerre, ainsi que la jalousie envers les Britanniques, mieux traités et aux meilleures soldes. Le pacifisme et son cousin le défaitisme reprennent du poil de la bête. Au début du printemps 1940, les paysans s'inquiètent légitimement de leurs champs. Des permissions agricoles sont instituées mais pas pour les soldats qui sont « au front ». Cependant, le moral des soldats mobilisés à l'intérieur du pays est encore plus mauvais. Il n'y a même pas la justification de leur faire surveiller la frontière.

Le commandement s'emploie à organiser des loisirs. Il ressuscite le théâtre aux armées qui avait tant fait recette auprès des poilus et où se produisent, à grand renfort d'actualités filmées, Charles Trenet, Édith Piaf, Joséphine Baker, Maurice Chevalier. On lance l'opération « L'École, marraine du combattant ». En cet hiver particulièrement rigoureux, les petites écolières tricotent des chaussettes pour les soldats. Une affiche bleu-blanc-rouge nous montre l'une d'elles : « Moi aussi avec ma classe, j'ai adopté un soldat. » À l'arrière, on institue le « vin chaud du soldat ». Rien n'y fait. « Une prison n'est rien, écrit Paul Nizan, écrivain communiste qui a quitté le Parti à la suite du Pacte germano-soviétique. C'est le vide qui est affreux, la répétition ! L'état-major s'occupe du *moral* de l'armée, entendant par là les *distractions* saines comme de bien entendu, mais il ne soupçonne pas qu'il devrait s'occuper de la *métaphysique* de l'armée et que le moindre paysan sent ses démêlés avec le vide, le mystère et le temps de la même façon que Kafka. Il n'y a pas de remèdes et il n'y aura pas de foyers de soldat qui tiendront contre le sentiment de l'anéantissement[39]. » Paul Nizan va être tué devant Dunkerque, le 23 mai 1940.

Évidemment, la discipline s'en ressent : sorties sans permission, mauvaise tenue dans les gares, scandales dans les lieux publics, refus de saluer, alcoolisation massive. Des officiers, voire des sous-officiers, font venir clandestinement leurs épouses, quand ce ne sont pas leurs « fiancées », sur leurs lieux d'affectation (Sartre ne fait pas exception en conviant, une seule fois il est vrai, en novembre 1939, Simone de Beauvoir à Brumath, près de Strasbourg). Quant aux prostituées, les descentes dans les hôtels ordonnées par l'armée ne les découragent guère et le seul front qui ne chôme pas est celui des infirmiers militaires en lutte contre les blennorragies. Les villages évacués d'Alsace et de Lorraine sont pillés. Pour se chauffer, on brûle les meubles. Les soldats ressemblent de moins en moins à des soldats. « Je vis, rapporte un officier, des soldats revenir du front dans des accoutrements inouïs ; plusieurs s'étaient enveloppés de fourrures ; aucun chef ne les avait rappelés à l'ordre[40]. » Un prêtre, le père Cotté, sergent de réserve qui commande de fait une petite section de mortiers dans un secteur de la forêt des Ardennes où l'on ne voit jamais d'officiers, raconte : « Le soir, tous ne restaient pas dans les abris. Quelques-uns s'en allaient faire un tour, soit à Thonnelle, soit à Montmédy où l'*animation* était plus variée. Certains allaient même jusqu'à la frontière belge pour y trafiquer du tabac ! Tout cela, je ne l'apprenais que le lendemain matin et en faisais reproche aux hommes. Mais sans trop de conviction, c'est certain. Que voulez-vous : c'était vraiment la Drôle de guerre et le gros problème était de passer le temps[41]. »

André Laffargue, alors colonel, raconte qu'au cours d'une manœuvre de nuit, en décembre 1939, alors qu'il est aux côtés du colonel commandant l'artillerie d'appui, « trois ombres passent sur la voie ferrée, tout à côté de nous, sans nous voir. C'étaient trois chasseurs téléphonistes qui sortaient de leur abri et qui allaient réparer une ligne. L'un d'eux dit aux autres : *Est-ce que vous avez vos masques ? – Non. – Eh bien, si on rencontre le colonel, qu'est-ce qu'on va prendre !* Le colonel d'artillerie me poussa le coude en riant. Mais moi je n'avais aucune envie de rire. Il m'était venu aussitôt à l'esprit, en effet, qu'au moment où j'étais entré au service, en 1911, ce n'est pas du colonel qu'il aurait été question, mais du sergent[42] ». Georges Sadoul, au 4 mai 1940, rapporte une conversation entre jeunes mobilisés. Ils parlent de la campagne de Norvège quand l'un d'eux dit : « Si ça continue, je crois qu'on va avoir la guerre. »

Flambard à la passerelle de ce navire qui prend l'eau, Gamelin a adressé ses vœux de 1940 à l'armée : « Les actions d'éclat des combattants, les immenses travaux menés à bien, la grandeur de notre cause sont gages de succès. Sur le champ de bataille comme dans l'attente, quelles que soient les manœuvres de l'ennemi, dans la guerre morale, comme dans la guerre militaire, une fois de plus, nous tiendrons et nous vaincrons. » Mais ce que le généralissime appelle élégamment « la guerre morale », la France est en train de la perdre. On s'en émeut parfois à Paris, comme lorsque le sénateur de Seine-et-Oise et ancien ministre, Charles Reibel, interpelle Daladier : « Vous ne pouvez pas empêcher que nos hommes souffrent d'être mobilisés et, en même temps, de ne pas sentir clairement pourquoi ils sont mobilisés. » De son côté, l'inusable Joseph Caillaux, soixante-dix-sept ans, toujours sénateur de la Sarthe et alors président de l'influente commission des Finances du Sénat, prend à partie Daladier, le 14 mars 1940 : « Les tiendrez-vous un an, deux ans, trois ans sous les drapeaux ? »

Le 11 novembre 1939, le colonel de Gaulle, surnommé dans les milieux militaires « le colonel Motors » (par allusion à la *General Motors*), adresse aux chefs des armées par la voie hiérarchique un mémorandum qu'il fait ensuite imprimer et envoyer, le 26 janvier 1940, à quatre-vingts personnalités militaires et politiques, Daladier et Reynaud en tête. Sa longueur de 30 pages (de Gaulle commence à Crécy) et son titre *(L'Avènement de la force mécanique)* en masquent quelque peu les aspects prophétiques. On y retrouve ses thèses : « À aucun prix, le peuple français ne doit céder à l'illusion que l'immobilité militaire actuelle serait conforme au caractère de la guerre en cours. [...] Être inerte, c'est être battu. » Mais c'est aussi le constat terrible du mauvais état de la troupe : « Le maintien prolongé sous les armes de presque toute la population active du pays peut être accepté des citoyens lorsqu'ils en constatent la nécessité [...] Cinq millions de Français, jeunes et actifs, se trouvent depuis de longs mois – et pour combien de mois encore ? – militairement inutilisés dans des cantonnements ou dans des dépôts. L'obscur sentiment d'impuissance que le système actuel fait naître apparemment dans l'âme des chefs, commence à se répandre dans la nation armée elle-même [...] Tous sont la proie de l'ennui [...] Nul doute que si le régime actuel n'était pas bientôt radicalement changé, nous nous verrions, soit acculés à des entreprises sans espoir pour justifier la mobilisation, soit exposés à un grave affaiblissement du moral dans l'armée et dans le pays. » Ce passage n'est pas reproduit dans les *Mémoires de guerre*. Il ne fallait pas, à l'heure de la Libération, humilier l'armée. Léon Blum est le seul à réagir positivement à la lecture du mémorandum. Ni Daladier ni Gamelin ne bronchent. Le général Georges note en marge : « Intéressant mais la reconstruction n'est pas à la hauteur de la critique. Faire étudier. » Quant au général Dufieux, inspecteur général de l'infanterie, il fait répondre le 3 décembre 1939 : « J'estime que les conclusions du colonel de Gaulle sont à rejeter. »

La guerre psychologique

À défaut de guerre tout court, et en attendant un nouveau miracle de la Marne après que les Allemands « à bout de nerfs » (on évoque parfois « un effondrement moral de Hitler ») auront eu la mauvaise idée d'attaquer la France, la guerre psychologique aurait pu prendre le relais mais comment « vendre » de l'inaction ? Un commissariat à l'Information, terme pudique pour « propagande et censure », a été créé dès le 29 juillet 1939. La curieuse idée a été d'y nommer Jean Giraudoux, un doux poète, germanophile de surcroît, face au redoutable docteur Goebbels et à la formidable *propaganda* nazie dont la machine est rodée depuis le début des années 1930. Nombreux sont ceux qui s'étonnent de ce choix. « La présence de M. Giraudoux à la propagande, écrit Bernanos émigré au Brésil, prouve qu'on ne veut rien comprendre à cette guerre, que mon pays est soigneusement tenu dans l'ignorance de ce qu'il défend, de ce qu'il risque de perdre si quelque miracle ne suscite pas au dernier moment un homme qui parle enfin à son cœur, à ses entrailles. » Ce choix n'est pourtant pas accidentel. Pertinax y aperçoit le reflet de « l'indolence de Daladier » : « Je ne veux pas médire de cet esprit subtil et précieux. Parmi les politiciens convoitant le poste, il avait tout au moins le mérite de l'honnêteté et ce n'était point rencontre si commune. Mais, dans le féroce univers de Goebbels, comme il est démodé cet élégant jet d'eau qui retombe toujours sur lui-même ! Homme courtois et s'employant à concilier tout le monde, il n'avait qu'une notion singulièrement futile de ce que devait être la presse dans une nation en péril de mort. »

Ainsi la propagande est tempérée, civilisée oserait-on dire. Hors d'un sentiment national fort qui attend une invasion du territoire pour se réveiller, « ce commissariat de l'Information en tient boutique. Dans les journaux, il laisse entrevoir une victoire sans bataille. Les Alliés, avec leurs gros sous, achèteraient tant de machines qu'un jour Hitler, au vu de leurs statistiques, abandonnera la partie. Mais ce n'est qu'un rêve de rentier dans un temps de joueurs » (Fabre-Luce). À une époque où l'image est rare, la voie d'affiche offre à la propagande de puissantes possibilités, on l'a vu pour l'antibolchevisme. Le IIIe Reich, l'Italie fasciste mais aussi la Grande-Bretagne, le Canada (en attendant les somptueuses affiches américaines) en font un usage intense. En France, on est plusieurs tons en dessous avec les classiques consignes de silence adaptées à la psychologie de la Drôle de guerre : « Gagnons la guerre des nerfs ! Les oreilles ennemies nous écoutent !... » Il est rare, faute de moyens, qu'on fasse appel à de grands noms de l'affiche qui savent enrubanner le message dans l'esthétisme du graphisme. C'est exceptionnellement le cas avec l'affiche de Paul Colin : « SILENCE. L'ennemi guette vos confidences. » Sur un fond bleu nuit, deux ombres blanches : un soldat murmure à l'oreille d'un civil. Derrière eux, une immense ombre noire, d'où se détache une oreille, écoute... Mais écoute quoi au juste ? Les Allemands « ont la chance de combattre des démocraties qui discutent sur le Forum leur politique de guerre et claironnent jusqu'à leurs projets d'abstention. Il leur suffit de lire les journaux alliés pour savoir qu'ils ne seront pas attaqués avant l'été 1940 » (Fabre-Luce).

La presse renoue timidement avec le « bourrage de crâne » qui avait été omniprésent tout au long de la Grande Guerre. Ce n'est que singulièrement que *L'Illustration*, spécialiste du genre, consacre sa couverture du 3 février 1940 à une aquarelle héroïque et au demeurant datée : « Sur le front de la Sarre : une rencontre de patrouilles dans la neige. » Des soldats français farouches lancent des grenades. Pas moins d'une mitrailleuse et d'un fusil-mitrailleur (armes tout à fait inappropriées pour une patrouille) sont en batterie. Dans les journaux satiriques, les caricaturistes eux-mêmes semblent quelque peu en panne d'inspiration.

Le média par excellence qu'est la « TSF » est peu ou prou utilisé, au contraire de l'Allemagne nazie qui mène avec brio une véritable guerre des ondes, souvent relayée par haut-parleur dans les rues et dans les usines. Au 1er septembre 1939, la radiodiffusion nationale comptait 684 salariés. Elle n'en compte plus que 297 au début d'avril 1940. La voix de Daladier passe très bien mais on ne l'entendra que cinq fois, aux moments graves. On y entend, le 29 novembre 1939, Françoise Rosay, l'actrice principale de *Paix sur le Rhin*, qui s'adresse aux mères allemandes (en français !) : « Oui, ce soir, ma voix interdite ira jusqu'à vous, légère, immatérielle, elle passera dessus la ligne Maginot et la ligne Siegfried pour vous apporter un peu de vérité, un peu de cette vérité qu'il vous est interdit d'entendre mais que vous souhaitez tant apprendre [...] Femmes allemandes, je vous plains, vous avez vécu, vous avez souffert, vous avez mis au monde en vain, car vous n'avez vécu que pour Hitler, vous souffrez par Hitler, le sort de vos enfants est entre les mains de Hitler et Hitler est un fou[43] ! » Tant de naïveté finit par émouvoir l'historien, à défaut des femmes allemandes qui purent être à l'écoute ce jour-là.

Le cinéma de propagande de la Drôle de guerre est quasi absent. Le seul film qui mérite quelque attention, *Un tel Père et Fils* (initialement intitulé *Pourquoi nous battons-nous ?)*, de Julien Duvivier, n'aura pas le temps de sortir sur les écrans, en 1940 tout au moins. Ce type de film aurait eu tout intérêt à montrer l'horreur du nazisme et par conséquent ce qui attend les Français en cas de victoire de Hitler. Au lieu de cela, on se retrouve dans la bonne vieille thématique « antiboche » d'une France exposée depuis la guerre de 1870 aux appétits de conquête de l'Allemagne. Le projet du film a pourtant été approuvé par Giraudoux qui n'y a pas aperçu davantage d'incontestables relents de pacifisme. Il est vrai que le film antinazi *Après « Mein Kampf », mes crimes !*, également approuvé par Giraudoux, n'emporte pas non plus l'adhésion tant le montage de documents, entrecoupés de reconstitutions, est laborieux. Au début du film, tandis que le portrait de Hitler se superpose à une tête de mort, une voix off scande : « Mais pendant que dans toutes les parties du monde, des regards confiants fixent un horizon lumineux [ce film est diffusé en salle en mars 1940 !], une ombre menaçante recouvre peu à peu la terre de sa masse de nuages : elle a un visage – Hitler ! Un nom : La guerre ! Un homme, un seul, a osé déchaîner à nouveau sur l'Europe les forces destructrices. Quel est cet homme[44] ? »

Les chansons de la Drôle de guerre témoignent de ce climat délétère. Il y a certes des chansons patriotiques et martiales. *Nous irons pendre notre linge sur la ligne Siegfried*, enregistrée par Ray Ventura, est l'adaptation du tube anglais *The Washing on the Siegfried Line*. Moins connue est *Victoire... la fille à Madelon*, bien entendu sur l'air de *La Madelon*. Mais la chanson qui a le plus de succès, c'est *Ça fait d'excellents Français !* que chante Maurice Chevalier et qui déchaîne un enthousiasme délirant lors de ses tournées aux théâtres aux armées. Le succès est dû à son message tout à fait dans l'esprit de la Drôle de guerre et qui va bien au-delà du bon vieux comique troupier derrière lequel se cache la chanson. Du colonel au deuxième classe, chacun est différent en tous points mais... *Tout ça ça fait/D'excellents Français/D'excellents soldats/Qui marchent au pas...* Viennent le couplet final et sa conclusion :

Et tous ces gaillards
Qui pour la plupart
N'étaient pas tous du même avis politique
Les v'là tous d'accord
Quel que soit leur sort
Ils désirent désormais
Qu'on leur fiche une bonne fois la paix !

Le Paris d'avril 1940 ne veut pas entendre parler de guerre. Restaurants et théâtres sont pleins. La consommation n'a pas diminué en dépit des « jours sans » (sans vente de viande puis, à partir du 1er mars, sans alcool et sans essence). La population civile est si peu acquise à l'effort de guerre qu'elle se contente de faire des provisions pendant les « jours avec ». « Est-il bon, demande Chautemps à de Monzie, d'imposer au pays, à titre de traitement moral, un esprit de mortification, de faire une France en deuil, sans activité, sans vie, simplement pour lui donner l'esprit de guerre ? » Au contraire, un rationnement sévère a été instauré en Allemagne dès avant le début de la guerre : tout va aux usines d'armement. Le gouvernement français préfère lancer des souscriptions aux bons d'armement, dévaluer le 29 février, voire taxer lourdement les heures supplémentaires – ce qui est une curieuse façon de les encourager. « Ce combat de fantômes n'empêche pas le promeneur de continuer tranquillement sa promenade [...] On ne donne plus guère d'alertes. Pour échapper à la rouille, les sirènes se font entendre chaque jeudi à midi. Le bruit qui, en septembre, faisait courir les gens à la cave, leur fait maintenant tirer leur montre pour la régler » (Fabre-Luce).

La guerre psychologique des Allemands est autrement active et efficace. Pour commencer, les Allemands sont infiniment mieux renseignés sur les Français que l'inverse. Les services secrets allemands ont réussi à décrypter le chiffre du ministère français de la Guerre depuis l'été 1938. Certes la clé est changée tous les mois mais le mode de chiffrement reste le même et ce n'est qu'un exercice de quelques jours pour que les Allemands la retrouvent. Le code de la Marine nationale est également percé. Le trafic radio (il y en a quand même) entre le ministère de la Guerre et les armées est lui aussi progressivement intercepté. Tout cela, ajouté à l'abondance des documents aisément accessibles, permet au haut commandement allemand d'avoir un tableau très précis, non seulement des forces françaises, de leur répartition aux frontières, mais aussi de leur état d'esprit. Si l'armée française continue à paraître redoutable, les actions de patrouille allemande permettent vite de tester la faible combativité des soldats français (34 officiers français capturés au 1er janvier 1940 contre 7 officiers allemands[45]). Quant au commandement français, son attitude strictement défensive, sa prudence, sa religion du front continu n'ont pas besoin d'espionnage pour être connues.

Face aux armées françaises, la passivité de la Wehrmacht est soigneusement calculée, répondant à l'inaction française pour mieux la conforter. On voit des soldats allemands déployer des banderoles aux avant-postes ou de l'autre côté du Rhin : « Pourquoi faites-vous la guerre ? » « Évitez la guerre à votre douce France ! ». Les soldats français croient à des manifestations de fraternisation (même quand ces messages sont délivrés par haut-parleurs) alors qu'elles sont le fait de compagnies de la Wehrmacht, spécialisées dans l'action psychologique – une arme nouvelle dont le haut commandement français ne conçoit même pas l'emploi. Il en va de même quand les soldats de la Wehrmacht pêchent à la ligne de l'autre côté du Rhin avec un placide aplomb qui contribue lui aussi à la démoralisation des soldats français. C'est assurément mal connaître la discipline de l'armée allemande pour penser que de telles scènes puissent être spontanées.

Dans cette guerre psychologique, Radio Stuttgart cultive habilement le défaitisme des soldats français, notamment ceux qui se morfondent dans les casemates de la ligne Maginot. On y entend la voix du « traître de Stuttgart », Paul Ferdonnet, un journaliste français correspondant à Berlin puis traducteur à la Radiodiffusion du Reich *(Reichsrundfunk)* où il s'est nazifié. Radio Stuttgart dénonce l'alliance perfide des Britanniques (« Ils donnent leurs machines et les Français leurs poitrines ») et fournit des renseignements si précis sur les déplacements des unités françaises que bientôt surgit le spectre de la 5e colonne. Bien entendu, malgré l'interdiction, les soldats français écoutent la voix sulfureuse du « traître de Stuttgart ».

L'action psychologique que mène l'Allemagne nazie va bien au-delà de ces péripéties et a commencé avant la guerre. C'est un véritable bluff auquel s'est livré avec succès Hitler depuis son accession au pouvoir. Les grands défilés militaires de la Wehrmacht en 1938, qui impressionnent tant les attachés militaires étrangers et que les actualités cinématographiques du monde entier diffusent complaisamment, font souvent repasser deux fois la même unité. On oublie trop facilement à l'époque (pour ne pas dire aujourd'hui encore) que les impeccables défilés de la Wilhelmstrasse sont des images tournées, montées, découpées par la propagande nazie. Les statistiques militaires sont truquées, comptant par exemple comme unités mécanisées des divisions qui ne le sont pas totalement. Une grande partie de l'artillerie est en fait hippomobile. À vrai dire, la Wehrmacht est encore loin de constituer l'armée redoutable dont elle donne l'image et de nombreuses divisions sont d'un modèle tout aussi démodé qu'en France. La solidité de la ligne Siegfried est surévaluée. Il n'y a pas 4 millions d'Allemands sous les drapeaux mais moins de 3. Il n'y a pas 25 000 hommes par division mais 15 000 à 17 000, pas 130 voire 150 divisions mais 103, pas 3 500 voire 4 200 chars mais 2 600 (et chaque Pzd est à 250 chars et non 400). Certes, c'est encore beaucoup mais le réarmement allemand, pour parvenir à sa pleine réalisation, doit se poursuivre jusqu'en 1943, voire 1944.

Ce bluff, qui rassure la population allemande et intoxique l'Europe, France en tête, se trouve conforté par l'inefficacité des services de renseignement de l'armée française (2e Bureau) qui tantôt donnent dans le panneau, tantôt voient Hitler démoralisé et ses généraux prêts à se révolter. Toujours est-il que le complexe d'infériorité de l'armée française qui s'installe ainsi conduit au mythe de l'invincibilité de la Wehrmacht. Pour que ce mythe devienne réalité, il a fallu ce que Stanley Hoffmann (professeur de sciences politiques à Harvard, né en Autriche en 1928 et citoyen français depuis 1947) a dénommé avec bonheur *self-fulfilling prophecy*, une prophétie autoréalisatrice, un jugement erroné qui, par sa faute, finit par devenir juste. Ce concept novateur, qui a aujourd'hui une grande faveur dans l'école historique anglo-saxonne, a incontestablement joué en France avant et pendant la Drôle de guerre. Ainsi l'industrie allemande qui, à l'exemple de la France, connaît pagaille, retards, difficultés d'approvisionnement et de transports. Certes, cela se voit et se dit moins qu'en France du fait de la censure de la presse. Mais quand bien même ? Quand la supériorité de la production allemande est encore un mythe, elle est déjà une réalité dans la psychologie collective des Français. Tout comme pour le dogme de l'absolue supériorité de l'armée allemande, l'auto-intoxication débouche sur la réalité et y contribue même.

Sans le mot bien sûr, Alfred Fabre-Luce perçoit bien le phénomène à propos de l'énorme succès éditorial en

1939 de *Hitler m'a dit (Gespräche mit Hitler)*. Peu importe que ce livre d'Herman Rauschning paraisse aujourd'hui des plus suspects et que l'auteur n'ait probablement jamais disposé d'autant de temps auprès de Hitler. Au contraire même. On ne prête qu'aux riches et d'ailleurs on croit aisément que Hitler, entre autres professions de foi, ait déclaré : « La guerre sera ce que je veux qu'elle soit ; la guerre c'est moi. » Mais la question n'est pas là. Elle est dans l'auto-intoxication des lecteurs. « La publication à grand fracas du livre de Rauschning (contre-sens remarquable de notre propagande) rend au prophète de Berchtesgaden son auréole. À travers le récit de son Eckermann[46], il apparaît comme un mage, dédaigneux de la politique courante, mais informé des grands secrets de l'avenir. Il prévoyait dès l'origine tout ce qui nous a surpris : ses conquêtes, son alliance avec l'URSS, la *guerre psychologique*. Or il a dit aussi à Rauschning qu'il ferait entrer dans Paris, à notre insu, des soldats allemands vêtus d'uniformes français. Le lecteur avale tout cela, sans sourire ; il se sent envahi d'une terreur sacrée. Comment nos chefs, encore attachés à ces vieilleries : le droit, la liberté, les canons, les mitrailleuses, trouveraient-ils d'eux-mêmes le moyen de vaincre ce Surhomme ? » (Fabre-Luce).

Reynaud ou le mirage du changement

À la mi-mars, le gouvernement Daladier est à bout de souffle. « Il y a de moins en moins de gouvernement », confie Mandel à Jeanneney qui consigne de son côté : « Daladier continue à ne pas travailler avec ses ministres qui restent divisés en deux camps, comme pour Munich. Le goût d'agir manque[47]. » On reproche au gouvernement de ne pas mener la guerre avec suffisamment d'énergie. La défaite finale de la Finlande le 12 mars, qui consterne la France entière bien plus que celle de la

Pologne, lui porte le coup de grâce. La mise en cause, qui a commencé au Sénat, aboutit à la Chambre le 19 mars où un vote de confiance conduit à 239 voix pour, une seule voix contre, mais 300 abstentions. Des cris de « démission ! » retentissent et c'est à quoi se décide Daladier, quoiqu'il n'y soit pas institutionnellement contraint puisque le gouvernement n'a pas été renversé. Le nom de Paul Reynaud est sur toutes les lèvres. N'incarne-t-il pas l'esprit de résistance et d'initiative ? Le 20, Daladier remet sa démission au président de la République, Albert Lebrun, qui lui demande en vain de rester en constituant un nouveau gouvernement. Consultés, les présidents des deux Assemblées penchent pour Reynaud (« pour un essai de Mr Paul Reynaud[48] », dit Herriot). Daladier semble vouloir revenir en arrière mais il n'est plus temps. Le secrétaire général de la présidence, André Magre, s'est tout de même permis de faire remarquer qu'on était en guerre. Ce sera Paul Reynaud.

Ce moment, ce jour de gloire, Paul Reynaud l'attendait depuis longtemps. Figure de proue du bellicisme, de la ligne dure du gouvernement, il veut « qu'on se mette à fond dans la guerre ». Le nouveau président du Conseil semble ignorer que nombreux sont ceux qui s'apprêtent à le combattre : les dignitaires Radicaux, dits les « comitards », qui estiment que leur parti a le monopole du gouvernement, la droite nationaliste qui craint par avance l'entrée au nouveau cabinet d'hommes de Léon Blum (le spectre du Front populaire n'a pas disparu), les partisans d'une paix blanche, Daladier enfin. « Il vaut mieux en tout cas, dit celui-ci à Monzie en parlant de son successeur, que nous le laissions pas seul. » Lors du vote d'investiture, le 22 mars, Reynaud n'obtient que 268 oui contre 156 non et 111 abstentions, soit une seule voix de majorité si l'on apparente les abstentions à un vote négatif. C'est le cas des Radicaux. Blum a sauvé la mise en retrouvant les accents de l'union sacrée. Il a été la voix de la patrie. Les socialistes l'ont suivi, mais c'est un repêchage.

À peine né, le cabinet Reynaud paraît moribond. Privé de base politique, le nouveau chef du gouvernement doit composer son cabinet en conséquence. Pas moins de 10 Radicaux restent ou entrent. Les « durs » vont de nouveau être noyés au milieu des « mous ». « En somme le bellicisme est au pouvoir, mais ligoté, impuissant, condamné à se discréditer », remarque Fabre-Luce. C'est bien là-dessus que compte Daladier qui non seulement reste au gouvernement mais conserve le portefeuille de la Guerre, refusant de se contenter des Affaires étrangères. Au lieu du gouvernement de choc attendu, c'est le pire montage qui soit. Reynaud le belliciste a cru devoir laisser le portefeuille de la Guerre à son ennemi juré qui, dès les premiers jours, va s'appliquer à ne pas communiquer avec lui, en lui dissimulant systématiquement les renseignements en provenance des armées, ne serait-ce que pour ne pas être désavoué sur ses ministères précédents. Quant à Daladier, l'homme qui a déclaré la guerre, il fait désormais figure de ce qu'il a toujours été depuis Munich : un antibelliciste.

Du fait de ces dosages, le nouveau gouvernement est pléthorique : 22 ministres et 14 sous-secrétaires d'État. *Le Canard enchaîné* se gausse en proposant que le Conseil des ministres se tienne désormais au Vélodrome d'hiver. Dans *Le Figaro*, Wladimir d'Ormesson, bien que favorable au nouveau président du Conseil, se dit surpris des choix de celui qui d'ordinaire « a de l'imagination et de la hardiesse dans ses conceptions ». *Le Journal des débats* parle d'équipe « contestable et contestée ». Reynaud, commente Pertinax, « laisse à la porte sa défroque de novateur, s'enfonce dans le jeu parlementaire le plus sordide. Et comme sa main n'y est pas préparée, comme il n'a pas le flair des coulisses, il verse dans une double faute ».

Le 26 mars, Reynaud s'adresse aux Français. Son programme est simple : « Faire la guerre, la faire dans tous les domaines » mais il n'en dit pas plus. En quoi va-t-il rompre avec le précédent gouvernement ? En rien, justement ! Reynaud veut un vrai cabinet de guerre. Fort bien, mais qui va en être le secrétaire, c'est-à-dire l'organe agissant ? Pressenti, le colonel de Gaulle se récuse. Il explique dans ses *Mémoires de guerre* que Daladier s'y opposait catégoriquement et qu'il ne pouvait accepter contre l'avis du ministre de la Guerre. « Il avait épousé le système en vigueur [...] Estimant que de toute façon il était trop tard pour changer l'organisation, il tenait, plus que jamais, aux positions qu'il avait prises. » Le 26 avril, le colonel de Gaulle prend le commandement de la 4e division cuirassée encore en cours de constitution.

C'est alors que, changeant brusquement d'orientation, Reynaud fait appel à Paul Baudouin. Ce choix est étonnant, inquiétant même. L'homme est un antibelliciste notoire. Anatole de Monzie, quoique son ami, le dit lui-même : « Mon charmant ami professe des idées fort éloignées de son nouveau chef. » Le « charmant ami », qui, encore en 1938, était un partisan résolu d'une entente avec l'Allemagne, n'a pas très bonne réputation. Léon Noël, diplomate et ancien chef de la Sûreté générale, voit dans cet ancien directeur général de la Banque d'Indochine un « grand affairiste, intrigant, tortueux, au regard faux ». « Un bellâtre à la parole facile », ajoute Pertinax. La présence constante de Baudouin, le mauvais génie, auprès de l'instable Reynaud va avoir des conséquences redoutables : « M. Reynaud aura l'énergie des mots, M. Baudouin aura celle de la volonté. M. Baudouin saura, à la minute psychologique, arracher à M. Reynaud exténué une décision que M. Reynaud aura auparavant combattue et écartée. M. Reynaud ne cessera de dire : *Jusqu'au bout !* et M. Baudouin de lui répliquer : *Le bout est arrivé !* » (Élie Bois).

Les contemporains ne voient à ce choix qu'une explication : Baudouin est le protégé d'Hélène de Portes, la maîtresse en titre du président. Pertinax, toujours médisant mais toujours bien renseigné, raconte : « Elle gouvernait Reynaud dans les affaires publiques. Trait curieux : sur lui, elle n'a pris de l'empire, en grandissant, que dans les deux dernières années. Entourée d'élégantes amies, elle lui avait créé un mode d'existence qui n'était plus de son âge mais qu'il appréciait. » « Maîtresse indiscrète, ostentatoire, impérieuse, qui intervient dans les grandes comme dans les petites affaires » (F. Bédarida). Baudouin lui-même dira d'elle : « Elle agissait comme un chef de cabinet. » Or Hélène de Portes est une défaitiste affichée : « On ne peut gagner la guerre. On ne peut que gagner la défaite. »

Le choix aberrant de Baudouin au Comité de guerre, tout comme celui de Villelume comme conseiller militaire alors qu'il est lui aussi un antibelliciste, ajouté à l'emprise qu'il subit en la personne d'Hélène de Portes qui entre à tout moment dans son bureau, est révélateur de la « face cachée » de Paul Reynaud. Sous l'assurance apparente de « Reynaud la guerre » (les Britanniques parlent plutôt d'esbroufe), se dissimule un être instable, impulsif, irrésolu et velléitaire, fragile finalement. « Il avait l'esprit flou sous le métal des mots » (Pertinax). De surcroît ni populaire, ni bon manœuvrier politique, ligoté par son propre gouvernement majoritairement attentiste, sa façon de faire la guerre est finalement celle de son prédécesseur. On le voit bien avec l'aventure de Norvège, parfaite illustration des stratégies périphériques. Il reprend aussi à son compte le plan délirant du bombardement de Bakou que les Britanniques s'empressent de nouveau d'enterrer. Quant à la stratégie défensive du haut commandement, elle reste exactement la même. Seul son style « volontaire », tranchant sur celui de Daladier, a pu laisser croire que la France entrait enfin dans la guerre. Ce n'est pas le moins surprenant que Reynaud tienne aussi à rassurer « le parti de la Paix ». Il ne sera décidément pas le Clemenceau qui répondait invariablement à qui s'avisait de lui résister : « Je fais la guerre ! »

Le 29 mars, Reynaud rentre de Londres où, à l'issue du Conseil suprême interallié de la veille, il a officiellement déclaré avec Chamberlain que leurs deux pays n'accepteront pas de paix séparée « si ce n'est de leur commun accord ». À en croire de Monzie, lui-même scandalisé que Reynaud ait décidé de cela tout seul, Daladier est complètement accablé, défiguré : « Il a fait, me dit-il, tout ce qu'ils ont voulu. Tout ce que je n'avais pas voulu. Monzie, je suis terrifié en pensant à tout ce qu'un tel homme est capable de consentir au détriment de notre patrie. » Chautemps, vice-président du Conseil, pense que la loyauté de Daladier vis-à-vis de la Grande-Bretagne n'est pas en cause et suggère que Daladier y voit une aggravation de la position de la France « si par malheur un cas de force majeure tragique venait à se produire pour elle[49] ». Le 3 mai, Monzie consigne dans son *Journal* : « Nous gouvernons dans le noir. » Mandel, toujours au gouvernement, confie le 7 mai à Jeanneney : « Entre Daladier et Reynaud, l'incompatibilité est absolue. »

L'un des innombrables contentieux entre les deux hommes a pour nom Gamelin dont l'incompétence est de plus en plus flagrante. Dès son arrivée au pouvoir, Reynaud a manifesté son intention de limoger le généralissime. Il n'y a guère que Daladier pour le soutenir encore, car lui retirer sa confiance serait se condamner lui-même : « Si vous démissionnez, je fais comme vous », a-t-il dit à Gamelin, jouant sur la crainte générale d'une nouvelle crise gouvernementale. Celle-ci pourtant éclate le 9 mai. Ce jour-là, à 10 heures, Reynaud réunit tout le gouvernement, y compris les sous-secrétaires d'État. Commence alors, étayé par un volumineux dossier, un réquisitoire d'une heure contre le généralissime. Il doit être relevé de son commandement. Quoique effrayés par la gravité d'une telle mesure et de la situation qu'elle trahit, les ministres s'inclinent sauf Daladier : « S'il est coupable, je le suis. Je mets donc ma démission de membre du gouvernement à la disposition du président du Conseil, qui aura ainsi toute liberté de procéder aux changements qui lui paraîtront souhaitables[50]. » Blême, Reynaud annonce qu'il va remettre au président de la République la démission du gouvernement. C'est la deuxième en six semaines alors que la France est en guerre. Atterré, Albert Lebrun consulte, espérant encore réconcilier les deux ennemis. On verra demain. Le lendemain, à 4 h 45, les Allemands attaquent.

11

Le temps d'un éclair

L'annonce de l'offensive des armées allemandes en Hollande, en Belgique et dans le Luxembourg a surpris tout le monde. Lors des jours précédents, aucune activité anormale n'a été décelée par l'aviation de reconnaissance – les troupes allemandes n'ayant fait mouvement qu'à H moins 6 heures. Les services de renseignement de leur côté ont fait état de bruits d'offensive, mais ce n'était pas la première fois. Cela faisait partie de la guerre des nerfs. Surprise ou non, la France ne peut cette fois rester passive, d'autant que la Belgique réclame aussitôt à la France et à la Grande-Bretagne l'intervention prévue. À 6 h 30, Gamelin, qui vient seulement d'être informé, appelle Georges qui lui dit : « Alors mon général, c'est la manœuvre Dyle ? » Et le généralissime de rétorquer : « Puisque les Belges nous appellent, voyez-vous que nous puissions faire autre chose[1] ? » Aussitôt, le groupe d'armées n° 1 du général Billotte (VIIe, Ire, IXe et IIe Armées) ainsi que la BEF, entrent en Belgique. Pas moins de 29 divisions ont l'ordre de se porter le plus rapidement possible sur la ligne prévue.

Au gouvernement, on est encore sous le coup de la démission de la veille, que Paul Reynaud a dû reprendre. Il ne peut plus se débarrasser de Gamelin et de Daladier qui justement sont en charge de la guerre ! En cette heure grave, il faut tout de même bien un petit remaniement. Louis Marin et Jean Ybarnégaray, réputés « durs », entrent au gouvernement. Les postes de sous-secrétaires d'État sont supprimés, sauf trois dont celui de Baudouin. Chacun a appris la nouvelle de façon différente. C'est Daladier qui a informé Reynaud à 6 heures. Quant à son conseiller militaire, Villelume, il n'est informé que deux heures plus tard et par... Mme de Portes. Monzie a été réveillé par son directeur de cabinet : « Ça commence, dit Berthelot. – Ça quoi ? – La guerre vraie, la guerre où il y a des morts. Il est affreux d'avouer qu'après huit mois nous ne nous sommes pas accoutumés à l'idée d'une guerre comme les autres. »

Dominique Leca, directeur de cabinet de Paul Reynaud, est chargé de préparer l'allocution radiophonique du chef de l'État : « Je suis fourbu. J'écris sans flamme. Un accent de prière se trahit dans la dernière phrase : *L'armée française a tiré l'épée. La France se recueille*[2]. »

Les plans de Hitler

Qu'attendait Hitler pendant ces longs mois du *Sitzkrieg* ? Que l'armée française, comme ce fut le cas, pourrisse sur pied ? Certainement pas. Dès le 9 octobre, sitôt l'invasion de la Pologne achevée, il rédige une longue directive définissant sa stratégie à l'Ouest. Ses buts de guerre sont ceux de *Mein Kampf* : la liquidation militaire définitive de l'Ouest pour avoir les mains libres en Russie. Écraser d'abord la France pour priver la Grande-Bretagne de toute base sur le continent, et la contraindre à négocier en se tenant désormais à l'écart de l'Europe. Reste à établir un plan d'attaque car c'est maintenant qu'il faut frapper. « Si on attend, on leur donnera le temps de se renforcer ; l'occasion sera manquée. » La neutralité de la Belgique et des Pays-Bas ne sera pas respectée d'abord parce que c'est la seule façon de contourner la ligne Maginot mais aussi, en y pénétrant en premier, d'éloigner toute menace offensive des Alliés vers la Ruhr. Un premier plan d'exécution doit être prêt pour le 19 octobre.

Les généraux de Hitler sont consternés. Brauchitsch, commandant en chef de la Wehrmacht et Halder, chef d'état-major général, raisonnent « à l'ancienne », en nombre de divisions, et eux aussi en vision de guerre longue. Sur le papier, l'armée française paraît formidable. Il faut craindre un enlisement du conflit à l'Ouest. La partie est autrement risquée qu'en Pologne, avec un front circonscrit et fortement défendu. Les généraux commencent à freiner et Hitler à fulminer. Force est toutefois à l'OKH d'établir un plan d'offensive. Celui-ci reprend à peu près le plan Schlieffen de 1914 : trois groupes d'armées, de la Hollande au Luxembourg, avec une aile droite encore renforcée (GA B von Bock, 43 divisions dont 9 blindées et 4 motorisées) qui briserait la résistance belge du canal Albert fortifié pour foncer ensuite à travers la Belgique occidentale en direction de la Somme. Le but n'est pas d'anéantir l'armée française, mais de la battre. Les critiques de ce plan ne manquent pas, à commencer par le doute que les Français se laissent prendre deux fois au même plan Schlieffen. Une variante, le 29 octobre, envisage alors un effort principal au centre en direction de Liège (aile droite du GA A von Rundstedt). Cette variante donne à Hitler l'idée d'une attaque de diversion d'un détachement blindé vers Sedan.

C'est alors que Hitler, sans cesse penché sur ses cartes, communique dès le 30 octobre une idée nouvelle à Jodl : déplacer le centre de gravité nettement plus au sud, en direction de Sedan, là où la Meuse est plus facile à atteindre[3]. De leur côté, von Rundstedt et son chef d'état-major, von Manstein, ont la même idée : surprendre, à travers les Ardennes belges, l'ennemi là où il n'attend pas le choc principal, puis le frapper sur son flanc et sur ses arrières. Enfoncer pour ce faire un « coin blindé » de trois corps échelonnés, en avant de l'infanterie.

Même si le plan en vigueur reste celui de l'OKH avec la poussée principale sur Liège, les généraux continuent à faire de l'obstruction pour retarder l'offensive jusqu'au printemps. Le 5 novembre, au cours d'une réunion avec le Führer, Brauchitsch est littéralement insulté. C'est le début du divorce entre Hitler et ses généraux. Cette fois, en tout cas, la décision est prise. L'attaque est fixée au 12 novembre avec un total de 96 divisions, dont 9 blindées. La concentration commence à s'effectuer quand la météo s'en mêle, amenant une succession de reports. Le 25 novembre, Hitler convoque l'ensemble des commandants de groupes d'armées, de corps d'armées et d'armées avec leurs chefs d'état-major, infligeant ainsi, par ce contact direct et inhabituel, une humiliation supplémentaire au haut commandement qu'il ne se prive d'ailleurs pas de vitupérer de nouveau. Il leur adresse un long discours où il redit que jamais le moment n'a été aussi favorable. « À la guerre, c'est l'esprit de détermination qui est le facteur décisif du succès [...] Je ne reculerai devant rien et je briserai quiconque s'opposera à moi. Je veux détruire l'ennemi. »

La rigueur de l'hiver conduit à de nouveaux ajournements (entre la déclaration de guerre et le 10 mai 1940, pas moins de 29 dates d'offensive auront été arrêtées). Après une attaque fixée le 17 janvier, puis le 20, la météo oblige Hitler à renoncer définitivement à une attaque d'hiver. La Luftwaffe a besoin de beau temps. Von Rundstedt et von Manstein ont mis ce temps à profit pour faire triompher leur plan. Von Manstein a demandé à Guderian, commandant de l'un des corps blindés, si le mouvement des chars était possible à travers les Ardennes. Celui-ci a répondu affirmativement et von Rundstedt a envoyé un rapport dans ce sens à l'OKH. C'était le septième. Le haut commandement les rejetait tous et Halder ironisait en disant que c'était une tentative égocentrique pour donner plus d'importance au GA A[4]. Obstiné, von Rundstedt s'est débrouillé pour que Hitler examine le plan en personne. La cause a été aussitôt entendue, Hitler y retrouvant son ancienne idée. Le Führer a convoqué von Manstein et, chose rare, l'a laissé parler sans l'interrompre. Enfin, un général qui le comprend ! Hitler voit surtout que son idée tactique se trouve élargie dans une conception stratégique aboutie et structurée : l'axe principal de l'offensive à travers les Ardennes belges et luxembourgeoises pour déboucher et percer sur la Meuse entre Dinant et Sedan, puis un vaste mouvement de faux vers l'embouchure de la Somme en coupant les arrières de l'armée franco-britannique du Nord.

Les plans définitifs de *Fall Gelb* (Plan jaune) sont mis au point et l'incident de Mechelen-sur-Meuse ne les modifie en rien. C'est au groupe d'armées A (von Rundstedt) qu'échoit la mission de conduire la poussée principale, avec 35 divisions d'infanterie précédées par un fer de lance blindé renforcé sous le commandement autonome de von Kleist, constitué de 3 des 4 divisions motorisées et de 7 des 10 divisions blindées (Pzd) dont dispose la Wehrmacht. Au nord du GA A, le GA B (von Bock) : 23 DI précédées des 3 Pzd et de la division motorisée restantes pour avancer en Hollande et attaquer le canal Albert au nord de la Belgique. Au sud du GA A, le GA C (von Leeb) : 19 DI chargées de menacer la ligne fortifiée du Rhin et la ligne Maginot afin d'y fixer les troupes de forteresse. Pas moins de 41 DI sont en réserve de l'OKH auxquelles s'ajoutent une division motorisée SS et une brigade motorisée de la Wehrmacht. Quant à la Luftwaffe, elle est forte en théorie du nombre impressionnant de 4 300 appareils mais il est toujours difficile d'opérer la distinction entre les avions répertoriés et ceux qui sont véritablement en première ligne, avec leurs pilotes prêts à décoller (et les sources sont par ailleurs contradictoires). Il faut également distinguer bombardement, bombardement en piqué, chasse, reconnaissance lointaine ou rapprochée, transport. Le 10 mai 1940, la Luftwaffe met à la disposition du Plan jaune environ 3 500 avions où les bombardiers et bombardiers en piqué sont privilégiés par rapport à la chasse. La DCA allemande, de son côté, est forte d'un peu plus de 9 000 tubes tous calibres confondus. Pour n'en rester qu'à l'aviation et à la DCA, la France ne dispose que d'environ 1 200 avions (dont 300 britanniques) et, ceci aggravant cela, de moins de 3 000 tubes de DCA. Par ailleurs, la Luftwaffe est plus homogène tant pour ses appareils que pour son commandement. Elle est aussi plus concentrée et à la disposition de la Wehrmacht pour coopérer avec elle en appui feu dans la bataille.

Bien entendu, le haut commandement allemand, renseigné par l'*Abwehr* (services spéciaux militaires), n'ignore rien du dispositif français : le GA n° 3 (Besson) devant la Suisse avec la VIIIe armée ; le GA n° 2 (Prételat) derrière le Rhin et la ligne Maginot, avec les Ve, IVe et IIIe armées ; enfin, au Nord, le groupe d'armées le plus important : le GA n° 1 (Billotte) constitué d'est en ouest, des IIe armée (Huntziger), IXe armée (Corap), Ire armée (Blanchard), BEF (Gort), VIIe armée (Giraud). Ce sont, pour le GA Bilotte, 31 divisions, les meilleures de l'armée française, qui s'avancent en Belgique au matin du 10 mai en pivotant sur le centre du front français. L'OKW n'ignore pas non plus que le dispositif français, fort à l'Ouest et derrière le Rhin et la ligne Maginot, demeure faible au centre, entre Sedan et Rocroi, là où la réputation de fossé antichar naturel que constitue la

Meuse a conduit le haut commandement français à ne disposer qu'un faible rideau de troupes.

Le haut commandement français quant à lui ignore tout des plans de Hitler. Pourtant, en 1937, dans un *Kriegspiel*, si rare du côté français, du Conseil supérieur de la Guerre, l'exercice portait sur une offensive des « bleus » (général Dufieux assisté des généraux Héring, Condé, Huré) contre les « rouges » (général Georges). Thème : un 3 mai, les bleus opèrent une attaque brusquée. Où ? En direction des Ardennes et de la Meuse. Les Ardennes sont franchies le 4, et la Meuse le 5. Où ? Entre Sedan et Neuvion-sur-Meuse[5]. Certes, l'effort principal des bleus porte sur la Belgique et non la France, et il ne s'agit que de divisions d'infanterie. Mais tout de même…

Le jour J de *Fall Gelb* a encore été retardé par la campagne de Norvège. Ce sera finalement le 10 mai. Le secret le plus absolu est observé jusque dans l'entourage du Führer. Lorsqu'au soir du 9 mai, il monte dans son train blindé spécial au curieux nom de code d'*Amerika*, son entourage croit qu'il va inspecter les troupes du Danemark et de la Norvège. À minuit, le train oblique vers l'ouest. Il fait encore nuit quand il s'arrête dans une petite gare près de Bonn. De là, un convoi de voitures conduit le Führer dans le massif de l'Eifel jusqu'à une clairière sévèrement gardée. C'est là qu'est son nouveau QG, un bunker au confort spartiate baptisé *Felsennest* (« nid de roches »). L'aube pointe et les oiseaux commencent à chanter. Hitler sort du *Felsennest* entouré de son état-major. Au bout de quelques minutes, on entend le grondement des avions dans le ciel puis les premiers coups de départ de l'artillerie. Hitler se tourne alors vers son entourage et annonce théâtralement : « Messieurs, l'offensive contre les puissances occidentales vient de commencer. »

Une situation aussitôt critique

Fallait-il s'aventurer en Belgique ? Probablement non. C'était trop tard. Tant qu'à avoir fait de la défensive l'alpha et l'oméga de la doctrine militaire de la France, il valait certainement mieux rester campé sur une ligne du Nord poursuivant la ligne Maginot. Après tout, il n'y avait plus, sinon sentimentalement, de Belgique alliée et celle-ci avait suffisamment compromis la position géostratégique de la France. Et voilà que le meilleur de l'armée française – la majorité des divisions d'active et beaucoup d'unités modernes (5 divisions d'infanterie motorisées sur 7 et 1 DCR sur 3) – court à une bataille de rencontre, c'est-à-dire ce à quoi le haut commandement s'était toujours refusé ! Après plus de huit mois de *Drôle de guerre*, la France choisit le risque. À vrai dire, le « plan Dyle » n'est pas tant un risque dans l'esprit du commandement français, moins une marche à l'ennemi que le simple pivotement du volet gauche des armées, toujours en fait dans une logique défensive. « Il ne s'agissait en somme que du déplacement d'une digue préfabriquée, en vue de son remontage plus à l'est[6]. »

Il y a pire, mais cela le commandement français ne le sait pas : l'entrée en Belgique sert le plan allemand, et même en fait partie. Le GA von Bock n'a pas seulement pour mission de détruire les forces hollandaises et belges mais aussi, voire surtout, d'attirer vers lui le GA Billotte, pour que le GA von Rundstedt puisse déboucher sur ses arrières si sa percée sur la Meuse réussit. À l'OKH, le général Heusinger est aux anges : « Cette apparition des Français devant von Bock est très réjouissante. Ainsi, ils sont entrés en Belgique et tombent dans le piège ! Notre avance (au centre) n'en sera que plus décisive[7] ! » Dans cet esprit, la Luftwaffe se garde d'attaquer les mouvements de troupe en Belgique, réservant ses bombes aux arrières, aux aérodromes et, pour faire bonne mesure, à quelques villes françaises. N'y a-t-il pas de quoi s'interroger, et même s'inquiéter ? C'est, semble-t-il, le cas de certains, tout du moins à en croire leurs *Mémoires*. Après Paul Reynaud, Villelume s'en ouvre à Gamelin. Leca authentifie les craintes d'un piège que Villelume affirme avoir exprimées : « Je revois Villelume, avec son petit bras court de pingouin, devant la carte de mon bureau, dessinant d'un trait l'éventualité qu'il redoute : *Là, dit-il, à la charnière de Sedan, ils peuvent très bien vouloir crever là, quand le meilleur de nos troupes sera là-haut, dans la nasse des Pays-Bas*. Bon Dieu ! il y a eu au moins un Français, j'en témoigne, qui, quelques jours d'avance, a compris le plan d'Hitler et l'a dit[8]. »

Plus olympien que jamais, le généralissime balaie toutes ces craintes. À Villelume, il répond que la Luftwaffe n'a pas assez d'appareils pour remplir toutes ses missions et que la plupart de ses bombardiers sont en Norvège. Il lui demande cependant de ne pas manifester d'« optimisme exagéré » devant la presse. À Reynaud, il explique doctement que tout se déroule comme prévu. Il s'est toujours attendu à cette offensive – laquelle, dans la tradition de la Grande Guerre, va fatalement s'enliser au bout de quelques jours. « C'est la bataille prévue depuis septembre. » Quoique limogé virtuel, Gamelin soit de bonne humeur. Son entourage aussi et plus encore le corps d'armée qui entre en Belgique. Enfin, on change d'horizon ! On fait quelque chose ! Sur le pas de leur porte, les Belges crient : « Vive la France ! » Bref, le moral est excellent.

Pourtant les nouvelles du front d'invasion ne sont pas bonnes. Encore faudrait-il qu'elles parviennent jusqu'au généralissime. Ce n'est pas que les renseignements manquent, c'est qu'ils sont trop nombreux. « C'est un déluge de renseignements, le plus souvent de détails, car nous sommes reliés par téléphone avec les armées qui croient bien faire en transmettant tout. Ces renseignements sont centralisés chez nous et portés à la suite sur un papier tapé que je baptise “Roman fleuve”. Toutes les heures, un motocycliste porte le Roman fleuve à Vincennes, chez Gamelin[9]. » De ce fait, les bruits les plus extravagants circulent sans contrôle. Une vague d'espionnite s'ensuit, provoquant en France l'internement préventif des étrangers suspects – autant dire tous, y compris les malheureux Allemands, Juifs ou politiques, qui ont fui Hitler.

Aux Pays-Bas, des opérations parachutistes (une arme tout à fait nouvelle), avec les 4 000 hommes du général Student, combinées à des bombardements terroristes, rendent la situation intenable dès le premier jour de l'invasion. Le 11, un détachement allemand tient le pont de Moërdyck, coupant les Pays-Bas de tout secours possible. L'avant-garde de la VIIe armée a fait vite, mais pas au point d'arriver avant les Allemands, comme Giraud l'avait prédit. En quatre jours, l'armée néerlandaise est submergée. Rotterdam, alors que les pourparlers de reddition sans condition ont débuté, est écrasé sous les bombes, faisant plusieurs dizaines de milliers de victimes civiles. Une émotion intense s'empare des citadins belges et français qui commencent à abandonner leurs villes. L'armée néerlandaise capitule le 15, tandis que la reine Wilhelmine part en Angleterre pour y commencer la Résistance. C'est la première brèche dans la coalition toute théorique des armées qui essaient de faire face à la Wehrmacht. En fait, chaque armée « alliée » combat séparément. Ainsi les 22 divisions belges réduites à elles-mêmes sont à leur tour balayées. La position de couverture de l'armée belge sur la Meuse et le canal Albert est aveuglée dès les premières heures de l'attaque allemande. Le fort réputé inexpugnable d'Eben-Emaël, pivot de la défense de Liège, au débouché du canal de la Meuse, est neutralisé par un commando déposé par des planeurs et les deux ponts du canal Albert sont pris. Les deux Pzd de Hoeppner s'emparent de Maastricht dès le 10. Partout, les divisions belges se replient en désordre, heurtant dans leur reflux les troupes françaises qui arrivent de leur côté en ordre dispersé. Il aurait fallu que l'armée belge tienne cinq jours pour qu'une véritable jonction puisse être opérée. Le 12, on a cru que la ligne Anvers-Namur pourrait être tenue, mais non. Déjà, l'Escaut paraît une meilleure ligne de défense ou plutôt de repli. C'en est déjà fini du plan Dyle.

L'aviation fait tout ce qu'elle peut et même plus qu'elle ne peut, en dépit des appareils détruits au sol dès le matin du 10 mai. Toutefois, les faibles effectifs de la chasse empêchent celle-ci d'assumer toutes ses missions : défense des aérodromes, soutien des troupes engagées, escorte des bombardiers chargés d'attaquer les colonnes ennemies. Les avions britanniques et belges opèrent pour leur compte, sans actions concertées. Par ailleurs, les atermoiements du commandement, loin de tout, sont cause que la première mission de bombardement, pourtant primordiale pour enrayer l'avance ennemie, n'a lieu sur le débouché des ponts du canal Albert que le 11 mai à 18 heures, plus de 36 heures après le début de l'attaque. Il faut attendre le 12 mai à 13 heures pour une seconde opération, cette fois à Tongres (Tongeren) au sud-ouest de Maastricht, soit 56 heures après l'heure H. Les résultats sont d'ailleurs catastrophiques car les Bréguet 693 engagés pour cette mission ne sont faits ni pour un vol rasant ni pour une attaque groupée. La puissante FLAK (DCA) allemande fait des ravages. Il en va de même chez les Britanniques. Au soir du 12 mai, 72 des 135 bombardiers engagés dans le ciel de Belgique sont perdus. Il faut renoncer aux attaques de jour.

Dans tous les sens du terme, Gamelin est ailleurs. Il veut toujours s'occuper « de l'ensemble des fronts » et « ne pas être axé sur un front déterminé » – sauf qu'autre part, il ne se tire pas un seul coup de fusil. Ce qui est en train de se passer en Belgique, c'est l'affaire de Georges – en fait, même pas de Georges. Ce dernier a improvisé avec Daladier une visite au roi de Belgique, Léopold III, le 12 mai, avec l'objectif de créer un commandement unique en Belgique. Pas le sien mais celui de Billotte. Chef délégué, Georges délègue à son tour. Les Britanniques renâclent et Paul Reynaud également. Il n'était même pas au courant de la visite au roi de Belgique ! « Qui gouverne ? » s'insurge Reynaud, qui commence à s'affoler du cafouillage franco-belge à tous les niveaux. Il apparaît ainsi que le nouveau chef du gouvernement, celui-là même qu'on surnommait « Reynaud la guerre », ne parvient pas à s'imposer en ces premiers jours de bataille. Caillaux, toujours fidèle à son rôle de perfide Ganelon, conseille à Reynaud d'appeler Pétain. « Alors les militaires vous obéiront[10]. »

Au même moment, Winston Churchill conduit déjà la bataille d'une main de fer, incarnant aux yeux de tout un peuple l'inexorable volonté de combattre. Le soir du 10 mai, il a été appelé par le roi à remplacer Chamberlain. L'attaque allemande n'a fait que précipiter les choses. L'échec de Norvège, ajouté à la politique du Premier ministre depuis 1937, rendait sa démission inévitable. Le 13 mai, devant les Communes, Churchill appelle aux armes par son discours le plus célèbre : « Je n'ai rien d'autre à offrir que du sang, de la peine, de la sueur et des larmes [...] Vous demandez quelle est notre politique. Je réponds à cela : faire la guerre sur terre, sur mer et dans les airs. [...] La guerre contre une monstrueuse tyrannie jamais surpassée dans le catalogue sombre et lamentable des crimes de l'humanité. » La Grande-Bretagne et la France ne sont pas sur la même planète... À preuve les réactions françaises le 10 mai à la nouvelle de la désignation de Churchill. Millerand, ancien président de la République et, à quatre-vingt-un ans, toujours sénateur, s'en inquiète auprès du président du Sénat : « On dit qu'il est un peu impulsif. » Monzie écrit de son côté : « Sa politique m'inspire autant d'épouvante que son talent d'admiration. »

La percée sur la Meuse

Depuis le 10 mai, le GA von Rundstedt progresse vers la Meuse discrètement mais rapidement. « Sans repos, ni relâche », a prescrit von Kleist. Devant lui, le double vide de la Meuse : celui laissé par les Belges dans le massif ardennais et celui, à son débouché, de la zone entre Sedan et Givet (sur la Meuse, au sud de Dinant) où n'ont été disposées que des divisions de qualité médiocre devant couvrir chacune un secteur de 15 km (presque le triple de la normale). Trois batteries anti-char de 25 mm défendent le secteur là où il en faudrait 45. Tout au long de l'hiver, le général Corap (IXe armée) n'a cessé de signaler la faiblesse de son secteur, au point de s'attirer l'inimitié du généralissime. Celui-ci persévère dans l'erreur de penser qu'une offensive pourra toujours être colmatée. De toute façon, les Allemands ne sauraient être crédités par le commandement français d'une manœuvre aussi imaginative, que l'historien allemand Frieser compare à celle de Hannibal dans les Alpes.

Dès la nuit du 10 au 11 mai, l'aviation d'observation a signalé que de nombreuses colonnes motorisées embouteillaient les routes de l'Ardenne belge. « L'ennemi semble préparer une action énergique en direction de Givet », est-il précisé le 11 mai à midi. Les confirmations se succèdent jusqu'au matin du 12 mai : « L'ennemi progresse avec des divisions blindées en Ardenne ; il ne rencontre aucune résistance[11]. » Au milieu des communiqués contradictoires qui parviennent de Belgique, l'information, pourtant répétée, n'est pas prise au sérieux. Elle va trop à l'encontre de la « pensée stratégique » du haut commandement. Et si même cela était, l'ennemi ne ferait que s'enfoncer dans une véritable nasse. C'est pourquoi Billotte maintient l'effort principal de l'aviation en Belgique centrale (2/3 et 1/3) alors que l'état-major air semblait résolu à renverser la priorité. Ordres et contrordres sèment la confusion. Côté allemand, la radio et les actualités filmées allemandes *(Deutsche Wochenschau)* parlent à peine de cette offensive et mettent en avant les succès au nord du GA von Bock pour ne pas alerter les supposés services de renseignement français.

Le 12 mai après-midi, au nord de l'Ardenne, la 7e Pzd (Rommel) borde déjà la Meuse au sud de Dinant. Loin de s'y arrêter, elle infiltre des troupes sur l'autre rive dans la nuit. Le 13 mai, de fortes colonnes de chars surgissent devant Sedan et Monthermé. C'est le corps blindé de Guderian (3 Pzd) qui, lui non plus, ne s'arrête pas devant la Meuse réputée infranchissable et dont les ponts ont été détruits. Dans la nuit du 13 au 14 et la matinée qui suit, la Meuse est franchie par ponts de bateaux et canots pneumatiques. Une armada de 700 avions épaule la percée de Guderian. Ce n'est qu'alors que 260 bombardiers français et britanniques tentent la première action d'envergure. Celle-ci, menée deux jours plus tôt au-dessus de la forêt ardennaise, aurait pu provoquer sur ses routes étroites un véritable chaos chez l'ennemi. À découvert, ajoutée à la chasse allemande, la FLAK a pu se déployer. 50 % des appareils alliés sont abattus sans que l'offensive puisse être enrayée. Les chars passent la Meuse à Dinant, à Givet, à Sedan. Les pertes sont tout aussi effroyables pour la chasse française et britannique qui attaque les ponts lancés par les Allemands à Sedan. Certes, la Luftwaffe enregistre également des pertes sévères mais elle a infiniment plus de ressources. En quelques jours, la flotte aérienne alliée subit une irrémédiable saignée.

Le 15 mai, non seulement les Allemands sont sur la rive ouest de la Meuse mais leurs percées ne visent pas

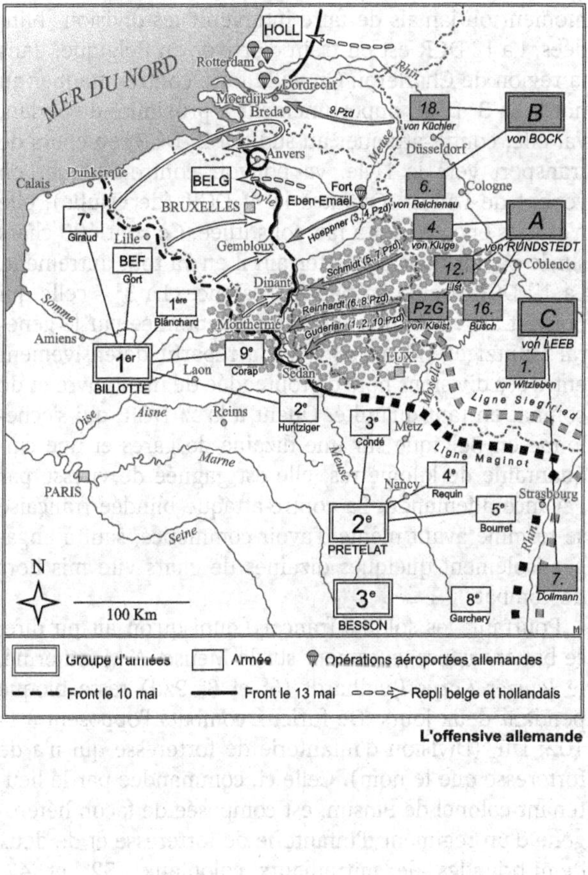

L'offensive allemande

à établir des têtes de pont. Au déni de toutes les conceptions classiques, leurs blindés ne s'arrêtent pas et poursuivent leur charge. Rien ne semble devoir les arrêter. En pleine bataille, le général Corap est relevé de son commandement et remplacé par le général Giraud à la tête de la IXe armée. Il faut colmater la brèche. C'est le moment ou jamais de faire intervenir les divisions blindées. La Ire DCR est en train d'arriver en Belgique, dans la région de Charleroi. On va la faire contre-attaquer au nord. La 3e DCR, opportunément à proximité de Sedan, va, elle, contre-attaquer au sud. La 2e DCR, en cours de transport vers la Dyle, va pouvoir contre-attaquer en venant de l'ouest. Quant à la 4e DCR (de Gaulle), elle n'est pas encore tout à fait constituée. Ce sont 600 chars sur le papier mais sur le terrain il en va tout autrement. La 1re DCR tombe en panne d'essence. La 3e – celle qui pouvait arriver le plus vite – est fractionnée par le général Huntziger (IIe armée) qui la répartit défensivement entre ses divisions hors de toute idée de manœuvre et de combat en tant qu'unité. Quant à la 2e DCR, qui s'échelonne en Belgique sur une dizaine de gares et une cinquantaine de kilomètres, elle est gagnée de vitesse par l'avance allemande. La contre-attaque blindée française se termine avant même d'avoir commencé, sauf à engager isolément quelques dizaines de chars vite mis hors de combat.

Pourtant, les soldats français, quoi qu'on ait pu dire, se battent courageusement sur la Meuse. À Monthermé, le *Panzer Korps* Reinhardt (6e et 8e Pzd) reste bloqué pendant deux jours. De furieux combats l'opposent à la 102e DIF (Division d'infanterie de forteresse qui n'a de forteresse que le nom). Celle-ci, commandée par le lieutenant-colonel de Pinsun, est composée de façon hétérogène d'un régiment d'infanterie de forteresse et de deux demi-brigades de mitrailleurs coloniaux (52e et 42e DBMC). La 102e DIF doit tenir un front ridiculement étiré de 35 kilomètres devant la Meuse, notamment devant Charleville-Mézières et Monthermé. C'est la 42e DBMC (3 200 hommes) qui subit le choc de la 6e Pzd dans le méandre de Monthermé (14 000 hommes supérieurement armés et appuyés par l'aviation). Elle se bat pied à pied pendant deux jours et deux nuits, compagnie par compagnie, point d'appui par point d'appui. Ainsi la 5e compagnie du lieutenant Barbaste cesse d'exister dès le premier jour. Avant de se faire tuer, Barbaste transmet à son chef de bataillon, le commandant Verdier : « Situation désespérée, décide contre-attaquer avec éléments réservés – Tiendrai jusqu'au bout – P.A. 1, 2, 3, doivent être tombés ». Au fur et à mesure que la journée du 13 mai s'avance, la défense se durcit au lieu de faiblir. Deux batteries de tranchée de 150 mm, modèle 1917, tirent sans relâche. Quelques casemates continuent à tirer même lorsqu'elles sont débordées. Quand la nuit tombe, les assaillants ont subi des pertes importantes et ralentissent leur ardeur. Au deuxième jour, les combats reprennent avec une nouvelle intensité. Les Français, harcelés par la Luftwaffe, manquent de munitions et sont épuisés mais la 6e Pzd et derrière elle la 8e ne passent toujours pas. Quand une batterie se tait, à court de munitions, ses servants continuent le combat en voltigeurs. La deuxième nuit tombe. Au matin du 15, le *Panzer Korps* de Reinhardt est menacé, humiliation suprême, d'être relevé par un corps d'infanterie et d'être mis en réserve. Dans un ultime assaut, des panzers suivis d'infanterie passent sur la rive gauche et submergent finalement les derniers défenseurs. Cette défense héroïque a été menée par des soldats en majorité réservistes, renforcés par 400 tirailleurs malgaches[12].

Rommel lui-même, commandant de la 7e Pzd, atteste qu'il n'a pas franchi la Meuse sans combattre : « Le 6e régiment de fusiliers était sur le point de passer en bateaux de caoutchouc sur l'autre rive ; mais il était arrêté par un feu nourri d'artillerie et très gêné par le tir d'armes portatives des troupes françaises établies dans les rochers de la rive ouest. La situation, quand j'arrivai, n'avait donc rien de plaisant. Nos bateaux étaient détruits les uns après les autres par le feu flanquant des Français et la traversée ne s'effectuait plus. Les tireurs ennemis étaient si bien dissimulés que, même en les cherchant longuement à la jumelle, il était impossible de les découvrir. [...] Un écran de fumée sur la vallée de la Meuse aurait certainement empêché ces tireurs de nous faire grand mal ; mais nous n'avions pas d'unité fumigène. Je donnai donc l'ordre d'incendier plusieurs maisons dans la vallée afin d'obtenir la fumée qui nous faisait défaut[13]. »

Dans le secteur de Sedan, la 55e DI (de série B), qui reçoit tout le choc des 3 Pzd de Guderian, n'en résiste pas moins énergiquement. À Donchéry, près de Sedan, la 2e Pzd ne peut d'abord traverser la Meuse, prise sous le feu des mitrailleuses. Le 14 mai, c'est le 7e bataillon de chars FCM36 qui contre-attaque dans le secteur de Sedan. Ce sont des chars légers armés d'un petit canon court de 37 mm (modèle 1918) qui n'ont aucune chance face aux modernes panzers et aux redoutables canons antichars de 88. 29 sur 39 sont détruits[14]. On pourrait multiplier les exemples de ces combats isolés où les soldats français font face avec ce qu'ils ont. Un des survivants du 33e BCC (bataillons de chars de combat, en soutien d'infanterie), Pierre Cazenave, témoigne : « On nous a retiré nos modernes Renault R40, devant servir à l'instruction, pour nous équiper de vieux Renault FT 17, lents, mal armés et peu blindés. Notre bataillon a été engagé dans une véritable mission suicide contre les panzers du 19e corps d'armée du général Guderian. Les tankistes allemands nous tiraient dessus comme à l'exercice ; leurs obus perforaient les tourelles de nos chars de part en part. Notre vitesse, limitée à 8 km/h, faisait de nous des cibles idéales. Sur 63 tanks engagés, nous en avons perdu 55 ! Nos pertes humaines furent terribles. Des 132 hommes d'équipage au début, nous n'étions plus que 22 survivants après les combats de cette terrible journée[15] ! »

À l'opposé, l'épisode de « la rumeur de Bulson » (village à 8 km au sud de Sedan) a forgé durablement l'image du soldat français fuyant devant l'avancée allemande. En fin d'après-midi du 13 mai et dans la nuit, les arrières des 55e et 71e divisions s'effondrent, pris de panique. La soudaineté de l'apparition des panzers et la vitesse de leur progression donnent immédiatement corps à la démoralisation de la Drôle de guerre et au *self-fulfilling prophecy* d'une Wehrmacht invincible, écrasant tout devant elle. Les bruits de cinquième colonne, de parachutistes (il n'y en a pas un seul dans l'offensive sur la Meuse), de communistes, de trahison finissent par provoquer l'affolement et une fuite contagieuse. « Les Boches sont derrière nous ! » Les PC de régiments relaient de bonne foi des ordres de repli que personne n'a donnés. Cependant, se replier sans arme s'appelle fuir. Loin de l'anecdote, cette nouvelle « Grande peur », qui jeta sur les routes de France les paysans français de juillet 1789, met plus de 20 000 hommes en fuite. 2 PC divisionnaires et 2 PC d'artillerie lourde sont abandonnés. La rumeur gagne les arrières de la IIe armée. L'arrivée des maigres renforts vers la brèche de Sedan s'en trouve entravée. La 71e DI, péniblement remise en ligne le 14 mai, va de nouveau se débander. Deux bataillons tiennent cependant jusqu'au lendemain grâce à des chefs énergiques et combatifs, entraîneurs d'hommes. Mais où sont les chefs justement ?

Marc Bloch, dans *L'Étrange Défaite*, incrimine tout particulièrement le commandement qu'il est bien placé pour observer en tant qu'officier d'état-major. Certes, il n'est pas sur la Meuse mais, d'un bout à l'autre du front, la carence est la même : ankylose à tous les échelons, manque de liaisons, officiers de troupe sans ordres et, ceci expliquant cela, officiers supérieurs invisibles. « L'illusion est grave d'imaginer que la routine des revues de détail, des exercices sur le champ de manœuvres et des menues histoires de discipline intérieure préparent efficacement au commandement direct des hommes, dans une vie d'aventures guerrières, brusquement privée de l'étai du règlement. [...] Le capitaine Coignet ni ses émules des guerres napoléoniennes n'étaient assurément des génies, mais ils atteignaient à peine l'âge mûr. L'armée allemande, à son tour, même quand on n'a fait que l'entrevoir en passant, donne, par rapport à la nôtre, une incontestable impression de jeunesse[16]. » Bloch fait allusion de son côté à la rumeur de Bulson : « Le GQG dut renvoyer à son poste le général commandant une région militaire [il s'agit en réalité d'un colonel d'artillerie lourde qui va se suicider trois jours après] ; ce chef avait abandonné sa ville, sans ordre, pour la belle raison qu'à son avis l'ennemi n'en était plus assez loin. » La surprise est cause d'un désarroi général. « Quand un chef commence à dire : "À quoi bon ?", gare aux exécutants ! Puis ce fut la marée montante d'un désespoir qui, au lieu d'aiguillonner à l'action, semblait chercher son refuge dans une sorte de paresse somnolente. Je n'ai guère connu de spectacle plus démoralisant que certains affalements dans les fauteuils du 3e bureau. »

Sur la Meuse, on a sacrifié le général Corap au point que son nom va bientôt être synonyme de traître, de Bazaine du Sedan de 1870 ! Son tort est d'avoir reçu le choc et de ne pas avoir fait de miracle. Mais que dire de Huntziger qui, lui, a reculé sans ordre ? Sous prétexte de mieux regrouper ses forces, il replie sa IIe armée sur une ligne Mouzon-Inor, abandonnant ainsi toute liaison avec la IXe armée et élargissant la brèche où s'engouffrent les panzers. Cependant, son réseau de sympathies a dévié l'orage sur Corap, chef de la IXe armée voisine, que Paul Reynaud dénonce devant le Sénat comme responsable du désastre de Sedan. Il affirme notamment que les ponts de la Meuse n'ont pas été détruits – ce qui est faux. Quant à Huntziger, qui a fait un usage lamentable de la seule DCR véritablement disponible, il est probable que Reynaud le couvre parce qu'il est l'un des successeurs possibles de Gamelin, toujours sous l'épée de Damoclès.

Et le général Georges ? N'est-il pas, abstraction faite de Gamelin, plus que jamais « Bouddha militaire » (Pertinax), le grand chef des opérations ? Le 14 mai, avant l'aube, à l'heure où la percée n'est pas encore totalement effectuée, il s'effondre déjà. « Quand nous arrivons [à La Ferté-sous-Jouarre] vers 3 heures du matin peut-être, raconte le général Beaufre, tout est étrange sauf cette pièce qui n'est qu'à moitié éclairée [...] L'atmosphère est celle d'une famille où l'on veille un mort. Georges se lève vivement et vient au-devant de Doumenc [Major général du GQG que Georges vient de faire venir]. Il est terriblement pâle : *Notre front est enfoncé à Sedan ! Il y a eu des défaillances...* Il tombe dans un fauteuil et un sanglot l'étouffe[17]. » La suite de l'histoire est plus lamentable encore. À celui sur qui repose le sort du pays et qui craque ainsi, Doumenc prodigue de curieuses consolations : « Mon général, c'est la guerre et à la guerre, il y a toujours de tels incidents ! » Et d'ailleurs, d'où Georges tient-il ces informations pour l'heure encore erronées ? « Alors Georges, toujours aussi pâle, explique : les deux médiocres divisions auraient lâché pied à la suite d'un terrible bombardement aérien. Le 10e Corps signale que la position est traversée et que les chars allemands sont arrivés à Bulson vers minuit. Et il a un nouveau sanglot. Tous les autres témoins restent silencieux, accablés par l'événement[18]. » C'est déjà la rumeur de Bulson, avec pour première victime le général Georges en personne !

Et le généralissime ? Le 13 mai au soir, il a lancé un de ces mots d'ordre dont il a le secret : « Il faut maintenant tenir tête à la ruée des forces mécaniques et motorisées de l'ennemi. L'heure est venue de se battre à fond sur les positions fixées par le haut commandement. On n'a plus le droit de reculer. Si l'ennemi fait localement brèche, non seulement colmater, mais contre-attaquer et reprendre. » En fait, il n'a aucune vue d'ensemble de la situation et ce n'est pas son deuxième bureau, fractionné entre La Ferté-sous-Jouarre et Montry, qui peut lui en donner. Est-il encore confiant à cette date ? En tout cas, le *Daily Mail* l'est pour lui : « Le général Gamelin a préféré attendre que la guerre suive son cours plutôt que d'en forcer le rythme[19]. »

Avec le décalage qui lui est nécessaire, Gamelin ne prend vraiment conscience du désastre de Sedan que le 15 mai en début de soirée, alors que tout est consommé. À ce moment, l'ambassadeur américain, William Bullit, est au ministère de la Guerre en présence de Daladier qui revient de l'Élysée. Le président de la République, que Gamelin a rassuré, a confiance dans le cours de la bataille. Le téléphone sonne. C'est justement Gamelin qui appelle de Vincennes. Daladier écoute puis soudain hurle : « Non, ce que vous me dites n'est pas possible ! Vous vous trompez ! Ce n'est pas possible ! » Gamelin vient de lui dire que le front est enfoncé. Les Allemands sont déjà à Laon et, entre Laon et Paris, il ne dispose pas d'un seul corps de troupe. « Alors, c'est la destruction de l'armée française ! – Oui, c'est la destruction de l'armée française. » Le 15 mai au soir donc, le ministre de la Guerre et son chef des armées parlent déjà de défaite. C'est tôt – tellement tôt même que Daladier enjoint à Gamelin : « Surtout, ne dites rien à personne. Je ne parlerai même pas au président du Conseil[20]. »

Dans le rapport qu'il adresse le 18 mai à son ministre sur les événements, Gamelin plaide d'autant moins coupable qu'il n'a toujours rien compris au fond. Après avoir mis en cause tout (y compris la guerre défensive !) et tout le monde sauf lui, il écrit : « Si, du reste, nous étions restés en France au lieu de nous porter en avant, la situation aurait été la même puisque la rupture s'est produite dans la région Sedan-Mézières qui fait partie de la position en territoire national[21]. »

Avec deux fois, quatre fois plus de chars et d'avions, voire de divisions, Gamelin n'aurait pas fait mieux, ni Georges, ni Billotte, ni Corap et moins encore Huntziger. Tel est le retard de la pensée tactique du haut commandement de l'armée française, que le fameux front continu eût été enfoncé de toute façon. Du généralissime aux échelons inférieurs du commandement, on pense « méthode » et « bataille préparée » au lieu de réponse flexible, improvisation. Ceux qui ont « fait 1914-1918 » – autant dire tous – « ne reconnaissent pas la guerre », selon leur propre expression. Tout va trop vite.

Panique au gouvernement

La rumeur de Bulson a fini par parvenir jusqu'au gouvernement, en y provoquant les mêmes effets ravageurs. À partir du 15 et surtout du 16 mai, un vent de panique souffle sur le gouvernement et le Parlement. Daladier n'est plus que l'ombre de lui-même : « Tout est perdu. La trouée est irrésistible[22]. » Des unités entières se seraient rendues à l'ennemi. Daladier y voit la main de Moscou. « Quelle journée ! » consigne Jules Jeanneney pour le 16 : « 9 h 30. Henri Roy, ministre de l'Intérieur, arrive la mine défaite : *Nous sommes f… mon vieux. C'est comme je te le dis. Les Boches ont forcé la Meuse en plusieurs points et se dirigent sur Paris, qui est menacé. Notre armée retraite en désordre…* À peine achevait-il que Paul Reynaud me confirme la chose à l'automatique, ajoutant : *les Allemands descendent sur Paris par trois routes : Reims, Laon, Chalons. Il y a péril.* »

Paul Reynaud entérine la recommandation du gouverneur militaire de Paris, le général Héring, d'évacuer le gouvernement et le Parlement. Au Quai d'Orsay, on brûle hâtivement les archives secrètes sur les pelouses. « L'annonce que les Français brûlaient leurs archives au Quai d'Orsay donna l'impression que leur gouvernement avait perdu la tête, commente le général Spears. On eût dit que c'était tout le passé futile de la Troisième République qui se consumait dans un vaste four crématoire. Des fonctionnaires affolés, courant, de jeunes diplomates en herbe, pâlots, des barbus, d'autres dont les lorgnons tremblaient sur le nez, se précipitaient vers lui, les uns avec des piles de dossiers, les autres avec quelques feuillets. » « Projets de pactes, rêves de partages, engagements secrets retournent ainsi à leur élément naturel : la fumée », ajoute Fabre-Luce. Plus pragmatique, Villelume observe de son côté : « Cela va faire disparaître bien des responsabilités. » Lors de l'avance allemande sur Paris en 1914, aux députés qui parlaient de quitter la capitale, Clemenceau avait répondu : « Vous avez raison. Nous sommes trop loin du front. »

Le désordre s'installe. Finalement, devant l'opposition de plusieurs de ses ministres et aussi parce que cela se révèle matériellement impossible, Reynaud renonce à quitter Paris. Mieux, dans la séance qui se tient à la Chambre l'après-midi, il affirme n'y avoir jamais songé. Le voilà soudain ferme et résolu, farouche même : « Il faut nous charger tout de suite une âme nouvelle. Nous sommes pleins d'espoir. Nos vies ne comptent pour rien. Une seule chose compte : maintenir la France. » Du coup, on s'avise qu'il faudrait peut-être défendre Paris. Qu'est-ce qui est prévu ? Nul ne sait. Il n'y a guère que Dautry pour exposer froidement de quels explosifs il dispose pour faire sauter les ponts de Paris. « La France officielle, écrit Fabre-Luce à la date de ce 16 mai, est, comme disent les médecins, *en état de choc* […] Cet effondrement des responsables étonne ceux qui n'ont pas encore mesuré le désastre. Nous pouvons, disent-ils, gagner la seconde manche. Mais il faudrait pour cela que les partenaires jouassent la même partie. Or c'est une autre guerre que nos dirigeants ont préparée. »

En fin d'après-midi, Churchill entre en scène. La veille, Reynaud l'a appelé au téléphone, affolé : « Nous sommes battus ; nous avons perdu la bataille ! » Churchill n'a pas voulu croire que les choses soient allées aussi vite. Quand le 16 au matin, le commandement britannique a commencé à évoquer l'éventualité d'une retraite britannique, « Churchill s'est fâché tout rouge [...] Il s'est levé d'un bond et a déclaré qu'il se rendrait en France – il était ridicule de croire que la France pourrait être conquise par 120 tanks[23] ». Churchill est l'homme d'action qui manque tant à la France. L'après-midi même, il s'envole pour Le Bourget avec les généraux Dill et Ismay du *War Office* en exigeant une réunion extraordinaire du Conseil suprême interallié. À peine arrivé, Churchill est frappé par le pessimisme général. À 17 h 30, il est au Quai d'Orsay où l'attendent Reynaud, Daladier et Gamelin. Ce dernier brosse un tableau très sombre de la situation militaire. Les Allemands ont percé sur une largeur de 80 km. L'armée qui se trouvait dans ce secteur est détruite et les divisions allemandes continuent d'avancer à une vitesse effrayante. Churchill se veut rassurant. Il ne s'agit après tout que d'un saillant (*Bulge*). À quand la contre-attaque ? Et où ? Effondré, le généralissime répond qu'il n'en a pas les moyens. Churchill raconte : « Je demandai alors : où sont les réserves stratégiques ? Et, continuant en français : où est la masse de manœuvre ? Le général Gamelin se tourna vers moi et avec un hochement de tête et un haussement d'épaules me dit : il n'y en a aucune[24]. »

Churchill quitte Paris le lendemain. Après en avoir référé au *War Office*, il a pu, non sans mal, promettre à la France dix escadrilles supplémentaires. Il s'est évertué aussi à ranimer le moral des gouvernants français. Paul Baudouin, présent, le dépeint « extraordinaire d'énergie véhémente, couronné comme un volcan par la fumée de ses cigares ». Cependant le nouveau Premier ministre britannique a clairement signifié que, même si la France est envahie et vaincue (c'est tout de même de cela qu'il s'agit dès le 16 mai, six jours seulement après l'entrée de la Wehrmacht en Belgique et en Hollande), la Grande-Bretagne continuera de se battre en attendant que les États-Unis viennent à son aide. Et celui qui incarne déjà la détermination britannique et qui a promis à ses concitoyens « du sang et des larmes », de terminer sa déclaration sur des accents hautement churchilliens : « Nous attaquerons l'Allemagne. Nous démolirons ses villes. Nous brûlerons ses récoltes et ses forêts. »

Le 17 mai, il apparaît que ce n'est pas en direction de Paris que s'effectue la poussée allemande. Mais alors où et dans quelle intention ? Cette question stratégique pourtant vitale ne semble pas être la priorité dans les soucis d'un gouvernement qui a de moins en moins prise sur le haut commandement. Ce qui préoccupe Reynaud pour l'heure, c'est un nouveau remaniement ministériel suffisamment important pour qu'il puisse enfin gouverner. La journée se passe en consultations fiévreuses. Pétain a été rappelé d'Espagne, Weygand de Syrie. Des changements décisifs se préparent.

Le nouveau gouvernement est constitué le samedi 18 mai. La tête d'affiche, le coup médiatique, c'est le maréchal Pétain. Le héros de Verdun a quatre-vingt-quatre ans mais encore bon pied, bon œil. Et aussi bonne tête ? C'est toute la question. Militairement, ayant été le commandant suprême de l'armée jusqu'en février 1934, puis ministre de la Guerre, il est le père de la stratégie défensive de l'armée française (la couverture !). Politiquement, il dissimule soigneusement des idées qui le placent, au-delà de la droite parlementaire, dans le camp, encore occulte mais pour peu de temps, de ceux qui détestent les partis politiques, la démocratie parlementaire et la république. Il est en cela proche des Croix-de-Feu du colonel de La Rocque – mouvement, rappelons-le, qui ne saurait être assimilé au fascisme pur et dur mais qui n'en reste pas moins d'extrême droite. Il reste néanmoins étonnant qu'un tel homme ait la confiance de la gauche qui s'obstine à voir en lui « un général républicain » (Pierre Cot). En fait, Pétain, auréolé de gloire mais avec l'image d'un chef humain, a la confiance de tous les Français. Seul, pense-t-on, le vainqueur de Verdun peut sauver la France. Seul, il peut en imposer au haut commandement et redonner du moral aux soldats. Il a déjà refusé d'entrer dans plusieurs combinaisons ministérielles mais le 30 mars 1940, à Monzie qui lui dit que « La présence du plus grand chef devient de plus en plus nécessaire en France », il aurait répondu : « Ils auront besoin de moi dans la seconde quinzaine de mai. » De toute façon, qui d'autre parmi les grands chefs militaires que les Français aiment tant aux heures difficiles ?

Aussi Reynaud n'a-t-il pu faire moins que de concéder à Pétain la vice-présidence du Conseil. Or les deux personnages ne s'aiment pas. Le premier a toujours fait figure de chef de file des bellicistes tandis que le second, qui a désapprouvé publiquement la déclaration de guerre, apparaît d'ores et déjà – et ce n'est pas le moindre paradoxe en ce 18 mai – comme favorable au parti de la paix ou à tout le moins non hostile à ses partisans. En tout cas pas un « dur ».

Reynaud ôte en outre le portefeuille de la Guerre à Daladier pour se l'octroyer. À la radio, il a pris des accents à la Clemenceau : « Ce que le pays attend du gouvernement, ce ne sont pas des paroles ; il n'en a que trop entendu depuis quelques années, ce sont des actes qu'il veut [...]. Dans les circonstances actuelles, il fallait aussi que le chef du gouvernement fût placé au poste le plus exposé ; il fallait qu'il prît les responsabilités les plus lourdes : j'ai donc assumé la direction de la Défense nationale. » Puis il conclut son discours en demandant à chaque Français de prêter avec lui le serment solennel de « Vaincre ». Pour ce ministère qu'il n'a jamais occupé, il nomme Villelume directeur de cabinet. Quant à Daladier, il n'est pas tout à fait remercié. Reynaud, qui songe aux forces de nuisance du parti radical, lui concède les Affaires étrangères. Georges Mandel est nommé à l'Intérieur. C'est certes un poste important pour cet ancien chef de cabinet de Clemenceau, au patriotisme intransigeant. D'ailleurs, *Je suis partout* salue ainsi sa nomination – à preuve que la censure est bien douce dans la France en guerre : « À une guerre juive, il fallait un Clemenceau juif. » (Ce journal, qui ose souhaiter une « guerre courte et désastreuse », sera tout de même saisi le 5 juin pour propos défaitistes.) Car voilà, Mandel est juif, et l'antisémitisme n'est pas l'apanage de l'Allemagne. Au journaliste Émile Buré, il avait confié : « Je serai ministre de l'Intérieur quand les choses tourneront au pire, quand nul ne se préoccupera plus de la forme du nez des gouvernants[25]. » Mandel, supérieurement intelligent, organisateur et travailleur, homme de sang-froid, politique sans être politicien (il est bien le seul), a toutes les qualités pour faire un remarquable président du Conseil – un vrai décideur dont la France a alors besoin sous peine de mort.

Le premier soin de Reynaud, en tant que ministre de la Guerre, est de limoger Gamelin. Certes, on ne change pas les chevaux au milieu du gué mais ce n'est décidément plus possible. Par qui le remplacer ? Pas par Georges, lui aussi discrédité par le désastre de Sedan, ni finalement par Huntziger. Villelume a conseillé Weygand. Va pour Weygand. Il a soixante-treize ans mais est en pleine forme physique. En se renseignant un peu mieux sur lui, on saurait que ses sentiments républicains ne sont pas très sûrs. Daladier dit aussi de lui que c'est une ganache. Dans l'avion qui le conduit vers la France, il rédige un mémorandum qui n'est pas sans rappeler ceux de Gamelin : « Arrêter d'abord, battre ensuite. Audace stratégique, prudence tactique. Il ne suffit pas, pour arrêter, d'encaisser ni même de rendre coup sur coup. Même dans la lutte défensive l'esprit offensif donne la victoire. À tous les degrés de la hiérarchie, faire à l'adversaire le plus de mal possible ; malgré la fatigue, le maintenir dans la crainte d'une réaction[26]... » Enfin et surtout, Weygand n'a pas l'expérience du commandement comme de Gaulle le souligne sans pitié dans ses *Mémoires de guerre* : « Weygand était par nature un brillant second [...] Il avait, comme Chef d'état-major général, fait valoir avec intelligence et courage, auprès de plusieurs ministres et sous leur autorité, les intérêts vitaux de l'armée. Mais si les aptitudes requises pour le service d'état-major et celles qu'exige le commandement ne sont nullement contradictoires, elles ne sauraient être confondues. Prendre l'action à son compte, n'y vouloir de marque que la sienne, affronter seul le grand destin, passion âpre et exclusive qui caractérise le chef, Weygand n'y était ni porté, ni préparé. »

Weygand est devant Reynaud le 19 à 14 h 30. À la demande de celui-ci, il va aussitôt rendre visite à Gamelin à Vincennes : « Il me déclare avec calme et dignité qu'étant battu, il trouve naturel qu'on le remplace. [...] Les officiers de son cabinet, que je vois au passage, donnent au capitaine Gasser qui m'accompagne, et qui est demeuré avec eux pendant ma visite au général Gamelin, une impression de profond découragement. » Weygand rend ensuite visite à Georges, à La Ferté-sous-Jouarre. « Je suis douloureusement frappé de l'altération de ses traits. Pour entrer dans son bureau, je traverse avec lui une grande salle où travaillent ses collaborateurs immédiats. Ils se lèvent, s'inclinent, le regard triste. Mon chef de cabinet me confirmera que pas plus qu'à Vincennes il n'a trouvé chez eux grand espoir de rappeler du premier revers, qui vient de transformer, cruellement et avec une telle rapidité, la situation des armées françaises[27]. »

À 19 heures, Weygand est de nouveau devant Reynaud, en présence de Pétain. On lui propose le poste de généralissime avec cette fois pleine et entière autorité sur la Marine et l'air. Il accepte. La passation des pouvoirs se déroule le lendemain 20 mai à Vincennes où Weygand installe à son tour son QG. Georges conserve son commandement. L'annonce, le soir à la radio, de la nomination de Weygand est bien accueillie dans le pays. La presse, comme pour Pétain, en attend de grandes choses. Allons ! Il y a encore de l'espoir ! Après tout, les Allemands ne sont pas à Paris !

Au gouvernement, c'est, au sens propre du terme, un miracle qui est demandé. Le 19, Paul Reynaud s'est rendu à Notre-Dame avec plusieurs de ses ministres dont Daladier pour une cérémonie de prières. Le 21, devant le Sénat, il a terminé ainsi sa déclaration annonçant la rupture du front à Sedan : « Pour moi, si l'on venait me dire un jour que seul un miracle peut sauver la France, ce jour-là, je dirais : je crois au miracle parce que je crois à la France. » Les sénateurs se sont levés pour mieux applaudir. Le 26 mai, la châsse de sainte Geneviève, sainte patronne de Paris, est promenée en procession devant l'église Saint-Étienne-du-Mont, comme chaque fois qu'une grande calamité menace la capitale.

Le coup de faucille

Pendant ce temps, les panzers ont poursuivi leur avance foudroyante. Le plan allemand prévoit « d'enrouler » les unités alliées aventurées en Belgique, puis de les détruire. L'objectif n'est donc pas Paris, mais la mer en un ample « coup de faucille » (l'expression, née après coup, est de Churchill – *sickle cut)*. Le 14 mai, à 14 heures, Guderian a ordonné aux 1re et 2e Pzd de bifurquer vers l'ouest en direction de Rethel, le long de l'Aisne, à 50 km de la tête de pont de Sedan où il ne laisse en protection que la 10e Pzd et le RI *Gross Deutschland*. Pour le chef du 19e *Panzer Korps*, l'acte essentiel n'est pas de percer mais d'exploiter la percée. Son initiative provoque un effet d'entraînement sur les autres corps blindés qui en font autant, au grand dam du haut commandement *(Generalität)* qui n'en a pas donné l'ordre express.

Ici intervient une récente controverse d'historiens (l'historien militaire allemand Karl-Heinz Frieser en tête) selon laquelle la *Blitzkrieg*, la guerre-éclair mise en œuvre par Guderian et l'offensive des panzers dans la Meuse, ne serait qu'un concept forgé après coup et quasiment improvisé sur le terrain. C'est vrai en tout cas pour l'expression elle-même, appelée à connaître le succès que l'on sait. La guerre-éclair n'aurait été en aucun cas une tactique audacieusement conçue par Hitler et prévue dans le plan d'invasion. C'est à la fois vrai et faux – et, à tout bien considérer, cela ne change rien au résultat final. Le plan d'invasion Manstein prévoit bel et bien de percer sur la Meuse par un fort coin blindé appuyé par l'aviation puis d'enrouler avec toute la vitesse possible le Groupe d'armées aventuré en Belgique, en poussant en direction de la baie de la Somme. Qu'est-ce d'autre que la *Blitzkrieg* ? En revanche, il est certain que les choses vont plus vite que prévues par le haut commandement et surtout par Hitler qui commence à s'angoisser. Après avoir crié au miracle, le Führer découvre soudain que son plan est risqué. Les premiers succès sont trop faciles. Et si ce n'était qu'un piège ? Lui aussi est hanté par l'image de la contre-offensive de la Marne. « Il faut absolument éviter partout le moindre revers », enjoint le Führer qui sait que son pouvoir est en jeu.

Von Bock lui-même a été déconcerté par la rupture du front sur la Meuse : « Le Français a vraiment l'air d'avoir été abandonné de tous les bons esprits, sinon il aurait pu et dû empêcher cela[28]. » Pour mieux servir son propos, Frieser affirme, en s'appuyant sur les mémoires de Guderian, qu'il n'y avait pas d'ordres pour une destination au-delà d'une tête de pont sur la rive gauche de la Meuse. Ceci est en totale contradiction avec le plan *Fall Gelb* dont on voit mal la Meuse comme objectif final ! Pour y faire quoi ensuite ? En revanche, Guderian « accélère » le plan Manstein. Partisan farouche de l'offensive ininterrompue, il perçoit le facteur temps comme essentiel – ce qui n'est effectivement pas le cas de Hitler et de ses généraux, eux aussi imprégnés du rythme de la Grande Guerre. Ainsi, dès le début de l'offensive, Guderian avait prévu de franchir la Meuse au plus tard le cinquième jour afin que les Français n'aient pas le temps de déplacer leurs réserves (qu'ils n'ont pas). Le chef d'état-major général Halder, qui entre-temps s'est totalement rallié au plan Manstein, avait prévu 9 à 10 jours. La Meuse franchie, Guderian entend foncer vers la mer, sans se préoccuper de ses flancs découverts, pour ne pas laisser aux Alliés le temps de sortir du piège belge. Encore une fois, il s'agit bien du plan *Fall Gelb* mais dont l'impétueux chef du 19e *Panzer Korps* entend brûler les étapes.

Cela ne va pas sans mal, non pas du fait de l'armée française, mais de celui du haut commandement allemand. Le 15 mai, von Kleist, qui a déjà renâclé pour autoriser l'avancée jusqu'à Rethel, veut stopper l'avance de Guderian. Celui que ses soldats surnomment « Heinz le rapide » obtient encore 24 heures d'initiative sous le

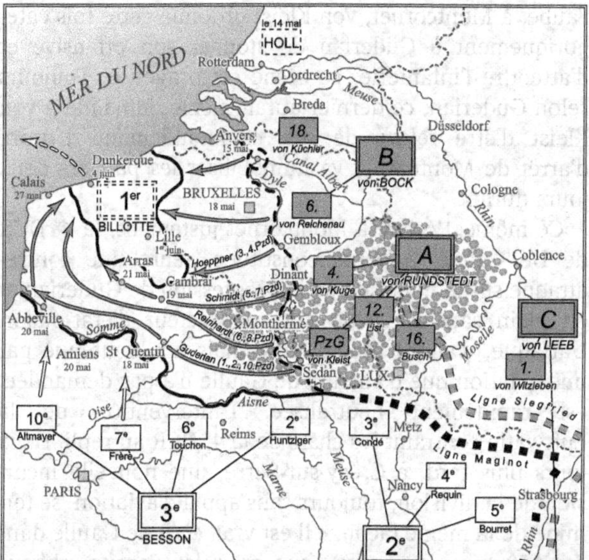

Le coup de faucille

couvert de « reconnaissance combative ». Le 16 mai au soir, les 19e et 41e *Panzer Korps* sont sur le canal de l'Oise à la Sambre. De son côté, le 39e *Panzer Korps* s'approche de Solesmes, dans le département du Nord. Ces trois corps blindés ne vont plus cesser de chevaucher de conserve vers les côtes de la Manche. Le 17 mai à l'aube, à Montcornet, von Kleist ordonne cette fois catégoriquement à Guderian de stopper son offensive et d'attendre l'infanterie. La scène est orageuse. Toujours selon Guderian, ce dernier aurait même demandé à von Kleist d'être relevé de son commandement. L'ordre d'arrêt de Montcornet va immobiliser les panzers deux jours durant.

Ce même 17 mai, à Montcornet justement, la 4e DCR de De Gaulle, à peine constituée, tente une contre-attaque sur le flanc sud de la progression de Guderian et en plein sans le savoir sur son secteur d'état-major. L'attaque, d'abord prometteuse mais non soutenue par une aviation que d'ailleurs de Gaulle n'a pas demandée, est rapidement neutralisée. L'intervention de la Luftwaffe contraint les chars de la 4e DCR au repli. Deux jours plus tard, à Crécy-sur-Serre, une nouvelle incursion de la division, toujours sans appui d'aviation, se termine de la même façon. « Il est vrai, écrit de Gaulle dans ses *Mémoires de guerre*, que pour les Somua, chaque équipage est formé d'un chef de char qui n'a jamais tiré le canon et d'un conducteur qui n'a pas fait quatre heures de conduite. Il est vrai que la division comporte un seul bataillon d'infanterie. Il est vrai que l'artillerie vient d'être constituée au moyen de détachements fournis par de multiples dépôts et que beaucoup d'officiers font la connaissance de leurs hommes littéralement sur le champ de bataille. »

Toujours le 17 mai au matin, alors que la brèche initiale mesure désormais 100 km, Gamelin, sur l'insistance de Reynaud, adresse à l'armée un vibrant ordre du jour :

« Toute troupe qui ne pourrait avancer doit se faire tuer sur place plutôt qu'abandonner la parcelle du sol national qui lui a été confiée. Comme toujours, aux heures graves de notre histoire, le mot d'ordre aujourd'hui est : Vaincre ou Mourir. Il faut Vaincre. » Le 18 mai au soir, à la radio, Paul Reynaud, par euphémisme ou plutôt par incompréhension du coup de faucille qui se dessine, annonce : « La poche au sud de la Meuse s'est élargie vers l'ouest. »

Depuis le début de l'offensive allemande, Gamelin n'a pas pris la moindre initiative stratégique, ne voulant surtout pas « se mêler des affaires » du général Georges. Et voilà que le 19, alors qu'il sait très bien que Weygand est à quelques heures de le remplacer, il adresse à Vuillemin et à Georges, la plus fameuse de ses « IPS » (Instruction personnelle et secrète n° 12). Fameuse, parce qu'elle commence par cette formule : « Sans vouloir intervenir dans la conduite de la bataille en cours qui relève de l'autorité du commandant en chef sur le front du nord-est [...] » Ce fort malheureux préambule, qui a fait aussitôt florès, ne traduit que trop bien la façon dont le généralissime entend mener ou plutôt ne pas mener la bataille. Dans ses *Mémoires*, il persiste et signe : le responsable du front du nord-est, c'est Georges et pas lui. En revanche, « si je ne le trouvais pas résolu à se rendre dans le nord, pour y assumer, tout au moins momentanément, la direction des événements, j'étais décidé à le faire moi-même. J'ose même dire que je souhaitais le faire moi-même ». Ah mais ! Hélas, c'était le jour où on le chassait. Ce que suggère celui qui est encore pour quelques heures généralissime, c'est une contre-attaque de grand style, la Marne recommencée – la Marne dont après tout il fut le maître d'œuvre auprès du général Joffre. Le couloir tracé par l'irruption des panzers s'est rétréci de 40 km (c'est encore beaucoup, surtout avec 7 Pzd soutenues par la Luftwaffe à l'intérieur). Le GA

Billotte ou en tout cas ce qu'il en reste attaquerait vers le sud. Le général Frère avec une VIIe armée qui vient d'être reconstituée à partir des lambeaux de la IXe armée attaquerait vers le nord. La IIe armée Huntziger couperait sur la Meuse les voies de communication allemandes. On pourrait ainsi « recoudre les forces encerclées au reste de l'armée française, rétablir un front sur la Somme et sur l'Aisne. Ce plan, pour le moins présomptueux mais qui aurait au moins l'avantage de tenter quelque chose, ne verra jamais le jour.

Quittons le général Gamelin sur la forte pensée stratégique qu'il formule dans ses *Mémoires* à propos de la ligne Maginot : « D'une façon générale, si la ligne Maginot ne nous a pas assuré de réaliser toutes les économies de forces que nous eussions pu en espérer, elle nous a cependant rendu un très grand service du point de vue stratégique. Son existence même nous garantissait, au printemps de 1940, que, du moment où les Allemands attaquaient à travers le Luxembourg, la Belgique et la Hollande, ils ne pourraient pas, en même temps, faire un effort décisif contre Longuyon et la Suisse[29]. »

Dès le lendemain de sa prise de commandement, Weygand décide de se rendre en Belgique pour se rendre compte de la situation. Il veut y rencontrer le roi de Belgique ainsi que le général Gort, chef de la BEF – et bien entendu Billotte. On est le 21 mai. L'expédition commence mal. Au Bourget, si l'escadrille de chasse qu'il a commandée pour sa protection l'attend, son propre avion n'est pas là. On attend. On part enfin. On atterrit à Norrent-Fontes (Pas-de-Calais) pour s'apercevoir que l'aérodrome a déjà été abandonné. On se met en quête d'un téléphone mais il n'y en a pas sur place. Il faut se lancer sur les routes encombrées de réfugiés dans une camionnette d'emprunt. Enfin, un village avec un bureau de poste. C'est Weygand lui-même qui raconte sans y voir malice cet épisode surréaliste dans ses *Mémoires*. Il ne s'agit pas là en effet d'une situation exceptionnelle, quoique grotesque. Le réseau téléphonique belge, et non la radio ni même le téléphone de campagne, est le mode normal de communication de l'armée Billotte en Belgique, et la Luftwaffe a beau jeu de détruire les poteaux téléphoniques. On peut rapprocher cet épisode de l'anecdote que conte Monzie à la même date (le 20 mai) : « Le maréchal Pétain dit très doucement en fin du conseil : *On devrait se servir des pigeons voyageurs... Il est regrettable qu'on ait abandonné l'usage des pigeons voyageurs.* » Au même moment, Guderian caracole à la tête de ses divisions blindées dans une voiture de commandement découverte qui est un véritable centre de transmission ambulant. Trois opérateurs radio y officient à la fois dont un codant directement, sur machine *Enigma*, les messages avec le haut commandement.

La liaison téléphonique est enfin établie. Billotte cherche son chef et celui-ci cherche Billotte. L'avion redécolle pour Calais. La journée est déjà avancée quand Weygand parvient enfin à destination, à Ypres, sur le peu de territoire belge où les armées alliées résistent encore. Léopold III, en désaccord avec ses ministres qui n'ont pas été convoqués, ne croit plus à la possibilité de poursuivre les combats. Quant à Lord Gort, il est introuvable et quand il arrive enfin, à 20 heures, c'est pour s'entendre dire que Weygand n'a pas pu l'attendre ! C'est fâcheux pour qui veut s'assurer dc la coopération d'une BEF qui commence, non sans raison, à se poser des questions sur l'utilité de sa coopération. Quant à Billotte, tout disposé à une percée vers le sud rebaptisée « plan Weygand », il se tue en voiture le soir même.

Le retour de Weygand est tout aussi rocambolesque que son départ. L'aérodrome de Calais n'est déjà plus praticable. On s'embarque alors à Dunkerque sur un contre-torpilleur qui rejoint Cherbourg très tard dans la nuit. Weygand a tout le temps de penser à ce qu'il a pu observer : un exode massif de la population qui enlise littéralement les mouvements de troupes, des arrières désorganisés par les bombardements incessants de la Luftwaffe, enfin et surtout tout un groupe d'armées qui a fondu sans bataille organisée, à coups d'engagements successifs, malheureux et coûteux en vies. Les 22 divisions belges se sont usées de la même façon. La IXe armée n'existe plus. De retour à Paris, Weygand maintient néanmoins le « plan Weygand ». Y croit-il encore ? C'est peu probable.

La volatilisation de la IXe armée a été facilitée par la chevauchée de la 7e Pzd de Rommel qui ne s'est pas senti concerné par le coup de frein imposé à Guderian. Après avoir franchi la Meuse à Dinant, il a foncé en direction du sud-ouest. Sa tactique est de contourner les localités importantes. Seule la vitesse compte. La rapidité de son avance qui empêche l'adversaire de le localiser sur les cartes vaut à son unité le surnom de « division fantôme ». Celle-ci surgit souvent à l'improviste, semant la confusion : « Près de Senzeille, nous croisâmes une troupe de motocyclistes avec leurs armes qui venaient de la direction opposée. Nous les arrêtions à mesure qu'ils arrivaient : la plupart étaient si saisis de se trouver soudain au milieu d'une colonne allemande qu'ils étaient incapables de résistance et se contentaient de pousser leurs machines dans le fossé[30]. » Ces irruptions ont aussi pour avantage de souvent faire croire que le gros de l'armée allemande est déjà là. « Tout le long de la campagne, commente Marc Bloch, les Allemands conservèrent la fâcheuse habitude d'apparaître là où ils n'auraient pas dû être. Ils ne jouaient pas le jeu. » À l'avant-garde, dans sa voiture de commandement, Rommel comme Guderian conduit la *Blitzkrieg*, un grand tournant dans « l'art de la guerre ». Avant, comme en 1914-1918, c'était la défense qui finissait par gagner (d'où la doctrine française). Maintenant, c'est l'attaque qui l'emporte et d'emblée.

Rommel est à Avesnes, département du Nord, le 16 mai à minuit. « Votre avance m'a coûté une nuit d'insomnie », lui télégraphie Hitler. Mais il demeure le chouchou du Führer, l'ancien chef de bataillon chargé de sa garde personnelle. Le 21 mai, la 7e Pzd est devant Arras où elle doit livrer de durs combats face à une contre-attaque de deux régiments blindés britanniques et de la 3e DLM française. Fidèle à sa tactique, Rommel déborde par l'ouest Arras qui devra finalement être évacué. Le corps Guderian a pu de son côté reprendre son offensive. Le 20 mai, la 2e Pzd atteint la mer à Montreuil-sur-mer. Amiens tombe le même jour. Le 25, c'est au tour de Boulogne et le 26, de Calais. Tout cela ne va pas sans combats. À Boulogne, deux bataillons de la 21e DI et deux bataillons de la *20th Guards Brigade* ont résisté pendant deux jours aux assauts de la 2e Pzd. À Calais, c'est la *30th Infantry Brigade* qui, aux côtés de la garnison française, s'est battue contre la 10e Pzd.

La prise de ces deux ports signifie l'abandon de l'idée d'une grande tête de pont Boulogne-Calais-Dunkerque défendue par la RAF. Quant à la BEF, elle reçoit du général Gort l'ordre unilatéral de se replier sur le seul port qui ne soit pas encore aux mains des Allemands : Dunkerque. La Grande-Bretagne ne peut se résoudre à perdre la seule armée d'active qu'elle possède. « Ils y mirent d'autant moins de scrupules, écrit Marc Bloch, qu'ils avaient commencé de juger sans indulgence de nos méthodes. Ce retrait de confiance fut, je crois, le grand ressort psychologique de leur conduite, durant les deux semaines de la campagne des Flandres. »

Devant cette avalanche de nouvelles désastreuses, Reynaud fait peu figure de chef du gouvernement et pas du tout de ministre de la Guerre. Désormais, chaque matin, à 10 h 30, il consulte dans une réunion officieuse

Pétain et Weygand. Baudouin y assiste en tant que secrétaire du Comité de guerre. Ces trois personnages vont aussitôt peser sur ses décisions, à commencer par Weygand qui joue ainsi un rôle politique tout à fait en dehors de ses attributions. C'est d'autant plus grave qu'il parvient ainsi à masquer qu'il a renoncé – et peut-être depuis toujours, à ce « plan Weygand » auquel se raccrochent, non sans candeur, Paul Reynaud et les « durs » du gouvernement. Informer celui-ci de l'impossibilité d'une contre-offensive équivaudrait pour Weygand à avouer qu'il ne peut mieux faire que son prédécesseur.

Le Comité de guerre du 25 mai est dramatique, et tout entier dominé par Weygand. Ce n'est pas l'homme de Foch qui parle mais le politique qu'on n'attendait pas dans ce rôle. Weygand dit que l'armée a fait son devoir et que ce n'est pas le cas des politiciens. Il souligne au passage que la déclaration de guerre a été une immense erreur. Il évoque à peine le déjà défunt « plan Weygand », ajoutant cette phrase : « Notre dernière chance est sur la ligne de la Somme. Les soldats se feront tuer sur place. Après cela, rien ne sera possible. » Et Weygand d'insister sur le « rien ». Qui parle alors de l'éventualité d'un armistice ? Probablement Reynaud et à son corps défendant, comme pour en brandir le spectre. Ou bien Lebrun dans le même esprit ? Mais c'est Weygand qui en a rendu l'évocation inévitable. Les mémoires des protagonistes divergent sur ce point mais le mot a été bel et bien lancé et on est le 25 mai, au 15e jour seulement de la bataille. « En étions-nous vraiment là le 25 mai 1940 ? Il passe sur tout ce pénible Conseil un souffle de défaite. On sent que l'idée en est déjà acceptée par nombre de ceux qui tiennent nos destins, et qu'on ne se préoccupe que de tomber honorablement. On envisage si bien la défaite, qu'on parle déjà d'expier. Le général Weygand dit que la France devra payer cher sa "coupable imprudence". Et le gouvernement baisse la tête » (Paul-Boncour[31]).

C'est un tout autre plan Weygand qui se dessine dans les jours qui suivent, sur le thème de : « Ne touchez pas à l'armée ! » Pétain qui, selon une tactique qui lui est chère, s'est tenu coi au Comité de guerre, adresse le lendemain à Reynaud une véritable mise en demeure : « Il est indispensable que l'admiration de notre peuple pour son armée soit sauvegardée. L'armée est le rempart matériel et moral du pays. Dans la paix comme dans la guerre, elle représente ce qu'il y a de meilleur dans la nation [...]. Ainsi, le pays tout naturellement oublie les fautes qu'il a et que nous avons tous commises pendant vingt-deux ans, ce goût de la vie tranquille, cet abandon de l'effort qui nous ont amenés là où nous sommes, bien plus que les défaillances individuelles. [...] C'est pourtant le mea culpa que nous devons faire si nous voulons être sauvés. »

Ainsi, dès cette date, commence à se développer chez Pétain et Weygand une rhétorique expiatoire de la défaite. Ce n'est déjà plus des Allemands qu'il faut sauver les Français mais d'eux-mêmes ! Pétain aurait confié à Baudouin au sortir du Comité de guerre : « Je suis partisan de ne plus poursuivre la lutte à outrance ; c'est facile et stupide de dire qu'on luttera jusqu'au dernier homme, c'est criminel aussi étant donné nos pertes de l'autre guerre et notre faible natalité [...] Il faut sauver une partie de l'armée car sans une armée groupée autour de quelques chefs pour maintenir l'ordre, une vraie paix ne sera pas possible et la reconstruction de la France n'aura pas de point de départ[32]. » Certes, il faut considérer les Mémoires de Baudouin avec une grande prudence mais ce « pour maintenir l'ordre » était également évoqué par Weygand lors du Comité de guerre du 25 mai : « Quels troubles ne se produiraient pas si les dernières forces organisées, c'est-à-dire l'armée, venaient à être détruites. » « Il serait fou de se battre jusqu'à la dislocation complète de ce précieux appareil militaire », écrit ironiquement Leca. C'est toujours le directeur de cabinet de Reynaud qui raconte que, parallèlement au « Ne touchez pas aux généraux ! », s'orchestre un « Sus aux mauvais politiciens responsables ! »

Le 27 mai, Weygand est venu remettre à Reynaud un rapport sur son intervention au Comité de guerre. Reynaud laisse éclater sa colère devant son directeur de cabinet : « Il est en train de fabriquer un dossier, au lieu de faire la guerre », me dit-il. « En déclarant d'avance que tout sera perdu, au-delà de la Somme, il plante le décor pour un scénario de défaite[33]. » Dans leurs conversations privées, les deux plus hautes autorités militaires de la France se montrent beaucoup plus claires : il faut mettre fin à la bataille. Voici Pétain et Weygand, qui ne s'aimaient pas, unis dans le même combat – mais ce n'est pas ce combat-là que la République attendait d'eux.

Pétain et Weygand s'emploient en outre à exacerber une anglophobie déjà présente pendant la Drôle de guerre. Dans leur logique de défaite, il s'agit de remettre en cause l'engagement, souscrit entre les deux pays le 28 mars, de ne pas signer de paix séparée. Lors du Comité de guerre décidément désastreux du 25 mai, Pétain n'a ouvert la bouche que pour demander s'il y avait réciprocité complète des devoirs entre les deux pays. La décision unilatérale du général Gort de replier la BEF sur Dunkerque (et pour quoi d'autre qu'un rembarquement ?), outre qu'elle permet à Weygand de mettre officiellement fin à son plan de contre-attaque, sert cette remise en cause de l'alliance franco-anglaise. Les quatre dernières escadrilles anglaises basées en France qui ont regagné l'Angleterre constituent un argument supplémentaire. Le « miracle de Dunkerque » va achever de compromettre l'alliance.

Le 28 mai, à 9 h 30 du matin, la Belgique à bout de résistance et sur la seule décision du roi capitule sans conditions, divisant profondément sa population. Elle a tenté de négocier en vain, et ce sont 500 000 hommes qui déposent les armes. Ainsi se termine ce que les Belges ont d'abord surnommé « la campagne des dix-huit jours » avant d'en faire la dénomination officielle. À la radio, Paul Reynaud fustige en termes très durs cette capitulation de l'armée belge « sans prévenir ses camarades de combat français et anglais ». Reynaud confiera plus tard que c'était pour provoquer en France une réprobation unanime qui fasse pièce aux velléités de cessation du combat de Pétain et de Weygand.

Dans son discours accusateur, Reynaud a notamment reproché aux Belges d'avoir ouvert la route de Dunkerque aux Allemands. Le 24 mai, les panzers sont à 15 km du dernier port qui reste aux Alliés. C'est une question d'heures. Au nord, les divisions aux prises avec le GA von Bock sont à 100 km. Elles n'auront pas le temps de venir défendre le périmètre. C'est alors que se produit le « miracle de Dunkerque », l'ordre que personne n'attendait de stopper la chevauchée des chars. Ce *Halt Befehl*, lancé en milieu de journée du 24, déclenche une véritable crise au sein du commandement allemand entre les « anciens » et les « modernes ». C'est von Rundstedt, à la tête d'un groupe d'armées qui compte désormais avec le renfort des réserves, 71 divisions, qui en est l'inspirateur et non Hitler. Comme pour l'arrêt de Montcornet, il est saisi d'une véritable « psychose des flancs » qu'il communique au Führer. Il faut « recoller » les Pzd aux unités qui suivent à grand-peine. Hitler a tranché en sa faveur en inversant totalement la stratégie en marche : le GA von Rundstedt au sud était le marteau et le GA von Bock au nord, l'enclume. Et voilà que les rôles se trouvent absurdement permutés alors que le nouveau « marteau » est encore à 75 km. Halder, désormais dans le camp des modernes, s'en indigne. C'est la négation de la stratégie du coup de faucille qui a si bien réussi jusque-là. Trop bien, peut-être. À l'OKH, on ne craint pas de parler d'ordre insensé. Quant aux chefs de corps de von Rundstedt, « ils ressemblent à une meute de chiens de chasse que l'on arrête en pleine course juste devant le gibier et qui voit sa proie lui échapper[34] ». Hitler s'obstine, en en faisant un enjeu d'autorité au sein d'un haut commandement qu'il n'a pas encore totalement réussi à transformer en machine aveugle et obéissante.

Il y a une autre raison qui n'a rien à voir, comme on l'a trop souvent écrit, avec un quelconque souci d'épargner le corps expéditionnaire britannique dans l'espoir d'une négociation séparée avec la Grande-Bretagne. Il ne s'agit pas moins de politique, mais de politique interne. Göring a adjuré Hitler de laisser à la Luftwaffe le soin d'achever la besogne, en développant le double argument qu'« il ne devait pas laisser ce succès aux généraux de l'armée de terre[35] » et qu'il fallait que la Luftwaffe recueille une part de gloire dans la curée – cette Luftwaffe qui, à la différence des deux autres armes, est une création du régime nazi, du Führer en personne. La mission n'a pas besoin des chars. L'invincible Luftwaffe y suffira. Hitler s'est facilement laissé convaincre par ces arguments à commencer par celui de pouvoir mortifier les généraux de l'armée de terre. Il calcule aussi qu'il va retourner plus vite ses précieux blindés vers le sud et sur les arrières de la ligne Maginot (plan *Fall Rot*). La bataille n'est pas terminée.

Ses ordres à la Luftwaffe sont sans équivoque et aux antipodes d'une « main tendue » aux Britanniques : « Empêcher que des forces anglaises ne s'échappent par la Manche. » Une vaste opération de rembarquement a en effet commencé (opération *Dynamo*) mettant en toute hâte en œuvre près de 900 bâtiments hétéroclites, du bâtiment de ligne de la *Navy* au « *little ship* » : ferry-boats, bateaux de pêche et même bateaux-mouches de la Tamise, précipitamment équipés d'une ou deux mitrailleuses. Dès le lendemain du *Halt Befehl*, il apparaît que la Luftwaffe ne va pas pouvoir tenir ses promesses. D'abord la « météo Hermann Göring » n'est pas au rendez-vous mais surtout la RAF est au-dessus de Dunkerque comme « sur le pas de sa porte » alors que les appareils de la Luftwaffe sont loin de leurs bases et disposent par conséquent de moins de temps de combat. En outre, la RAF fait voler un nouvel avion de chasse – le *Spitfire*, capable d'égaler voire de surclasser le Me 109. Pour la première fois, le ciel n'appartient pas à la Luftwaffe qui subit des pertes sévères.

Le 26 mai à 13 h 30, le *Halt Befehl* est abrogé mais le redémarrage des panzers est laborieux. Les Pzd donnent « l'impression d'un ressort détendu[36] ». Surtout, les 48 heures ainsi perdues ont laissé aux Alliés le temps d'organiser la défense du périmètre. Dans une atmosphère de fin du monde, à côté de la ville et du port qui brûlent, les plages de Dunkerque noires de près d'un demi-million d'hommes qui attendent d'être embarqués sont sans cesse bombardées et mitraillées. 250 navires et embarcations sont coulés, dont 12 destroyers. 177 avions sont abattus. L'opération *Dynamo* ne s'en poursuit pas moins jusqu'au 4 juin, date à laquelle le camp retranché de Dunkerque cesse toute résistance. Le commandant d'une vedette rapide a tenté ce jour-là une dernière entrée dans l'avant-port mais il a dû repartir : « Neuf jours durant, les détonations de bombes, les crépitements d'obus, les tonnerres de l'artillerie, le martèlement des pièces de DCA et l'écroulement des murs ont fait [de ce port] un enfer ; maintenant, il fait soudain l'effet d'un cimetière – des épaves de bateaux… des groupes silencieux de soldats français qui attendent sur les jetées et sur les môles sans plus espérer […]. De l'ensemble de la scène émane une atmosphère irrévocable de mort[37]. »

En dépit de ces terribles difficultés, 250 000 soldats britanniques, soit la totalité du corps expéditionnaire évidemment prioritaire, mais aussi 120 000 soldats français ont pu être embarqués. C'est là le second miracle de Dunkerque, conséquence directe du premier, même si 80 000 Français (à commencer par ceux qui se sont sacrifiés pour défendre le périmètre) sont faits prisonniers, auxquels s'ajoutent les 35 000 de la reddition de Lille, le 31 mai. Un équipement gigantesque a dû être abandonné : 475 chars et véhicules blindés, 2 400 pièces d'artillerie – tout ce qui reste de l'imposant Groupe d'armées entré le 10 mai en Belgique, la fleur au fusil. Contre la logique du coup de faucille, la Grande-Bretagne vient de sauver sa seule armée. Parmi les rescapés, un certain général Montgomery, mais aussi Dempsey, Alexander, Brooke, tous appelés à jouer un rôle primordial dans la suite de la guerre. Brooke écrira plus tard : « Il est difficile d'imaginer comment l'armée aurait pu se relever de ce coup si le corps expéditionnaire n'était pas rentré. » Et de fait, le gouvernement Churchill n'aurait certainement pas survécu à une telle catastrophe, amenant probablement la Grande-Bretagne à se retirer de la guerre. C'est toute la Seconde Guerre mondiale qui en eût été transformée au profit du IIIe Reich. Mais Churchill est bien là qui tempère les chants d'allégresse de ses concitoyens au lendemain de Dunkerque : « Les guerres ne se gagnent pas avec des évacuations. »

Le coup de faucille de *Fall Gelb* n'en reste pas moins la plus grande opération d'encerclement réussie de l'histoire des guerres. Plus d'1 million de soldats alliés sont d'une façon ou d'une autre hors de combat. Les Français, si on compte les évacués de Dunkerque pour lors désarmés, ont perdu 400 000 hommes (tués, blessés, disparus, prisonniers).

La rupture du front

Le dispositif allemand est redéployé dès le 29 mai. 139 divisions dont 10 Pzd s'apprêtent à se lancer vers le sud. Les groupes d'armées sont rééquilibrés. À l'ouest, 47 divisions dont 6 Pzd au GA B (von Bock) qui doit attaquer vers la Basse-Seine et Paris. Au centre, 45 divisions dont 4 Pzd (corps Guderian) au GA A (von Rundstedt) chargé de déborder la ligne Maginot. À l'est, devant le Rhin et la ligne Maginot, le GA C jusque-là passif est renforcé à 24 divisions en perspective d'un passage à l'offensive. Côté français, le rétablissement d'un front est devenu très problématique. 24 DI (les mieux équipées) ont été perdues dans l'aventure belge, ainsi que 6 DLM sur 7, 4 divisions de cavalerie sur 5, 1 DCR sur 4 tandis que les 3 autres ont perdu la plupart de leurs chars (80 % pour la 4e DCR de Gaulle). Sur le papier, il reste 71 DI dont il faut soustraire les 10 maintenues sur la ligne Maginot et les 4 sur les Alpes. Sur les 57 qui restent, 14 dites « légères » ne sont qu'à 2 RI (au lieu de 3) et à 1 RA (au lieu de 2). On racle les fonds de tiroir : 2 DI d'AFN aux dotations incomplètes, les trois derniers mois de la classe 39 qui n'avaient pas été mobilisés, les troupes qui reviennent de l'expédition de Norvège. Il est également prévu de réarmer les soldats rescapés de Dunkerque. C'est effectivement un très gros contingent qui peut armer de nombreuses divisions nouvelles, mais avec quoi ?

Reste la sclérose d'une France de l'arrière qui n'a pas encore bien réalisé qu'elle était en guerre. Le capitaine Marc Bloch, à qui son supérieur a enjoint de « se débrouiller » avant de disparaître dans la déroute du Nord, a réussi à s'embarquer à Dunkerque le soir du 31 mai. De Douvres, il rejoint Plymouth par le train pour se réembarquer vers la France. Tout au long du trajet, les civils anglais offrent aux soldats sandwiches, boissons et cigarettes. Aux passages à niveau, des groupes d'enfants crient des hourras. À Plymouth, Marc Bloch s'embarque aussitôt pour Cherbourg avec ses camarades. Ils arrivent à l'aube. « Là, il fallut rester de longues heures dans la rade. *Vous comprenez, disaient les officiers du paquebot, français cette fois, qui nous avait transportés, ces messieurs de la Préfecture maritime n'arrivent pas à leur bureau avant neuf heures*. Nous retrouvions hélas ! la France militaire de l'arrière. Plus de vivats ; plus de sandwiches ni de cigarettes[38]. »

Les Français vont donc devoir se battre à un contre trois. Weygand croit pouvoir rétablir une ligne de front suivant d'ouest en est la Somme, le canal Crozat, l'Ailette, l'Aisne jusqu'à Vouziers pour se raccorder à la ligne Maginot. Chaque division doit tenir en moyenne 15 km. C'est trois fois trop. Weygand l'a d'ailleurs compris en prescrivant une tactique en hérissons à forte concentration d'artillerie et appuyés par des chars aux carrefours, aux ponts et à tous les endroits névralgiques. Chaque point d'appui, commandé par un chef décidé, devra se battre voire contre-attaquer sans se soucier de savoir s'il est débordé ou si un « hérisson » voisin a cédé. La « tactique Weygand » prévoit que d'autres groupes formés ou se formant en profondeur « quadrilleront » et « englueront » l'avance ennemie. « Il faut lutter d'audace, de ruse, d'ingéniosité avec l'adversaire, répondre à l'infiltration par l'infiltration, faire preuve *d'agressivité*. » « Combien pathétique ce commandement, commente Pertinax, si lent à épeler la leçon donnée par l'envahisseur, qui essaie, en deux semaines, de bouleverser la doctrine tactique inculquée à toute une génération de chefs et de soldats, qui se flatte de penser que le maître sera battu à son propre jeu ! » Weygand croit-il vraiment que cela va suffire à stopper ou à tout le moins enrayer la nouvelle attaque allemande ou offre-t-il à la France, ou plutôt à l'armée, un baroud d'honneur ? Les propos défaitistes qu'il ne cesse de tenir au gouvernement répondent à la question.

Le point faible est la Somme, où les divisions françaises n'ont pas eu le temps de se préparer. Les Allemands ont pu y conserver deux têtes de pont en dépit des tentatives pour les réduire. Le 27 mai notamment, la 4e DCR, renforcée d'infanterie et d'artillerie, a contre-attaqué sur Abbeville, enlevant 2 des 3 lignes de défense allemandes et faisant reculer pour la première fois l'ennemi. La tête de pont a été réduite des trois quarts mais cela ne change guère la situation. Le 5 juin, le GA B attaque sur la Somme et l'Ailette. La VIIe armée du général Frère résiste courageusement, détruisant plusieurs dizaines de chars allemands – parfois en les incendiant, faute d'armes antichars, et en faisant des prisonniers. Des servants de pièces d'artillerie tirent encore à 50 mètres des chars qui foncent sur eux, suscitant l'étonnement des Allemands. Le soir du 5, le général Frère note : « Les divisions de la VIIe armée se sont aujourd'hui splendidement battues. La 19e DI a droit à une mention particulière : le choc ennemi ne l'a pas fait reculer et si elle a perdu quelques-uns de ses points d'appui, elle sort quand même victorieuse de cette première journée de bataille[39]. »

Le lendemain pourtant, le *Panzer Korps* de Hoth perce à l'ouest, sur la Somme, le centre de la Xe armée. Le 7 juin, la Pzd de Rommel est à Forges-les-Eaux. Le 9, elle est sur la Seine. Le GA A a attaqué lui aussi le 5 juin sur l'Aisne. Les IVe et IIe armées résistent d'abord victorieusement. La 36e DI ou encore la 14e DI, que commande le général de brigade de Lattre de Tassigny, s'illustrent particulièrement. À l'aube du 10 cependant, Guderian profite d'une tête de pont à l'ouest de Rethel pour y engouffrer la 1re Pzd. Celle-ci est vigoureusement contre-attaquée par la 3e DCR (reconstituée) et la 7e

DLM mais, à l'ouest, le front de la VIe armée (Touchon) s'écroule, contraignant les IVe et IIe armées, au flanc ouest soudain à nu, d'abandonner l'Aisne. Le 11, les Allemands sont sur la Marne.

Cette fois, le front est rompu, irrémédiablement rompu. C'est la fin de toute résistance organisée. Les fameux « hérissons » de Weygand, faute notamment de pièces antichars, n'ont qu'à peine retardé la seconde grande phase de l'offensive allemande. « Après la Meuse, tout n'a été que péripéties. L'armée française n'a jamais retrouvé son équilibre, elle a toujours été en retard d'une journée ou d'une division, d'une idée ou d'une action », souligne Henri Michel. Il n'y a plus ni front continu, ni front discontinu. Il n'y a plus de front du tout.

Lors du Comité suprême interallié du 31 mai, Churchill essaie encore de transmettre aux Français sa détermination. C'est un grand moment d'éloquence, si fort que les traducteurs s'arrêtent d'officier. Weygand lui-même est pétrifié. « Je suis convaincu que nous n'avons qu'à combattre pour vaincre. Si l'Allemagne battait l'un ou l'autre des Alliés, il n'y aurait pas à espérer de merci de sa part. Nous serions réduits à l'état d'esclaves et pour toujours. Même si l'un de nous est abattu, l'autre ne doit pas abandonner la lutte. […] Nous continuerons la guerre même s'il ne restait plus une maison debout, ni en France, ni en Angleterre. Le gouvernement britannique est prêt à continuer la guerre à partir du Nouveau Monde, si un désastre fait de l'Angleterre un désert. Mieux vaudrait cent fois que les derniers Anglais meurent en combattant et que le mot *fin* soit écrit sur notre histoire qu'une vie traînée dans la vassalité et l'esclavage. » Le général Spears, qui relate cette scène, célèbre la force de conviction du discours de Churchill non sans ajouter : « Quel malheur que ce fût devant un pareil auditoire ! Seule la nation britannique était digne d'entendre cette profession de foi qui était en réalité la sienne. Elle aurait été reçue chez nous par cet énorme grondement d'approbation que savent seuls donner les Anglais. Mais elle était lancée devant des gens qui étaient déjà, à une ou deux exceptions près, presque des ennemis[40]. »

Au gouvernement, ce n'est même plus la panique mais la totale déréalisation d'une agitation politique en vase clos, psychologiquement loin de la bataille. On est encore dans l'esprit d'une guerre longue, alors que les Allemands sont sur la Seine et sur la Marne. Reynaud s'agite en tous sens. Il croit tenir encore son gouvernement et même pouvoir manipuler Pétain alors que celui-ci « a d'autres souffleurs » (Leca). Le 5 juin, il opère encore un remaniement ministériel. Cette fois, il se débarrasse définitivement et non sans mal de Daladier, gardant pour lui, en sus de la Guerre, le maroquin des Affaires étrangères. Anatole de Monzie est renvoyé pour italophilie et défaitisme. De Gaulle, devenu le 25 mai, général de brigade à titre temporaire, est nommé sous-secrétaire d'État à la Guerre. Tout cela irait dans le sens d'une orientation « dure » du gouvernement (il est bien temps, maintenant que l'armée française est battue !) si Reynaud n'avait pas aussitôt chargé l'autre plateau de la balance. Nommé aux Finances, Yves Bouthillier, ami de Baudouin et de Mme de Portes, est un partisan avoué de l'armistice. Baudouin, de son côté, est nommé sous-secrétaire d'État aux Affaires étrangères tandis que Villelume est nommé sous-secrétaire du Comité de Guerre alors qu'il dit à qui veut l'entendre que « la nécessité de demander un armistice apparaît chaque jour plus urgente ». C'est vouloir, une fois de plus, marier la carpe et le lapin – surtout si l'on compare les deux sous-secrétaires d'État chargés de seconder Reynaud dans les ministères qu'il cumule avec la présidence du Conseil, soit de Gaulle et Baudouin ! Le premier est presque la caricature du patriotisme et s'il ne devait y avoir qu'un adversaire de l'armistice, il serait celui-là. Le second, véritable traître de théâtre, est un défaitiste de toujours. Depuis la création du gouvernement Reynaud, il est le ver dans le fruit. Comment Reynaud a-t-il pu espérer qu'un tel attelage ferait effort dans le même sens ?

L'arrivée de De Gaulle au gouvernement a fait sortir Pétain du rôle de sphinx dans lequel il se complaît. À Baudouin, il dit : « C'est un orgueilleux, un ingrat et un aigri » – remettant sur le tapis l'affaire du livre qu'il a osé signer seul. Il espère surtout que de Gaulle ne participera pas aux conférences du matin avec le président du Conseil[41]. Au général Spears, il a dit qu'il ne « discernait plus le visage de la France derrière le voile que lui avaient imposé les politiciens », que la situation était sans espoir et que de ce point de vue la nomination de De Gaulle au gouvernement n'était pas faite pour « arranger les choses »[42]. Anatole de Monzie, quant à lui, s'est contenté de cette notation lapidaire dans son journal : « militaire d'esprit inventif ».

De Gaulle s'est présenté à Weygand le 8 juin. « Je trouvai le Commandant en chef calme et maître de lui. Mais quelques instants de conversation suffirent à me faire comprendre qu'il était résigné à la défaite et décidé à l'armistice.

— Vous le voyez, me dit le Commandant en chef, je ne m'étais pas trompé quand je vous ai, il y a quelques jours, annoncé que les Allemands attaqueraient sur la Somme le 6 juin. Ils attaquent en effet. En ce moment, ils passent la rivière. Je ne puis les en empêcher.

— Soit ! Ils passent la Somme. Et après ?

— Après ? C'est la Seine et la Marne.

— Oui. Et après ?

— Après ? Mais c'est fini[43] ! »

Reynaud a caressé un moment l'idée d'un Comité de Salut public ne réunissant autour de lui que quelques « durs » : Mandel, de Gaulle, Marin. Weygand en aurait été écarté et seul Pétain aurait été conservé comme « symbole du pouvoir militaire » (Leca). Rien n'empêchait le chef du gouvernement de créer un tel Comité où il aurait déplacé le centre de gravité du gouvernement mais, fidèle à son rôle, Baudouin l'en a dissuadé. « Vous serez plus fort au sein d'un Conseil plus nombreux. » De toute façon, à ce stade des événements, le vrai courage politique pour Reynaud consisterait à se débarrasser de Weygand, qui n'obéit plus au gouvernement. De Gaulle le lui a demandé, mais ce serait au prix de sa propre image, voire de son mandat.

Il n'y a plus de front et, d'une certaine façon, il n'y a plus de gouvernement – s'il y en eut jamais un. Le 7 juin, à 15 h, Reynaud se présente au Sénat devant les commissions réunies de l'Armée et des Affaires étrangères qui souhaitent tout de même qu'on les informe de la situation militaire. Et Reynaud de dire : « À 14 h, j'ai eu du général Weygand le renseignement suivant : nous sommes en plein accrochage et la situation paraît évoluer favorablement. L'armée allemande s'use considérablement à travers les chicanes dont je vous parlais tout à l'heure. » Or le téléphone marche encore et, à ce moment précis, Weygand ne peut ignorer que le front est enfoncé au moins sur la Somme. Weygand ment comme Gamelin mentait. Quant à Pétain, son silence ne vaut pas mieux, signant non une réserve qui ne serait vraiment pas de mise eu égard à la gravité de la situation mais une hostilité au gouvernement dont il semble oublier qu'il fait partie. Au Conseil des ministres du 9 juin, le président de la République Albert Lebrun qui lui, au contraire, est constitutionnellement astreint à se taire, s'émeut de ce silence alors que les Allemands sont aux portes de Paris : « – Ne voulez-vous pas donner votre avis, monsieur le Maréchal ? Ces messieurs sont anxieux de vous entendre. – Je n'ai rien à dire[44]. »

Qui se bat ?

Quasiment nulle part, les Allemands n'avancent sans combattre. Lors du franchissement de la Meuse, les Français résistent non seulement à Monthermé mais aussi du 10 au 15 mai dans le couloir de Gembloux, au nord de Charleroi. Ce sont d'abord les DLM qui s'opposent aux panzers du 16e *Panzer Korps*. La moitié des chars légers Hotchkiss et un tiers des Somua sont mis hors de combat. Le relais est alors pris par deux divisions d'infanterie : la 1re DM (division marocaine) et la 15e DIM (division d'infanterie motorisée) qui, appuyées par leur artillerie, vont bloquer pendant deux jours la progression du 16e *Armee Korps*. Les pertes sont terribles. En deux jours de combats, le 1er Bataillon du 2e RTM (régiment de tirailleurs marocains) ne compte plus que 74 hommes en état de combattre sur 700. Les Allemands subissent eux aussi de lourdes pertes. Ainsi le 1er bataillon du 12e Régiment d'Infanterie est réduit à 4 officiers et 31 hommes après l'attaque menée sur la voie ferrée près de Gembloux[45].

Le 5 juin, au sud d'Amiens, face à la 16e DI, les Allemands ne progressent qu'au terme de durs combats. Les points d'appui résistent. On se bat dans les villages à la grenade. De petites contre-attaques font momentanément reculer les panzers qui subissent de lourdes pertes. Le 10e Pzd perd près de la moitié de ses chars entre le 5 et le 7 juin. Von Bock lui-même note dans son *Journal* à la date du 6 : « Dure journée avec de nombreuses crises. Il me semble que nous sommes bloqués[46]. »

Car les Allemands eux aussi se font tuer. « À quelques centaines de mètres du village, on m'a signalé une ambulance chirurgicale, écrit André Soubiran, médecin militaire dans un bataillon de chars[47]. J'y suis allé. [...] Je suis entré sous une tente à l'écart, qui m'intriguait.

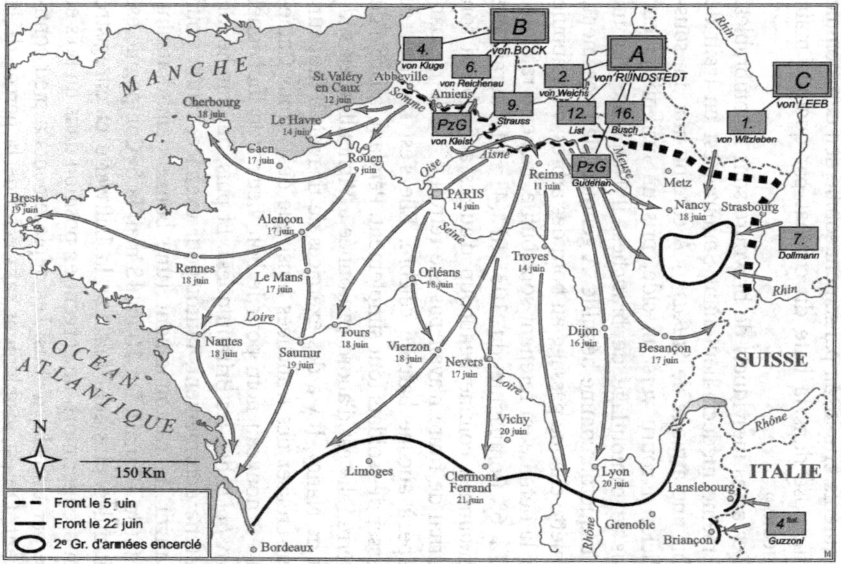

La rupture du front

Dès la portière de toile, je suis pris par une chaleur épaisse, lourde de macabres puanteurs commençantes. La tente des morts allemands ! Ils sont là, allongés, tels qu'on les ramena de la bataille. Les blessures se devinent à l'auréole brunie, au pansement souillé demeuré comme il fut posé dans la hâte du combat par quelque main amicale ».

Les actes individuels de bravoure sont innombrables. Le même médecin-lieutenant Soubiran est en train de subir une attaque de *Stukas* : « À côté de moi, un sous-officier a couru vers un side, pris un fusil-mitrailleur sous le camouflage de branches, il l'a planté sur un mousqueton comme béquille. À genoux, bien posément, il guette chaque passage au bord des arbres, vise, appuie sur la détente en retenant son souffle, lâche sa rafale. »

La 6e Compagnie du 103e RI (41e DI) aurait été condamnée comme beaucoup d'autres à l'oubli si son journal de route n'avait pas été retrouvé[48]. Elle n'a participé à aucune bataille célèbre. Elle s'est fait tuer et blesser des soldats tout simplement. Pendant la Drôle de guerre, elle est d'abord cantonnée à Vigneulles, au sud-est de Nancy. Il y a des exercices de tir mais il faut surtout creuser des tranchées ainsi que des « trous Gamelin » – nouveau nom pour le bon vieux trou individuel (*Fox hole* chez les Britanniques). Et puis, on marche, on marche énormément, tantôt pour exercice, tantôt pour changer de cantonnement (une bonne demi-douzaine avant le 10 mai). Du 10 au 13 mai, la 6e Compagnie est mitraillée plusieurs fois par la Luftwaffe et enregistre son premier mort, un sergent en position dans un bois et tué par un éclat d'obus. Les déplacements à pied continuent. On est visiblement sans écho de la percée de la Meuse et déjà au 10 juin quand la Compagnie prend position à Montigny-l'Allier. Le 11 au matin un motocycliste allemand imprudemment aventuré est fait prisonnier. Le même jour la Compagnie connaît ses premiers combats. On dénombre deux tués et des blessés. Le lendemain, « le lieutenant Deshayes, inspectant le village avant de partir, aperçoit un groupe d'ennemis en train de faire leur toilette. Aidé de deux volontaires avec chacun un FM, il les salue de deux chargeurs, leur faisant payer les victimes de la nuit ». La Compagnie se déplace une nouvelle fois pour prendre position derrière la Marne, à La Ferté-sous-Jouarre (QG du général Georges). Les Allemands sont déjà là.

Le 13, une maigre contre-attaque lance trois compagnies dont la sixième au sud du village de Luzancy. « En cours de route, rencontre d'un char R35 qui file vers l'arrière. F… [le capitaine commandant le groupement de contre-attaque] l'arrête, lui fait faire demi-tour ; il appuiera notre attaque. Ce sera même notre seul appui puisque la préparation d'artillerie est tombée à 3 h du matin, c'est-à-dire 4 heures trop tôt. […] A travers du brouillard [c'est le lieutenant Deshayes, commandant la Compagnie, qui rédige le journal de marche], j'aperçois la voie ferrée en remblai qui passe à 1 km au N. de Luzancy. C'est notre objectif. Il n'est pas besoin d'être grand stratège pour deviner que l'opération sera difficile mais on m'affirme il est vrai que les Boches ne sont pas nerveux et qu'ils sont peu nombreux. » Il est environ 7 heures quand le lieutenant Deshayes tente une attaque surprise en voulant profiter du brouillard. Les Allemands ouvrent aussitôt le feu, fauchant l'un des groupes d'assaillants. Le chef d'une section, désobéissant aux ordres, a préféré progresser à travers un bois, s'y sentant moins menacé qu'à terrain découvert. Il s'y fait tuer par un obus. Le remblai est finalement atteint. « Les obus allemands nous arrosent ; il est impossible de franchir le remblai, deux mitrailleuses allemandes le prenant d'enfilade. Les Allemands se sont rassemblés de l'autre côté de ce remblai. Nous sommes à quelques mètres et nous ne nous voyons pas. Je donne l'ordre de lancer les grenades. Les Allemands répondent de la même façon. J'aperçois très nettement les signes d'une préparation de contre-offensive par l'ennemi. Je hèle le char d'assaut qui erre dans la campagne et je demande à l'officier qui est à l'intérieur de passer sous l'unique pont qui traverse le remblai, de se rabattre à droite et de longer la voie ferrée de l'autre côté du remblai ; il aura là de quoi s'occuper et pourra faire un beau carton. Le char s'en va. Pourquoi n'a-t-il pas franchi le pont ? Je n'en sais rien. Toujours est-il que la situation est devenue très grave. Je prends un FM et, suivi par B... qui d'ailleurs ne me suivra pas longtemps, je franchis le pont. Aussitôt je me rabats à droite mais, avant que j'aie pu tirer, une balle me traverse le poumon droit. » Pour le lieutenant Deshayes, qui va survivre, la guerre est finie. « Reprenant la parole, l'historien de la 6e Compagnie se gardera bien de porter un jugement sur l'utilité de cette contre-attaque et sur sa préparation », écrit celui qui poursuit la rédaction du journal de route de la compagnie. Bien entendu, le commandement, qui accorde au lieutenant Deshayes la croix de guerre avec citation à l'ordre de la division, ne partage pas ce doute. Même si ce n'est que pour quelques heures, il s'agit d'arrêter ou à tout le moins de freiner l'avancée allemande.

Ces exemples suffiront à montrer ce que la formule populaire « Huit mois de belote et six semaines de course à pied » a d'injuste et d'odieux. Toutefois, il y a l'avant où l'on se bat mais aussi l'arrière. Il y a les troupes solidement commandées et celles qui ne le sont pas. Marc Bloch fait remarquer que beaucoup d'officiers n'ont jamais été des chefs, « avec tout ce que le mot comporte de domination de soi et d'implacabilité ». Et passe encore de mauvais chefs quand on voit de nombreuses unités en retraite qui n'en ont plus du tout et qui sont livrées à elles-mêmes. Bousculés par l'avance ennemie, les régiments puis les bataillons s'émiettent au long des routes. Après douze, voire dix-huit heures de marche forcée pour rejoindre un PC, on s'aperçoit qu'il n'y a plus personne. Sans instructions, on repart sans savoir où. En route, on rencontre et on prend parfois en charge des soldats désarmés par une colonne allemande qui n'avait pas le temps de faire des prisonniers. Et soudain on apprend que les Allemands ne sont plus derrière mais devant. Il n'y a plus qu'à se rendre. Le 19 mai, un colonel de l'état-major de Vincennes, revenant de l'Oise, fait son rapport : « Un troupeau abruti et hagard, mélange complet de numéros, de troupes et de services, à peine 10 % des hommes ont conservé leur fusil ; aucune arme automatique. Beaucoup de gradés voyagent en auto militaire ou particulière... Ce n'est pas tant une question de moral... Ces gens-là sont déroutés, ils ne comprennent pas ce qui leur est arrivé. La vue d'un avion leur inspire de la terreur[49]. » Certes, mais des avions – et des avions de la Luftwaffe –, ce distingué colonel n'en voit pas beaucoup de son état-major de Vincennes.

Plus que la ruée des panzers, c'est en effet l'omniprésence et la tactique de terreur de la Luftwaffe qui ont surpris les soldats français au point de totalement les désemparer. Chasseurs et bombardiers en piqué *Stukas* fondent sans arrêt sur les colonnes de soldats ou de réfugiés – et, de plus en plus, les deux mêlées. Ils mitraillent et bombardent les gares, les ponts, les routes, les trains. L'effet terrifiant est renforcé sur les *Stukas* par une sirène hurlante. « Le bruit de sirène de l'avion qui pique vrille l'oreille et la met à nu. Il vous prend l'envie de hurler [...]. On se sent personnellement visé ; on attend, les muscles raides. L'éclatement est une délivrance[50]. » Dans cette nouvelle forme de guerre, où les civils sont pris pour cible, le danger de mort est partout. « La réalité de chaque jour, c'est un ciel allemand où les pilotes alliés ont beau passer et repasser comme des figurants dans un théâtre pauvre, ils n'arrivent pas à faire nombre. À la fin, nos soldats renoncent à tirer sur les avions qui les bombardent. Ils préfèrent se terrer, espérant qu'on ne les verra pas. Ils n'ont plus que des réflexes d'insectes. Rien d'exaltant dans cette bataille : on n'a même plus l'impression de la lutte mais seulement l'impression de la fatalité[51]. »

Les avions à croix noire sèment partout la mort et la désolation : « Dans une petite clairière, tout près de la route, un amas informe, une masse saignante et tragique où se mêlent sauveteurs et victimes. Des chevaux se cabrent, se débattent dans leurs traits. Ils arrachent du sol des fourgons renversés. Des cris, des hurlements d'effroi et de douleur, des gémissements, des ordres, des injures contre les bêtes dans une atmosphère froide, humide, où s'étale l'odeur âcre, écœurante de crottin frais, de sang, de sueur chevaline, d'entrailles ouvertes. Puis ce tumulte d'abattoir se calme en un long soupir mourant. Beaucoup de conducteurs avaient pu se disperser, mais des soldats qui étaient dans un fourgon bâché gisent pêle-mêle dans le fond, sanglants. Il n'y a plus rien à faire et je laisse retomber la bâche sur une tiédeur fade de vie ruisselante qui coule doucement à travers le plancher » (André Soubiran, 17 mai 1940).

Deux semaines plus tard, Soubiran est requis par un infirmier à se rendre dans un hall de gare où sont entassés plus de cent blessés graves. Son convoi d'ambulance n'a que douze places disponibles. Il doit faire là une terrible sélection. « Ce hall est devenu la salle d'attente de la Mort. Et le premier regard n'y découvre, étendus à terre, adossés contre les murs, affalés sur les bancs, que des corps immobiles. [...] Les yeux fermés à l'impitoyable lumière, repliés sur leur agonie, ils semblent attendre dans l'hébétude les bonnes grâces de la mort. Je suis entré dans cette salle, et j'ai cruellement réveillé ces douleurs, qui déjà, loin des possibilités humaines, voguaient doucement vers la mort. Par un dernier raffinement du sort je leur ai apporté le supplice par l'espérance. »

12

La débâcle

L'approche rapide des armées allemandes a déterminé le gouvernement à quitter la capitale. Lors du Conseil des ministres du 9 juin, la date du lendemain est choisie, à destination de Tours. Déjà, le 3 juin, Paris a été bombardé en plein jour, à l'heure du déjeuner – à preuve de la maîtrise du ciel par la Luftwaffe. On a relevé 167 morts. Faut-il se battre dans Paris ? La question n'est guère posée : la capitale ne sera pas défendue, mais déclarée ville ouverte. Conscient de l'effet désastreux que va provoquer une telle nouvelle, Paul Reynaud informe Churchill mais aussi Roosevelt dont il s'obstine à espérer l'aide. Le message qu'il adresse adopte un style très churchillien : « Nous lutterons en avant de Paris ; nous lutterons en arrière de Paris. Nous nous enfermerons dans une de nos provinces. Et si nous en sommes chassés, nous irons en Afrique du Nord. Et au besoin dans nos possessions d'Amérique. » S'agissait-il dans l'esprit de Reynaud de Saint-Pierre-et-Miquelon ? Dominique Leca raconte qu'il essaya de faire disparaître cette dernière phrase saugrenue mais que Reynaud la maintint pour mieux souligner sa détermination à continuer la guerre à l'autre bout du monde s'il le fallait. L'abandon de la capitale ne devait pas signifier la fin des combats.

Le 10 juin, les ministres et les parlementaires quittent la capitale en ordre dispersé. La route de Tours, via Orléans et Blois, s'accomplit avec la plus grande difficulté. C'est qu'en effet l'exode gouvernemental y rencontre l'Exode avec un E majuscule.

L'Exode

En 1914, la France avait connu un exode massif des populations civiles fuyant l'avance allemande, mais sans commune mesure avec celui de 1940. A la mi-mai, ce sont d'abord deux millions de Néerlandais, de Belges, de Luxembourgeois qui fuient vers la France. On fuit les combats, les gaz asphyxiants (qui finalement ne seront employés par aucun belligérant), les atrocités commises par les Allemands pendant la Grande Guerre. La fuite est contagieuse et le fleuve se grossit de jour en jour, au fur et à mesure qu'il traverse les départements français en coulant vers le sud.

Du 15 au 25 mai, le désordre reste à peu près organisé. C'est d'abord l'exode des voitures, celles des notables mais aussi celles du « peuple ». « Dans les voitures du peuple, souvent on pouvait voir un chien, un chat, une cage avec des canaris, coin de paradis terrestre que la famille aurait porté jusqu'au seuil des enfers. Les voitures riches étaient plus décentes : elles gardaient la silhouette du luxe, l'appétit de la vitesse. On sentait parfois qu'elles étaient prêtes depuis longtemps pour cet exode. Comme des coursiers de race halètent vers l'écurie, elles étiraient leurs capots dans la direction de l'Espagne : de jour, de nuit, elles roulaient, ne s'arrêtant que pour renifler l'essence aux stations rouges[1]. » Mais, justement, l'essence ne tarde pas à manquer. Les départs, qui se succèdent du nord vers le sud, tels des dominos tombant les uns sur les autres, augmentent radicalement la demande sur les routes en gîte, en vivres, en essence, quand ce n'est pas simplement en eau potable. Ils diminuent du même coup l'offre car ce sont souvent les commerçants qui partent les premiers. De toute façon, la pénurie avait commencé au sortir de l'hiver 1939-1940.

L'hospitalité de ceux qui restent diminue en proportion du flot qui grossit. « Les gens du Limousin ou du Poitou, qui ont déjà vu passer les Lorrains en septembre, les Belges en mai et le premier flot des Parisiens, y ont usé leur pitié. Ils opposent maintenant aux arrivants des visages fermés. Ces affamés qui demandent toujours la même chose, toujours ce qui manque – du pain, de l'essence – finissent par les exaspérer. Ils leur répondent sans ouvrir la bouche, avec des pancartes décourageantes. Mais ils continuent, fascinés, à regarder le film permanent de la route. Vingt fois, la même scène recommence. Un convoi de réfugiés débouche, avec ses voitures qui se remorquent les unes les autres, accrochées par le malheur, le manque d'essence. D'une voix exaspérée par la fatigue, le chef de la colonne réclame des lits. Du Monument aux Morts, où s'est massé le conseil municipal, le maire répond qu'il n'y en a pas. La querelle monte vite. Les réfugiés appellent sur le village la famine, les bombes, toutes les calamités dont ils semblent propriétaires. Le Conseil se vante de ce qu'il a déjà fait et flétrit l'ingratitude humaine. Enfin le convoi s'éloigne, dans un grand bruit de moteurs, tandis que les villageois restent immobiles, les yeux déjà fixés vers le Nord, guettant la prochaine escarmouche » (Fabre-Luce).

À la fin de mai, Lille s'est vidé de 180 000 habitants sur 220 000 ; Roubaix de 107 000 sur 122 000 ; Tourcoing de 75 000 sur 82 000. La seule localité de Montier-en-Der, en Haute-Marne, enregistre sur une route d'importance secondaire 1 400 à 1 500 passages journaliers au centre d'accueil qu'elle a essayé d'organiser[2]. Et ce n'est là que l'exode sur les routes. Les gares, en dépit des trains supplémentaires, sont prises d'assaut, posant d'invraisemblables problèmes de ravitaillement. À Nantes, la seule gare dite d'Orléans va distribuer, chaque jour du mois de mai, 1 000 litres de boissons chaudes et 500 kg de pain[3].

À partir du 5-7 juin, le flot des réfugiés devient raz de marée. « Si vous avez lu les prophètes, vous avez noté que l'on y parle de la rumeur, du grondement des captifs. J'entendais aussi cette rumeur ; elle était faite par le bruit des moteurs, et non plus, comme jadis, par les sabots des chameaux et le crissement des pieds sur le sable. [...] Ce qui contribuait à donner cette impression de grondement, c'est que tous les bruits mécaniques se confondaient en un seul bruit, comme tous les malheurs particuliers en un seul inexorable malheur, qui était celui de la Patrie[4]. »

D'innombrables témoignages soulignent la désolation qu'offre le spectacle de cette mer humaine fuyant vers le sud. Parfois, ceux qui, par extraordinaire, ont pu trouver un hébergement, ont la tentation de rester là, « mais l'ennemi avance toujours. On sent derrière soi le souffle chaud de la Bête qui se rapproche » (Fabre-Luce). Aux voitures de moins en moins nombreuses (on en voit remorquées par un cheval), s'est ajoutée l'immense cohorte des réfugiés qui vont à pied, poussant devant eux charrettes, voitures à bras, bicyclettes, brouettes, poussettes surchargées d'incroyables fardeaux au sommet desquels dorment parfois des enfants en bas âge. Le moindre engin qui possède une roue est désormais devenu précieux. « Tout cela titube, plie sous le faix des sacs, des musettes, des valises, s'effondre de fatigue dans les fossés [...] l'horloge de la civilisation tourne à rebours » (Fabre-Luce). Se riant des matelas qui protègent illusoirement les toits des voitures, les avions nazis se livrent à d'affreux carnages en mitraillant ces colonnes sans défense.

Un tel exode finit par désorganiser totalement l'infrastructure du pays. Fonctionnaires, gendarmes (arguant que c'est sur ordre) et même pompiers fuient. « Qui de nous n'a rencontré, sur les routes, parmi les files d'évacués, des cohortes de pompiers, juchés sur leurs pompes municipales ? À l'annonce de l'avance ennemie, ils couraient mettre en sûreté leurs personnes, avec leurs biens. Par ordre, je le veux croire. Tout pouvait bien, là-bas, périr dans l'incendie, pourvu que fût conservé, loin des braises, de quoi l'éteindre » (Marc Bloch). Rares sont les préfets qui tentent de freiner la fuite de tout un pays, bien que Mandel ait révoqué plusieurs hauts fonctionnaires pour abandon de poste. Jean Moulin est alors préfet d'Eure-et-Loir, adjurant ses administrés de « ne pas écouter les paniquards ». À Chartres, comme dans beaucoup de villes, la pénurie est totale et la population qui comptait 23 000 habitants est tombée à moins de 1 000, vivant sans eau, sans gaz, sans électricité. Jean Moulin rend compte de la situation : « Je n'ose pas écrire que tout est calme, tant ce mot est choquant dans cette atmosphère de désolation[5]. »

L'exode des Parisiens et des banlieusards, principalement du 10 au 14 juin – date à laquelle les Allemands entrent dans Paris –, met le point d'orgue à cette véritable catastrophe nationale. « Viens ! On ferme la France », dit Andrzej Bobkowski à sa compagne[6]. Plus de deux millions de personnes se dirigent à leur tour vers la Loire. À Orléans, on n'avance plus que mètre par mètre et ceux qui prétendent remonter le flot des réfugiés sont bien téméraires. À la mi-juin, ce sont huit millions de Français et de Belges qui sont sur les routes.

Anne Jacques, une infirmière, qui accompagne une centaine d'enfants évacués de la capitale, souligne le courage des femmes, éternelles victimes des guerres et qui doivent le plus souvent veiller seules sur les enfants et les vieillards. « Les femmes sont très bien, je peux le dire, j'en ai vu beaucoup et dans des heures où l'on se fait juger. Elles ne sont plus ni bavardes, ni nerveuses, ni faibles ; elles sont raisonnables, calmes, charitables entre elles et souvent héroïques [...] Affamées, elle voient les enfants manger sans en prendre une miette ; assoiffées, elles goûtent dans un verre dont elles n'auront qu'une gorgée[7]. » Les enfants perdus, notamment dans les gares, ne se comptent plus. Certains ne seront jamais retrouvés par leurs parents. De nombreux messages tapissent les murs : « Cherche petit garçon de cinq ans, brun et bouclé ; il s'appelle Paul Duval. Perdu ici ce matin. » Hélène Brosteau, réfugiée belge, a été prise en charge avec son petit garçon par un camion militaire. Elle y est oubliée lors d'une attaque du convoi par la Luftwaffe. « Je tenais le gamin sur mes genoux, contre moi pour ne pas qu'il voie ce qui allait se passer. Depuis la cabine, je voyais et j'entendais les balles ricocher exactement comme des grêlons. J'étais toute seule. Il y avait de quoi devenir folle. » « Il est à peine croyable, conclut Anne Jacques, que, depuis tant de malheurs, je n'ai pas vu une femme pleurer, ni au départ, ni dans les gares. Le malheur est trop grand. Les femmes se taisent, et les enfants. Ce sont les hommes qui pleurent. J'en ai vu trois aujourd'hui[8]. »

D'une certaine façon, l'Exode prépare l'armistice : « La paix, l'ordre, telle est la grande aspiration qui surgit du peuple des routes. L'affreux Exode a posé le fondement moral de l'armistice » (Fabre-Luce). Les quelques témoins de l'époque vivant aujourd'hui le disent encore : « Tous ces réfugiés sur les routes, ça ne pouvait pas durer ainsi. Il fallait faire quelque chose » (Madame C. – Caen).

D'un château l'autre

Jusqu'au 10 juin, Reynaud a cru pouvoir maintenir une apparence de cohésion de son cabinet. Il n'en va plus de même quand le gouvernement quitte la capitale. Sa nomadisation qui commence ainsi fait surgir les divisions au grand jour et fait jeter le masque au parti de l'armistice. Weygand a présenté le 10 une note dans ce sens à Reynaud en tant que ministre de la Guerre. De Gaulle, qui le reçoit, lui dit : « Mais il y a d'autres perspectives ! » – Avez-vous quelque chose à proposer ? » lui rétorque Weygand, ironique. Alors, déjà gaullien, le sous-secrétaire d'État à la Guerre s'irrite : « Le gouvernement n'a pas de proposition à faire mais des ordres à donner[9] ! » Voilà ce que Reynaud n'a pas encore osé dire à Weygand.

Le 10 juin, tandis que le gouvernement faisait hâtivement ses bagages, l'Italie fasciste a déclaré la guerre à la France et à la Grande-Bretagne. Mussolini s'est décidé à voler au secours de la victoire. Convoqué par Ciano, l'ambassadeur de France, François-Poncet, s'est indigné : « C'est un coup de poignard à un homme déjà à terre ! » Ciano, qui a essayé d'empêcher la guerre, a répondu : « Je suis triste, très triste. » L'opinion américaine s'émeut : « Avec le courage d'un chacal qui s'abrite derrière un fauve plus audacieux que lui, Mussolini a tendu son embuscade » *(New York Times)*.

L'installation du gouvernement à Tours ne peut qu'être provisoire car les Allemands sont trop près et l'infrastructure par trop sommaire. Pourquoi d'ailleurs avoir choisi Tours ? Si c'est par référence au précédent de 1870 lorsque le gouvernement provisoire s'y installa pendant trois mois, l'esprit des arrivants est aux antipodes de celui de Gambetta lançant de la même ville : « Français ! Élevez vos âmes et vos résolutions à la hauteur des effroyables périls qui fondent sur la patrie. Il dépend encore de nous de lasser la mauvaise fortune et de montrer à l'univers ce qu'est un grand peuple qui ne veut pas périr et dont le courage s'exalte au sein même des catastrophes. » Cette fois, c'est la désunion qui prévaut, comme en témoigne l'éparpillement de l'hébergement. Reynaud élit domicile au château de Chissay à 10 km de Tours mais les services des Affaires étrangères sont au château de la Châtaigneraie, près de Langeais, et leur sous-secrétaire d'État au château de Chemilly, à plusieurs dizaines de kilomètres. Le président de la République est au château de Cangé et Pétain au château de Nitray. Quant au Sénat, il s'installe à l'hôtel de ville de Tours tandis que Mandel loge à la préfecture. « L'idiot qui a organisé ce repliement insensé d'administrations qui ne peuvent plus coopérer, a sans doute cru qu'il serait agréable aux ministres de profiter des châteaux de la Loire », commente Hervé Alphand. Cette dispersion, alors que chaque jour, chaque heure compte, achève de désorganiser les services de l'État et d'isoler le chef du gouvernement.

La guerre ouverte éclate le 11 juin lors du Conseil suprême interallié qui se tient à Briare, dans le Loiret, là où s'est replié le GQG. Qui l'a convoqué ? Selon de Gaulle, c'est Weygand sans en référer au président du Conseil, et il s'en offusque : « Ne voyez-vous pas que le général Weygand poursuit, non point un plan d'opérations, mais une politique, et que celle-ci n'est pas la nôtre ? » *(Mémoires de guerre)*. Reynaud aurait alors envisagé de remplacer Weygand par Huntziger et dépêché de Gaulle auprès de ce dernier qui aurait dit oui. Selon d'autres témoignages, il aurait dit non. Le temps que de Gaulle revienne, Reynaud aurait changé d'avis. Le problème, c'est que les *Mémoires*, qui en général racontent rarement un événement de la même façon, n'ont jamais été aussi contradictoires qu'en ces jours funestes. C'est ainsi que chacun, de Gaulle comme les autres (Lebrun, Reynaud, Gamelin, Weygand, Baudouin, Herriot, Jeanneney, Villelume, Chautemps, Leca, Monzie – pour ne citer que les principaux), est témoin de lui-même, « devient sa propre référence[10] ». Cela dit, on suivra plus volontiers de Gaulle que Weygand s'appliquant maladroitement après la guerre à réfuter point par point les *Mémoires de guerre*[11] chaque fois qu'il y est mis en cause. Ainsi Weygand nie s'être conduit en politique et soutient n'avoir plaidé pour l'armistice que d'un point de vue strictement militaire – ce qui est contredit par sa conduite de chaque instant.

Il existe cependant, outre les témoignages, deux procès-verbaux du Conseil suprême interallié du 11 juin, dont un britannique. Churchill y est entouré d'Eden et des généraux Dill, Ismay et Spears. Reynaud est accompagné de Pétain, Weygand, Georges, de Gaulle, Villelume. Churchill commence par réaffirmer la détermination de son pays de continuer la lutte, dans tous les cas. L'exposé de Weygand, dont chacun relève le pessimisme (plus aucune réserve, épuisement des armées françaises, aucune garantie « que les lignes tiennent encore demain »), n'en est pas moins mensonger sur la situation exacte : « Jusqu'à maintenant, l'enfoncement n'est pas encore réalisé et nous conservons un dispositif en équilibre mais usé. » Weygand affirme cela le 11 au soir alors que Rouen, qui n'a pas été déclaré ville ouverte et où ont eu lieu des combats, est tombé le 9 et que les Allemands ont aussitôt commencé à remonter la Seine vers Paris. Weygand évoque aussi « l'essoufflement de l'ennemi » avant de conclure curieusement : « C'est le dieu des armées qui décidera » – sauf qu'il sait très bien que si « dieu des armées » il y a, celui-ci a déjà décidé.

Churchill, quant à lui, rend hommage à la lutte héroïque des armées françaises, évoque un miracle de la Marne toujours possible, parle du maintien de têtes de pont sur l'Atlantique pour gagner les « quelques mois » nécessaires pour obtenir l'intervention américaine. Il parle aussi de guérilla retardatrice. Pétain sort alors de son mutisme habituel : « Ce serait la destruction du pays ! » Le mot d'armistice n'est pas prononcé une seule fois mais il est dans l'air. En écho à la détermination de Churchill, Reynaud déclare que le gouvernement français est résolu à continuer la guerre. Lorsque Weygand dit : « S'il faut envisager l'Occupation complète de la métropole, on en vient à se demander comment la France serait capable de continuer la guerre », Reynaud répond vertement : « Le problème de la continuation de la guerre est politique et relève des décisions du gouvernement. »

Il est bien tard pour que Reynaud se conduise enfin en chef de gouvernement, et plus tard encore pour provoquer autour de lui le sursaut national auquel il croit peut-être encore. « Au cours de cette séance se confrontèrent ouvertement les conceptions et les passions qui allaient dominer la nouvelle phase de la guerre. Tout ce qui avait, jusqu'alors, servi de base à l'action et aux attitudes n'appartenait plus qu'au passé. La solidarité de l'Angleterre et de la France, la puissance de l'armée française, l'autorité du gouvernement, le loyalisme du Commandement, cessaient d'être des données acquises. Chacun des participants se comportait déjà, non plus en tant que partenaire dans un jeu mené en commun, mais comme un homme qui, désormais, s'oriente et joue pour son compte. » Le Conseil suprême de Briare dont de Gaulle rend ainsi compte a été en fait beaucoup plus feutré mais c'est bien l'atmosphère de Tours qui est dépeinte ainsi. Ce sont aussi les antichambres et les couloirs. C'est Darlan, vexé de ne pas être invité au Conseil suprême interallié, qui s'esclaffe sur le perron quand il entend qu'on y parle du réduit breton. C'est Mme de Portes prêchant l'armistice immédiat à Camille Chautemps qui semble soudain découvrir « une véritable intrigue de palais autour du président du Conseil[12] ». « Inquiétante personne », dit Jeanneney de Mme de Portes.

Le Conseil des ministres du 12 est pire encore. Il se tient, de 18 h 30 à 23 heures, au château de Cangey, « chez » le président de la République. Reynaud y a invité Weygand – ce qui est inconstitutionnel et surtout en contradiction avec ce qu'il lui a rétorqué la veille. Dans ce qu'il faut bien appeler sa candeur, peut-être Reynaud a-t-il pensé que Weygand se contenterait de « répondre aux questions » ? Bien loin de cela, Weygand, après un nouveau point sur la situation des armées, en profite pour demander l'armistice ! Il n'y a pas de procès-verbaux pour les Conseils de ministres mais tous les témoignages concordent, y compris celui de Weygand lui-même. « Il conclut, rapporte Albert Lebrun, en disant que l'armistice s'impose. Il ajoute quelques propos sous une forme discrète pour dire qu'il faut aussi songer au maintien de l'ordre dans le pays ; si on laisse l'armée se désagréger plus profondément, elle ne sera plus en état de remplir cette mission. Cette allusion inattendue n'est pas sans surprendre la plupart des membres du Conseil. Le général veut se retirer, se plaignant que certains ministres ricanent en l'entendant. »

Si cette question du maintien de l'ordre par l'armée face à une révolution qui ne demande qu'à éclater à la faveur de la défaite paraît folklorique aux ministres « durs », elle est devenue chez Weygand une véritable obsession. Quand il s'est opposé au départ du gouvernement de Paris, ce n'était pas pour commander une défense héroïque de la capitale mais pour y empêcher une révolution ! « Si le gouvernement veut éviter le développement à Paris d'un mouvement révolutionnaire, il doit affirmer qu'il restera dans la capitale quelle que soit la situation[13]. » Weygand partage cet état d'esprit avec de nombreux autres généraux, tel Prételat, commandant le 2e Groupe d'Armées (est et ligne Maginot) encore intact à la date du 30 mai. Estimant que la guerre est déjà perdue, Prételat, qui s'entretient avec le chef de cabinet de Dautry, Banet-Rivet, lui demande : « Le gouvernement a-t-il le droit de sacrifier les soldats jusqu'au dernier ? Et ne serait-il pas sage d'essayer de garder intactes les quelques divisions de l'Est pour maintenir éventuellement l'ordre en France[14] ? »

Dans la discussion qui s'ouvre, Reynaud prend catégoriquement parti contre un armistice déshonorant en faisant remarquer que Hitler n'est pas un « vieux gentilhomme » comme Guillaume 1er mais un « nouveau Gengis Khan ». Le gouvernement doit quitter la France pour l'Afrique du Nord afin de continuer la lutte en fidélité à l'engagement du 28 mars vis-à-vis de la Grande-Bretagne. Mis à part Pétain et Prouvost (le nouveau ministre de l'Information) qui ont aussitôt approuvé Weygand, les autres ministres sont solidaires de Reynaud mais seuls Mandel, Campinchi et Marin (de Gaulle est à Rennes) sont véritablement hostiles à toute idée d'armistice. La France a encore sa flotte, son empire. Quant à Chautemps, président du Parti radical et vice-président du Conseil en même temps que Pétain, il se défendra toujours d'avoir été partisan de l'armistice en jouant pourtant un rôle des plus ambigus. C'est déjà le cas quand il obtient que Churchill soit consulté le lendemain puisque la France est engagée vis-à-vis des Britanniques. « Leur demander s'ils nous déliaient de notre parole, c'était presque reconnaître que l'on avait envie d'être déliés : on entrait dans un engrenage lamentable » (Leca).

Le général Spears observe les uns et les autres avec toute l'acuité d'un Britannique parlant parfaitement le français mais n'étant peut-être pas aussi francophile qu'il le croit (Claude Hettier de Boislambert, Compagnon de la Libération, dira de lui qu'il aimait la France comme on aime le foie gras). Pétain et Weygand viennent décharger leur bile auprès de lui. De Gaulle, selon Weygand, était « totalement aveuglé par la vanité. Il était outrecuidant, insupportable, tenait plus du journaliste que de l'officier ». Il voit et il entend Baudouin et Mme de Portes, propageant partout leur défaitisme. Il n'y a guère, outre de Gaulle, que Mandel qui trouve grâce à ses yeux. Les deux hommes échangent impressions et informations. Ils tiennent à jour la liste des ministres « capitulards » qui s'accroît progressivement. Chautemps, justement, leur paraît dangereux. « Avec sa merveilleuse voix, il parle de la situation misérable des réfugiés dans leurs voitures. Il termine toujours par une description émouvante de la pauvre grand-mère sur le siège arrière, écrasée par les enfants et la cage de serins. [...] Cette histoire ne manque jamais de faire une grosse impression sur ses collègues ! » C'est Mandel qui parle ainsi. Spears dit de lui : « Je m'attendais à tout moment à le voir bondir sur les défaitistes[15]. »

Le 12 juin après-midi, Spears prend congé de Reynaud : « Ce n'était plus le même homme. Il avait l'air d'avoir été enroulé toute la matinée dans les bandes de crêpe maniées par les défaitistes et de n'être plus qu'une momie paralysée. Je l'avais déjà vu comme cela, mais il s'était secoué et libéré. J'espérais qu'il en soit de même, cette fois encore[16]. »

La journée du jeudi 13 juin est la plus dramatique de toutes. Le Conseil suprême interallié (ce sera le dernier) – mais peut-on l'appeler encore ainsi ? – se tient dans l'après-midi. Cette fois, Reynaud a décidé que ni Pétain, ni Weygand n'y participeraient. En revanche, il a invité Mandel. Il n'y a personne pour accueillir Churchill à l'aérodrome et personne de nouveau à la préfecture. Il est 14 heures et le *Prime Minister* a faim. Il se réfugie avec sa suite au restaurant du Grand Hôtel, proche de la préfecture. C'est là que Baudouin vient enfin chercher la délégation britannique. « Il se mit aussitôt à parler, de sa manière suave et doucereuse, de la vanité de la résistance française », raconte Churchill. Spears, qui est là, prévient Churchill contre Baudouin. « Il fait tout ce qu'il peut pour convaincre Reynaud que le moment est venu de jeter l'éponge. Il travaille pour le compte de Weygand et de Pétain. » « C'est bien ce que je pensais, répond Churchill. Il est venu nous rejoindre au Grand Hôtel et a gâché notre déjeuner, déjà exécrable, en le noyant sous un flot d'huile défaitiste. » Le Premier ministre britannique, en revanche, ne tarit pas d'éloges sur Mandel : « L'énergie et le défi personnifiés. »

Reynaud consigne dans ses *Mémoires* : « Tout en déclarant que, personnellement, je ne capitulerai jamais, je pose la question qui aurait été posée par mes adversaires, les partisans de l'armistice, sur l'attitude qu'aurait l'Angleterre à l'égard de la France si, un jour, un gouvernement français le demandait[17]. » La question est emberlificotée à souhait. Reynaud a-t-il voulu inquiéter ainsi les Britanniques pour obtenir une aide militaire plus conséquente ? Espère-t-il, pour en retirer plus de force auprès de son gouvernement, une réponse indignée de Churchill se refusant hautement à libérer la France de son engagement ? La réponse de Churchill est toute aussi ambiguë – ce qui ne lui ressemble pas. Les témoignages d'ailleurs divergent. Il aurait dit : *I understand*, au sens de « je saisis » et non de « j'approuve ». C'est pourtant cette dernière interprétation dont va se prévaloir Baudouin, présent au Conseil, et qui va faire couler beaucoup d'encre. Churchill dit aussi que la Grande-Bretagne ne perdra pas son temps en récriminations si la France choisit la voie des négociations avec l'Allemagne mais qu'il importe d'abord de connaître la position des États-Unis. On voit mal en tout cas comment Churchill aurait pu céder sur la validité du traité franco-britannique alors même que l'intérêt stratégique de la Grande-Bretagne est de gagner un peu de temps pour se préparer à résister à l'assaut de l'Allemagne. Comprenant que la France, au-delà des protestations de principe de Reynaud, est résignée à l'armistice, il a obtenu un délai. Mais c'est assurément ce jour-là que Churchill comprend qu'il ne faut plus compter sur la France. En cela, Reynaud (et Churchill aussi, d'ailleurs), sans le vouloir, a fait progresser la cause de l'armistice.

C'est dans cette atmosphère que succède à la rencontre de Reynaud et de Churchill le Conseil des ministres prévu pour 15 heures au château de Cangé, qui commence avec trois heures de retard. Les ministres sont d'autant plus mal disposés qu'ils s'attendaient à voir Churchill que Reynaud, de moins en moins sûr de son gouvernement, a préféré ne pas inviter. Rendant vaguement compte de son entretien, qui à bien y regarder n'est pas allé au fond des choses, Reynaud réaffirme que la France continue la lutte. Chautemps et Bouthillier contestent qu'il y ait eu accord au Conseil de la veille sur ce point. Weygand, de nouveau présent, se fait agressif : « Il est pénible de voir un gouvernement qui ne tient ou ne paraît tenir aucun compte des efforts d'une armée qui se fait hacher sous la mitraille. » Pour mieux souligner à quel point la situation s'est encore aggravée, il annonce sur un ton dramatique que les communistes ont pris le pouvoir à Paris, que Thorez s'est installé à l'Élysée et que les téléphones sont coupés. C'est un peu gros. Mandel appelle sur-le-champ le préfet de police de Paris. Non seulement le téléphone fonctionne mais l'information est démentie. Le moment est délicat pour le généralissime mais Pétain enchaîne habilement en demandant la parole. Il sort un papier de sa poche, pratique tout à fait inhabituelle dans un Conseil des ministres, et lit de sa voix chevrotante : « Nous reconnaissons tous que la situation militaire est très grave. Elle est telle que, si le gouvernement français ne demande pas l'armistice, il est à craindre que les troupes, n'écoutant la voix de leurs chefs, ne se laissent entraîner à une panique qui mettrait l'armée hors d'état d'entreprendre la moindre manœuvre. » Pétain poursuit en déniant au gouvernement le droit de quitter le territoire français. Un tel départ serait « tuer l'armée et la France et par conséquent rendre impossible sa renaissance [...] Je déclare, en ce qui me concerne, que, hors du gouvernement s'il le faut, je me refuserai à quitter le sol métropolitain. Je resterai parmi le peuple français pour partager ses peines et ses misères. L'armistice est, à mes yeux, la condition nécessaire à la pérennité de la France[18] ».

La crise, qui couvait au sein du gouvernement, vient d'éclater au grand jour. Pétain est sorti du bois, ralliant à sa cause nombre de ministres hésitants. Ybarnegaray en fait quant à lui une question d'obéissance « du soldat au chef » : curieuse conception de son mandat républicain. Reynaud est conscient de l'effet catastrophique que vient de produire la déclaration de Pétain. Il pourrait prendre le vieux maréchal au mot et lui demander sa démission. Un tel départ ne ferait pas grand bruit alors que les Allemands sont sur le point d'entrer dans Paris. Qui parlerait encore d'opinion publique, avec huit millions de réfugiés sur les routes ? Constamment, Reynaud semble oublier qu'il est le chef du gouvernement et que son opposition à l'armistice est appuyée sans réserve par le président de la Chambre (Herriot) et par celui du Sénat (Jeanneney). En laissant le silence retomber sur l'inacceptable profession de foi de Pétain, il l'avalise alors qu'il devrait la stigmatiser. Il est 23 h 30 et tout le monde est fatigué. Le ministre des Travaux publics, Frossard, adjure le Conseil de ne pas se diviser et d'attendre la réponse du président Roosevelt avant de se décider officiellement pour ou contre l'armistice. Reynaud et Lebrun acceptent en repoussant encore un débat de fond qui n'a toujours pas eu lieu. Il est décidé qu'on partira dès le lendemain pour Bordeaux. Yves Bouthillier, ministre des Finances, qualifie aussitôt cette décision de « complot belliciste ».

« L'armée était redevenue un peuple »

Avec l'abandon de l'Aisne, toute résistance continue et organisée a cessé. À partir du 10 juin, toutes les unités sont en retraite, le plus souvent mêlées au flot des réfugiés. L'encombrement total des routes, aggravé par les attaques incessantes des avions allemands, suffirait à lui seul à empêcher toute manœuvre. Le spectacle des civils dans une telle détresse achève par ailleurs de démoraliser les soldats. Livrés à eux-mêmes, épuisés, révoltés par cette guerre qui ne ressemble à rien et surtout pas à celle d'avant, dans une atmosphère de sauve-qui-peut, des dizaines de milliers et bientôt des centaines de milliers de soldats cheminent sans but. « Des soldats sortent du village, prennent la route vers le Sud devant nous. Ils arrivent par petits paquets ou isolés. On dirait l'évacuation d'un dépôt d'éclopés. Sans armes, sans casques, s'appuyant à des bâtons, pas de sacs, mais des musettes. Certains ont quitté leurs godillots, et les portent attachés autour du cou par les lacets. Ils marchent en savates, les ceinturons défaits, la vareuse déboutonnée, poussiéreux et suants. Mais leurs visages étonnent plus encore que leur tenue. Des faces flétries, élimées, ahuries par la fatigue[19]. »

De telles cohortes ne se privent pas de piller. Les mises à sac sont de toutes les guerres, mais là, ce sont des Français qui pillent des Français. Georges Sadoul, qui a perdu le contact avec son unité, en témoigne avec indignation. Le 1er juin 1940, il est dans la Somme. « Vers dix ou onze heures, les coloniaux arrivent dans Quevauvillers. Leurs barbes longues, leur saleté dit qu'ils viennent de cantonner dans d'assez mauvaises conditions. Ils sont arrivés un ou deux jours avant nous sur la Somme. Au débarqué, on les a fait, comme c'est la stupide habitude militaire, stationner sans motif pendant des heures, sur le quai d'une tuilerie abandonnée. Les avions ennemis les ont repérés et bombardés. Il y a eu quelques morts. » Le pillage, qui commence par un entrepôt de vins et spiritueux, dure toute la journée. Tout ce qui ne put être bu ou emporté est saccagé. Les maisons sont fouillées, les meubles fracassés. « Le rouge de la honte nous monte au front, nos poings se serrent quand nous voyons partir cette armée d'ivrognes conduite par des saoulards. En tête de son bataillon, le capitaine zigzague d'un trottoir à l'autre. Le commandant va plus droit, mais il n'est pas moins saoul. Les hommes sont tous en vareuse, sans casque, sans masque, sans sac, sans munition, sans armes même, n'ayant pour tout bagage que des musettes gonflées de bouteilles d'apéritif ou qu'une bonbonne juchée sur une épaule[20]. » Sadoul assiste impuissant à d'autres scènes du même genre où il peut faire, selon son expression, « une belle provision d'horreur ». Des réfugiés pillent de leur côté, sans réfléchir ou peut-être justement en pensant qu'au même moment leur maison abandonnée subit le même sort.

Depuis la percée de la Meuse, et s'amplifiant en même temps que la déroute, le mythe de la cinquième colonne sévit et nourrit la panique. On voit des parachutistes allemands partout. La hantise est telle qu'on en a vu, au début de l'offensive allemande, déguisés en bonnes sœurs (thème repris en 1947 dans le film *Le Bataillon du ciel* mais cette fois au crédit des SAS). Les rumeurs les plus folles circulent. Des chefs de gare se sont suicidés après qu'on a trouvé chez eux des micros par lesquels ils renseignaient les Allemands. Les traîtres et les espions nazis sont partout, préparant l'avance de leurs armées.

Jean Moulin lui-même y croit (« La cinquième colonne donne à plein »). L'armée aussi, pour ne pas dire qu'elle entretient la psychose pour se dédouaner, au moins en partie, de sa déconfiture. Le 24 mai, le chef d'état-major du général Frère (qui remplace Giraud) commandant la VIIe armée, qui se replie en désordre de Hollande, diffuse à toutes ses unités des renseignements très précis sur les fameux parachutistes dont certains seraient revêtus d'uniformes français : « Ils se répandent dans les arrières, batteries, etc., donnent des ordres de retraite et le signal du sauve-qui-peut[21]. » Le 5 juin, Weygand en personne écrit à Reynaud : « Il ne faut pas minimiser l'intervention de la cinquième colonne : un colonel a été tué par un civil sur un des ponts de la Meuse au moment où il s'apprêtait à le faire sauter. Une division cuirassée a reçu un ordre de se replier sur Mourmelon, qui a été exécuté, ordre qui était faux[22]. » Or rien de tout cela n'est vrai.

Ce qui est bien réel en revanche – ceci portant cela –, c'est la guerre psychologique que continue à mener Goebbels et qu'il a même intensifiée depuis le 17 mai afin d'aggraver l'atmosphère de panique qui a commencé à s'emparer de la France. Son principal instrument est la radio. A celle de Stuttgart s'ajoutent les stations des capitales déjà occupées, notamment Luxembourg et Bruxelles. Deux postes pseudo-clandestins, *Réveil de la France* et *Radio Humanité*, répandent défaitisme, fausses nouvelles, espionnite, xénophobie, invitation à la révolte contre « les mauvais bergers de la IIIe République ». Déjà on y entend le slogan, appelé à très bientôt faire carrière, de « Révolution Nationale », avec ses corollaires tels que : « Mandel au poteau ! » Dans les jours qui précèdent l'entrée des Allemands dans Paris, *Radio Humanité* appelle à la Révolution tout court, y compris communiste : « Saboter les dernières défenses du capitalisme ». Il est difficile d'évaluer l'impact exact de ces campagnes d'intoxication, mais c'est tout de même à partir du message d'un officier d'état-major resté à Paris, et qui a trop bien écouté *Radio Humanité*, que Weygand annonce au Conseil des ministres du 13 juin que les communistes sont à l'Élysée ! C'est grave que Weygand y ait cru, et l'inverse serait plus grave encore !

Ainsi, la cinquième colonne – croyance si fortement ancrée qu'elle conserve aujourd'hui encore des adeptes – fut un produit réussi de la guerre psychologique menée avec brio par le docteur Goebbels. Les armées allemandes n'avaient pas besoin, pour vaincre, de parachutistes déguisés en bonnes sœurs (on en a vu aussi en curés, en infirmières). Dans une parfaite démarche de *self-fullfilling prophecy*, les Français ont été leur propre cinquième colonne.

À propos de guerre psychologique, nous avons eu l'occasion de voir à quel point l'armée française y était étrangère. On fera une exception pour de Gaulle, digne émule de Churchill dès sa nomination de sous-secrétaire d'État à la Guerre. Dominique Leca, en tant que directeur de cabinet de la présidence du Conseil, doit non sans mal lui trouver un bureau. On le cherche. On pense qu'il est déjà dans quelque recoin, penché sur les cartes. Non, il est dans la cour depuis une heure en train de se faire photographier par les journalistes ! « Le mythe naissait. Il savait, lui, il pressentait que le vrai champ de bataille, pour des lendemains très proches, c'était l'imagination publique. Il préparait ses images d'Épinal. Il avait déjà parié que la sensibilité populaire aurait besoin d'une figure comme la sienne, celle d'un rigide homme d'État en uniforme et, dans le jardin ensoleillé, il répondait déjà *présent*, sans être compris de nous, à l'appel du Destin qu'il entendait[23]. »

La débâcle des armées françaises est-elle aussi totale ? Il y a bien le GA 2 qui tient encore la ligne Maginot, désormais inutile, et le Bas-Rhin. Il y a aussi l'armée des Alpes sur laquelle, comme pour la ligne Maginot, nombre de divisions ont été ponctionnées pour tenter de résister à l'avancée allemande. L'aviation, de son côté, continue de se battre inlassablement. Elle s'est employée avec rage au-dessus de la Somme et de l'Aisne. C'est encore elle qui, ici et là, parvient à retarder la nouvelle ruée des panzers. Mais qu'en reste-t-il ? Du 10 mai au 9 juin, 852 avions ont été perdus, dont la moitié en combat aérien, auxquels s'ajoutent 944 de la RAF, à preuve que celle-ci n'est pas restée inactive. De son côté, la Luftwaffe en a perdu près de 1400. À la date du 11 juin, Villelume note : « Notre chasse fond. Il y a trois jours, elle comptait trois cents appareils disponibles. Elle n'en a plus aujourd'hui que cent cinquante, soit quarante dans la zone nord (P.C. à Orléans), soixante-dix dans la zone centrale (P.C. à Troyes), quarante dans la zone est (P.C. à Nancy). Il y en a, en outre, une quarantaine sur le front sud-est. » On ne compte plus à la même date qu'une soixantaine de chasseurs britanniques. C'est ridiculement peu face aux nuées de chasseurs allemands. Quant aux bombardiers, il n'en reste que 70. 35 équipages ont été perdus dans une dernière grande attaque contre les panzers le 6 juin, au sud de Péronne. L'aviation française voit ses bases saisies les unes après les autres par l'avance ennemie et doit refluer vers le sud. Le 25 juin, le général Vuillemin, commandant en chef de l'armée de l'air, libellera ainsi son dernier ordre du jour : « Souvenez-vous que vous n'avez pas été battus ! »

Pendant ce temps, la production de guerre continue de progresser. À partir du 10 mai, la journée de travail est passée à 11 heures dans les usines d'armement et à 12 heures dans l'aéronautique. Les usines Renault tournent enfin à plein rendement et jusqu'au dernier moment (tant et si bien qu'elles vont tomber intactes aux mains des Allemands). L'infatigable Dautry commence même à improviser des armes antidébâcle : explosifs antichars, canons automoteur chasseurs de char dont les premiers exemplaires sont engagés sur la Somme et y détruisent 18 panzers. (C'est cette même arme que Guderian suppliera Hitler de lui construire en quantité quand il s'agira à son tour de faire face à l'avance des blindés soviétiques.)

Trop tard. Plus rien ne peut arrêter la Wehrmacht. À l'est, le GA C (von Leeb) passe à l'offensive le 14 juin à partir de la Sarre contre la ligne Maginot et le 15 à travers le Rhin. Dans le même temps, le *Panzer Korps* Guderian réalise un enveloppement par le sud, parvenant à Saint-Dizier le 14 tandis que la XVIe armée prend Verdun le 15. Le *Panzer Korps* von Kleist déborde Paris à l'est le 13. Le 14, la XVIIIe armée allemande entre dans la capitale et défile le jour même sur les Champs-Élysées. À l'ouest, le *Panzer Korps* Hoth force les passages de la Basse-Seine le 13 et fonce aussitôt en direction de Cherbourg et de Rennes, non sans affronter des combats retardateurs en Normandie où 50 000 hommes de la IXe armée ont pu se retrancher dans le Perche. La 17e Pzd de Rommel s'empare de Cherbourg le 19 mais les dernières unités britanniques ont réussi à s'y embarquer la veille. Le 21 juin, Rommel est à Rennes. Il écrit à son épouse : « Arrivé ici sans encombre. La guerre est devenue à peu près un Tour de France éclair. Dans quelques jours, elle sera finie pour de bon. Les gens d'ici sont soulagés, voyant que tout se passe si tranquillement. » À elle seule, la division Rommel aura détruit en six semaines de *Blitzkrieg* 458 chars et véhicules blindés, 340 canons, 4 000 camions en ne perdant de son côté que 42 chars. Cependant elle compte près de 1 000 tués ou disparus et 1 646 blessés[24], à preuve que sa progression foudroyante n'a pas été une promenade militaire.

À l'est, Besançon est atteint le 16 et la frontière suisse le 17. Ce sont les préludes à l'isolement et bientôt l'encerclement du GA 2 dans les Vosges. La ligne Maginot est attaquée des deux côtés à la fois. Le GA 2 ne déposera les armes que le jour de l'armistice et même certaines garnisons d'ouvrages fortifiés continueront de se battre jusqu'au début de juillet.

Au centre, la Loire n'est pas plus un obstacle que ne l'a été la Seine. Elle aurait pu en être un si le commandement ne s'était pas obstiné à reculer cours d'eau après cours d'eau parfois à 10 km de distance, sans jamais avoir le temps d'organiser la moindre défense ni de regrouper ses unités. C'est en vain que les ponts de la Loire sont défendus, comme à Saumur où s'illustrent les 550 élèves aspirants de l'École d'application de l'arme blindée et de la cavalerie. Sous les ordres du colonel Michon et renforcés par environ 2 000 hommes, ils interdisent deux jours durant (19 au 21 juin) le passage de la Loire à deux divisions allemandes.

Dans les Alpes, l'armée italienne, rassurée par l'arrivée à Lyon des armées allemandes, lance une offensive générale le 20 juin qui échoue totalement. Elle est bloquée par la VIIe armée du général Olry qui, dans le même temps, interdit sur ses arrières la route de Grenoble aux panzers allemands.

À Brest, les ouvriers de l'Arsenal se sont activés jusqu'à la dernière minute pour permettre à 83 bâtiments de guerre de prendre la mer avant l'arrivée des Allemands le 19. À Saint-Nazaire, c'est le cuirassé Jean Bart qui peut quitter in extremis sa cale de construction alors qu'il n'est pas terminé et qui ralliera Casablanca par ses propres moyens.

À cet esprit combatif répond malheureusement ailleurs et plus souvent un esprit de fuite ou de reddition que favorise la volatilisation des divisions. Les abandons de poste, à tous les niveaux, se multiplient. L'image d'officiers filant vers le sud dans des voitures de service n'a pas été générale mais n'en est pas moins réelle. Il en va de même de médecins militaires délaissant leurs blessés. On voit ainsi le médecin-général de la IIIe armée partir sans ordre vers le sud le 15 juin. Un officier de l'état-major arrête sa voiture et lui dit : « Mon général, il y a de nouveaux ordres ; le GQG remonte vers Gerardmer – Je ne vous ai pas entendu », lui répond le médecin-général dont la voiture repart derechef vers le midi de la France[25].

De la base jusqu'au sommet de la pyramide se vérifient les carences d'une armée qui n'était préparée à se battre ni techniquement, ni psychologiquement. Du côté des grands chefs, on a vu à l'œuvre – mais l'expression est mal choisie –, les Gamelin, Weygand, Georges, Huntziger, mais on pourrait tout aussi bien citer un Billotte, totalement désemparé à la tête de son groupe d'armées en Belgique. Le 20 mai, alors qu'Arras est sous le feu d'une avant-garde de panzers, le général Ironside et le chef d'état-major de la BEF le cherchent partout. Ils le trouvent enfin avec le général Blanchard. « Ils ne savaient littéralement plus où donner de la tête », se souvient le général Pownal. Ironside raconte la scène de son côté : « Tous dans un état de dépression profonde. Frappés à la tête sans blessure. *Très fatigués* [en français dans le texte] et ne faisant rien. Je suis sorti de mes gonds et j'ai secoué Billotte par le bouton de sa veste. L'homme était complètement abattu[26]. » Quant au général Blanchard, chef de la Ire armée au PC duquel se déroulait la scène qui précède, Marc Bloch, affecté à son état-major, le décrit ainsi alors qu'il vient de perdre la moitié de son armée dans les Flandres : « Au château d'Attiches [...] sans un mot, presque sans un geste, figé dans une immobilité tragique, il contemplait fixement la carte étalée sur la table qui nous séparait, comme pour y chercher la décision qui le fuyait. » Après la nouvelle percée allemande sur la Somme, Marc Bloch, qui a repris le combat, croise en Normandie le général Blanchard qui l'accueille en ces termes : « Eh bien ! vous vous êtes donc, vous aussi, tiré indemne de *cette aventure* ! »

Quant à l'esprit de reddition, il est favorisé à la fois par l'inutilité supposée ou réelle des combats ainsi que par la soudaineté de l'apparition des Allemands. La « division fantôme » de Rommel aura fait à elle seule 100 000 prisonniers ou plutôt les aura désarmés (quand ils ne l'étaient pas déjà) tout au long de sa route forcenée, les abandonnant sur place aux divisions d'infanterie qui la suivent. Le seul 17 juin, la VIe armée allemande fait 7 000 prisonniers entre la Seine et la Loire, identifiant les débris de 37 divisions françaises différentes[27].

Dans la France de la mi-juin, en grande partie envahie, de nouveaux convois se forment sur les routes : ceux des prisonniers qu'escortent quelques gardes allemands. « On voyait alors sur les routes de France des milliers d'hommes qui avançaient en rangs denses, incertains et traînards. Ils avaient l'uniforme du soldat mais plus d'unités distinctes et commandées, surtout plus ce fusil sur l'épaule ou à la bretelle qui fait la dignité du soldat, qui en est le signe et le sacrement. Ils portaient avec eux des ballots, des sacs ou des valises, comme ces marchands d'Orient qu'on voit dans les ports. On devinait qu'à la première attaque de la fatigue ou du désespoir, tout cela serait abandonné sur le bord du chemin. Bien qu'on n'aperçût ni femme, ni enfant, ni charrette avec tout le mobilier, cette armée captive faisait penser à un peuple. L'armée était redevenue un peuple et bien pire encore, une sorte de foule étirée en longueur et souffrante ; ce n'était plus une marche, ce n'était plus une retraite, et ce n'était pas proprement un exode[28]. »

Continuer la guerre ?

Dès la fin du mois de mai, chacun a compris que la bataille est perdue. En dépit de son opposition à l'armistice et de ses quelques déclarations patriotiques à la radio sur le thème de la France éternelle, Paul Reynaud en est conscient. Dès lors, il n'existe qu'une alternative à l'armistice : continuer la guerre militairement et politiquement. Mais où ? L'hypothèse de l'Afrique du Nord a aussitôt surgi mais se trouve en partie éclipsée par celle du « réduit breton ». Reynaud et de Gaulle en sont les fervents partisans : transformer en forteresse la péninsule bretonne où s'installerait le gouvernement permettrait de continuer la lutte sur le sol national. Bien entendu, Weygand est contre et pas seulement sur le plan technique. Quand de Gaulle préside une réunion dans ce sens à Rennes, le 12 juin, on lui parle d'un délai d'organisation d'un à deux mois alors que dans six jours les Allemands seront à Rennes. Voilà le genre d'illusion dont se berce Reynaud. Leca fait remarquer que ce projet irréaliste et vague a nui à la recherche d'une véritable alternative à l'armistice. « La solution bretonne, par son inanité pratique, discrédita l'esprit de résistance en voulant seule symboliser celui-ci. »

De Gaulle est chargé par Reynaud d'étudier les possibilités de poursuivre la lutte hors de la métropole. Il doit aussi resserrer les liens, de plus en plus distendus, avec la Grande-Bretagne. « Au cours des entretiens que j'ai eus, les 26 et 31 mai, avec le gouvernement britannique, lui dit Reynaud, j'ai pu lui donner l'impression que nous n'excluions pas la perspective d'un armistice. Mais, à présent, il s'agit, au contraire, de convaincre les Anglais que nous tiendrons, quoi qu'il arrive, même outre-mer s'il le faut. »

La véritable alternative à l'armistice n'est pas le réduit breton, certes proche de l'allié britannique, mais l'Afrique du Nord. On comptera pour rien le scénario alambiqué de la première conduisant, dans un second temps, à la seconde. Il n'y a plus de temps pour les premiers et les seconds temps, les plans A et les plans B. Tout se joue désormais en jours voire en heures. Avant d'agiter les historiens, la question du repli en Afrique du Nord a radicalement divisé les protagonistes. Elle se posait alors d'un double point de vue, militaire et politique, qui s'est trouvé amalgamé au point de l'oblitérer. Militairement en effet, il a rapidement été trop tard alors que, politiquement, la solution est restée possible jusqu'au bout.

Militairement, les partisans de l'armistice ont beau jeu de récuser la poursuite de la guerre en Afrique du Nord en insistant sur la faiblesse et la médiocrité de ses effectifs (8 divisions territoriales), la faiblesse des réserves en armes, en munitions, en carburant, l'absence de DCA hors des grands ports, celle d'armes antichars, l'inexistence enfin d'industries d'armement. Et Weygand, qui tient à son armistice, d'en conclure péremptoirement que l'Afrique du Nord serait condamnée à être aussitôt conquise par l'ennemi. L'argument est spécieux à plus d'un titre. Cela suppose pour commencer que Hitler, totalement imprégné d'une mentalité continentale et qui louche déjà du côté de l'Est, ira se lancer à l'assaut de l'Afrique. Et en passant par où ? Que ce soit par l'Italie amie ou l'Espagne – à supposer que Franco accepte, c'est du temps, beaucoup de temps en perspective, et *in fine* un débarquement et donc toute une logistique. C'est aussi compter pour rien l'action conjuguée de la flotte française et de la *Royal Navy*. La flotte italienne serait de peu de poids pour leur disputer la maîtrise de la Méditerranée, et chacun le sait déjà. Quant à la *Kriegsmarine*, elle serait bien trop loin de ses bases et le détroit de

Gibraltar est solidement gardé par la Grande-Bretagne. Par ailleurs, même si cette considération échappe au commandement français, les Allemands n'ont pas de plan pour l'Afrique du Nord et ils ne sauraient improviser. Enfin, une telle modification de stratégie impliquerait pour Hitler de renoncer à l'attaque de la Grande-Bretagne. Bref, la vision des armées allemandes poursuivant la France jusqu'en Afrique du Nord est hautement improbable, pour ne pas dire fantaisiste.

Cet argument n'en permet pas moins à Weygand de se dispenser d'instruire tout plan de repli de ce qui peut encore être sauvé. Or c'est beaucoup encore, au début de juin : des centaines de milliers de soldats, à commencer par ceux qui ont été rescapés de Dunkerque. L'armée des Alpes, inactive jusqu'à la déclaration de guerre italienne, compte à elle seule 200 000 hommes. La Flotte, orgueil de la France, n'a pas encore fait ses preuves. Certes, l'amiral Darlan paraît quelque peu en retrait de la guerre, et c'est non sans mal qu'on a obtenu de lui qu'il fournisse des bâtiments français lors de l'évacuation de Dunkerque. Pourtant, il ne cesse de proclamer qu'en aucun cas la flotte ne sera livrée. Il le dit pour les Allemands et dans une moindre mesure pour les Britanniques. Alors, pourquoi pas l'Afrique du Nord ? La flotte y serait dans l'immédiat plus à l'abri qu'à Toulon, car les Allemands sont à Lyon. Le 15 juin encore, quand Villelume lui pose la question, il se déclare encore partisan de la lutte mais ce qu'il dit n'est pas forcément ce qu'il pense, et d'ailleurs il ne croit pas à l'Afrique du Nord, ni pour s'y défendre, ni même pour en assurer le transport. Déjà, le 3 juin, pour les 80 000 recrues du contingent qu'on voulait envoyer en Afrique du Nord, il a parlé de deux mois, alors que se déroulait sous ses yeux le contre-exemple de Dunkerque. Darlan ne dépare pas le haut commandement français ! La flotte, la précieuse flotte française ne sert pas à grand-chose. C'est un gage précieux mais inamovible, un énorme jouet coûteux, une arme qui ne sert à rien. Ce qui compte, c'est de « ne pas porter atteinte à la Flotte ». Et le pays pendant ce temps ?

Cependant, au-delà d'un Darlan peu sûr, il y a le loyalisme de la Marine nationale. Celle-ci obéirait, comme elle l'a toujours fait, à une opération Afrique du Nord. À l'inverse, et pour les mêmes raisons, il ne faudra pas compter sur la « Royale » pour une dissidence, fût-elle patriotique. Reste la question des embarcations pour la traversée de centaines de milliers d'hommes et d'un maximum de matériel. Darlan ne cesse de dire que ces moyens manquent, or, indépendamment de toute aide britannique, la marine de guerre totalise 450 000 tonneaux, la marine marchande 3 millions, auxquels s'additionnent les 1,9 millions de pavillons étrangers affrétés pour la guerre[29]. 600 000 tonneaux au moins sont disponibles dans les ports méditerranéens : Toulon, Marseille, Sète, qui ne sont pas encore sous la menace de la Luftwaffe. Quant à la question du manque de temps, hors du fait qu'il est paradoxal de l'invoquer alors même qu'on en perd volontairement, c'est oublier encore une fois l'épisode de Dunkerque où, sous le feu ennemi, 370 000 soldats ont été embarqués et sauvés en moins de dix jours.

Le cas de l'aviation est encore plus convaincant puisque, le 16 juin, le général Vuillemin ordonne le transfert en Afrique du Nord de 16 groupes de bombardiers et de 18 groupes de chasse. Des appareils tout juste sortis des usines de Dautry s'entassent sur les terrains peu nombreux du Midi : pas question de les laisser aux Allemands. Nombreux sont les pilotes, eux aussi à peine sortis des écoles de pilotage, qui s'en emparent littéralement pour s'envoler vers Bizerte, Alger, Oran, Rabat. Le 25 juin, il y aura en Afrique du Nord près de 700 appareils opérationnels, c'est-à-dire bien plus que dans le ciel de France dès après les premiers engagements au-dessus de la Meuse. À ce nombre considérable, s'ajoutent les appareils encore en caisse provenant des États-Unis, notamment les Curtiss P36 et P40 qui ont déjà fait leurs preuves dans la bataille. D'ailleurs, les livraisons américaines pourraient se poursuivre vers les ports marocains. L'Afrique du Nord ne serait pas réduite à ses seules forces. Derrière, il y a aussi l'Afrique occidentale française, l'empire. À côté, une Grande-Bretagne d'autant plus secourable qu'elle soulagerait son propre front.

Évidemment, chaque jour qui passe en ce tragique mois de juin rend plus difficile, et bientôt impossible, une opération aussi révolutionnaire dans l'esprit du haut commandement français. Le général Noguès, commandant en chef du théâtre d'opérations d'Afrique du Nord (car officiellement c'en est un), s'indigne d'un tel ratage. Peu de temps auparavant, il s'est pourtant montré hostile à une incorporation du contingent mais cette fois c'est au nom de toute l'Afrique du Nord qu'il s'exprime. Le 22 juin, il adresse un télégramme à Weygand : « L'Afrique du Nord tout entière est consternée (cette phrase est soulignée). Les troupes de terre, air, mer, demandent à continuer la lutte pour sauver l'honneur et conserver l'Afrique du Nord à la France. En admettant même qu'elle nous soit laissée, nous perdrions la confiance des indigènes à jamais si nous ne faisions pas un geste de ce genre. » Ces mêmes « indigènes » donnent une grande leçon de patriotisme à la France en s'exprimant, le 31 mai, par la voix du grand muphti de la Grande Mosquée d'Alger qui s'adresse aux autorités officielles : « Les musulmans de toutes classes et de toutes opinions, autrefois divisés, ont fait trêve d'une manière totale pour ne plus songer qu'à la France. » Ce sont aussi trois députés de la Guadeloupe et du Sénégal qui écrivent le 18 juin au président de la République :

« Notre France est blessée mais ne peut pas s'abandonner. Hommes de couleur, représentants de nos colonies au Parlement national, nous venons vous supplier de sauver notre grande et chère patrie dans l'honneur, dans la dignité et dans le respect de la parole donnée. En s'appuyant sur son vaste Empire, en concentrant tous ses moyens de défense dans son Afrique du Nord et dans son Afrique noire, elle pourra lutter jusqu'au dernier souffle et, par son héroïsme et sa loyauté, elle maintiendra ses alliances et ses amitiés et sera sûre de conserver la sympathie et la confiance de l'Angleterre et de ses dominions, de s'assurer tout le concours et toute la sympathie agissante de l'Amérique. Vive la France[30] ! »

En fait, ce n'est pas le problème militaire, si important soit-il sur le plan humain, stratégique, logistique, qui conditionne la décision. C'est de politique et de conduite de l'État qu'il s'agit. À Weygand qui affirme que l'Afrique du Nord est « une solution de désespoir » (tout juste envisageable au cas où les conditions d'armistice seraient inacceptables – comme si, alors, ce serait encore possible d'y songer) et à Pétain, le symbole même du patriotisme, il aura fallu que ce soient les musulmans d'Algérie et des députés « coloniaux » qui répondent espoir, détermination, foi en la France. Certes, Reynaud est partisan du repli des forces et du gouvernement en Afrique du Nord. Il le dit. Il dit qu'il va le faire. Il l'ordonne même, mais il ne le fait pas. Par deux fois au moins, il rate le coche si l'on admet qu'une décision aussi grave ne pouvait se prendre qu'à l'occasion d'un véritable psychodrame. La première se présente le 12 juin, au Conseil des ministres du château de Cangey, en présence du président de la République. Reynaud s'entend dire alors officiellement par le généralissime Weygand que la bataille est perdue et qu'il faut demander un armistice. Reynaud, face à son Conseil mais surtout face à la postérité, pouvait prendre acte de la déclaration de faillite du chef des armées pour décider incontinent du départ du gouvernement en Afrique du Nord. Qui l'en aurait empêché ? La seconde fois, c'est le lendemain, 13 juin, quand Pétain, vice-président du Conseil, rompt la solidarité gouvernementale. Ce jour-là encore, le gouvernement, une partie au moins, pouvait partir. Mandel, de Gaulle, Campinchi et d'autres l'auraient suivi, ainsi que les présidents des deux Chambres et avec eux nombre de députés et de sénateurs. Reynaud n'aurait pas été seul. Mais non. « Reynaud la guerre », c'était en temps de paix. En temps de guerre, Reynaud fait de la politique. « Le chef du gouvernement, écrit de Gaulle, voyait autour de lui s'effondrer le régime, s'enfuir le peuple, se retirer les Alliés, défaillir les chefs les plus illustres. À partir du jour où le gouvernement avait quitté la capitale, l'exercice même du pouvoir n'était plus qu'une sorte d'agonie, déroulée le long des routes, dans la dislocation des services, des disciplines et des consciences [...] Pour ressaisir les rênes, il eût fallu s'arracher au tourbillon, passer en Afrique, tout reprendre à partir de là. M. Paul Reynaud le voyait. Mais cela impliquait des mesures extrêmes : changer le Haut commandement, renvoyer le Maréchal et la moitié des ministres, briser avec certaines influences, se résigner à l'Occupation totale de la Métropole [...] M. Paul Reynaud ne crut pas devoir prendre sur lui des décisions aussi exorbitantes de la normale et du calcul » *(Mémoires de guerre)*.

Il serait toutefois réducteur de faire porter un tel poids sur les épaules du seul chef du gouvernement. Reynaud, après Daladier, est à l'image de l'appareil politique, et finalement du pays qui l'a porté à la conduite de l'État. Il n'y a pas d'autre France alors que celle de Paul Reynaud – et cette France va terminer la guerre comme elle l'a commencée, c'est-à-dire à reculons.

13

La France trahie par ses chefs

Le gouvernement, ou plutôt la caravane ministérielle, se met donc en route pour Bordeaux le 14, le jour où les Allemands entrent dans Paris. C'est une journée perdue et « le voyage de Tours à Bordeaux, en automobile, au milieu de la cohue des réfugiés, n'était pas fait pour ranimer les énergies. […] Le gouvernement de la France était comme eux, aussi incertain, aussi désemparé qu'eux » (Chautemps). On a pensé à un moment à Brest. Reynaud y était favorable. C'eût été « démonétiser » Weygand en se plaçant sous l'aile de la Marine et à proximité de l'Angleterre. La levée de boucliers fut telle que Reynaud a renoncé. Il est de plus en plus l'otage des défaitistes conduits par Pétain et Weygand – ce dernier s'étant définitivement invité au gouvernement où il n'a que faire. On aurait pu penser aussi à Toulon, à l'ombre de la précieuse Flotte. Le choix de Bordeaux ressemble à celui de Tours. Deux fois déjà, la ville a été la capitale provisoire de la France envahie : en février/mars 1871 et en septembre 1914 quand Paris fut menacé par l'offensive allemande. Avant de quitter Tours, Reynaud a prononcé une allocution radiodiffusée. Au peuple français, il a répété sa résolution et il a demandé de croire en la France dont « l'âme n'est pas vaincue ». Cette formule sonnait comme une résignation.

Le reniement de Reynaud

L'installation à Bordeaux est à peine meilleure d'un point de vue hôtelier et catastrophique politiquement parlant. On a parfois parlé par antiphrase de la « Commune de Bordeaux » – une Commune qui a œuvré pour se rendre et non pour résister. Le député-maire Adrien Marquet est notoirement acquis à l'armistice et les défaitistes du gouvernement ne l'ignorent pas. Il met aussitôt à la disposition de Laval, défaitiste de toujours, un bureau à l'hôtel de ville en dépit de la famine de locaux. Laval pourra y organiser ses réseaux, prendre contact avec Pétain et Baudouin, accueillir et endoctriner les parlementaires errants que Jeanneney et Herriot ne se sont pas préoccupés de regrouper. Monzie, qui n'est plus ministre mais toujours député, compare l'hôtel de ville de Bordeaux à un hôtel d'émigrants : « De l'extérieur affluent les notoriétés, célébrités de toutes marques : un public des planches de Deauville mais fripé, vieilli soudain, comme si un ouragan eût dévasté l'apprêt de ces visages... » Léon Blum, encore député, qui vient d'arriver à Bordeaux le 14 juin en compagnie de Marx Dormoy, sénateur, tombe des nues quand il découvre la gravité de la situation : « La conversation dans laquelle je me trouvais introduit me plongea soudain comme dans un monde nouveau pour moi, et où tout m'accablait de stupeur... Tous les hommes qui s'entretenaient ainsi autour de moi discutaient de faits que j'ignorais, qu'il m'avait été impossible de soupçonner et dont la révélation m'ôtait presque la faculté de penser[1]. »

Pétain et Weygand conspirent à l'envi. Le premier a invité le second, sans prendre la peine d'en référer à Reynaud. La rupture entre le président du Conseil et le généralissime est définitivement consommée mais, écrit Reynaud, « toujours tourmenté par la crainte de voir la France coupée en deux, j'essaie de le ramener » – comme si la France n'était pas coupée en deux depuis belle lurette. Quant à son sempiternel : « j'ajoute qu'en tout cas, je ne céderai pas », il fait maintenant long feu. Reynaud voudrait que Weygand, chef des armées, ordonne un cessez-le-feu unilatéral (ou à tout le moins des cessez-le-feu ponctuels, par théâtre d'opérations) pour qu'à l'exemple de la reine de Hollande, il puisse s'exiler avec le gouvernement à Londres afin de poursuivre la guerre. Cette solution aurait en outre l'avantage de mettre immédiatement fin aux hostilités, en réponse à Weygand qui ne cesse d'invoquer les vies qu'on continue à sacrifier inutilement. Un armistice en effet exigera au moins quatre jours de négociations. Et puis, on ne traite pas politiquement avec Hitler. Avec une insolence bien peu proportionnée à ses performances sur le champ de bataille, Weygand répond au chef du gouvernement : « Il n'y a aucun rapprochement à faire entre un monarque et un président du Conseil. Le premier peut justement prétendre représenter un pays sur lequel sa dynastie règne, de père en fils. Quelle analogie y a-t-il entre lui et un président du Conseil, alors que la IIIe République en a déjà compté plus de cent en 70 ans d'existence ? » C'est Weygand lui-même qui se vante d'avoir dit cela mais Reynaud nie l'avoir entendu, ajoutant cependant : « Mais c'était assurément le fond de sa pensée. La France devait être punie du péché d'être en République[2]. »

Pétain et Weygand assimilent toute idée de cessez-le-feu à une capitulation officielle les impliquant, et avec eux l'Armée – l'Armée avec un A plus grand que jamais. En revanche, un armistice est signé au nom du gouvernement. Ainsi l'honneur de l'Armée serait sauf. Peu leur importe que celui de la République ne le soit pas. Dans leur esprit, armée et République font deux. À la différence de la capitulation, l'armistice met fin aux opérations pour l'ensemble des forces françaises, en métropole ou ailleurs. Le débat par conséquent n'est pas purement formel et revient à l'alternative de poursuivre ou de ne pas poursuivre la guerre. Weygand se refusant à signer une capitulation, même sur ordre écrit du Président du Conseil, c'est donc sur l'armistice que porte le débat.

À la thèse de l'opposition à l'armistice comme volonté de poursuivre la guerre aux côtés de la Grande-Bretagne, sont opposés les nombreux arguments en sa faveur. Un armistice, disent Pétain, Weygand et leurs épigones, outre le fait qu'il va économiser des vies et mettre fin à une bataille d'autant plus inutile que la Grande-Bretagne va être vaincue (Weygand affirme avec autorité qu'il ne faudra pas trois semaines pour que l'Angleterre « ait le cou tordu comme un poulet »), permettra à la France de conserver une armée même réduite, la Flotte puisqu'elle n'a pas été prise par les Allemands, un gouvernement français, une administration française et bien sûr l'Empire. Ce seraient en tout cas les conditions *sine qua non* d'un armistice. Mais au-delà se dessine plus qu'un projet de gouvernement, un projet de France, d'un pays nouveau débarrassé de ses mauvais ferments. Fabre-Luce, qui montre enfin le bout de son oreille antisémite, oppose ainsi deux idées de patrie : celle qui est définie par une idéologie et celle qui « s'enracine dans un sol ». La première, c'est celle de la « fausse élite », celle des Blum, des Mandel, des Juifs en un mot, toujours prêts à l'exode, capables de penser « aussi bien la France la tête en bas ». L'autre, c'est celle du sol, celle de quarante millions de Français « qui sont la réalité humaine de la patrie[3] ».

On voit bien ainsi à quoi pourra servir le Maréchal, sorte de vieil archange non de la victoire mais de la défaite. Il est aussi un père venu sauver les valeurs éternelles de la France : la famille, l'ordre et la discipline, l'épargne, la paysannerie (« La terre, elle, ne ment pas », aime-t-il à dire dans ses discours – et, par assimilation, lui non plus ne ment pas). Baudouin est l'un de ses prophètes : « L'armée française est complètement battue. Il faut avoir le courage de regarder ce fait en face pour essayer de sauver par tous les moyens – sauf le déshonneur – les autres forces du pays. La France n'est pas une Pologne, elle n'est pas un morceau de chair, mais un délicat tissu nerveux. Elle n'est pas une race, mais une civilisation tendrement humaine, un édifice de valeurs spirituelles, morales, intellectuelles. Elle est le drapeau de la civilisation occidentale. La France ne supporterait pas une invasion totale, une rupture profonde de son fragile équilibre, alors que s'effondrent son armature militaire et son administration civile. Une domination nazie sans contrepoids l'atteindrait durablement dans son âme. Un gouvernement français doit veiller la France pendant sa maladie[4]. »

Mais que signifie au juste, à la mi-juin 1940, une « domination nazie sans contrepoids » ? Pertinax souligne à quel point « Pétain, Weygand et leur séquelle émoussent en eux le sens du danger allemand. Ils s'imaginent tout bonnement que le vainqueur allemand de 1940 n'ira pas au-delà de ses exigences de 1871. Le quart d'heure à passer sera cruel mais la France n'aura qu'à se délester de deux ou trois provinces pour desserrer l'étreinte de l'ennemi et reprendre sa vie indépendante. Ils ne paraissent même pas voir cette meule à broyer les peuples que la révolution nationale-socialiste fait rouler d'une extrémité du continent à l'autre. Pas plus que le nouvel univers militaire, ils ne saisissent le nouvel univers politique [...] Pétain, comme Weygand, comme tant d'autres chefs de l'armée, il ne faut jamais l'oublier, ont passé la plus grande partie de leur existence dans des villes de garnison, loin des grandes affaires du monde. [...] Enfin s'est inscrite dans l'idéologie du maréchal et du général l'idée de la rédemption nationale. La démocratie, le marxisme, l'athéisme ont perdu la France depuis un siècle et demi. Par la défaite se renouera l'intégrale tradition conservatrice. Dans la douleur, la France se rachètera. Ce n'est pas un médiocre profit[5] ».

Le Conseil des ministres que Pétain réclame à cor et à cri pour que l'armistice y soit décidé une bonne fois se réunit le samedi 15 juin à 16 heures. Entre-temps, Reynaud a reçu une réponse du président Roosevelt à son premier appel à l'aide mais elle n'est que vaguement encourageante et n'a pas l'autorisation d'être publiée. Reynaud envoie alors un nouveau message qui adjure Roosevelt de sauver la France, « avant-garde des démocraties », ainsi que la Grande-Bretagne, et lui demande de « jeter dans la balance le poids de la force américaine » ou qu'à tout le moins, la France ait la certitude que les États-Unis entreront dans la guerre « à très brève échéance ». Cette obstination, tout comme celle de Churchill, à solliciter l'intervention américaine n'est pas réaliste eu égard à l'opinion publique américaine, encore très isolationniste. En fait, c'est un moyen de gagner du temps face aux défaitistes.

Au Conseil des ministres du 15, Weygand est de nouveau présent ainsi que Darlan. « Il n'y a plus aucune distinction entre qui est responsable de l'armée et qui est responsable de la France » (Leca). Dès avant le Conseil, Reynaud et Weygand se sont affrontés sur l'alternative armistice ou capitulation. Reynaud fait connaître au Conseil la réponse de Roosevelt et les messages britanniques quand un général, qui demande à être introduit séance tenante, entre en trombe, claque des talons et informe Weygand, devant les ministres médusés, de l'avance catastrophique des Allemands. Ils seront bientôt à Bordeaux. Ce grand guignol, évidemment orchestré, marque bien la faillite institutionnelle du gouvernement depuis qu'il a quitté Paris. C'est Weygand, chef des armées et chef des défaitistes, qui y fait désormais la loi. On pourrait presque parler d'un coup d'État rampant. Cependant, Reynaud s'accroche à son refus d'armistice. Le président de la République, présent, a tout de même demandé à Weygand et Darlan qu'ils se retirent pour que le Conseil des ministres puisse délibérer. Cependant, quelques minutes après, par une grossière erreur de stratégie, c'est Reynaud qui prie Pétain de rejoindre Weygand pour le convaincre enfin de donner l'ordre d'un cessez-le-feu. Évidemment, Pétain revient au bout d'un quart d'heure non seulement porteur d'un refus mais ouvertement solidaire de l'attitude du généralissime.

On est dans l'impasse quand Chautemps sort un lapin de son chapeau : pourquoi ne pas demander à l'Allemagne ses conditions, par curiosité en quelque sorte ? Assurément celles-ci seraient inacceptables mais au moins la démonstration en serait faite et l'hypothèse d'un armistice se trouverait ainsi une bonne fois écartée. Le pays alors comprendrait que le gouvernement n'a pas d'autre solution que de quitter la France. Évidemment cette proposition est cousue de fil blanc. Une telle démarche équivaudrait à une requête officielle. Mais Chautemps, observe Pertinax, « connaît à fond le personnel politique, la gamme des intérêts vulgaires. Il a toujours été pour le Munich possible du moment ». Et de fait, une majorité de ministres trouve l'idée bonne. Reynaud, non. Il brandit pour la première fois une menace de démission que Lebrun refuse avec une certaine violence – ce qui n'est pas dans ses habitudes. Reynaud, qui contrôle de moins en moins les débats au Conseil, a dit à Jeanneney : « En tout cas si l'armistice est demandé, il ne le sera pas par moi. » Ce n'est plus la France en la personne de Reynaud qui se refuse à l'armistice, c'est Reynaud qui, en tant que personne, ne veut pas être celui qui le demanderait. Ce qui en temps de paix, dans le manège politicien de la IIIe République, s'appelle démission, prend en pleine bataille valeur de désertion. Reynaud voit bien que ses deux vice-présidents, successeurs désignés en cas de démission, ont pour nom Pétain et Chautemps. Or le premier fait cause commune depuis le début avec Weygand et le second vient de rejoindre ouvertement le camp des défaitistes avec sa proposition de demande d'armistice « à blanc ». Paul Reynaud, entrant, même s'il s'en défend, dans le jeu des défaitistes du gouvernement, transmet la proposition Chautemps aux Britanniques. Certes, il insiste sur le fait qu'elle émane d'une majorité du gouvernement et non de lui personnellement mais il l'avalise néanmoins.

Reynaud entame le sombre dimanche du 16 juin par un de ses revirements typiques. Il a convié Jeanneney et Herriot à 10 heures, une heure avant le Conseil des ministres où ils ont été appelés en consultation dans la perspective d'un nouveau déménagement du gouvernement – Bordeaux étant trop près désormais de l'avance allemande. « Je suis si décidé à maintenir la France dans la guerre que, malgré ce qui s'est passé hier et la demande que j'ai adressée au gouvernement britannique, je leur ai demandé de venir en personne, donner, devant les ministres réunis, un avis favorable au transfert des pouvoirs publics en Afrique du Nord. Avis exigé par la Constitution. Ils y consentent, me donnant ainsi, une fois de plus, l'appui de leur haute autorité[6]. »

En préambule au Conseil des ministres, Jeanneney et Herriot s'expriment en effet en faveur du départ en Afrique du Nord pour continuer la lutte mais ils ne sont pas autorisés à participer au Conseil proprement dit. Ils ne s'appellent pas Weygand. Dès le début de la séance, Pétain lit (c'est devenu une habitude) une lettre dans laquelle il présente sa démission qu'il motive par « les mesures dilatoires du gouvernement à l'égard de la demande d'armistice ». Albert Lebrun s'insurge : « Ah !

Vous n'allez pas nous faire cela en un tel moment ! » Le président du Conseil, qui avait là une nouvelle occasion de se débarrasser de Pétain, le retient en faisant observer qu'il faut attendre la réponse des Britanniques à la proposition de Chautemps avant de décider quoi que ce soit. Pétain, qui a fait semblant de quitter la salle, reste mais dit qu'il restera debout, sa lettre de démission à la main. Il se rassied finalement. Au terme de cette nouvelle comédie, le Conseil est renvoyé à 17 heures, ce même dimanche. La journée ne fait que commencer.

La nouvelle réponse de Roosevelt et deux notes britanniques attendent Reynaud à son cabinet. Roosevelt assure à nouveau la France de la sympathie des États-Unis qui vont envoyer une aide croissante mais « ces déclarations n'entraînent aucun engagement d'ordre militaire ». Quant aux Britanniques, ils rappellent fermement que l'engagement du 28 mars implique « l'honneur de la France » et tout gouvernement français présent ou à venir. L'équivoque de la réaction apitoyée de Churchill, le 13 juin, se trouve ainsi levée. Il y est demandé que toute information sur les conditions d'armistice ait pour préalable l'envoi de la flotte française dans des ports britanniques et que Londres soit consulté sur lesdites conditions. La demande à propos de la fameuse flotte française, tout à fait justifiée de la part d'une puissance qui n'a pas l'intention de déposer les armes et qui a la faiblesse de croire que la France est toujours son alliée, épouvante Darlan et au-delà tous ses compatriotes. La menace d'une armée allemande avançant à la vitesse de la *Blitzkrieg* et pouvant s'emparer de la Flotte par un audacieux coup de main s'en trouve presque oubliée au profit de la bonne vieille anglophobie.

L'obsédante question de la Flotte pose celle, qui ne l'est pas moins, du départ en Afrique du Nord qui subit un coup fatal avec le passage avoué de Darlan dans le camp des défaitistes. Celui qui avait juré « qu'il foutrait le camp avec la Flotte » plutôt que d'accepter l'armistice s'est longuement entretenu avec Pétain le 11 juin au GQG de Briare. Celui-ci lui a fait des promesses dans l'éventualité proche d'une nouvelle politique de la France. Ce point est controversé mais toujours est-il que Darlan va faire la sourde oreille aux demandes réitérées de Reynaud de préparer pour l'Afrique du Nord l'évacuation des troupes ainsi que le transfert du gouvernement et du Parlement. Il n'obéit même pas au ministre de la Marine, Campinchi (du camp de plus en plus restreint des ministres « durs »), qui le presse : « Je lui réponds que, lorsque j'aurai un ordre écrit du gouvernement, je prendrai des dispositions pour l'exécuter, mais que tant que je n'aurai pas cet ordre, je ne bougerai pas[7]. » Il écoute encore moins ceux qui lui demandent de faire partir de son propre chef la flotte pour l'Afrique du Nord en plaçant le gouvernement devant le fait accompli. Darlan est désormais dans le camp de l'armistice. Or l'Afrique du Nord sans la Flotte, c'est impossible. Jusqu'au bout pourtant et encore en ces journées décisives du 15 et du 16 – et même après –, les « durs », surestimant leur capacité à convaincre les « mous » auront perdu ainsi un temps précieux qui va se retourner contre eux, espérant toujours et encore emmener avec eux à Alger le gouvernement au complet, Pétain y compris ! Reynaud tente aussi de convaincre Weygand qui répond de son ton de général : « Le gouvernement ne peut pas quitter la France !

— Mais l'Algérie, qu'est-ce, sinon trois départements français ?

— Ce n'est pas la même chose. »

Le Conseil des ministres reprend donc à 17 heures. Une demi-heure avant, Reynaud a reçu de Londres une proposition inouïe, précédée d'un appel de De Gaulle : le gouvernement britannique, retirant ses deux notes précédentes, propose un projet d'union entre les deux nations. Cette proposition est sans précédent dans l'histoire des deux pays, et même du monde. La Grande-Bretagne et la France, certes alliées contre l'Allemagne dans la bataille en cours mais ennemies pendant des siècles, fusionneraient en un seul État et un cabinet de guerre unique, le temps de triompher contre l'ennemi commun. Cette idée extraordinaire, généreuse, romantique, est due à Jean Monnet alors en poste à Londres. De Gaulle l'a aussitôt appuyée, puis Churchill après un court moment de réticence. C'est un moyen radical de maintenir la France dans la guerre. Reynaud y adhère aussitôt. Il a répondu à de Gaulle : « C'est la seule solution d'avenir. Mais il faut faire vite. C'est une question de minutes. Il y a de l'agitation ici. » Il a pu échanger quelques mots avec Churchill et le principe d'un nouveau Conseil suprême a été arrêté pour le lendemain au large de Concarneau. Reste à convaincre le Conseil des ministres…

Reynaud commence par rendre compte de la réponse de Roosevelt, puis il expose le projet d'union franco-britannique. « Les membres du Conseil, raconte Albert Lebrun, éprouvent une grande surprise, une sorte de choc à l'audition de ce projet. Parvenu plus tôt, étudié à tête reposée, peut-être aurait-il trouvé quelque crédit. Mais, tombant comme une bombe dans une atmosphère si peu propice, il ne trouve, je dois le dire, qu'un accueil très mitigé malgré l'appui que lui apportent le président du Conseil et moi-même. Le maréchal Pétain le combat ; il n'y voit qu'un moyen de retarder la demande d'armistice. En fait, le projet tombe de lui-même, dans une sorte d'indifférence. » Ni Mandel, ni Marin, ni Campinchi n'ont soutenu Reynaud. En revanche, Ybarnegaray s'est fait l'interprète de l'anglophobie dominante : « Ce sera faire de la France un dominion britannique. »

On en revient donc à la proposition Chautemps, mais Reynaud vient de perdre encore du crédit, sans parler du découragement qui le saisit. « Pouvais-je continuer à gouverner avec ces ministres ? » écrira-t-il. Pomaret, ministre du Travail, lui a dit : « Je vous ai suivi. J'étais d'accord avec vous jusqu'à ces derniers jours. Mais c'est fini. Nous devons nous ranger derrière Weygand et nos grands chefs militaires. » Mandel lance à Chautemps : « Il y en a qui veulent se battre et d'autres qui ne veulent pas. » Chautemps alors se fâche tout rouge. Reynaud met fin au pugilat en déclarant qu'il veut conférer avec le président de la République. Un nouveau rendez-vous est fixé à 22 heures.

À Lebrun, Reynaud dit qu'il est mis en minorité au sein de son gouvernement et qu'il en prend acte en remettant sa démission. Il n'est pas de tradition de voter dans un Conseil des ministres et c'est au président du Conseil d'apprécier la majorité. Dans ses *Mémoires*, Reynaud dit qu'il espérait qu'Albert Lebrun, après avoir consulté les présidents des Chambres, le chargerait de former un nouveau gouvernement « qui ne comprendrait que des résistants » – sauf qu'il ne dit rien de tel au président de la République. Or, ce dernier, jusqu'alors favorable à Reynaud et partisan du départ en Afrique du Nord, subit depuis plusieurs jours la pression des défaitistes. Juste avant le dernier Conseil, Weygand, encore de façon inconstitutionnelle, lui a remis un télégramme du général Georges qui était destiné à Reynaud. Lebrun a été bouleversé par le compte rendu évidemment épouvantable de la situation militaire. Il consulte Jeanneney et Herriot : « Alors, qui demain ? – Paul Reynaud », répondent les deux présidents. Cependant, Lebrun se refuse à oublier qu'une majorité du Conseil est favorable à la proposition Chautemps. Il demande à Reynaud de rester en mettant celle-ci en œuvre. Reynaud dit non.

Qui prononce alors le nom de Pétain ? Ici encore les témoignages divergent. Lebrun affirme que c'est Reynaud qui le lui a conseillé. Reynaud prétend que ce fut sur le ton du sarcasme qu'il lança à Lebrun à propos de la proposition Chautemps : « Pour faire cette politique, adressez-vous au maréchal Pétain ! » Ce n'est pas la même chose. En tout cas, le communiqué officiel précisera : « Sur la proposition de Paul Reynaud ». Ce dernier pouvait d'ailleurs proposer quelqu'un d'autre en plaçant le président de la République devant le jugement de l'Histoire, quelqu'un de nouveau comme Mandel, opposé à l'armistice et plus capable que lui de conduire un gouvernement de résistants. Il pouvait tout au contraire proposer Chautemps. Il pouvait aussi provoquer une ultime discussion en Conseil, en plaçant chaque ministre, l'un après l'autre, devant ses responsabilités. Non, il semble qu'au lieu de tout cela, Reynaud ait fait le calcul que lui prête son directeur de cabinet, Dominique Leca, qui d'ailleurs le défend dans ses *Mémoires* : « Aujourd'hui encore, c'est comme si j'entendais Paul Reynaud penser tout haut : Après tout, si Pétain veut jouer ce rôle de militaire capitulant, et faire à ses dépens la démonstration qu'il n'y a pas moyen de traiter décemment avec Hitler, eh bien ! souhaitons-lui “bien du plaisir” et courons cette dernière chance s'il n'y en a plus d'autre ! Vous voulez la barre ? La voici ! Les yeux des imbéciles s'ouvriront vite, un sursaut de courage national balaiera vite ce vieillard dont le gâtisme éclatera publiquement. Après tout, le pays légal est avec moi, pense comme moi. La République gardera, même si je m'éclipse quarante-huit heures, sa dignité. Donnons donc au vieux Maréchal la corde pour se pendre[8]. »

Le président de la République appelle alors Pétain, lui confiant la mission de former un nouveau cabinet et le priant de ne pas priver trop longtemps la France de gouvernement. Pétain, alors, sort tranquillement de sa poche une liste prête depuis plusieurs jours. Louis Marin, du dernier carré des « durs », dira : « On continue à se demander par quel mystère et par quelle aberration le président de la République et le président du Conseil, tous deux hostiles à l'armistice, après avoir consulté le président du Sénat et le président de la Chambre des députés également hostiles, appellent l'homme dont ils savent que le premier geste sera de demander l'armistice[9]. »

Paul Reynaud, qui ne reviendra pas comme il a la naïveté de l'espérer, part au plus mauvais moment en laissant la voie libre au plus mauvais remplaçant. Dans ses *Mémoires*, il rejette la responsabilité de la nomination de Pétain sur Albert Lebrun en oubliant que c'est son manque de détermination ou pire la dissimulation de ses savants calculs qui a fait basculer le président de la République. On ajoutera qu'il était de toute façon trop tard pour que Reynaud, confit en politique politicienne, se muât soudain en le chef de guerre qu'il n'avait jamais été. Ce velléitaire n'en avait pas l'étoffe et au surplus, la majorité qui l'avait porté au pouvoir (une voix) ne lui en avait pas donné les moyens. Et tout cela n'aurait été rien encore s'il n'avait été constamment trahi, tant au sein de son gouvernement qu'au plus haut niveau de son armée. La photo de couverture de *L'Illustration* du 25 mai 1940 composait déjà un tableau prémonitoire qu'on pourrait intituler « la ronde des traîtres ». Paul Reynaud, chapeauté, étroitement sanglé dans un manteau clair, serviette de cuir à la main, s'apprête à quitter le ministère de la Guerre. Baudouin, costume rayé trois pièces, tête nue et chevelure calamistrée, vient de l'arrêter et se penche vers lui en lui tendant des papiers. À l'extrême gauche, de pied en cap, bottes luisantes et cinq étoiles bien apparentes, le général Weygand, de profil, écoute et regarde. À l'extrême droite, le maréchal Pétain, manteau sombre ouvert, le chapeau solidement enfoncé sur la tête, qui s'apprêtait à sortir lui aussi, s'est soudain arrêté. D'un air peu amène, il surveille ce qui se passe par-dessus l'épaule du président du Conseil. Celui-ci, la mine affable, petit, fragile, ne sait pas encore que se penchent sur lui les trois Parques qui, moins d'un mois plus tard, vont trancher son destin et celui de la France.

L'heure de Pétain

On est toujours le dimanche 16 juin. Il est 22 heures. Les ministres de Paul Reynaud qui reviennent s'entendent dire qu'ils sont démissionnaires. Aussitôt se tient le troisième Conseil de la journée mais sous l'égide cette fois de Pétain. Tous les traîtres sont récompensés dans un cabinet réduit à 15 ministres. Chautemps est désormais seul vice-président du Conseil, Weygand à la Défense nationale, Darlan à la Marine, Baudouin aux Affaires étrangères, Bouthillier aux Finances, Ybarnegaray aux Anciens Combattants et à la Famille, Marquet, le maire de Bordeaux, à l'Intérieur. Déjà le vieux maréchal révèle son caractère influençable à propos de Laval qui doit lui aussi être récompensé de ses intrigues. Il veut les Affaires étrangères mais son anglophobie est trop flagrante pour ce poste. Pétain lui a préféré Baudouin et lui a attribué la Justice. Furieux, Laval entraîne le Maréchal dans une pièce voisine et le fait changer d'avis. C'est alors au tour de Weygand d'être furibond et d'attirer Pétain à l'écart. C'est d'accord, de nouveau, pour Baudouin. Laval part en claquant la porte. Il sait qu'il aura son heure. Marquet le suit.

Influençable et sénile… Sur la liste que Pétain a tendue au président de la République figurait Paul Faure, le pacifiste intégral. Lebrun a sursauté : « Paul Faure ! ? – Ah ! On m'avait dit que cela embêterait Léon Blum[10]. » Fantoche aussi, ce cabinet de Pétain qui n'est même pas constitutionnel puisqu'il n'y a pas eu ratification du Parlement. D'une certaine façon, la IIIe République a cessé d'exister dès le dimanche 16 juin.

Il est 23 heures quand le nouveau Conseil décide officiellement de demander l'armistice. C'est ce pourquoi il a été constitué. À 3 heures du matin, les « conditions de paix » sont demandées au Reich par l'intermédiaire de l'ambassadeur d'Espagne. Il n'est plus question de « faire comme si ». La proposition de Chautemps n'était qu'un leurre.

L'annonce à la radio, aux premières heures du 17 juin, de la formation du gouvernement Pétain est bien accueillie mais à contresens. Mendès France, lieutenant de réserve dans l'armée de l'air, se souvient qu'« on l'interprète presque partout comme une manifestation de résistance. La masse du pays ne peut pas supposer que Pétain, le vainqueur de Verdun, que tant de militaires autour de lui, se sont réunis pour céder à l'ennemi, pour signer la plus honteuse capitulation. Comment prêterait-on au gouvernement des intentions d'abandon, de renoncement ? N'y a-t-il pas là Weygand, le collaborateur de Foch, celui qui a lu dans le fameux wagon de Rethondes les conditions de l'armistice de 1918[11] ? »

Reynaud n'a décidément pas compris son rôle dans cet assassinat de la République. D'abord, il n'a pas jugé bon de s'exiler à Londres ou tout simplement de se faire oublier mais surtout il accepte sans y voir malice d'être nommé ambassadeur de France aux États-Unis. Ambassadeur du gouvernement Pétain ! Cette riche idée est de Pétain prenant acte du climat de confiance qui s'est établi entre Reynaud et Roosevelt. La bouffonnerie va tout de même jusqu'à la signature du président de la République – qu'il diffère. « Je dois dire que cette proposition me surprend », raconte Lebrun.

Pétain adresse son premier discours aux Français ce 17 juin, vers midi : « À l'appel de M. le président de la République, j'assume à partir d'aujourd'hui la direction du gouvernement de la France. Sûr de l'affection de notre admirable armée, qui lutte avec un héroïsme digne de ses longues traditions militaires contre un ennemi supérieur en nombre et en armes ; sûr que, par sa magnifique résistance, elle a rempli ses devoirs vis-à-vis de nos alliés ; sûr de l'appui des anciens combattants que j'ai eu la fierté de commander, je fais à la France le don de ma personne pour atténuer son malheur. En ces heures douloureuses, je pense aux malheureux réfugiés qui, dans un dénuement extrême, sillonnent nos routes. Je leur exprime ma compassion et ma sollicitude. C'est le cœur serré que je vous dis aujourd'hui qu'il faut cesser le combat. Je me suis adressé cette nuit à l'adversaire, pour lui demander s'il est prêt à rechercher avec nous, entre soldats, après la lutte et dans l'honneur, les moyens de mettre un terme aux hostilités. Que tous les Français se groupent autour du gouvernement que je préside pendant ces dures épreuves et fassent taire leur angoisse pour n'écouter que leur foi dans le destin de la Patrie. »

Le choc dans l'opinion est terrible. « Moment angoissant entre tous. Les Français connaissent la plus grande douleur de leur vie. Ce ne sont que visages baignés de larmes, poings crispés, colères rentrées. Hé quoi ! que s'est-il passé pour qu'en si peu de temps la France soit tombée si bas ! » (Albert Lebrun).

L'heure de Pétain, qui fait « le don de sa personne » de quatre-vingt-quatre ans au moment où tant de soldats français tombent sous les balles allemandes, c'est celle de la défaite et de la reddition. Incohérent, il affirme qu'il faut cesser le combat, comme si l'armistice était déjà signé. Or le combat continue. C'est tellement absurde que les journaux du lendemain écrivent : « Il faut *tenter* de cesser le combat » – ce qui ne vaut guère mieux.

Qui est-il au fond ce Pétain, hissé d'un coup et depuis moins d'un mois à la vice-présidence du Conseil sous le fallacieux prétexte que ce trophée glorieux exorciserait peut-être la défaite qu'annonçait déjà la percée de la Meuse ? De Gaulle, dans ses *Mémoires de guerre*, ne le rate pas. A tout seigneur, tout honneur : « La gloire militaire lui avait, jadis, prodigué ses caresses amères. Mais elle ne l'avait pas comblé, faute de l'avoir aimé seul. Et voici que, tout à coup, dans l'extrême hiver de sa vie, les événements offraient à ses dons et à son orgueil l'occasion tant attendue de s'épanouir sans limites ; à une condition, toutefois, c'est qu'il acceptât le désastre comme pavois de son élévation et le décorât de sa gloire [...] L'âge le livrait aux manœuvres de gens habiles à se couvrir de sa majestueuse lassitude. La vieillesse est un naufrage. Pour que rien ne nous fût épargné, la vieillesse du maréchal Pétain allait s'identifier avec le naufrage de la France. »

Celui que Charlereine surnomme le « Maréchal Défaite » se pare de surcroît de la figure de la respectabilité et de la droiture. « C'est cette comédie de l'honnêteté qui donne à la figure de Pétain son caractère bien particulier. Les autres, ses complices plus ou moins avoués sont de vulgaires agents de l'ennemi [...] Pétain, lui, est un agent de la défaite[12]. » Les contemporains qui prennent la défense du Maréchal (et du Maréchal, insistons-y, d'avant l'armistice) ne sont pas loin d'être aussi cruels à leur façon. Chautemps, qui oublie de parler pour lui, évoque l'incompréhension par Pétain des événements contemporains, jugeant l'entreprise nazie « d'après les enseignements des guerres précédentes » (on appréciera le pluriel qui inclut la guerre de 1870 !). Il déplore aussi l'incertitude de son caractère, ses lacunes de mémoire « parfois utilisées habilement par lui pour se dégager des promesses les plus formelles ». De même, Anatole de Monzie, fervent partisan de l'armistice, a des accents ambigus dans ses vœux pour Pétain : « Pas d'hésitation sur la nécessité où nous sommes d'avoir un armistice ! Un seul homme pour le demander au vainqueur et le faire admettre au vaincu ! Une conviction unanime ! [...] La France est en prières pour la paix. Le maréchal Pétain apparaît comme l'officiant d'une formidable messe des désespérés » (21 juin 1940).

Le discours de Pétain a évidemment consterné les Britanniques. Le même jour, Churchill lance un appel à « l'illustre maréchal Pétain » et au « fameux général Weygand ». Il est convaincu que ces « camarades des deux grandes guerres contre l'Allemagne, ne voudront pas frapper leur alliée en livrant à l'ennemi la belle flotte française ». Toujours la Flotte ! Cette Flotte dont les Français ne se servent pas mais qui serait une arme redoutable aux mains des Allemands, trouvant là, contre la Grande-Bretagne, la flotte de surface dont ils sont en grande partie dépourvus.

Le « il faut cesser le combat » du Maréchal a eu des effets catastrophiques sur la guerre, qui continue malgré tout. Tous ceux qui se battent encore se trouvent soudain désemparés et les Allemands ne se privent pas de les inviter à la reddition puisque le maréchal Pétain l'a dit. On voit les troupes de Rommel agiter des mouchoirs blancs du haut de leurs chars à la rencontre des troupes françaises qui portent encore leurs armes. À Sully-sur-Loire, en pleine bataille, Georges Sadoul voit des soldats jeter leurs fusils dans un fossé : « Ce n'est qu'un cri autour de moi : pourquoi continuer à faire massacrer de pauvres types quand on sait que tout est foutu[13] ? » Les généraux interrogent l'état-major : C'est donc l'armistice ? Non, la bataille se poursuit mais chacun doit rester à son poste et n'en pas bouger. C'est ce que le général Altmayer à Rennes enjoint à ses officiers. Il reste si bien à son poste qu'il y est fait prisonnier le 18 avec tout son état-major. Le général Condé, chef de la IIIe armée dans les Vosges, fait remarquer qu'« il sera difficile de pousser à l'action des troupes qui attendent l'armistice d'heure en heure[14] ». Le camp fortement retranché de Belfort se rend sans combattre.

Une véritable fièvre de reddition s'installe et rares sont les généraux qui, comme Olry dans les Alpes, ne se laissent pas intimider. Dans certains régiments repliés hors des zones de combat, dans le Sud-Ouest notamment, les colonels font dresser des « états de reddition » qui seront remis aux Allemands à leur arrivée. En attendant, certaines garnisons sont consignées dans les chambrées et les armes cadenassées. A Bordeaux, le général commandant la 18e région militaire donne des ordres précis dans ce sens, sous menace de conseil de guerre[15]. À Tours, où les ponts de la Loire ont été âprement défendus, le général Vary, commandant de la région, s'entend demander par le cabinet du ministre, c'est-à-dire Weygand, « par ordre de qui il a défendu les ponts de la Loire et pour quelle raison il a quitté Tours, au lieu d'y attendre les Allemands et de se rendre à eux[16] ? »

Les civils s'en mêlent, s'opposant parfois à ce qu'on défende leur ville, leur village, leur pont. Le maire d'un village du Maine-et-Loire s'écrie ingénument : « Je suis contre l'armistice, mais je n'ai pas envie que la guerre se passe chez moi ! » À Châteauroux, les soldats français traversent en armes une ville où le maire a déjà fait disposer des drapeaux blancs. Le 19 juin, à Angers, le maire, après qu'il a obtenu des troupes françaises qu'elles évacuent la ville sans combattre, ceint son écharpe tricolore, ajoute un chapeau haut de forme pour faire bonne mesure, et va se rendre aux avant-gardes allemandes dans une voiture hérissée de drapeaux blancs. Il leur remet alors solennellement le drapeau de la mairie, mais il lui faut un reçu[17]. Dans un télégramme adressé à Weygand le 22 juin, le général Georges s'inquiète de « collusions sanglantes entre troupes et autorités civiles, comme le fait s'est produit à Vierzon[18] ». Ainsi désemparés, désavoués, plus démoralisés que jamais, les soldats français se rendent en masse, souvent par unités entières. Sur les 1 800 000 prisonniers de mai-juin 1940, 1 100 000 se seront rendus entre les 17 et 25 juin.

Sur le front politique, le nouveau gouvernement Pétain n'aura pas attendu longtemps pour montrer son vrai visage : le 17 à 14 heures, Mandel est arrêté dans le restaurant où il achève son déjeuner. Il est accusé de préparer un putsch ! Jeanneney et Herriot s'indignent et demandent à Lebrun d'intervenir. Mandel est relâché. Pétain ajoute au ridicule de l'épisode se voyant sommé d'écrire une lettre d'excuse sous la dictée de la victime – une humiliation que le Maréchal ne lui pardonnera pas. « Mauvais début de la légalité nouvelle », commente Monzie.

Pendant ce temps, Paris vit déjà à l'heure allemande. Dans son numéro du 18 juin, *Le Matin*, qui fait sa Une sur « La France doit mettre bas les armes, déclare le maréchal Pétain », affiche déjà le tableau des changes avec la monnaie allemande (1 mark = 20 francs). Le journal titre aussi : « M. Reynaud s'en va. C'est un départ qui s'imposait [...] C'est sans regret et même avec un immense soulagement que le maître des massacres inutiles se retire enfin. » Quant à Pétain, « il va avoir pour tâche essentielle de négocier des conditions d'une paix dans l'honneur ». C'est assurément beaucoup d'escompter qu'un traité de Paix succédera à un court armistice mais ça l'est plus encore de penser que ce sera dans l'honneur. Le calcul de Pétain et de son camp, c'est que la Grande-Bretagne aura succombé avant l'automne et que la France se sortira d'autant mieux du désastre qu'elle l'aura fait volontairement en demandant l'armistice et en étant par conséquent à même de négocier une paix durable.

Pour cela, il faut commencer par signer l'armistice. Or les Allemands sont maintenant très proches de Bordeaux. La capture du gouvernement, outre le ridicule de la situation, mettrait fin à toute négociation. Il faut de nouveau déménager, mais où ? Au Conseil des ministres du 18 juin, on a reparlé de l'Afrique du Nord et bien sûr de cette véritable Arlésienne qu'est la Flotte. Lebrun, Jeanneney, Herriot (qui a proposé de son côté l'Angleterre) sont d'accord mais Pétain redit qu'il ne quittera le territoire français en aucun cas, son devoir étant de rester avec le peuple français. On évoque Port-Vendres puis, le 20, Perpignan. Un paquebot, le *Massilia*, qui mouille au Verdon, à 90 km de Bordeaux, a été mis par l'amirauté à la disposition des parlementaires qui veulent rejoindre l'Afrique du Nord. Ordres et contrordres se multiplient, retardant le départ jusqu'à ce que le *Massilia* devienne un traquenard politique, orchestré par le camp des « capitulards ». Il est facile en effet de faire passer auprès de l'opinion ceux qui veulent partir pour des lâches et des déserteurs. À l'heure du départ, l'équipage va d'ailleurs commencer par refuser d'appareiller.

Et puis, il y a ceux que le gouvernement Pétain n'a pas intérêt à laisser partir. C'est notamment le cas du président de la République. Le 21, juste avant le départ, Laval, qui intrigue auprès de Pétain, fait irruption chez Lebrun, accompagné d'une bande de députés surexcités. Lebrun est adjuré de rester. On est vaincu. Il faut payer. Il faut suivre l'exemple du Maréchal. Ceux qui vont partir sont des traîtres. Lebrun capitule alors que le départ du chef de l'État changerait complètement la donne. Mais, écrit de Gaulle, « pour qu'il fût le chef de l'État, il aurait fallu qu'il fût un chef et qu'il y eût un État ». Du coup, Jeanneney et Herriot, réglant leur attitude sur celle du président de la République, ne partent pas non plus. Cela aussi change beaucoup de choses. Avec leurs présidents, les parlementaires même peu nombreux à quitter la France auraient fait figure de corps constitués. Sans eux, ils ne sont plus que de simples particuliers.

Laval vient ainsi d'empêcher la constitution future d'un gouvernement en exil et, du même coup, il reprend Pétain en main.

Le *Massilia* appareille le 21 à 13 h 30. À son bord, parmi un peu plus de 150 passagers, on trouve une vingtaine de députés et un seul sénateur. Cet animal rare s'appelle Tony Révillon. Député puis sénateur de l'Ain, radical-socialiste, il a pris la parole le 18 juin à Bordeaux, dans une école où se sont réunis députés et sénateurs, pour s'opposer à l'armistice et plaider la poursuite de la lutte en Afrique du Nord. On trouve aussi Daladier à qui on a proposé Londres mais qui choisit l'Afrique du Nord en croyant que la guerre va s'y poursuivre. Il y a aussi César Campinchi, Yvon Delbos et Georges Mandel qui dit « partir pour quatre ans de résistance » mais qui ne tardera pas à être arrêté de nouveau avant de connaître un destin tragique. Cela fait finalement peu de monde. Ce départ n'a pas le sens qu'il voulait avoir. La campagne de dénigrement a porté ses fruits. Sur le quai du Verdon, tandis que le *Massilia* lève l'ancre, Benoist-Méchin a imaginé des propos échangés par les badauds :

« Les Allemands sont là ?

— Non, pas encore.

— Alors, tous ces gens qui s'en vont sont des lâches ?

— Du tout. Ce sont les “durs”, ceux qui veulent poursuivre la guerre à outrance.

— Et les autres ?

— Ce sont des lâches !

— Alors, ils s'en vont aussi ?

— Non, ceux-là ils restent[19] ! »

« La France n'est pas seule ! »

Quand de Gaulle arrive à Bordeaux le soir du 16 dans un avion mis à sa disposition par Churchill, c'est pour apprendre qu'il n'est plus sous-secrétaire d'État. Craignant quelque mauvais tour de Weygand, il décide de repartir sans attendre pour Londres. Spears, qui doit l'accompagner, a essayé de convaincre son ami Mandel d'en faire autant. De Gaulle dit de Mandel avec qui il s'est entretenu le 13 juin : « Il était, tout autant que moi, convaincu que l'indépendance et l'honneur de la France ne pouvaient être sauvegardés qu'en continuant la guerre. » Londres verrait bien une équipe Mandel-Reynaud renforcer la venue d'un de Gaulle quasi inconnu. Cependant, en dépit de l'insistance de Spears, Mandel refuse : « Vous êtes inquiet parce que je suis juif. C'est justement parce que je suis juif que je ne partirai pas demain[20]. » Le 17 au matin, de Gaulle prend donc seul l'avion avec son officier d'ordonnance Geoffroy de Courcel et Spears. Il a obtenu sans difficulté de Leca 100 000 francs sur les fonds secrets, juste avant que celui-ci rende les clés au nouveau gouvernement. Après un décollage sur un aéroport encombré d'avions « aile contre aile » que Spears verrait mieux au Maroc, l'avion britannique survole l'île d'Oléron, puis l'île de Ré devant laquelle le *Champlain*, chargé de troupes britanniques, est en train de couler. Plus loin, c'est la Bretagne où brûlent les dépôts d'essence. De Gaulle, impassible, regarde droit devant lui. « Dans le petit avion, il emportait avec lui l'honneur de la France », écrit Churchill dans ses *Mémoires*.

Ce même 17 juin, le HMS *Berkeley* évacue vers la Grande-Bretagne des personnalités qui ont tout lieu de craindre les Allemands et le nouveau gouvernement. Parmi celles-ci, des politiques : Pierre Cot, Alexis Leger… Des journalistes également : Geneviève Tabouis, Élie Bois, Pertinax….

De Gaulle rencontre Churchill dès son arrivée. Celui-ci a pu téléphoner à Pétain dans la nuit du 16 au 17. Son éloquence s'est heurtée à un mur et ses derniers espoirs se sont envolés. La Grande-Bretagne est désormais seule face au IIIe Reich. Or, à l'heure du plus grand péril, le Premier ministre ne fait pas l'unanimité au sein du cabinet de guerre. Lord Halifax, rescapé du cabinet Chamberlain et toujours chef du *Foreign Office*, n'exclut pas de négocier avec l'Allemagne pour prévenir l'invasion de l'Angleterre. Pour faire pièce à cette tendance, Churchill, artiste de la guerre psychologique, veut faire de De Gaulle, puisqu'il n'a que lui, l'emblème d'une France qui reste dans la guerre. Il veut montrer à une opposition qui n'est pas encore ralliée, aux États-Unis aussi, que la Grande-Bretagne a pu constituer une coalition d'alliés : Tchèques, Polonais, Néerlandais, Belges, Luxembourgeois, Norvégiens mais aussi Français. C'est pourquoi il obtient non sans mal du cabinet de guerre que de Gaulle puisse parler à la BBC dès le 18, accédant ainsi à la requête de celui qu'il a surnommé « le Connétable ». « La première chose à faire, écrit de Gaulle, était de hisser les couleurs. La radio s'offrait pour cela. »

C'est chose faite à 10 heures du soir le 18 juin. Quoi qu'on ait pu dire ou écrire, ce ne fut pas en direct et l'Appel du futur chef de la France libre fut fortement arrondi aux angles par les censeurs du *Foreign Office*. Dès le 17, de Gaulle avait esquissé un discours clair et sans détours : « L'action foudroyante de la force mécanique a fait effondrer le moral du commandement et du gouvernement. À la suite de cet effondrement, deux voies étaient ouvertes. Ou bien la voie de l'abandon et du désespoir. Cette voie menait à la capitulation. C'est celle qu'a choisie le gouvernement Pétain. Ou bien celle de l'honneur et de l'espérance. C'est celle qu'ont choisie mes compagnons et moi. » Mais, le 18 juin, l'armistice n'est pas signé et le *Foreign Office* entend ménager encore Pétain. Ainsi le début du discours se trouve-t-il transformé en un bien peu gaullien : « Le gouvernement français a demandé à l'ennemi à quelles conditions pourrait cesser le combat. Il a déclaré que si ces conditions étaient contraires à l'honneur, à la dignité, à l'indépendance de la France, le combat devrait continuer. »

La version des journaux britanniques du lendemain commence de façon un peu plus abrupte, mais gomme elle aussi la dimension politique que de Gaulle entend donner et se cantonne à la situation militaire. C'est celle qui figure dans les *Mémoires de guerre* : « Les chefs qui, depuis de nombreuses années, sont à la tête des armées françaises ont formé un gouvernement. Ce gouvernement, alléguant la défaite de nos armées, s'est mis en rapport avec l'ennemi pour cesser le combat. » Elle continue comme dans le discours du 18 juin à la BBC : « Certes, nous avons été, nous sommes, submergés par la force mécanique, terrestre et aérienne, de l'ennemi. Infiniment plus que leur nombre, ce sont les chars, les avions, la tactique des Allemands qui nous font reculer. Ce sont les chars, les avions, la tactique des Allemands qui ont surpris nos chefs au point de les amener là où ils en sont aujourd'hui. Mais le dernier mot est-il dit ? L'espérance doit-elle disparaître ? La défaite est-elle définitive ? Non ! Croyez-moi, moi qui vous parle en connaissance de cause et vous dis que rien n'est perdu pour la France. Les mêmes moyens qui nous ont vaincus peuvent faire venir un jour la victoire. Car la France n'est pas seule ! Elle n'est pas seule ! Elle n'est pas seule ! Elle a un vaste Empire derrière elle. Elle peut faire bloc avec l'Empire britannique qui tient la mer et continue la lutte. Elle peut, comme l'Angleterre, utiliser sans limites l'immense industrie des États-Unis. Cette guerre n'est pas limitée au territoire malheureux de notre pays. Cette guerre n'est pas tranchée par la bataille de France. Cette guerre est une guerre mondiale. Toutes les fautes, tous les retards, toutes les souffrances, n'empêchent pas qu'il y a, dans l'univers, tous les moyens nécessaires pour écraser un jour nos ennemis. Foudroyés aujourd'hui par la force mécanique, nous pourrons vaincre dans l'avenir par une force mécanique supérieure. Le destin du monde est là. Moi, Général de Gaulle, actuellement à Londres, j'invite les officiers et les soldats français qui se trouvent en territoire britannique ou qui viendraient à s'y trouver, avec leurs armes, j'invite les ingénieurs et les ouvriers spécialistes des industries d'armement qui se trouvent en territoire britannique ou qui viendraient à s'y trouver, à se mettre en rapport avec moi. Quoi qu'il arrive, la flamme de la résistance française ne doit pas s'éteindre et ne s'éteindra pas. Demain, comme aujourd'hui, je parlerai à la Radio de Londres. »

Les avatars de l'Appel du 18 juin[21], évidemment exploités par les pétainistes (terme forgé plus tard), ne sauraient atténuer son importance. De Gaulle entre ce jour-là dans l'Histoire. Il fait Histoire. S'il a été peu écouté des Français (peu nombreux à suivre la BBC à 22 heures !), le gouvernement Pétain en tout cas l'a bien entendu puisque Baudouin télégraphie le 23 juin à Charles Corbin qui vit ses dernières heures d'ambassadeur de France à Londres : « Veuillez faire observer au gouvernement britannique que le gouvernement français doit considérer comme un acte inamical de sa part le fait de permettre à un officier général français de lancer par la radio anglaise un appel à la révolte contre ses décisions[22]. »

Un autre appel a été rédigé le 19 juin, beaucoup plus dur mais, quoique les documents des *Mémoires* le donnent comme « radiodiffusé », il n'est pas retransmis par la BBC pour les mêmes raisons que précédemment. « Devant la confusion des âmes françaises, devant la liquéfaction d'un gouvernement tombé sous la servitude ennemie, devant l'impossibilité de faire jouer nos institutions, moi, Général de Gaulle, soldat et chef français, j'ai conscience de parler au nom de la France… » En fait, de Gaulle va se trouver privé de micro par le *Foreign*

Office entre le 18 et le 22. *Ad majorem Dei gloriam*, de Gaulle aura par la suite tendance à faire remonter sur l'Appel du 18 juin tout le contenu politique qu'il souhaitait y mettre – et l'historiographie de la France libre y verra ce qu'elle voulait y voir. Il en va de même pour la célèbre affiche censée reproduire l'Appel, nettement plus tardive (début août) mais datée « 18 juin 1940 » dans sa version définitive (septembre 1944) : « La France a perdu une bataille ! Mais la France n'a pas perdu la guerre ! Des gouvernants de rencontre ont pu capituler, cédant à la panique, oubliant l'honneur, livrant le pays à la servitude. Cependant, rien n'est perdu… » Jamais proclamation n'aura eu autant de débuts différents.

Le 18 juin fut aussi la date de l'un des plus flamboyants discours de Churchill : « Toute la violence, toute la puissance de l'ennemi va très bientôt se déchaîner contre nous. Hitler sait qu'il lui faudra nous vaincre dans notre île, ou perdre la guerre. Si nous parvenons à lui tenir tête, toute l'Europe pourra être libérée, et le monde pourra s'élever vers de vastes horizons ensoleillés. Mais, si nous succombons, alors le monde entier, y compris les États-Unis, et tout ce que nous avons connu et aimé, sombrera dans les abîmes d'un nouvel âge des ténèbres, rendu plus sinistre, et peut-être plus durable par les lumières d'une science pervertie. Armons-nous donc de courage pour faire face à nos devoirs, et comportons-nous de telle sorte que, si l'Empire britannique et le Commonwealth durent mille ans encore, les hommes puissent toujours dire : *C'était leur plus belle heure.* »

« La réparation des torts causés par la force au Reich allemand »

Une première réponse allemande à la demande d'armistice arrive dans la nuit du 18 au 19. Il ne s'agit que de savoir qui composera la délégation française.

Pendant ce temps, Hitler est à Munich avec Mussolini. Le Duce souhaite l'occupation de tout le territoire français, la livraison de la Flotte et pour l'Italie, Nice, la Corse, la Tunisie agrandie aux dépens de l'Algérie, la Côte des Somalis. Il voudrait aussi un armistice commun à l'Italie et à l'Allemagne. Hitler ne veut rien de tout cela. Il entend seulement neutraliser la France et s'assurer une base de départ sûre pour vaincre la Grande-Bretagne. Il explique à Mussolini qu'il lui faut « un gouvernement français ayant autorité sur le territoire français comme partenaire de la négociation ». Ainsi sera évité le danger d'un gouvernement français « s'enfuyant à Londres pour y continuer la guerre, sans parler de la pénible responsabilité que les puissances occupantes devraient assumer, notamment dans le domaine administratif[23] ». Il ne s'agit donc pas de pousser la délégation française d'armistice au refus.

C'est seulement le 21 qu'est convoquée la délégation française, conduite par le général Huntziger ainsi que Léon Noël, représentant les Affaires étrangères, et les généraux Parizot et Bergeret. La veille, Pétain s'est adressé de nouveau aux Français : « J'ai demandé à nos adversaires de mettre fin aux hostilités [...] J'ai pris cette décision, dure au cœur d'un soldat, parce que la situation militaire l'imposait [...] Moins forts qu'il y a vingt-deux ans, nous avions aussi moins d'amis. Trop peu d'enfants, trop peu d'armes, trop peu d'alliés, voilà les causes de notre défaite. [...] Nous tirerons la leçon des batailles perdues. Depuis la victoire, l'esprit de jouissance l'a emporté sur l'esprit de sacrifice. On a revendiqué plus qu'on a servi. On a voulu épargner l'effort ; on rencontre aujourd'hui le malheur. J'ai été avec vous dans les jours glorieux. Chef du gouvernement, je suis et resterai avec vous dans les jours sombres. Soyez à mes côtés. Le combat reste le même. Il s'agit de la France, de son sol, de ses fils. »

Les conditions *sine qua non* sont de ne livrer ni la Flotte ni l'aviation pour s'en servir contre la Grande-Bretagne, de ne pas occuper tout le territoire en ne laissant aucun espace libre au gouvernement, de ne pas amputer le territoire français (y compris l'Alsace-Lorraine), de ne pas porter atteinte aux institutions du pays. La délégation française est conduite, via Tours et Paris, jusqu'à Rethondes, la petite commune de l'Oise, en forêt de Compiègne, où fut signé l'armistice du 11 novembre 1918. Le wagon-lit, transformé par Foch en bureau, a été sorti du bâtiment où il était exposé depuis 1927 après avoir eu l'honneur des Invalides. Il y a dans la clairière historique deux monuments : celui de Foch et celui de l'armistice avec son aigle allemand mortellement frappé et cette inscription : « Ici succomba le criminel orgueil de l'empire allemand vaincu par les peuples libres qu'il voulait asservir. » Celui-là a été recouvert d'une immense oriflamme nazie. Quant à celui de Foch, on l'a laissé tel quel, comme s'il fallait que le maréchal vainqueur de 1918 assiste à la revanche. Le Führer, qui a réglé toute cette mise en scène, s'est assis dans le wagon historique, à la place même de Foch. Il est accompagné de Keitel (terre), Goering (air), Raeder (Marine), Hess et Ribbentrop. Il a rédigé un discours préliminaire que lit Keitel sur le ton le plus violent. « Si je n'avais pas su l'allemand, écrit Léon Noël, j'aurais pu croire qu'il s'apprêtait à nous faire fusiller sur-le-champ. Ce n'était qu'un aboiement furieux. » Un traducteur lit ensuite le texte en français : l'Allemagne, qui n'a pas été vaincue d'une manière décisive, a déposé les armes mais « le 11 novembre 1918 inaugura, dans ce wagon, les souffrances du peuple allemand. Tout ce qui pouvait être infligé à un peuple en fait de déshonneur, d'humiliations, de souffrances morales et matérielles, eut ici son point de départ ». Le 3 septembre 1939, la France et la Grande-Bretagne, « sans le moindre motif », ont déclaré la guerre. « Or les armes viennent de prononcer leur verdict [...] Si, pour la remise de ces conditions [d'armistice], la forêt de Compiègne a été choisie, cela s'explique par la volonté d'effacer une fois pour toutes, par un acte de justice réparatrice, un souvenir qui ne fut pas pour la France une page glorieuse de son Histoire et qui fut ressenti par le peuple allemand comme la honte la plus profonde de tous les temps. Après une résistance héroïque, vaincue dans une suite ininterrompue de batailles sanglantes, la France s'est effondrée. C'est pourquoi l'Allemagne n'a pas l'intention de donner aux conditions ou aux négociations d'armistice un caractère humiliant pour un adversaire valeureux. Le but des exigences allemandes est : 1° d'empêcher une reprise du combat ; 2° d'apporter à l'Allemagne toutes les garanties qu'exige la poursuite, qui lui est imposée, de la guerre contre l'Angleterre ; 3° de créer les conditions nécessaires à l'établissement d'une paix nouvelle, dont l'objet essentiel sera la réparation des torts causés par la force au Reich allemand ».

Hitler quitte le wagon. Le texte de la convention d'armistice a été remis à la délégation avec une traduction française, mais c'est le texte allemand qui fait foi. Il compte 23 articles. Les hostilités cesseront en France et dans ses possessions (article 1er). Une carte annexée indique le territoire qui sera occupé « en vue de sauvegarder les intérêts du Reich » (article 2). Le Reich y exercera « tous les droits de la puissance occupante » et le gouvernement français s'engage à faciliter « par tous les moyens les réglementations relatives à l'exercice de ces droits ». Le gouvernement français peut choisir son siège en zone non occupée ou à Paris (article 3). Les armées françaises sont démobilisées sauf « les troupes nécessaires au maintien de l'ordre intérieur ». Les armes et munitions engagées contre l'Allemagne doivent être livrées. Exception peut être faite pour les avions si ceux-ci sont désarmés et mis sous contrôle allemand. Les armes, munitions et matériels en zone non occupée doivent être entreposés sous contrôle allemand et toute nouvelle fabrication doit cesser. La flotte française doit être désarmée « à l'exception de la partie laissée à la disposition du gouvernement français pour la sauvegarde des intérêts français dans son empire colonial ». Les navires doivent être rassemblés dans leurs ports d'attache en temps de paix. L'Allemagne s'engage solennellement à ne pas utiliser ces navires (articles 4 à 10). [En fait quatre ports de guerre sont en zone occupée : Brest, Lorient, Cherbourg, Rochefort et un seul en zone non occupée : Toulon.] La navigation marchande, le décollage des avions sont interdits jusqu'à nouvel ordre. Les installations industrielles et les chantiers navals doivent être laissés en état, sans être endommagés ni détruits (articles 11 à 14). Le gouvernement français procédera au rapatriement des réfugiés dans les territoires occupés. Il empêchera tout transfert de valeurs et de stocks du territoire à occuper (articles 15 à 17). Les frais d'entretien des troupes d'Occupation allemandes sont à la charge du gouvernement français (article 18). Les prisonniers civils et de guerre allemands doivent être remis aux troupes allemandes. Le gouvernement français est tenu de livrer sur demande tous les ressortissants allemands désignés par le gouvernement du Reich et qui se trouvent en France, de même que dans les possessions françaises (article 19). Les prisonniers de guerre le resteront « jusqu'à la conclusion de la paix » (article 20). L'armistice avec l'Allemagne est subordonné à la conclusion d'un armistice avec l'Italie (article 23). « La présente convention d'armistice est valable jusqu'à la conclusion du traité de paix. Elle peut être dénoncée à tout moment pour prendre fin immédiatement, par le gouvernement allemand, si le gouvernement français ne remplit pas les obligations par lui assumées dans la présente convention » (article 24).

Huntziger doit en référer à Weygand. Keitel s'étonne et s'irrite : il escomptait une signature immédiate. Huntziger obtient avec peine une liaison téléphonique – d'ailleurs mauvaise –, avec Bordeaux mais il est prévenu : le texte de la convention ne souffrira aucun amendement. « Les conditions sont dures mais pas déshonorantes », a dit d'abord Huntziger à Weygand. À Bordeaux, le Conseil des ministres est indécis, s'inquiétant entre autres de la subordination à l'armistice avec l'Italie dont on pressent d'inacceptables exigences. Albert Lebrun, toujours présent, dira avoir compté là-dessus pour que la guerre se poursuive. Peut-être, mais il ne se manifeste toujours pas, en se retranchant derrière l'obligation de sa fonction. Lebrun est comme Reynaud. Les circonstances les plus graves, les plus inouïes ne modifient en rien leur pratique institutionnelle alors même que celle-ci est déjà fort malmenée. Trop de république tue la République. À propos de Lebrun, de Monzie dit : « À force de manier la toise de Tarquin, le régime a réalisé son chef-d'œuvre d'innocente neutralité. »

Le Conseil des ministres, qui s'est séparé à 3 heures du matin, reprend à 8 heures. On est le 22 juin. Les réserves du gouvernement se sont estompées et la résignation domine. Il faut faire vite car les bellicistes pourraient relever la tête. Un mémorandum est néanmoins transmis à Huntziger. Il comporte comme préalable la non-Occupation de Bordeaux, le gouvernement n'étant plus en état de déménager où que ce soit. Il est demandé ensuite que Paris et les départements qui l'entourent (jusqu'au Cher, au Loiret et au Loir-et-Cher) ne soient pas occupés ; que les avions de guerre ne soient pas livrés ; que les navires de guerre soient envoyés en Afrique du Nord et non dans leurs ports d'attache ; que le gouvernement allemand s'engage à fournir la zone sud en produits alimentaires ; que les ressortissants allemands réfugiés en France ne soient pas livrés car ce serait contraire à l'honneur ; que l'armistice entre en vigueur avant la conclusion de l'armistice italien.

À Rethondes, il est 11 heures quand reprennent ce qu'il est difficile d'appeler les pourparlers. Jodl, chef d'état-major de l'OKW, a remplacé Keitel, comme le gentil remplace le méchant dans les interrogatoires de police. Il veut bien écouter tout ce qu'on lui dit mais il n'est autorisé qu'à « fournir des éclaircissements ». À l'exemple du *Diktat* de Versailles, le texte de la convention ne peut être modifié en aucune façon. Pour Hitler, ce n'est pas seulement une question de forme mais de fond. Alors que Huntziger demande dans quel délai pourrait être envisagée la paix (c'est-à-dire un traité de paix séparé), Hitler fait *de facto* de l'armistice un traité. La convention d'armistice, avec son immense zone d'Occupation (les 3/5 de l'Hexagone – la moitié nord de la France plus une large bande littorale Atlantique jusqu'aux Pyrénées), lui donne de bien meilleures possibilités pour la poursuite de la guerre qu'un traité de paix. Au-delà, il n'a pas la moindre intention de redonner à la France, qu'il regarde toujours avec les yeux de *Mein Kampf*, sa pleine souveraineté. « En Europe, seule l'Allemagne commande[24]. » La France, elle, pourra jouer en Europe le rôle d'une « Suisse agrandie[25] ».

Huntziger peut donc qualifier la zone d'Occupation « d'abominable humiliation » et dire que si les Italiens présentent de semblables exigences, la France reprendra la lutte dans ses possessions africaines et avec sa flotte invaincue. Il peut aussi présenter les demandes d'aménagement de son gouvernement. Jodl écoute, tempère, se lève à un moment pour aller consulter Keitel installé sous une tente. Rien ne bouge. Paris sera bel et bien occupé et l'armée allemande chargée du maintien de l'ordre dans la zone d'Occupation inchangée. La flotte n'ira pas en Afrique du Nord mais sera désarmée. Les armistices allemand et italien restent solidaires. La

La France de l'armistice

France obtient seulement satisfaction sur la non-livraison de ses avions de guerre (prévue) et sur une armée de 100 000 hommes chargés de maintenir l'ordre (prévue sur le principe). À propos des ressortissants allemands réfugiés en France, il est concédé que seuls « les incitateurs à la guerre » seront réclamés – ce qui laisse toute latitude d'appréciation aux nazis. Au cours d'un nouvel échange téléphonique, Weygand voudrait que ces très maigres concessions constituent un protocole à part mais Huntziger craint qu'une telle demande ne fasse tout échouer. Et de fait, Keitel s'impatiente. Un ultimatum est fixé pour la signature : 19 h 30 – heure allemande. Celle-ci est en avance d'une heure sur l'heure française et déjà en vigueur dans les villes occupées. À 18 h 36, Weygand donne l'ordre de signer. À 18 h 50, c'est chose faite. Huntziger a fait précéder l'acte de signature de la déclaration suivante : « Contrainte par le sort des armes de cesser la lutte dans laquelle elle était engagée aux côtés de ses alliés, la France se voit imposer de très dures exigences dans des conditions qui en soulignent la rigueur. Elle est en droit d'attendre que dans les négociations prochaines, l'Allemagne s'inspirera d'un esprit de nature à permettre aux deux grands peuples voisins de vivre et de travailler pacifiquement[26]. »

Les chefs français ignorent que toutes leurs conversations téléphoniques ont été enregistrées, y compris celle, assez surréaliste, qui suit immédiatement la signature :

Huntziger : « Allô, Allô, qui est à l'appareil ?

Weygand : Le général Weygand.

— Ah, le général Weygand. Oui, mon général, c'est Huntziger.

— Oui.

— Oui, mon général. C'est fait.

— C'est fait ?

— Oui, mon général.

— Bien, c'est fait, bien. Je vous remercie encore de la façon dont vous l'avez fait.

— Mon général, oui enfin, vous me comprenez, vous ?

— Oui, je vous comprends, je vous comprends très bien.

— Alors, il est entendu que le commandement allemand va donner l'ordre, n'est-ce pas, d'épargner Bordeaux de toute façon, de façon à ne pas enlever au gouvernement sa liberté ; ils ne m'ont pas dit jusqu'où ils seraient, mais ils m'ont dit que la région bordelaise serait laissée en dehors de toute poussée.

— Oui, c'est cela.

— Bien. Alors d'autre part, je fais partir demain matin de bonne heure le texte… Allô ?

— Le texte, vous faites partir le texte.

— Je vais faire partir par auto, pour aller à Bordeaux pour vous être remis d'urgence, le texte original en allemand.

— En allemand ?

— Le texte qui a été signé. J'y joindrai une copie en français…

— Oui.

[…][27] »

Reste l'armistice avec l'Italie. La délégation française arrive le 23 juin à Rome, via Munich, à bord d'avions allemands. L'atmosphère des discussions est radicalement différente de celle de Rethondes. Mussolini n'est pas présent. Ciano et le maréchal Badoglio, plénipotentiaires, sont des francophiles. Il est clair, surtout, que l'Italie ne peut se permettre de faire échouer l'armistice avec l'Allemagne. Ses exigences sont devenues des plus modérées : démilitarisation d'une bande de 50 km le long de la frontière franco-italienne ainsi que des ports de Toulon, Ajaccio, Bizerte, Mers el-Kebir ; Occupation des territoires effectivement conquis – c'est-à-dire une quinzaine de communes frontalières. Quant à la démobilisation de l'Afrique du Nord sous contrôle italien, elle ne sera que partielle car, comme le fait remarquer Huntziger, « il s'agit de pays musulmans où l'autorité du Blanc ne doit pas être bafouée ». Ce n'est donc pas l'intérêt « de la grande puissance coloniale qu'est l'Italie ». L'armistice avec l'Italie est signé le 24 juin à 19 h 15. Les deux armistices entreront simultanément en vigueur le 25 juin à 0 h 35.

Ce même jour, Pétain adresse un long discours aux Français, les informant des deux armistices, rappelant les circonstances d'une défaite techniquement imparable, évoquant l'Exode et les sacrifices des soldats, la sévérité des conditions d'armistice avec l'Occupation de la plus grande partie du territoire national. « Du moins l'honneur est-il sauf [...] Je n'ai voulu placer hors du sol de France, ni ma personne, ni mon espoir [...] C'est vers l'avenir que, désormais, nous devons tourner nos efforts [...] Votre vie sera dure. Ce n'est pas moi qui vous bernerai par des paroles trompeuses. Je hais les mensonges qui vous ont fait tant de mal. [...] Notre défaite est venue de nos relâchements. L'esprit de jouissance détruit ce que l'esprit de sacrifice a édifié. C'est à un redressement intellectuel et moral que, d'abord, je vous convie. » Le discours de Pétain est suivi d'une *Marseillaise* qui n'est guère de circonstance. Si on n'en entend que la musique, chacun en connaît le refrain : « Allons, enfants de la Patrie,/ Le jour de gloire est arrivé ! »

Plus prosaïquement, les Français sont certes consternés, mais aussi soulagés. C'est la fin des hostilités. L'Exode continue mais inverse le sens de sa marche – sans que les difficultés (hormis les *Stukas*) disparaissent pour autant. Néanmoins, l'annonce de l'armistice provoque un peu partout des manifestations de joie : « Nous arrivons dans une bourgade entre chien et loup. Les rues sont bourrées de soldats ; des attroupements devant les maisons. [...] Je m'approche. Très excité, comme s'il me faisait part d'un heureux événement, il me dit que l'armistice a été signé avec l'Allemagne et l'Italie. Les hostilités vont être suspendues à 0 h 35 cette nuit. En attendant, véhicules et militaires se succèdent dans les rues. La nouvelle s'est répandue comme une traînée de poudre. Le bourg est pris d'une excitation joyeuse. Les habitants se tiennent aux fenêtres ou sur le pas de leur porte et font des signes de la main, accompagnés d'un sourire aux soldats qui passent en chantant ou en soufflant dans leurs harmonicas. On dirait que l'armistice leur a redonné du poil de la bête, qu'il les a disculpés ; ce sont maintenant des héros qui ont accompli leur devoir[28]. »

Rares sont alors les Français « de la base » que l'idée même d'armistice révolte. C'est le cas cependant d'Edmond Michelet. Père de famille de quarante ans, il n'a pas été mobilisé en 1939 mais a organisé le Secours national pour venir en aide aux réfugiés. Au moment de l'armistice, il est à Brive, en Corrèze. Avec des amis, il distribue dans les boîtes à lettres un tract inspiré de Péguy : « Celui qui ne se rend pas a raison contre celui qui se rend. » « Dans le Nord, des soldats anglais sont cachés par la population en dépit des représailles allemandes qui ont déjà commencé[29] ». La Résistance – l'esprit de résistance –, est en train de naître.

Inventaire après décès

Jérôme Carcopino, alors directeur de l'École française de Rome, parle d'un « armistice inespéré » en le comparant à « l'opération chirurgicale exécutée d'urgence en péril de mort ». Pour les Français, Pétain est « l'homme qui les a retenus au bord de l'abîme[30] ». Le gouvernement Pétain et son premier noyau de pétainistes sont bien les seuls à estimer que l'armistice n'est pas catastrophique, voire qu'il est globalement positif. Même s'ils ignorent encore le sort que Hitler réserve à la France, ils accordent une confiance étonnante à un document signé par celui-là même qui considère les traités comme des « chiffons de papier ». Pétain, Weygand et leurs affidés font semblant de croire que c'est avec l'Allemagne qu'ils ont signé alors que c'est avec Hitler et le IIIe Reich nazi. Depuis sept ans qu'il est au pouvoir, le dictateur a toujours démontré que la seule loi qu'il connaît est celle du plus fort – cette loi du plus fort que la France n'a pas osé appliquer en 1918. La dissimulation du Führer n'a échappé à aucun observateur, diplomate ou journaliste, mais les chefs français qui signent l'armistice ne s'en avisent pas. Pourquoi, entre bien d'autres questions, le statut de l'Alsace-Lorraine n'a-t-il pas été évoqué ? Comment se fait-il que le retour aux frontières de 1914 n'a pas été exigé ? N'est-ce pas inquiétant pour l'avenir ? (Un avenir en l'occurrence très proche puisque l'annexion de l'Alsace-Lorraine va être effectuée cinq semaines après l'armistice.) Que vaut, à propos de la Flotte, une formule telle que « le gouvernement allemand déclare solennellement » ? Les Britanniques, eux ne s'y trompent pas. Ronald Campbell, pour quelques heures encore ambassadeur de Grande-Bretagne en France, a aussitôt relevé l'ineptie de la formulation et s'empoigne avec Baudouin : « Mais alors, vous livrez la Flotte ! » On l'apaise en lui disant que l'amiral Darlan a prévu un sabordage au cas où les Allemands tenteraient de s'en emparer – belle fin en perspective pour cette Flotte dont on n'a cessé de brandir la menace à tous les horizons !

Le 22 juin au soir, tout le personnel diplomatique britannique s'embarque à Saint-Jean-de-Luz, rompant *de facto* les relations avec le gouvernement Pétain. Du coup, de Gaulle, tel un fer qu'on aurait laissé au feu, n'est plus interdit de BBC. Churchill qui, lui, ne l'a jamais été, déclare le 23 septembre à la BBC que « le

Gouvernement de Sa Majesté considère que les termes de l'armistice qui vient d'être signé, en violation des accords solennellement conclus entre les gouvernements alliés, placent le Gouvernement de Bordeaux dans un état d'assujettissement complet à l'ennemi et le privent de toute liberté, et de tout droit de représenter de libres citoyens français. En conséquence, le Gouvernement de Sa Majesté ne peut considérer le Gouvernement de Bordeaux comme celui d'un pays indépendant ».

Pétain a aussitôt répondu à cette déclaration sans équivoque par un de ses « discours aux Français » qu'il affectionne déjà (lui au moins, à la différence de Daladier et de Reynaud, a compris l'importance de la radio) : « Le Gouvernement et le peuple français ont entendu hier, avec une stupeur attristée, les paroles de M. Churchill. [...] M. Churchill est juge des intérêts de son pays. Il ne l'est pas des intérêts du nôtre. Il l'est encore moins de l'honneur français. Notre drapeau reste sans tache. [...] Nous savons que la patrie demeure intacte, tant que subsiste l'amour de ses enfants pour elle. Cet amour n'a jamais eu plus de ferveur. »

« L'honneur français »... « Les intérêts de la France »... Pétain prétend les incarner. Selon lui, l'armistice respecte l'un et l'autre. Les arguments en faveur de l'armistice sont ceux qui ont présidé à sa demande : la fin d'un massacre intolérable et inutile, des millions de nouveaux prisonniers évités (5 millions de mobilisés), un gouvernement français maintenu, une partie du territoire métropolitain préservée de l'Occupation, l'Afrique du Nord et l'Empire sauvés, la Flotte soustraite, le noyau d'une Armée conservé – force indispensable à la remise en marche du pays et à une résurrection nationale. Weygand, dans ses *Mémoires*, s'explique sur tout cela. Oh ! il aurait préféré lutter jusqu'au bout ; il aurait « aimé finir avec les derniers combattants ». Mais était-ce là son devoir ? Non. Il fallait rester pour « ne pas livrer le pays aux dévastations qui en avaient déjà ravagé une partie », pour ne pas augmenter les pertes, pour ne pas « aggraver le désordre et la misère qu'apportaient avec elles ces hordes de malheureux émigrants belges et français »[31].

Et puis, « l'armistice n'est pas un renoncement. Il est un acte douloureux, accompli avec la foi d'un fils penché sur sa mère blessée » (Baudouin). Il n'est pas une fin mais un commencement. Il fonde un nouveau gouvernement pour un nouveau régime, pas même en dépit de l'Allemagne mais finalement sous sa garde. « En perdant la guerre, la IIIe République a perdu sa légitimité » (Paxton). Il reste à en créer une nouvelle, idéologiquement antithétique.

Mais, encore une fois, ces arguments reposent sur le credo de la bonne foi hitlérienne. François Charles-Roux, qui a succédé en mai 1940 à Alexis Leger au poste de secrétaire général des Affaires étrangères, bien que favorable à l'armistice, écrit : « Beaucoup moins justifiable me parut la satisfaction qui accueillit un autre article de la convention : celui qui laissait au gouvernement français le soin d'administrer la totalité de la France, sans en excepter la zone occupée. Certains ministres relevèrent cet article comme un avantage précieux, parmi beaucoup de dispositions déplorables. Il me parut être, dans la pratique, de valeur extrêmement contestable, étant donnée l'élasticité des droits que, dans une autre clause, la puissance occupante se réservait sans les définir le moins du monde : *L'Allemagne aura tous les droits de la puissance occupante*. Que ne pouvait permettre cette formule ? »

Et ce n'est là que l'un des arguments ruinant le plaidoyer en faveur de l'armistice. Le pays vient de perdre le prestige qui lui restait dans le monde en dépit de ses démissions successives face à la montée du nazisme. Cette perte d'image et d'autorité concerne aussi, pour ne pas dire surtout, ses colonies. La France n'est plus et ne sera jamais plus une grande puissance. Son gouvernement est le seul à ne pas avoir choisi l'exil. La reine de Hollande, âme de la résistance de son pays à l'occupant, le roi de Norvège, le gouvernement belge, à défaut de son roi, le gouvernement polonais, sont à Londres. C'est peut-être le reproche le plus grave qui peut être fait à l'armistice car la présence du gouvernement Pétain, ses appels à l'expiation, ses promesses de « résurrection nationale », paralysent d'emblée les velléités de résistance à l'occupant. Ajoutant à cela la propagande et l'intimidation, il sera évidemment plus facile de suivre Pétain que de suivre de Gaulle. C'est d'autant plus vrai que le nouveau régime n'entend pas être un régime d'armistice attendant la fin de la guerre mais un nouveau régime, un « nouveau départ ».

Quant à l'armistice lui-même, il ne sauve rien, en réalité. Il est évident que les prisonniers de guerre ne vont pas être rendus. Peut-on rêver meilleur otage pour Hitler ? L'État et le gouvernement prétendument conservés sont des trompe-l'œil. La France n'existe plus géographiquement parlant, coupée comme elle l'est par une ligne de démarcation qui est une véritable frontière. Les 3/5e de son territoire sont sous la botte allemande. Il faut être bien naïf pour croire que l'administration française pourra y fonctionner librement. Et que dire alors d'une politique indépendante, d'une France restant la France ? La remise au IIIe Reich des réfugiés politiques et des Juifs allemands ou encore celle des 400 pilotes de la Luftwaffe capturés pendant la bataille et que Londres réclamait légitimement en disent long sur ce que va devoir être l'attitude du gouvernement Pétain. La collaboration a déjà commencé et il ne peut en être autrement. Quant à opposer, comme les thuriféraires du nouveau gouvernement, que la signature de l'armistice a évité à la France le sort de la Pologne (la « polonisation » comme on dit alors), c'est-à-dire un désastre plus grand encore, c'est un syllogisme. Il y a toujours un pire à tout. Et puis la Pologne, elle, résiste. Son armée s'est reformée en Grande-Bretagne sous le commandement du général Sikorski, chef du gouvernement en exil, et des centaines d'organisations clandestines se sont constituées en Pologne dès le lendemain de la défaite.

Mais non. La France de l'armistice vit à l'heure de « l'Allemand correct ». C'est dans la population française un véritable leitmotiv : « Ils sont corrects ! » (« et bien habillés », ajoutent de nombreuses femmes). « Et il paient », s'étonnent avec bonheur les commerçants sans songer que le mark a cours forcé sur le franc au double de sa valeur normale et que les lourds prélèvements du Reich sur le pays ont commencé. « Allons ! L'Occupation ne sera pas si terrible. » La propagande nazie fait de nouveau merveille, à l'exemple de cette affiche que les réfugiés voient sur les murs de l'Exode du retour. Un soldat allemand, tête nue et souriant, tient dans ses bras un petit garçon qui dévore une tartine à belles dents. Deux petites filles se pressent à ses côtés : « Populations abandonnées, faites confiance au soldat allemand ! »

La réalité est tout autre. Elle a révélé au cours des combats une armée allemande à l'image de son Führer : le 27 mai à Vinkt en Belgique, des civils ont été massacrés[32] ; le 28 mai 1940, à Oignies dans le Pas-de-Calais, 80 civils ont été fusillés et 380 maisons incendiées en représailles de la défense du bourg. Et de même dans plusieurs villages, comme à Aubigny-en-Artois où des SS de la division *Totenkopf* massacrent 60 personnes. C'était le 22 mai. Le lendemain, les mêmes SS ont fusillé des réfugiés après avoir jeté des grenades incendiaires dans les granges où ils s'étaient abrités. Une femme qui parlait allemand a demandé à l'un d'eux pourquoi il avait tué son mari. Il a répondu : « C'est la guerre. Puisqu'il n'y a pas de soldats, nous faisons la guerre aux civils[33]. » Des prisonniers de guerre ont été fusillés comme à Houlle (Pas-de-Calais), le 26 mai, où 11 soldats du 110e RI sont exécutés par des SS. Ce sont aussi, le 20 juin près de Chasselay dans le Rhône, 200 soldats sénégalais du 25e régiment de tirailleurs sénégalais qui ont été massacrés. Ils n'ont eu que le tort d'avoir courageusement résisté à l'avance allemande mais aussi d'être Noirs – l'armée allemande, nazifiée, considérant que l'armée française se déshonore en faisant combattre des « sous-hommes », la « honte noire » (*Schwarze Schmach*).

Le seul argument *a priori* recevable des partisans de l'armistice est le souci de mettre fin au sacrifice des vies humaines et aux destructions. Le bilan humain et matériel est en effet à la mesure de la catastrophe nationale. 133 divisions alliées ont été anéanties ou mises hors de combat : 94 françaises, 22 belges, 9 britanniques, 8 néerlandaises. La France paie le prix fort avec 92 000 soldats tués, peut-être 15 000 civils, et 250 000 soldats blessés. S'y ajoutent les 12 000 morts de la Belgique (dont la moitié de civils), les 3 500 de la Grande-Bretagne et les 3 000 des Pays-Bas. 92 000 soldats français tués, c'est énorme pour six semaines de combat, c'est-à-dire 35 fois moins longtemps que la Grande Guerre. A preuve encore une fois que ces soldats n'ont pas été tués dans le dos, les pertes de l'armée allemande sont importantes elles aussi : 42 000 morts et 118 000 blessés. C'est moins mais c'est tout de même beaucoup et il est étonnant de lire sous la plume d'un historien à propos des pertes allemandes : « Ce prix payé pour ces résultats spectaculaires apparaît singulièrement léger [...] la guerre redevient fraîche et joyeuse[34]. » (!) Le nombre des avions perdus, tant en combat qu'au sol, est une preuve supplémentaire de l'intensité des combats : 1 029 avions britanniques dont 400 chasseurs, 900 avions français dont 500 chasseurs, mais aussi 1 400 avions allemands dont 460 chasseurs.

Mais, à bien y réfléchir, est-ce que l'importance même des pertes françaises ne se retourne pas contre les signataires de l'armistice ? Fallait-il se faire tuer en si grand nombre pour un résultat si lamentable ? Ce qui est pis, c'est que ces pertes sont liées pour une grande part à l'impréparation matérielle et morale du pays. « Porter l'esprit de la paix dans la guerre est une attitude faible et cruelle ; une guerre languissante n'épargne ni le sang ni l'argent : elle les gaspille » (Maccaulay, 1843). Cette bataille était l'aboutissement d'une guerre qui n'avait pas cessé en 1918 mais pour laquelle la France s'était démobilisée dans tous les sens du terme. Karl-Heinz Mende, officier du génie dans la Wehrmacht, écrit aussitôt après l'armistice : « La grande bataille de France est terminée. Elle a duré vingt-six ans[35]. »

C'est poser du même coup la question rituelle de la « faute à qui ? ». On n'invoquera pas, comme Weygand, la fortune des armes, même si quelques historiens aujourd'hui ne sont pas loin de le faire, s'acharnant à démontrer que la défaite fut, justement, la « faute à pas de chance ». Ainsi l'historien britannique, Martin S. Alexander, qui commence par plaider la cause de Gamelin, lequel, selon lui, aurait tiré les leçons de la campagne de Pologne (qu'eût-ce été dans le cas contraire !), avant d'expliquer la défaite de la France par la malchance : « Déployant les efforts pour trouver la clé de cette *étrange défaite* de 1940, l'historien ne peut que considérer les conséquences des facteurs contingents de la politique et d'une malchance évidente[36]. » On retrouve ici mais cette fois sur le mode sérieux, la réflexion ironique de Marc Bloch selon laquelle les Allemands n'ont pas attaqué là où en toute logique les Français les attendaient ! D'autres historiens comme Karl-Heinz Frieser[37] et Ernest May[38] insistent sur la victoire improvisée, voire le coup de chance de l'Allemagne. À l'« étrange défaite » des Français correspondrait l'« étrange victoire » des Allemands. Ernest May explique qu'il est aussi difficile, voire davantage, d'expliquer la victoire de l'Allemagne que la défaite de la France. Et quand bien même ? L'une et l'autre n'ont-elles pas eu lieu ?

Loin de toute malchance, la défaite de la France était inévitable, imparable, obligée. Elle n'a été ni fortuite, ni étrange. Ce fut une défaite annoncée, historiquement parlant, chaque année plus inexorablement – et ce dès 1918. Elle fut *de facto* préparée par la classe politique française, véritable microcosme coupé des réalités et se succédant sans cesse à lui-même, par les intellectuels pacifistes faisant le lit de l'agresseur, par l'appareil totalement sclérosé de l'armée et l'invraisemblable bêtise de son haut commandement. Ce n'est pas le moindre paradoxe que, dès ses premiers discours, Pétain demande au peuple français d'expier les fautes qu'il n'a pas commises. André Wurmser écrit : « Les Français ont été vaincus, c'est un fait. Ils ont surtout été couillonnés. Étourdis par le coup de massue de la défaite, ils eurent confusément conscience de la trahison [...] Le peuple n'est jamais le vrai coupable[39]. »

Les coupables, on les a vus à l'œuvre. On n'épiloguera pas sur Daladier et Reynaud, semblables en cela qu'ils n'ont su à aucun moment conduire et diriger leur gouvernement. Ils ne s'appelaient pas Churchill, et de toute façon la France ne pouvait ni produire ni accepter un tel chef, pas plus qu'elle ne voulait de la guerre. On n'épiloguera pas davantage sur Gamelin dont la responsabilité en matière de commandement fut écrasante (on en arrive même à s'interroger sur sa santé mentale). Il n'en va pas de même de Pétain, de Weygand et de tous ceux qui ont gravité autour d'eux comme ministres, sénateurs, députés, haut fonctionnaires, industriels, patrons de presse, journalistes. Un Pétain et un Weygand savent très tôt, pour ne pas dire depuis toujours, que la défaite est inéluctable et font tout pour empêcher la poursuite de la guerre. Ce qu'ils veulent, c'est prendre le pouvoir, en finir avec le régime en place et installer leur ordre nouveau à l'intérieur de celui que ne va pas manquer d'instaurer l'occupant. Cela a un nom : cela s'appelle trahir son pays. Marc Bloch, qui pèse d'ordinaire ses mots, va jusqu'à parler, avant d'autres, de trahison concertée : « Nous ne songeons pas à contester ici la médiocrité du Maréchal mais il importe de se rendre compte qu'elle ne l'a pas empêché de se mettre au service d'une manœuvre politique destinée à aider l'ennemi et de se rendre ainsi coupable d'une véritable trahison. Le jour viendra en effet et peut-être bientôt où il sera possible de faire la lumière sur les intrigues menées chez nous de 1933 à 1939 en faveur de l'Axe Rome-Berlin pour lui livrer la domination de l'Europe en détruisant de nos propres mains tout l'édifice de nos alliances et de nos amitiés[40]. »

Dominique Leca se souvient avant la guerre, quelque temps après le Front populaire, d'une inauguration suivie d'un dîner. Weygand est assis à sa droite. « Les propos tenus à voix basse, mais pas assez basse, ressemblaient tous à ceci : “Général, nous sommes prêts. Un signe de vous, et nous marchons. Vous pouvez compter sur nous”. » Bref, le rêve du coup de chien, de la mise au pas. Déjà une sorte de *Général, nous voilà*. Il n'était question que de la fin de la Gueuse ». Paul-Boncour signale de son côté de semblables propos tenus par Weygand lui-même. Faut-il aller si loin ? Après tout, il n'est pas nécessaire de comploter pour trahir. Pour beaucoup, la défaite de la France a été une opportunité à saisir. « Certains ont accepté ce désastre plus aisément que leur patriotisme ne leur eût conseillé parce qu'ils y virent l'occasion de mettre par terre un régime qu'ils n'aimaient pas, et qu'ils aimaient d'autant moins qu'ils l'en rendaient responsable » (Paul-Boncour). Paul Claudel, le grand écrivain catholique alors âgé de soixante-douze ans, ancien diplomate, dépeint à la date du 6 juillet 1940 une « vue de l'état de la France » en distinguant le passif de l'actif. Au passif, il énumère les contenus d'un armistice catastrophique (« Nous sommes des otages »). Claudel, comme la plupart des Français, est résolument « anti-boche ». Mais il y a aussi ce qu'il considère comme l'actif du bilan : « La France est délivrée après soixante ans de joug du parti radical et anticatholique (professeurs, avocats, juifs, francs-maçons) [...] Espérance d'être délivrés du suffrage universel et du parlementarisme [...] Restauration de l'autorité[41]. »

Pour ceux qu'il faut bien appeler les traîtres à la République (et dans leur esprit, France et République font deux), il fallait une défaite. Une victoire aurait remis en selle tous les hommes politiques qui avaient conduit à la ruine morale de la France. La régénération du pays passait par la « défaite noblement acceptée » – et noblement chez le vaincu comme chez le vainqueur. Dans leur imaginaire politique, Pétain et Weygand se sont trompés de tableau. Hitler est dans le tableau de Brueghel l'Ancien où Margot la folle, chargée de butin, court l'épée à la main vers la bouche béante de l'enfer, dans un décor de fin du monde. Les deux chefs français se croient quant à eux dans le tableau de Velasquez, *La reddition de Breda*. Sur fond de lances dressées, on est au moment précis où Justin de Nassau remet les clés de la ville à Spinola, le chef de l'armée espagnole qui vient de remporter la victoire. Les deux chefs ont mis le chapeau à la main. Nassau s'apprête à mettre un genou à terre mais Spinola l'en empêche avec élégance, lui mettant la main sur l'épaule. Il ne veut pas l'humilier. D'ailleurs, au moment où les deux regards se croisent, il n'y a plus ni vainqueur ni vaincu mais seulement deux gentilshommes qui ont fait chacun leur devoir.

Exit

Joseph Paul-Boncour, soixante-sept ans, ancien ministre, fait partie des sénateurs qui ont erré dans Bordeaux avant l'armistice en restant dans le sillage du gouvernement. Jeanneney les a réunis pour leur lire le texte de la convention d'armistice. « Affreux ! » note sur son agenda Paul-Boncour qui raconte l'atmosphère hébétée de la ville. On croit au retour des prisonniers puisque la guerre est finie. On est fatigué. Le 23 juin est un dimanche. C'est le jour choisi par Hitler pour une visite éclair de Paris, à l'aube. Quelques Allemands sont dans les rues de Bordeaux, en promeneurs. Ils sont assez discrets, mais ils tiennent les issues de la ville.

Le 25, jour où Pétain annonce les deux armistices, est une journée de deuil national. Le gouvernement au complet assiste à une cérémonie religieuse dans la cathédrale. L'évêque de Bordeaux, dans une courte allocution, « exprime en termes nobles et dignes la douleur et l'espérance française » (Chautemps).

Pour le gouvernement et ce qui reste des Chambres, la situation devient de plus en plus fausse au fur et à mesure que Bordeaux se remplit d'Allemands. Le 27, des colonnes de chars traversent la ville. « Et nous étions toujours là ! » Les Allemands ont fini par faire comprendre au gouvernement Pétain qu'il est temps de déguerpir. Le départ est fixé le 29, à 5 heures du matin par crainte de manifestations hostiles. Rendez-vous a été donné au monument des Girondins. Un long convoi de voitures a été formé. Tout a été minutieusement réglé : la place de chacun et celle de chaque voiture, l'intervalle entre les véhicules, l'interdiction de se dépasser. La France n'est pas seulement à l'heure allemande. La voici disciplinée ! Cette dernière étape, sous l'œil des vainqueurs, doit avoir de la tenue.

Devant sont les voitures des sénateurs que suivent celles des députés puis celles du gouvernement. Les échelons des ministères ferment la marche. On part. Le convoi quitte Bordeaux par le Pont de pierre, entre deux haies de soldats allemands. Des opérateurs militaires filment la scène. Il faut d'abord traverser 75 km de pays occupé, au parcours solidement balisé par les soldats allemands, avant de rejoindre la zone non occupée (la future zone dite « nono »). La journée s'annonce très chaude, étouffante même. On a pris la direction de Clermont-Ferrand, le fief de Laval. Celui-ci vient d'être nommé vice-président du Conseil. Il n'a pas perdu de temps. Mais il n'y a pas assez d'hôtels à Clermont-Ferrand et c'est en route qu'on apprend la nouvelle destination : Vichy. « Et le cortège, qui s'en allait vers Vichy, déroulant son long ruban à travers les plaines de Gascogne et les montagnes d'Auvergne, par son ordre comme par sa destination, ressemblait un peu à un convoi de funérailles : les funérailles de la République. »

Notes

1. « Clemenceau a perdu la paix »

1. J. Green, *Œuvres complètes*, t. IV *(Journal)*, Paris, Gallimard, 1975.

2. E. Ludendorff, *Souvenirs de guerre (1914-1918)*, Paris, Payot, 1920 (édition allemande en 1919).

3. M. Ferro, *La Grande Guerre 1914-1918*, Paris, Gallimard, 1969.

4. R. Recouly, *Le Mémorial de Foch*, voir bibliographie.

5. J. Bainville, *Histoire de France*, Paris, Arthème Fayard, 1924.

6. Souligné par Clemenceau.

7. A. Tardieu, *La Paix*, voir bibliographie.

8. É. Mantoux, *La Paix calomniée ou les conséquences économiques de M. Keynes*, Paris, Gallimard, 1946.

9. Le texte de Keynes et celui de Bainville, ainsi que des extraits de celui de Mantoux, ont été réédités aux éditions Gallimard (« Tel »), en 2002, avec une introduction d'Edouard Husson.

10. A. Tardieu, *La Paix, op. cit.*

11. Général Fonville, « Vœu pour 1921 » dans *La France militaire* du 3-4 janvier 1921 ; cité par L. Mysyrowicz, *Anatomie d'une défaite,* voir bibliographie.

12. *Ibid.*, n° du 10-11 mai 1921 (« Notre sécurité est sur la Ruhr »).

2. La France en proie à ses démons

1. G. Suares, *Les Hommes malades de la paix,* voir bibliographie.

2. A. Werth, *The Twilight of France*, voir bibliographie.

3. J.-B. Duroselle, *La Décadence*, voir bibliographie.
4. H. Dorgères, *Haut les fourches*, Paris, Les Œuvres françaises, 1936.
5. B. Montagnon, A. Marquet, M. Déat, *Néo-socialisme ? Ordre, autorité, nation*, Paris, Grasset, 1933.
6. Revue *Europe*, numéro spécial « guerre et paix », 1930.
7. F. Sieburg, *Dieu est-il français ?*, Grasset, 1930.
8. 17 octobre 1930, texte publié dans la revue *Europe*, n° 96.

3. La SDN ou le « machin » d'avant

1. G. Suares, *Les Hommes malades de la paix, op. cit.*
2. G. Bonnet, *Le Quai d'Orsay sous trois Républiques*, voir bibliographie.
3. G. Suares, *Les Hommes malades de la paix, op. cit.*
4. V. Margueritte, *Avortement de la SDN*, Paris, Flammarion, 1936.

4. Les Français malades de la paix

1. J.-P. Biondi, *La Mêlée des pacifistes*..., voir bibliographie.
2. *Larousse de la Grande Guerre*, Paris, 2007.
3. H. Barbusse, *Ce qui fut sera*, Paris, Flammarion, 1930.
4. Cité par A. Prost, *Les Anciens Combattants*..., voir bibliographie.
5. *Ibid.*
6. *Ibid.*
7. Mona L. Siegel, *The Moral Disarmament of France – Education, Pacifism and Patriotism*, Cambridge, Cambridge UP, 2004.
8. Cité par A. Prost, *op. cit.*
9. R. Aron, *Mémoires*, voir bibliographie.
10. Alain, *Mars ou la guerre jugée*, Paris, NRF, 1921.
11. Cité par A. Prost, *op. cit.*
12. Cité par A. Prost, *op. cit.*
13. *Le Temps*, 17 avril 1920.
14. J.-P. Maxence, *Histoire de dix ans*, voir bibliographie.
15. P. Souday dans *Le Temps*, 20 février 1919, cité par L. Mysyrowicz, *Anatomie d'une défaite, op. cit.*
16. Cité par J.-P. Biondi, *op. cit.*

17. G. Chevallier, *La Peur*, Paris, Stock, 1930.

18. L.-F. Céline, *Voyage au bout de la nuit*, Denoël, 1932.

19. Cité par J.-P. Biondi, *op. cit.*

20. Cité par L. Mysyrowicz, *Anatomie d'une défaite*, *op. cit.*

21. P. de Villepin, « Les révisionnistes français au service de l'Allemagne, 1919-1933 », dans *Le Pacifisme en Europe*, voir bibliographie. Voir aussi, du même auteur, *Victor Margueritte : 1866-1942 : le pacifisme au service de l'Allemagne* ?, Lille, ANRT, 1990.

22. Archives de la Wilhelmstrasse, cité par P. de Villepin, *ibid.*

23. J. Maxe, *De Zimmerwald au bolchevisme ou le triomphe du marxisme pangermaniste* (1920).

24. Cité par I. Gorguet, *Les mouvements pacifistes...*, voir bibliographie.

25. *Europe*, mai-août 1926.

26. *Europe*, avril-août 1925.

27. *Europe*, septembre 1934.

28. Cité par I. Gorguet, *op. cit.*

29. R. Rolland, *Le Voyage intérieur (Songe d'une Vie)*, Paris, Albin Michel, 1959 (nouvelle édition augmentée de textes inédits).

30. Cf. N. Racine « La revue *Europe* et le pacifisme dans les années 1920 » dans M. Vaisse (dir.), *Le Pacifisme en Europe*, voir bibliographie.

31. G. L. Mosse, *De la Grande Guerre...*, voir bibliographie.

32. P. Ourednik, *Europeana*, Paris, Allia, 2004.

33. Cité par L. Mysyrowicz, *op. cit.*

34. *Ibid.*

35. *Ibid.*

36. *L'Œuvre* du 27 novembre 1934, cité par L. Mysyrowicz, *op. cit.*

37. G. Suares, *Les Hommes malades de la paix*, *op. cit.*

38. J. Romains, *Le couple France-Allemagne*, Paris, Flammarion, 1934.

39. Cité par J.-P. Biondi, *op. cit.*

5. « N'ayez pas peur : il est végétarien »

1. Cité par E. Jäckel, *La France dans l'Europe de Hitler*, voir bibliographie.

2. *Mon combat – traduction intégrale de Mein Kampf*, Paris, Les Nouvelles Éditions Latines, 1934.

3. Arte, « *Mein Kampf*, c'était écrit » par A. Vitkine, 6 mai 2008, et le blog de Pierre Assouline, *La République des livres* (le monde.fr), 5 mai 2008.

4. B. de Jouvenel, *Le Voyageur dans le siècle*, voir bibliographie.

5. J. Maritain, *À travers le désastre*, voir bibliographie.

6. R. Aron, *Mémoires*, *op. cit.*

7. Cité par R. Poidevin et J. Bariéty, *Les relations franco-allemandes…*, voir bibliographie.

8. *Ibid.*

9. R. Aron, *Mémoires*, *op. cit.*

10. G. Bonnet, *Le Quai d'Orsay…*, voir bibliographie.

11. J.-P. Maxence, *Histoire de dix ans, op. cit.*

12. J.-P. Maxence, *op. cit.*

13. R. Aron, *Mémoires, op. cit.*

14. Cité par R. Poidevin et J. Bariéty, *op. cit.*

15. H. Kissinger, *Diplomatie*, voir bibliographie.

16. R. Marjolin, *Le Travail d'une vie*, voir bibliographie.

17. Cité par J.-L. Crémieux-Brilhac, *Les Français de l'an 40*, voir bibliographie.

18. Cité par J.-P. Biondi, *op. cit.*

19. Cité par J.-L. Crémieux-Brilhac, *op. cit.*

20. *Cahiers du Bolchevisme*, 1er mai 1935 (cité par J.-P. Biondi, *op. cit.*).

21. Cité par J.-F. Sirinelli, « La France de l'Entre-deux-guerres : un *trend* pacifiste ? » dans Vaisse M. (dir.), *Le Pacifisme en Europe…*, voir bibliographie.

22. F. de Brinon, *France-Allemagne, 1918-1934*, Bernard Grasset, 1934.

23. O. Abetz, *Histoire d'une politique franco-allemande…*, voir bibliographie.

24. M. Gamelin, *Servir…*, voir bibliographie.

25. V. Lowy, *Guère à la guerre ! Le pacifisme dans le cinéma français…*, voir bibliographie.

26. G. Bonnet, *Vingt ans de vie politique…*, voir bibliographie.

27. H. de Kerillis, voir bibliographie.

28. H. de Montherlant, *L'Équinoxe de septembre*, Paris, Grasset, 1938.

29. G. Bernanos, *Essais et écrits de combat*, Paris, Gallimard, 1971.

30. *La Trahison de Munich – Emmanuel Mounier et la grande débâcle des intellectuels*, présentation par Michel Winock, Paris, CNRS éditions, 2008.

31. L. Blum, *L'Histoire jugera*, voir bibliographie.

32. Cité par J.-L. Crémieux-Brilhac, *op. cit.*

33. Cité par J.-B. Duroselle, *La Décadence…*, *op. cit.*

34. F. Gibault, *Céline*, t. II, *1932-1944, Délires et persécutions*, Paris, Mercure de France, 1985.

35. M. Houellebecq et B.-H. Lévy, *Ennemis publics*, Flammarion, 2008.

36. H. Kissinger, *Diplomatie*, *op. cit.*

37. P. Stehlin, *Témoignage pour l'Histoire*, Paris, Robert Laffont, 1964.

38. R. Marjolin, *Le Travail d'une vie…*, *op. cit.*

39. Chiffres d'Alfred Sauvy, cité par J.-B. Duroselle, *La Décadence*, *op. cit.*

40. Cité par G. Tabouis, *Ils l'ont appelée Cassandre*, voir bibliographie.

41. R. Brasillach, *Notre avant-guerre*, voir bibliographie.

42. P. Drieu la Rochelle, *Chronique politique*, voir bibliographie.

43. J. Benoist-Méchin, *Éclaircissements sur « Mein Kampf » d'Adolf Hitler, le livre qui a changé la face du monde*, Paris, Albin Michel, 1939.

44. H. Béraud, *Sans haine et sans crainte*, Paris, Les Éditions de France, 1942.

45. G. Hervé, *C'est Pétain qu'il nous faut !*, Paris, Éditions de La Victoire, 1935.

46. B. de Jouvenel, *Après la défaite*, voir bibliographie.

6. « Plutôt Hitler que Blum »

1. J.-J. Becker et S. Berstein, *Histoire de l'anticommunisme en France*, voir bibliographie.

2. Cité par J.-J. Becker et S. Berstein, *op. cit.*

3. *Ibid.*

4. *Ibid.*

5. Cité par J.-Y. Boulic et A. Lavaure, *Henri de Kerillis – L'absolu patriote*, voir bibliographie.

6. Cité par J. Benoist-Méchin, *Histoire de l'armée allemande*, voir bibliographie.

7. G. Tabouis, *Ils l'ont appelée Cassandre*, *op. cit.*

8. A. Kriegel, *Les Communistes français, 1920-1970*, Paris, Seuil, 1985.

9. Cité par J.-J. Becker et S. Berstein, *op. cit.*

10. *Ibid.*

11. *Ibid.*

12. J.-L. Crémieux-Brilhac, *op. cit.*

13. H. Béraud, *Popu roi*, Paris, Les Éditions de France, 1938.

14. Cité par J.-J. Becker et S. Berstein, *op. cit.*

15. C. Rist, *Une saison gâtée*, voir bibliographie.

16. A. Lacroix-Riz, *Le choix de la défaite – Les élites françaises dans les années 1930* ainsi que *De Munich à Vichy – L'assassinat de la Troisième République, 1938-1940*, voir bibliographie.

17. A. Lacroix-Riz, *op. cit.*

18. Par exemple celle du 28 septembre 2006 à l'invitation de l'association « Solidarité et progrès ».

7. La glaciation de l'armée française

1. R. Recouly, *Le Mémorial de Foch*, *op. cit.*

2. G. Clemenceau, *Grandeurs et misères d'une victoire*, voir bibliographie.

3. Cité par G. Pedroncini (dir.), *Histoire militaire de la France*, voir bibliographie.

4. Cité par L. Mysyrowicz, *Anatomie d'une défaite*, *op. cit.*

5. *Ibid.*

6. G. Pedroncini, *op. cit.*

7. *Ibid.*

8. B. de Jouvenel, *Après la défaite... op. cit.*

9. J. Giraudoux, *Pleins pouvoirs*, Paris, Gallimard, 1939.

10. P. Façon, notice « Aviation française » dans *Dictionnaire de la Seconde Guerre mondiale*, Larousse, 1979.

11. Philippe Masson, notice « Marine française » dans *Dictionnaire de la Seconde Guerre mondiale*, Larousse, 1979.

12. « Note inédite de Jean-Marie d'Hoop, faite d'après les archives du SHA et du SHM, sur le Haut Comité permanent de la Défense nationale » citée par J.-B. Duroselle, *La Décadence*, *op. cit.*

13. Cité par J.-B. Duroselle, *op. cit.*

14. B. de Jouvenel, *Après la défaite*, *op. cit.*

15. Cité par J.-B. Duroselle, *op. cit.*

16. Pertinax, *Les Fossoyeurs*, voir bibliographie.

17. *Candide* (8 janvier 1941), cité par J.-L. Crémieux-Brilhac, *op. cit.*

18. Colloque du centenaire de l'École de Guerre (1976) cité par J.-B. Duroselle, *La Décadence*, *op. cit.*

19. M. Gamelin, *Servir*, t. I, *op. cit.*

20. Témoignage du général Fourquet (SHAT – Archives orales) cité par J.-L. Crémieux-Brilhac, *op. cit.*

21. Ludovic Naudeau, *L'Illustration*.

22. B. de Jouvenel, *Un voyageur dans le siècle*, voir bibliographie.

23. *La Liberté*, 7 mars 1935.

24. *L'Illustration*, n° 17, juin 1939.

25. P. Reynaud, *Mémoires*, voir bibliographie.

26. J. Paul-Boncour, *Entre deux guerres*, t. II, voir bibliographie.

27. Cité par L. Mysyrowicz, *op. cit.*

28. H. von Seeckt, *Pensées d'un soldat*, voir bibliographie.

29. Cité par L. Mysyrowicz, *op. cit.*

30. *Ibid.*

31. *Ibid.*

32. *Revue des Deux Mondes* (1er mars 1935) cité par L. Mysyrowicz, *op. cit.*

33. Voir bibliographie.

34. Cité par L. Mysyrowicz, *op. cit.*

35. B. de Jouvenel, *Après la défaite*, *op. cit.*

36. R. Rémond, préface à Villelume, *Journal d'une défaite*, voir bibliographie.

8. La force du Reich

1. J. Benoist-Méchin, *Histoire de l'armée allemande*, *op. cit.*

2. P. Masson, *Histoire de l'armée allemande*, voir bibliographie.

3. H. von Seeckt, *Gedanken eines Soldaten* (1929) ; traduction française, *Pensées d'un soldat* (1932), *op. cit.*

4. Dans *L'Émancipation nationale* (28 mai 1938), cité dans B. de Jouvenel, *Après la défaite*, *op. cit.*

5. Cité par I. Kershaw, *Hitler*, voir bibliographie.

6. Cité par J. Benoist-Méchin, *op. cit.*

7. Cité par I. Kershaw, *Hitler*, *op. cit.*

8. Cité par I. Kershaw, *Hitler*, *op. cit.*

9. Chiffres J. Benoist-Méchin, *op. cit.*

10. Cité par I. Kershaw, *Hitler*, *op. cit.*

11. *Militärwissenschaftliche Rundschau* (1er janvier 1936), cité par J.-L. Crémieux-Brilhac, *op. cit.*

12. W. Wette, « La propagande nazie et la combativité allemande jusqu'en 1936 » dans s.n.a., *La France et l'Allemagne 1932-1936*, voir bibliographie.

9. La guerre !

1. Cité par F. Kersaudy, *Winston Churchill – Le pouvoir de l'imagination*, Tallandier, 2000.

2. *Ibid.*

3. A. de Monzie, *Ci-devant*, voir bibliographie.

4. Pertinax, *Les Fossoyeurs*, *op. cit.*

5. É. Bois, *Le Malheur de la France*, voir bibliographie.

6. L. Lamouroux, *Souvenirs politiques* (inédit), cité par J.-L. Crémieux-Brilhac, *op. cit.*

7. J. Jeanneney, *Journal politique*, voir bibliographie.

8. J.-Y. Boulic et A. Lavaure, *H. de Kerillis – L'absolu patriote*, *op. cit.*

9. Cité par J.-B. Duroselle, *L'Abîme*, voir bibliographie.

10. G. Bonnet, *Dans la tourmente*, voir bibliographie.

11. Service Historique de l'Armée, cité par J.-B. Duroselle, *op. cit.*

12. J.-P. Maxence, *Histoire de dix ans…*, *op. cit.*

13. Cité par J.-L. Crémieux-Brilhac, *op. cit.*

14. *Ibid.*

15. G. Duhamel, *Positions françaises – Chronique de l'année 1939*, voir bibliographie.

16. Cité par V. Lowy, *Guère à la guerre*, *op. cit.*

17. Général M. Weygand, *En lisant les « Mémoires de guerre » du général de Gaulle*, voir bibliographie.
18. A. de Monzie, *Ci-devant*, *op. cit.*
19. A. Fabre-Luce, *Journal de la France*, voir bibliographie.
20. L. Rebatet, *Les Décombres*, Denoël, 1942, cité par J.-L. Crémieux-Brilhac, *op. cit.*
21. J.-B. Duroselle, *La Décadence*, *op. cit.*
22. J. Zay, *Carnets secrets*, *op. cit.*
23. A. de Monzie, *Ci-devant*, *op. cit.*
24. J. Paul-Boncour, *Entre deux guerres...*, *op. cit.*
25. Général P. de Villelume, *Journal d'une défaite*, *op. cit.*
26. P.-J. Rémy, *Diplomates en guerre*, voir bibliographie.
27. *Ibid.*
28. Cité par J.-L. Crémieux-Brilhac, *op. cit.*
29. A. de Monzie, *Ci-devant*, *op. cit.*

10. Sitzkrieg

1. Cité par J.-L. Crémieux-Brilhac, *op. cit.*
2. F. Ambrière, *Les Grandes Vacances 1935-1945*, t. I, Paris, Seuil, 1956 (version définitive).
3. H. Michel, *La Défaite de la France*, voir bibliographie.
4. Nous suivons, en opérant une moyenne et en arrondissant, les chiffres de F. Bédarida, *La Stratégie secrète de la Drôle de guerre*, voir bibliographie.
5. F. Cochet, *Les soldats de la Drôle de guerre...*, voir bibliographie.
6. Ch. de Gaulle, *Mémoires de guerre*, *op. cit.*
7. J. Keegan, *La Deuxième Guerre mondiale* (traduit de l'anglais), Paris, Perrin, 1990.
8. Général M. Gamelin, *Servir*, t. III, voir bibliographie.
9. *Ibid.*
10. Cité par J.-B. Duroselle, *L'Abîme*, *op. cit.*
11. J. Gracq, *Carnets du grand chemin*, Paris, José Corti, 1992.
12. J. Jeanneney, [21 octobre 1939], *Journal politique*, *op. cit.*
13. A. Wurmser, *Fidèlement vôtre*, Paris, Bernard Grasset, 1979.
14. R. Murphy, *Un diplomate parmi les guerriers...*, voir bibliographie.

15. É. Bois, *Le Malheur de la France, op. cit.*
16. Cité par J.-L. Crémieux-Brilhac, *op. cit.*
17. C. Quétel, *Femmes dans la guerre, 1939-1945*, Paris, Larousse, 2004.
18. J.-L. Crémieux-Brilhac, *op. cit.*
19. Témoignage de l'ingénieur en chef Sciandra, cité par J.-L. Crémieux-Brilhac, *ibid.*
20. Cité par J.-L. Crémieux-Brilhac, *ibid.*
21. Cité par J.-B. Duroselle, *L'Abîme, op. cit.*
22. Cité par F. Bédarida, *La Stratégie secrète de la Drôle de guerre, op. cit.*
23. M. Bloch, *L'Étrange Défaite*, voir bibliographie.
24. J. Jeanneney, *Journal politique, op. cit.*
25. M. Bloch, *L'Étrange Défaite, op. cit.*
26. F. Cochet, *Les soldats de la Drôle de guerre, op. cit.*
27. M. Gamelin, *Servir*, voir bibliographie.
28. Archives privées (famille Costrel).
29. J.-P. Sartre, *Les Carnets de la Drôle de guerre*, voir bibliographie.
30. G. Sadoul, *Journal de guerre*, voir bibliographie.
31. Les cahiers de l'IHTP, n° 19, décembre 1991.
32. *Ibid.*
33. R. Marjolin, *Le Travail d'une vie*, voir bibliographie.
34. J.-P. Sartre, *Les Carnets de la Drôle de guerre, op. cit.*
35. J. Guitton, *Journal de ma vie*, t. I, voir bibliographie.
36. Archives privées (famille Costrel).
37. G. Sadoul, *Journal de guerre* [12 décembre 1939], *op. cit.*
38. Cité par J.-L. Crémieux-Brilhac, *op. cit.*
39. P. Beuchot, *Le temps détruit – Lettres d'une guerre de Roger Beuchot, Maurice Jaubert, Paul Nizan*, Paris, Connaissance du cinéma, 1985.
40. Pertinax, *Les Fossoyeurs, op. cit.*
41. Cité par F. Cochet, *Les soldats de la Drôle de guerre, op. cit.*
42. A. Laffargne, *Justice pour ceux de 1940*, voir bibliographie.
43. Cité par V. Lowy, *Guère à la guerre…, op. cit.*
44. *Ibid.*
45. J.-L. Crémieux-Brilhac, *op. cit*
46. *N.d.a.* : Fabre-Luce fait allusion à *Conversations de Goethe avec Eckermann.*

47. J. Jeanneney, *Journal politique*, *op. cit.*
48. É. Bois, *Le Malheur de la France*, *op. cit.*
49. C. Chautemps, *Cahiers secrets de l'Armistice*, voir bibliographie.
50. É. Bois, *Le Malheur de la France*, *op. cit.*

11. Le temps d'un éclair

1. Colonel A. Goutard, *1940 – La guerre des occasions perdues*, voir bibliographie.
2. D. Leca, *La Rupture de 1940*, voir bibliographie.
3. Général L. Koeltz, *Comment s'est joué notre destin…*, voir bibliographie.
4. K.H. Frieser, *Le Mythe de la guerre-éclair…*, voir bibliographie.
5. J. Delmas, « Les exercices du Conseil supérieur de la Guerre 1936-1937 et 1937-1938 » dans *Revue historique de l'Armée*, 1979, n° 4.
6. A. Goutard, *1940 – La guerre des occasions perdues*, *op. cit.*
7. Général A. Heusinger, *Hitler et l'O.K.H.*, cité par Goutard, *ibid.*
8. D. Leca, *La Rupture de 1940*, *op. cit.*
9. Général A. Beaufre, *Le Drame de 1940*, voir bibliographie.
10. D. Leca, *La Rupture de 1940*, *op. cit.*
11. C. Paillat, *Le Désastre de 1940*, voir bibliographie.
12. J. Delmas, P. Devautour, E. Lefèvre, *Mai-juin 40, Les combattants de l'honneur*, voir bibliographie.
13. E. Rommel, *La Guerre sans haine*, voir bibliographie.
14. D. Lormier, *Comme des lions*, voir bibliographie.
15. *Ibid.*
16. M. Bloch, *L'Étrange Défaite*, *op. cit.*
17. Général A. Beaufre, *Le Drame de 1940*, *op. cit.*
18. *Ibid.*
19. Cité par P. Le Goyet, *Le Mystère Gamelin*, voir bibliographie.
20. Pertinax, *Les Fossoyeurs*, *op. cit.*
21. P. Le Goyet, *Le Mystère Gamelin*, *op. cit.*
22. D. Leca, *La Rupture de 1940*, *op. cit.*
23. Général Dill, cité par F. Kersaudy, *Winston Churchill – Le pouvoir de l'imagination*, Paris, Tallandier, 2000.

24. W. Churchill, *Mémoires sur la Deuxième Guerre mondiale*, voir bibliographie.
25. Cité par J.-N. Jeanneney, *Georges Mandel – L'homme qu'on attendait*, voir bibliographie.
26. J. Weygand, *Weygand mon père*, Paris, Flammarion, 1970.
27. Général M. Weygand, *Mémoires*, voir bibliographie.
28. Cité par K. H. Frieser, *Le Mythe de la guerre-éclair…*, *op. cit.*
29. Général M. Gamelin, *Servir*, t. III, *op. cit.*
30. Maréchal E. Rommel, *La Guerre sans haine, op. cit.*
31. J. Paul-Boncour, *Entre deux guerres, op. cit.*
32. P. Baudouin, *Neuf mois de gouvernement*, voir bibliographie.
33. D. Leca, *La Rupture de 1940, op. cit.*
34. Colonel Schmundt, cité par K.H. Frieser, *op. cit.*
35. J. Vanwelkenhuysen, *« Miracle » à Dunkerque*, voir bibliographie.
36. *Ibid.*
37. Cité par K. H. Frieser, *op. cit.*
38. Marc Bloch, *L'Étrange Défaite, op. cit.*
39. Cité par J.-L. Crémieux-Brilhac, *op. cit.*
40. E. Spears, *Assignment to Catastrophe*, voir bibliographie.
41. P. Baudouin, *Neuf mois de gouvernement, op. cit.*
42. E. Spears, *Assignment to Catastrophe*, t. II, *op. cit.*
43. Ch. de Gaulle, *Mémoires de guerre, op. cit.*
44. A. Lebrun, *Témoignage*, voir bibliographie.
45. J. Delmas, P. Devautour, E. Lefèvre, *Mai-Juin 40…*, *op. cit.*
46. *Ibid.*
47. A. Soubiran, *J'étais médecin avec les chars*, voir bibliographie.
48. Archives privées (famille René Deshayes).
49. Colonel J. Minart, cité par J.-L. Crémieux-Brilhac, *op. cit.*
50. Lieutenant Michard, cité par D. Lormier, *op. cit.*
51. A. Fabre-Luce, *op. cit.*

12. La débâcle

1. J. Guitton, *Journal de ma vie, op. cit.*
2. J. Vidalenc, *L'exode de mai-juin 1940*, voir bibliographie.

3. *Ibid.*
4. J. Guitton, *Journal de ma vie, op. cit.*
5. C. Lévisse-Touzé, *La Campagne de 1940*, voir bibliographie.
6. A. Bobkowski, *En guerre et en paix – Journal 1940-1944*, traduit du polonais, Paris, Les éditions Noir sur Blanc, 1957.
7. C. Quétel, *Femmes dans la guerre, 1939-1945*, Paris, Larousse, 2004.
8. C. Quétel, *Femmes dans la guerre, 1939-1945, op. cit.*
9. Cité par E. Berl, *La Fin de la IIIe République*, voir bibliographie.
10. J.-L. Jeannelle, *Écrire ses Mémoires au XXe siècle – Déclin et renouveau*, Paris, Gallimard, 2008.
11. Général M. Weygand, *En lisant les « Mémoires de guerre » du général de Gaulle*, voir bibliographie.
12. C. Chautemps, *Cahiers secrets de l'armistice…, op. cit.*
13. P. Baudouin, *Neuf mois de gouvernement, op. cit.*
14. Cité par Georges Vidal, « Le haut commandement et la crainte de l'ennemi intérieur en juin 1940 », dans C. Lévisse-Touzé (dir.), *La Campagne de 1940, op. cit.*
15. Sir Edouard Spears, *Assignment to Catastrophe, op. cit.*
16. *Ibid.*
17. P. Reynaud, *Mémoires, op. cit.*
18. Ph. Pétain, *Actes et écrits…*, voir bibliographie.
19. A. Soubiran, *J'étais médecin avec les chars, op. cit.*
20. G. Sadoul, *Journal de guerre…, op. cit.*
21. Cité par J.-L. Crémieux-Brilhac, *op. cit.*
22. P. Baudouin, *Neuf mois de gouvernement, op. cit.*
23. D. Leca, *La Rupture de 1940, op. cit.*
24. Chiffres Jacques Mordal dans E. Rommel, *La Guerre sans haine, op. cit.*
25. J.-L. Crémieux-Brilhac, *op. cit.*
26. Cité par J. Vanwelkenhuysen, *1940 – Pleins feux sur un désastre*, voir bibliographie.
27. J.-L. Crémieux Brilhac, *op. cit.*
28. J. Guitton, *Journal de ma vie, op. cit.*
29. A. Truchet, *L'Armistice de 1940 et l'Afrique du Nord*, voir bibliographie.
30. Cité par C. Rimbaud, *L'Affaire du Massilia*, voir bibliographie.

13. La France trahie par ses chefs

1. L. Blum, *Mémoires*, voir bibliographie.
2. P. Reynaud, *Mémoires, op. cit.*
3. A. Fabre-Luce, *Journal de la France, op. cit.*
4. P. Baudouin, *Neuf mois de gouvernement, op. cit.*
5. Pertinax, *Les Fossoyeurs, op. cit.*
6. P. Reynaud, *Mémoires, op. cit.*
7. H. Coutau-Bégarie et C. Huan, *Darlan*, voir bibliographie.
8. D. Leca, *La Rupture de 1940, op. cit.*
9. Déposition Louis Marin du 24.07.45 au procès Pétain *(Le procès du Maréchal Pétain – compte-rendu sténographique* (2 vol.), Paris, Albin Michel, 1945.
10. Déposition Paul Reynaud du 24.07.45 au procès Pétain *(Le procès du Maréchal Pétain – compte-rendu sténographique* (2 vol.), Paris, Albin Michel, 1945.
11. Interview dans *L'Aurore*, 25 juillet 1957, cité par C. Rimbaud, *L'Affaire du Massilia, op. cit.*
12. Charlereine, *Le Maréchal Défaite*, voir bibliographie.
13. G. Sadoul, *Journal de guerre, op. cit.*
14. Cité par R. Bruge, *Les combattants du 18 juin, l'armée broyée*, Paris, Fayard, 1987.
15. Col. A. Goutard, *1940 – La guerre des occasions perdues, op. cit.*
16. *Ibid.*
17. J.-L. Crémieux-Brilhac, *op. cit.*
18. *Ibid.*
19. J. Benoist-Méchin, *Soixante jours qui ébranlèrent l'Occident*, voir bibliographie.
20. J. Jeanneney, *Journal politique, op. cit.*
21. F. Delpla, *L'Appel du 18 juin 1940...* et M. Schumann, *Un certain 18 juin,* voir bibliographie.
22. Cité par J.-B. Duroselle, *L'Abîme, op. cit.*
23. *Documents on German Foreign Policy* (Washington, USGPO), cité par Robert Paxton, *La France de Vichy...*, voir bibliographie.
24. E. Jäckel, *La France dans l'Europe de Hitler, op. cit.*
25. *Ibid.*
26. *Ibid.*

27. Parcours muséographique du Mémorial de Caen (espace Rethondes).

28. A. Bobkowski, *En guerre et en paix…*, *op. cit.*

29. L. Mexandeau, *Nous, nous ne verrons pas la fin*, Paris, Le Cherche Midi, 2003.

30. J. Carcopino, *Souvenirs de sept ans…*, voir bibliographie.

31. Général M. Weygand, *Mémoires*, t. III, *op. cit.*

32. P. Aron et J. Gotovitch (dir.), *Dictionnaire de la Seconde Guerre mondiale en Belgique*, Bruxelles, André Versaille, 2008.

33. L. Mexandeau, *Nous, nous ne verrons pas la fin*, *op. cit.*

34. P. Masson, *Histoire de l'armée allemande*, *op. cit.*

35. Cité par J. Keegan, *La Deuxième Guerre mondiale*, *op. cit.*

36. M. Vaisse (dir.), *Mai-Juin 1940…*, voir bibliographie.

37. K. H. Frieser, *Le Mythe de la guerre-éclair…*, *op. cit.*

38. E. May, *Strange victory : Hitler's conquest of France*, voir bibliographie.

39. A. Wurmser, *Fidèlement vôtre – Soixante ans de vie littéraire et politique*, Grasset, 1979.

40. M. Bloch, *L'Étrange Défaite*, *op. cit.*

41. P. Claudel, *Journal*, tome II, *1933-1955*, Paris, Gallimard, 1969.

Bibliographie

Mémoires, journaux, chroniques, correspondances et études de contemporains

Otto Abetz, *Histoire d'une politique franco-allemande, 1930-1950 – Mémoires d'un Ambassadeur*, traduit de l'allemand (1951), Paris, Stock, 1953.

Capitaine Accart, *On s'est battu dans le ciel*, Paris, Arthaud, 1942.

Hervé Alphand, *L'Étonnement d'être – Journal 1939-1973*, Paris, Fayard, 1977.

Raymond Aron, *Mémoires*, Paris, Julliard, 1983.

Jacques Bainville, *L'Allemagne*, t. II, Paris, Plon, 1940.

Jacques Bainville, *Les Conséquences politiques de la paix*, Paris, Nouvelle Librairie Nationale, 1920.

Paul Baudouin, *Neuf mois au gouvernement : avril-décembre 1940*, Paris, La Table Ronde, 1948.

Général André Beaufre, *Le Drame de 1940*, Paris, Plon, 1965.

Marc Bloch, *L'Étrange Défaite, témoignage écrit en 1940*, Paris, Franc-tireur, 1946.

Léon Blum, *L'Histoire jugera*, Montréal, Éditions de l'Arbre, s.d. [1943].

Léon Blum, *Mémoires ; La prison et le procès ; À l'échelle humaine ; 1940-1945*, Paris, Albin Michel, 1955.

Élie J. Bois, *Le Malheur de la France*, Londres, The Continental Publishers and Distributers, s.d. [1941] (d'abord publié à Londres sous le titre : *Truth on the Tragedy of France*, 1941).

Georges Bonnet, *Le Quai d'Orsay sous trois Républiques : 1870-1961*, Paris, Fayard, 1961.

Georges Bonnet, *Vingt ans de vie politique : 1918-1938, de Clemenceau à Daladier*, Paris, Fayard, 1969.

Georges Bonnet, *Dans la tourmente : 1938-1948*, Paris, Fayard, 1971.

Yves Bouthillier, *Le Drame de Vichy*, t. I, *Face à l'ennemi, face à l'allié*, Paris, Plon, 1950.

Robert Brasillach, *Notre Avant-guerre*, Paris, Plon, 1941 (texte non expurgé dans édition *Œuvres complètes de Robert Brasillach*, t. VI, Paris, Le Club de l'Honnête Homme, 1964).

Jérôme Carcopino, *Souvenirs de sept ans, 1937-1944*, Paris, Flammarion, 1953.

Charles-Jean Odic, dit Charlereine, *Le Maréchal Défaite*, Paris, Gallimard, 1945.

François Charles-Roux, *Cinq mois tragiques aux Affaires étrangères, 21 mai-1er novembre 1940*, Paris, Plon, 1949.

Alphonse de Châteaubriant, *La Gerbe des forces*, Paris, Grasset, 1937.

Camille Chautemps, *Cahiers secrets de l'armistice, 1939-1940*, Paris, Plon, 1963.

Général Chauvineau, *Une invasion est-elle encore possible ?* Paris, Berger-Levrault, 1939.

Winston Churchill, *Mémoires sur la Deuxième Guerre mondiale*, t.I, *L'orage approche ;* t. II, *L'heure tragique*, traduit de l'anglais (1948), Paris, Plon, 1949.

Georges Clemenceau, *Grandeurs et misères d'une victoire*, Paris, Plon, 1930.

Robert Coulondre, *De Staline à Hitler – souvenirs de deux ambassades, 1936-1939*, Paris, Hachette, 1950.

Édouard Daladier, *Défense du pays*, Paris, Flammarion, 1939.

Roland Dorgelès, *La Drôle de guerre, 1939-1940*, Paris, Albin Michel, 1957.

Pierre Drieu la Rochelle, *Chronique politique, 1934-1942*, Paris, Gallimard, 1943.

Georges Duhamel, *Positions françaises – chronique de l'année 1939*, Québec, Mercure de France, 1940.

Alfred Fabre-Luce, *Journal de la France, mars 1939-juillet 1940*, Trévoux (Ain), imprimerie de Trévoux, 1940.

Pierre-Étienne Flandin, *Politique française : 1919-1940*, Paris, Éditions nouvelles, 1947.

(Le Mémorial de) Foch, *Mes Entretiens avec le Maréchal* par Raymond Recouly, Paris, Les Editions de France [1929].

André François-Poncet, *Souvenirs d'une ambassade à Berlin, septembre 1931-octobre 1938*, Paris, Flammarion, 1946.

André François-Poncet, *De Versailles à Potsdam : La France et le problème allemand contemporain, 1919-1945*, Paris, Flammarion, 1948.

Général Maurice Gamelin, *Servir*, t. I, *Les armées françaises de 1940 ;* t. II, *Le prologue du drame, 1930-août 1939 ;* t. III, *La guerre, septembre 1939-19 mai 1940*, Paris, Plon, 1946.

Charles de Gaulle, *Le Fil de l'épée*, Paris, Berger-Levrault, 1932.

Charles de Gaulle, *Vers l'Armée de métier*, Berger-Levrault, 1934.

Charles de Gaulle, *La France et son armée*, Plon, 1938.

Charles de Gaulle, *Trois Études, suivies du Mémorandum du 26 janvier 1940*, Paris, Berger-Levrault, 1945.

Charles de Gaulle, *Mémoires de guerre*, t. I, *L'Appel, 1940-1942*, Paris, Plon, 1954.

Pierre Gaxotte, *La France en face de l'Allemagne*, Paris, Fayard, 1940.

Roger Genebrier, *La France entre en guerre – septembre 1939*, Paris, Alta, 1982.

Guy de Girard de Charbonnières, *La plus évitable de toutes les guerres*, Paris, Albatros, 1985.

Heinz Guderian, *Souvenirs d'un soldat*, traduit de l'allemand, Paris, Plon, 1954.

Jean Guitton, *Journal de ma vie*, t. I, *Présence du passé*, Paris, DDB, 1976.

Édouard Herriot, *Jadis*, t. II, *D'une guerre à l'autre, 1914-1936*, Paris, Flammarion, 1952.

Jules Jeanneney, *Journal politique : septembre 1939-juillet 1942*, Paris, Plon, 1972.

Bertrand de Jouvenel, *D'une Guerre à l'autre*, t. II, *La décomposition de l'Europe libérale (octobre 1925-janvier 1932)*, Paris, Plon, 1941.

Bertrand de Jouvenel, *La Dernière Année – Choses vues de Munich à la guerre*, Bruxelles/Paris, À l'enseigne du cheval ailé, 1947.

Bertrand de Jouvenel, *Après la Défaite*, Paris, Plon, 1941.

Bertrand de JOUVENEL, *Un Voyageur dans le siècle : 1903-1945*, Paris, Robert Laffont, 1980.

Henri de KERILLIS, *Français ! voici la guerre...*, Paris, Grasset, 1936.

Henri de KERILLIS, *Français ! voici la vérité...*, New York, Éditions de la Maison française, 1942.

André LABARTHE, *La France devant la guerre – La balance des forces*, Paris, Grasset, 1939.

Général André LAFFARGUE, *Justice pour ceux de 1940*, Paris, Lavauzelle, 1952.

Général André LAFFARGUE, *La Victoire du « vieux renard »*, Paris, La Table Ronde, 1983.

Albert LEBRUN, *Témoignage*, Paris, Plon, 1945.

Dominique LECA, *La Rupture de 1940*, Paris, Fayard, 1978.

Jacques MARITAIN, *À travers le désastre*, New York, Éditions de la Maison Française, 1941.

Robert MARJOLIN, *Le Travail d'une vie – Mémoires 1911-1986*, Paris, Robert Laffont, 1986.

Jean-Pierre MAXENCE, *Histoire de dix ans : 1927-1937*, Paris, Gallimard [1939].

Edgard MILHAUD, *La France avait raison – Sécurité collective*, Neuchatel, éditions de la Baconnière, 1945.

Anatole de MONZIE, *Ci-devant*, Paris, Flammarion, 1941.

Robert Daniel MURPHY, *Un Diplomate parmi les guerriers*, traduit de l'américain (1964), Paris, Robert Laffont, 1966.

Léon NOËL, *Le Diktat de Rethondes et l'armistice franco-italien de juin 1940*, Paris, Flammarion, 1945.

Léon NOËL, *La Guerre de 39 a commencé quatre ans plus tôt*, Paris, France-Empire, 1979.

Joseph PAUL-BONCOUR, *Entre deux guerres – Souvenirs sur la IIIe République*, t. II, *Les lendemains de la victoire, 1919-1934 ;* t. III, *Sur les chemins de la défaite, 1935-1940*, Paris, Plon, 1945 et 1946.

André GÉRAUD, dit PERTINAX, *Les Fossoyeurs*, t. I, *Gamelin-Daladier-Reynaud ;* t. II, *Pétain*, New York, Éditions de la Maison Française, 1943.

Charles POMARET, *Le Dernier Témoin : fin d'une guerre, fin d'une république, juin et juillet 1940*, Paris, Presses de la Cité, 1968.

Général Gaston Pretelat, *Le Destin tragique de la ligne Maginot*, Paris, Berger-Levrault, 1950.

Raymond Recouly, *Les Causes de notre effondrement*, Paris, Les Éditions de France, 1941.

Tony Revillon, *Mes Carnets (juin-octobre 1940)*, Paris, O. Lieutier, 1945.

Paul Reynaud, *Le Problème militaire français*, Paris, Flammarion, 1937.

Paul Reynaud, *La France a sauvé l'Europe*, 2 vol., Paris, Flammarion, 1947.

Paul Reynaud, *Mémoires ;* t. II, *Envers et contre tous, 7 mars 1936-16 juin 1940*, Paris, Flammarion, 1963.

Joachim von Ribbentrop, *De Londres à Moscou, mémoires* (traduit de l'allemand), Paris, Grasset, 1954.

Charles Rist, *Une Saison gâtée : Journal de la guerre et de l'Occupation (1939-1945)*, Paris, Fayard, 1983.

Maréchal Erwin Rommel, *La Guerre sans haine – carnets présentés par Liddell Hart*, t. I, *Années de victoire*, traduit de l'allemand, Paris, Amiot-Dumont, 1952.

Georges Sadoul, *Journal de guerre (2 septembre 1939-20 juillet 1940)*, Paris, Les Éditeurs Français Réunis, 1977.

Jean-Paul Sartre, *Les Carnets de la Drôle de guerre, novembre 1939-mars 1940*, Paris, Gallimard, 1983.

Maurice Schumann, *Un certain 18 juin*, Paris, Plon, 1980.

Général Hans von Seeckt, *Pensées d'un soldat*, traduit de l'allemand (1929), Paris, Édition du cavalier, 1932.

André Soubiran, *J'étais médecin avec les chars – Journal de guerre*, Paris, SEGEP [1943].

Edward Spears, *Assignment to Catastrophe*, t. I, *Prelude to Dunkirk, July 1939-May 1940 ;* t. II, *The Fall of France, June 1940*, Melbourne-Londres-Toronto, W. Heinemann, 1954.

Georges Suarez, *Les Hommes malades de la paix*, Paris, Grasset, 1933.

Geneviève Tabouis, *Ils l'ont appelée Cassandre*, New York, Éditions de la Maison Française, 1942.

André Tardieu, *La Paix*, Paris, Payot, 1921.

André Tardieu, *Sur la pente*, Paris, Flammarion, 1935.

Général Paul de Villelume, *Journal d'une défaite, août 1939-juin 1940*, Paris, Fayard, 1976.

Summer WELLES, *L'Heure de la décision*, 2 vol., traduit de l'américain (1944), New York, Brentano's, [1946].

Alexander WERTH, *The Twilight of France, 1933-1940 : A Journalist's Chronicle*, London, Hamish Hamilton, 1942.

Général Maxime WEYGAND, *Mémoires*, t. III : *Rappelé au service, 1939-1940*, Paris, Flammarion, 1950.

Général Maxime WEYGAND, *En lisant les « Mémoires de Guerre » du général de Gaulle*, Paris, Flammarion, 1955.

Jacques WEYGAND, *Weygand mon père*, Paris, Flammarion, 1970.

Georges WORMSER, *Georges Mandel : l'homme politique*, Paris, Plon, 1967.

Jean ZAY, *Carnets secrets de Jean Zay (De Munich à la guerre) publiés et commentés par Philippe Henriot*, Paris, Les Éditions de France, 1942.

Études retenues (par ordre chronologique d'édition)

Jacques BENOIST-MÉCHIN, *Histoire de l'armée allemande*, t. II, *1919-1938, de la Reichswehr à l'armée nationale*, Paris, Albin Michel, **1941**.

François GOGUEL, *La Politique des partis sous la IIIe République* (2 vol.), Paris, Seuil, **1946**.

André TRUCHET, *L'Armistice de 1940 et l'Afrique du Nord*, Paris, PUF, **1955**.

Colonel Adolphe GOUTARD, *1940 – La guerre des occasions perdues*, Paris, Hachette, **1956**.

Maurice MÉGRET, *La Guerre psychologique*, Paris, PUF, **1956**.

Jacques BENOIST-MÉCHIN, *Soixante jours qui ébranlèrent l'Occident* (3 volumes), Paris, Albin Michel, 1957.

Général Louis KOELTZ, *Comment s'est joué notre destin – Hitler et l'offensive du 10 mai 1940*, Paris, Hachette, **1957**.

Jean VIDALENC, *L'Exode de mai-juin 1940*, Paris, PUF, **1957**.

Paul BERBEN et Bernard ISELIN, *Les Panzers passent la Meuse (13 mai 1940)*, Paris, Robert Laffont, **1967**.

Emmanuel BERL, *La Fin de la IIIe République, 10 juillet 1940*, Paris, Gallimard, **1968**.

Eberhard JACKEL, *La France dans l'Europe de Hitler*, traduit de l'allemand (1966), Paris, Fayard, 1968.

Pierre RENOUVIN, *L'Armistice de Rethondes, 11 novembre 1918*, Paris, Gallimard, **1968**.

William SHIRER, *La Chute de la IIIe République : une enquête sur la défaite de 1940*, traduit de l'américain (1969), Paris, Stock, **1970**.

Jacques WEYGAND, *Weygand mon père*, Paris, Flammarion, **1970**.

François FONVIEILLE-ALQUIER, *Les Français dans la Drôle de guerre, 39-40*, Paris, Robert Laffont, **1971**.

Guy CHAPMAN, *Six Semaines de campagne – 1940*, traduit de l'anglais (1968), Paris, Arthaud, **1972**.

Henri MICHEL, *La Drôle de guerre*, Paris, Hachette, **1972**.

Joachim FEST, *Hitler*, traduit de l'allemand (1973), Paris, Gallimard, **1973**.

Basil H. LIDDELL HART, *Histoire de la Seconde Guerre mondiale*, traduit de l'anglais (1970), Paris, Fayard, **1973**.

Ladislas MYSYROWICZ, *Anatomie d'une défaite*, Lausanne, L'âge d'homme, **1973**.

Robert PAXTON, *La France de Vichy 1940-1944 (prologue : été 1940)*, Paris, Le Seuil, **1973**.

Jean-Baptiste DUROSELLE, *Histoire diplomatique de 1919 à nos jours* (6e édition), Paris, Dalloz, **1974**.

Pierre LE GOYET, *Le Mystère Gamelin*, Paris, Presses de la Cité, **1975**.

Raymond POIDEVIN et Jacques BARIETY, *Les Relations franco-allemandes (1815-1975)*, Paris, Armand Colin, **1977**.

Antoine PROST, *Les Anciens Combattants et la société française* (3 vol.), Paris, Presses de la Fondation nationale des sciences politiques, **1977**.

René RÉMOND et Janine BOURDIN, *Édouard Daladier, chef de gouvernement, 1938-1939*, Paris, Presses de la Fondation nationale des sciences politiques, **1977**.

René RÉMOND et Janine BOURDIN, *La France et les Français en 1938-1939*, Paris, Presses de la Fondation nationale des sciences politiques, **1978**.

François BÉDARIDA, *La Stratégie secrète de la Drôle de guerre : le Conseil suprême interallié, septembre 1939-avril 1940*, Paris, Presses de la Fondation nationale des sciences politiques et Éditions du CNRS, **1979**.

Jean-Baptiste DUROSELLE, *La Décadence, 1932-1939*, Paris, Imprimerie Nationale, **1979**.

Henri MICHEL, *Le Procès de Riom*, Paris, Albin Michel, **1979**.

Stéphane COURTOIS, *Le PCF dans la guerre*, Paris, Ramsay, **1980**.

Jean DARIDAN, *Le Chemin de la défaite, 1938-1940*, Paris, Plon, **1980**.

Jean DELMAS, Paul DEVAUTOUR, Eric LEFEVRE, *Mai-Juin 40 – Les combattants de l'honneur*, Paris, Copernic, **1980**.

Henri MICHEL, *La Défaite de la France (septembre 1939-juin 1940)*, Paris, PUF, **1980**.

Pierre PELLISSIER, *Philippe Pétain*, Paris, Hachette littératures, **1980**.

s.n.a., *La France et l'Allemagne 1932-1936* (Actes colloque franco-allemand tenu à Paris du 10 au 12 mars 1977), Paris, Éditions du CNRS, **1980**.

Jean-Baptiste DUROSELLE, *L'Abîme, 1939-1945*, Paris, Imprimerie Nationale, **1982**.

Jean-Marie MAYEUR, *La Vie politique sous la IIIe République, 1870-1940*, Paris, Seuil, **1984**.

Christiane RIMBAUD, *L'Affaire du Massilia – Été 1940*, Paris, Seuil, **1984**.

Claude PAILLAT, *Dossiers secrets de la France contemporaine ;* t. IV, *Le désastre de 1940*, vol. 2, *La guerre immobile, avril 1939-10 mai 1940 ;* t. V, *La guerre éclair, 10 mai-24 juin 1940*, Paris, Robert Laffont, **1984** et **1985**.

François FLOHIC et Jacques RAPHAEL-LEYGUES, *Darlan*, Paris, Plon, **1986**.

Gérard GIULIANO, *Les Soldats du béton. La ligne Maginot dans les Ardennes et en Meuse, 1939-1940*, Charleville-Mézières, éditions Terres ardennaises, **1986**.

s.n.a., *Les Armées françaises pendant la Seconde Guerre Mondiale* (Actes colloque international Institut d'Histoire des conflits contemporains, tenu à Paris du 7 au 10 mai 1985), Paris, IHCC, **1986**.

Jean-Jacques BECKER et Serge BERSTEIN, *Histoire de l'anticommunisme en France*, t. I, *1917-1940*, Paris, Olivier Orban, **1987**.

Marc FERRO, *Pétain*, Paris, Fayard, **1987**.

Fred KUPFERMAN, *Laval*, Paris, Balland, **1987**.

Philippe TRUTTMANN, *La Muraille de France ou la ligne Maginot*, Thionville, G. Klopp, **1988**.
Hervé COUTAU-BEGARIE et Claude HUAN, *Darlan*, Paris, Fayard, **1989**.
Jean-Pierre AZEMA, *1940, l'année terrible*, Paris, Seuil, **1990**.
Jean-Louis CRÉMIEUX-BRILHAC, *Les Français de l'an 40*, 2 volumes, Paris, Gallimard, **1990**.
Jean-Noël JEANNENEY, *Georges Mandel – L'homme qu'on attendait*, Paris, Seuil, **1991**.
Marlis STEINERT, *Hitler*, Paris, Fayard, **1991**.
Guy PEDRONCINI (dir.), *Histoire militaire de la France*, t. III, *De 1871 à 1940*, Paris, PUF, **1992**.
Élisabeth du REAU, *Édouard Daladier, 1884-1970*, Paris, Fayard, **1993**.
Maurice VAISSE (dir.), *Le Pacifisme en Europe des années 1920 aux années 1950*, Bruxelles, Bruylant, **1993**.
Robert FRANK, *La Hantise du déclin – Le rang de la France en Europe, 1920-1960, Finances, défense et identité nationale*, Paris, Belin, **1994**.
Jean VANWELKENHUYSEN, *« Miracle » à Dunkerque*, Bruxelles, éd. Racine, **1994**.
Philippe MASSON, *Histoire de l'armée allemande 1939-1945*, Paris, **1994**.
Jean VANWELKENHUYSEN, *1940 – Plein feux sur un désastre*, Bruxelles, éd. Racine, **1995**.
Eugen WEBER, *La France des années 1930 – Tourments et perplexités*, traduit de l'américain (1994), Paris, Fayard, **1995**.
Henry KISSINGER, *Diplomatie*, traduit de l'américain (1994), Paris, Fayard, **1996**.
Jean-Yves BOULIC et Anne LAVAURE, *Henri de Kerillis – L'absolu patriote*, Rennes, PUR, **1997**.
Ilde GORGUET, *Les Mouvements pacifistes et la réconciliation franco-allemande dans les années 1920 (1919-1931)*, Berne, Lang, **1999**.
Philippe MASSON, *Histoire de l'armée française, de 1914 à nos jours*, Paris, Perrin, **1999**.
George L. MOSSE, *De la Grande Guerre au totalitarisme – La brutalisation des sociétés européennes*, traduit de l'américain (1990), Paris, Hachette-Littératures, **1999**.

Ian KERSHAW, *Hitler, 1889-1936 : Hubris* et *Hitler, 1936-1945 : Némésis*, traduit de l'anglais (1998 et 2000), Paris, Flammarion, **1999 et 2000**.
Jean-Pierre BIONDI, *La Mêlée des pacifistes (1914-1945)*, Paris, éd. Maisonneuve et Larose, **2000**.
François DELPLA, *Churchill et les Français – six hommes dans la tourmente, septembre 1939-juin 1940*, Ostwald (Bas-Rhin), éd. du Polygone, **2000**.
François DELPLA, *L'Appel du 18 juin 1940 – Les dix jours qui ébranlèrent la France*, Paris, Grasset, **2000**.
Ernest R. MAY, *Strange victory : Hitler's conquest of France*, London-New York, IB Tauris, **2000**.
Maurice VAISSE (dir.), *Mai-Juin 1940 – Défaite française, victoire allemande, sous l'œil des historiens étrangers*, Paris, Autrement, **2000**.
François-Georges DREYFUS, *1919-1939 : l'engrenage*, Paris, de Fallois, **2002**.
Christine LEVISSE-TOUZE (dir.), *La Campagne de 1940*, Paris, Tallandier, **2001**.
Jean-Marie FLONNEAU, *Le Reich allemand – de Bismarck à Hitler, 1848-1945*, Paris, Armand Colin, **2003**.
Karl-Heinz FRIESER, *Le Mythe de la guerre-éclair – La campagne de l'Ouest de 1940*, traduit de l'allemand (1995), Paris, Belin, **2003**.
Julian JACKSON, *The Fall of France – The Nazi Invasion of 1940*, Oxford, Oxford UP, **2003**.
Christophe CHARLE, *Le Siècle de la presse (1830-1939)*, Paris, Seuil, **2004**.
François COCHET, *Les Soldats de la Drôle de guerre, septembre 1939-mai 1940*, Paris, Hachettte Littératures, **2004**.
Mona L. SIEGEL, *The Moral Disarmament of France*, Cambridge UP, **2004**.
Dominique LORMIER, *Comme des lions – Mai-juin 1940 : l'héroïque sacrifice de l'armée française*, Paris, Calmann-Lévy, **2005**.
Yves SANTAMARIA, *Le Pacifisme, une passion française*, Paris, Armand Colin, **2005**.
Thibault TELLIER, *Paul Reynaud – Un indépendant en politique, 1878-1966*, Paris, Fayard, **2005**.
Serge BERSTEIN, *Léon Blum*, Paris, Fayard, **2006**.

Annie LACROIX-RIZ, *Le Choix de la défaite – Les élites françaises dans les années 1930*, Paris, Armand Colin, **2006**.

Vincent LOWY, *Guère à la guerre ! – Le pacifisme dans le cinéma français (1936-1940)*, Paris, L'Harmattan, **2006**.

Margaret MACMILLAN, *Les Artisans de la paix*, traduit de l'anglais [2001], Paris, JC Lattès, **2006**.

Sylvain SCHIRMANN, *Quel ordre européen ? De Versailles à la chute du IIIe Reich*, Paris, Armand Colin, **2006**.

Jacques BOURDU, *L'Armistice de 1940 – Histoire d'une faute tragique*, Paris, FX de Guibert, **2007**.

Jean-Pierre RÉMY, *Diplomates en guerre – La Seconde Guerre mondiale racontée à travers les archives du Quai d'Orsay*, Paris, JC Lattès, **2007**.

Eric ROUSSEL, *Charles de Gaulle*, t. I, *1890-1945*, Paris, Perrin, **2007**.

Claude FOUCART, *Visions françaises de l'Allemagne*, Paris, Klincksieck, **2008**.

Annie LACROIX-RIZ, *De Munich à Vichy – L'assassinat de la Troisième République, 1938-1940*, Paris, A. Colin, **2008**.

Renaud MELTZ, *Alexis Léger dit Saint-John Perse*, Paris, Flammarion, **2008**.

Philippe RICHARDOT, *Hitler, ses généraux, ses armées*, Paris, Economica, **2008**.

Jacques BELLE, *La Défaite française, un désastre évitable*, t. I, *Le 16 mai 1940, il fallait rester en Belgique ;* t. II, *Le 16 juin 1940, non à l'armistice*, Paris, Economica, **2007** et **2009**.

Eric ROUSSEL, *Le Naufrage*, Paris, Gallimard, **2009**.

Max SCHIAVON, *Le général Alphonse Georges, un destin inachevé*, Paris, Anovi, **2009**.

Sources publiées

Philippe PÉTAIN, *Actes et écrits*, Paris, Flammarion, 1974.

s.n.a., *Le Procès du Maréchal Pétain – Compte-rendu sténographique* (2 vol.), Paris, Albin Michel, 1945.

Charles SERRE, *Rapport fait au nom de la Commission chargée d'enquêter sur les événements survenus en France de 1933 à 1945* [dépositions, 9 vol., Paris, PUF, 1952].

Frédéric POTTECHER, *Le Procès de la défaite : Riom, février-avril 1942*, Paris, Fayard, 1989.

Table

collection tempus
Perrin

DÉJÀ PARU

390. *Les Mitterrand* – Robert Schneider.
391. *L'étrange voyage de Rudolf Hess* – Martin Allen.
392. *Le monde post-américain* – Fareed Zakaria.
393. *Enquête sur les béatifications et les canonisations* – Yves Chiron.
394. *Histoire des paradis* – Pierre-Antoine Bernheim, Guy Stavridès.
395. *Margaret Thatcher* – Jean-Louis Thiériot.
396. *L'art de la guerre* – Nicolas Machiavel.
397. *Caligula* – Pierre Renucci.
398. *L'épopée du Normandie-Niémen* – Roland de la Poype.
399. *Stefan Zweig* – Dominique Bona.
400. *Louise de La Vallière* – Jean-Christian Petitfils.
401. *La saga des Grimaldi* – Jean des Cars.
402. *Jacques Pilhan, le sorcier de l'Élysée* – François Bazin.
403. *François-Joseph* – Jean-Paul Bled.
404. *La gauche à l'épreuve 1968-2011* – Jean-Pierre Le Goff.
405. *La vie élégante* – Anne Martin-Fugier.
406. *Le mur de Berlin* – Frederick Taylor.
407. *Naissance de la police moderne* – Jean-Marc Berlière.
408. *La guerre du Mexique* – Alain Gouttman.
409. *Les conflits du Proche-Orient* – Xavier Baron.
410. *L'Action française* – François Huguenin.
411. *Le duel, une passion française* – Jean-Joël Jeanneney.
412. *La bataille de Moscou* – Andrew Nagorski.
413. *Jean-Jacques Rousseau* – Monique et Bernard Cottret.
414. *Louis Massignon* – Christian Destremau, Jean Moncelon.
415. *Histoire politique de la Ve République* – Arnaud Teyssier.
416. *Le peuple de la nuit* – Diana Cooper-Richet.
417. *François-Ferdinand d'Autriche* – Jean-Louis Thiériot.
418. *Les dossiers secrets du XXe siècle* – Alain Decaux.
419. *Histoire de la papauté* – Yves Bruley.
420. *Anti*-Prince – François Sauzey.
421. *Jeanne d'Arc, vérités et légendes* – Colette Beaune.
422. *Heydrich et la solution finale* – Édouard Husson.
423. *Sainte Geneviève* – Joël Schmidt.

424. *Malesherbes* – Jean des Cars.
425. *Histoire de la Méditerranée* – John Julius Norwich.
426. *La guerre secrète*, tome I, *Origines des moyens spéciaux et premières victoires alliées* – Anthony Cave Brown.
427. *La guerre secrète*, tome II, *Le jour J et la fin du III*[e] *Reich* – Anthony Cave Brown.
428. *La droite, hier et aujourd'hui* – Michel Winock.
429. *L'obsession des frontières* – Michel Foucher.
430. *L'impardonnable défaite* – Claude Quétel.

À PARAÎTRE

Le dernier empereur – Jean Sévillia.
Lucie Aubrac – Laurent Douzou.

Composition Nord Compo
à Villeneuve-d'Ascq (Nord)

Cet ouvrage a été imprimé en France par

CPi
BUSSIÈRE

à Saint-Amand-Montrond (Cher)
en juillet 2012
pour le compte des Editions Perrin
76, rue Bonaparte 75006 Paris

N° d'édition : 2794 – N° d'impression : 122436
Dépôt légal : janvier 2012